주님을
만나는 기쁨

Moments with the Savior
by Ken Gire

© 1998 TIMOTHY PUBLISHING HOUSE
A division of PAIDION MISSION
Translated and Published by Permission
Printed in KOREA
Originally published in English under the title
Moments with the Savior
A Devotional Life Of Christ
© 1998 by Ken Gire, Jr.
Zondervan Publishing House
Grand Rapids, Michigan 49530 U. S. A
All rights reserved.

이 한국어판의 저작권은 Zondervan Publishing House와 독점 계약한 (주)도서출판 디모데에 있습니다. 신 저작권법에 의하여 한국 내에서 보호받는 저작물이므로 무단 전재와 무단 복제를 금합니다.

주님을 만나는 기쁨

1쇄 발행	1999년 3월 31일
8쇄 발행	2009년 9월 30일
개정판 1쇄 발행	2017년 4월 5일

지은이	켄 가이어
옮긴이	김현회
펴낸이	고종율

펴낸곳	(주)도서출판 디모데 〈파이디온선교회 출판 사역 기관〉
등록	2005년 6월 16일 제 319-2005-24호
주소	서울특별시 서초구 서초대로 141-25(방배동, 세일빌딩)
전화	마케팅실 070) 4018-4141
팩스	마케팅실 031) 902-7795
홈페이지	www.timothybook.com

값 17,000원
ISBN 978-89-388-1611-5 03230

ⓒ (주) 도서출판 디모데 2017 〈Printed in Korea〉

주님을 만나는 기쁨

주님의 발자취를 따라 떠나는 묵상 여행

켄 가이어 지음
김현회 옮김

차례

12 _____ 서문

15 _____ 나무 아래서 깨닫는 순간

21 _____ 마리아와 함께 깨닫는 순간

30 _____ 마리아와 요셉과 함께하는 친밀한 순간

36 _____ 들에서 깨닫는 순간

43 _____ 베들레헴에서 맞이하는 긴장된 순간

54 _____ 예루살렘에서 맞이하는 긴장된 순간

63 _____ 요단 강에서 맞이하는 긴장된 순간

71 _____ 광야에서 맞이하는 긴장된 순간

80 _____ 혼인 잔치에서 맞이하는 긴장된 순간

87 _____ 성전에서 맞이하는 긴장된 순간

95 _____ 니고데모와 함께하는 친밀한 순간

102 _____ 우물가의 여인과 함께하는 친밀한 순간

109 _____ 왕의 신하와 함께하는 놀라운 순간

116 _____ 나사렛에서 깨닫는 순간

125 _____ 베드로와 함께하는 친밀한 순간

132 _____ 문둥병자와 함께하는 놀라운 순간

139 _____ 중풍병자와 함께하는 놀라운 순간

148 _____ 베데스다에서 깨닫는 순간

155 _____ 품성에 대해 깨닫는 순간

162 _____ 나인 성에서 맞이하는 놀라운 순간

168 ____ 용서에 대해 배우는 순간

175 ____ 듣는 것에 대해 배우는 순간

182 ____ 폭풍 속에서 맞이하는 놀라운 순간

188 ____ 귀신 들린 자와 함께하는 친밀한 순간

196 ____ 혈루증 앓는 여인과 함께하는 친밀한 순간

203 ____ 오천 명과 함께하는 놀라운 순간

210 ____ 물 위에서 맞이하는 놀라운 순간

218 ____ 산 위에서 맞이하는 긴장된 순간

229 ____ 귀신 들린 아이와 함께하는 놀라운 순간

236 ____ 간음하다 현장에서 잡힌 여인과 함께하는 친밀한 순간

243 ____ 사랑에 대해 배우는 순간

253 ____ 마리아와 마르다와 함께하는 친밀한 순간

261 ____ 기도에 대해 배우는 순간

267 ____ 생명에 대해 배우는 순간

274 ____ 깨어 있어야 함에 대해 배우는 순간

279 ____ 등이 꼬부라진 여인과 함께하는 놀라운 순간

285 ____ 하나님 나라에 대해 배우는 순간

290 ____ 자비에 대해 배우는 순간

297 ____ 아버지에 대해 배우는 순간

306 ____ 나사로와 함께하는 놀라운 순간

314 ____ 죽음에 대해 배우는 순간

321 ____ 삶에 대해 배우는 순간

327 ____ 겸손에 대해 배우는 순간

332 ____ 맹인과 함께하는 놀라운 순간

338 ____ 삭개오와 함께하는 친밀한 순간

345 ____ 충성에 대해 배우는 순간

353 ____ 하나님의 인내에 대해 배우는 순간

360 ____ 마리아와 함께하는 친밀한 순간

365 ____ 예루살렘에 입성하는 긴장된 순간

375 ____ 성전 뜰에서 깨닫는 순간

380 ____ 헌금함 앞에서 깨닫는 순간

387 ____ 유다와 함께하는 친밀한 순간

395 ____ 다락방에서 깨닫는 순간

401 ____ 겟세마네에서 맞이하는 긴장된 순간

408 ____ 감람나무 숲에서 맞는 놀라운 순간

416 ____ 베드로와 함께하는 또 다른 친밀한 순간

425 ____ 종교인들의 손에서 맞이하는 깨달음의 순간

429 ____ 로마인들의 손에서 맞이하는 긴장된 순간

442 ____ 골고다에서 맞이하는 긴장된 순간

453 ____ 강도와 함께하는 친밀한 순간

458 ____ 구세주의 어머니와 함께하는 친밀한 순간

464 ____ 요셉과 니고데모와 함께하는 친밀한 순간

471 ____ 막달라 마리아와 함께하는 친밀한 순간

477 ____ 엠마오로 가는 길에서 맞이하는 긴장된 순간

486 ____ 베드로와 함께하는 마지막 친밀한 순간

495 ____ 승천의 현장에서 깨닫는 순간

내 아내 주디와
우리 아이 그레첸, 캘리, 레이첼과 스티븐에게.

애들아, 너희의 침실을 내어주어 고맙다.
덕분에 아빠는 글을 쓸 장소를 얻었단다.

책상과 의자, 책꽂이, 휴지통, 연필깎이를 비롯해
너희가 지난 몇 년간 아빠를 이해하고 양보해준 모든 것에 감사한다.
덕분에 아빠가 이 책을 쓰는 데 집중할 수 있었단다.

주디, 당신이 포기한 모든 것과
내어준 모든 것에 대해 감사하오.
당신이 아이들에게 준 모든 것에 대해.
그리고 내게 준 모든 것에 대해.

이렇게 아름다운 말들이 우리 삶에 기록되었소!
내 책이 절판되고 오랜 세월이 흐를지라도
그 말들은 여전히 남아 있을 것이오.
오래도록 기억되고 보배로 남을 것이오.
또한 오래되고 소중한 책처럼
많은 세대를 거쳐 후손에게 전해질 것이오.
당신을, 우리 네 아이를 마음 깊이 사랑하오.

말씀이 육신이 되어 우리 가운데 거하시매
우리가 그의 영광을 보니
아버지의 독생자의 영광이요
은혜와 진리가 충만하더라.

요
한
복
음
1:14

서문

그분은 이 지구 위를 걸은 사람 중 가장 놀라운 분이었다. 그분은 믿기에는 너무나 엄청난 말씀을 하셨고, 믿지 않기에는 너무나 놀라운 이적을 행하셨다.

그분의 발걸음은 세상을 흔들었고, 여러 세기를 가로지르는 깊은 틈을 남겼으며, 그분 앞에 펼쳐진 것과 그분 뒤에 남겨진 것을 갈라놓았다. 그 발걸음이 남긴 자국들은 징 박힌 군화나 상원의원의 맞춤 신사화로 만들어진 것이 아니다. 그것은 전쟁터나 대리석 바닥에는 어울리지 않는 샌들이 남긴 흔적이다.

그 샌들의 주인은 누구인가? 그분은 칼을 휘두르지도, 군대를 명령하지도 않았다. 그 발걸음은 권력의 복도에는 너무나 이질적이었다.

그분에 관해 우리가 알고 있는 것은 너무나 적다. 그분의 유년 시절에 대해 아는 것이 거의 없다. 그분의 성년 시절도 마찬가지다. 그러나 그분이 하신 일은 너무나 크고 많아 만일 그 모두를 기록하려면 전 세계를 다 사용해도 그것을 보관할 만한 충분한 공간이 되지 못한다고 요한은 말한다. 그러나 정작 그분 자신은 아무것도 쓰지 않으셨고 어떤 책도 출판하지 않으셨다. 그분의 설교는 간결했고, 그분의 기도는 은밀했으며, 그분의 사역은 3년 반 남짓한 짧은 것이었다.

세상을 바꾸신 분, 평범한 샌들을 신고 사람들을 찾아가셨던 그분은 대체 누구신가?

그분의 이름은 예수.

어떤 사람들은 그분을 구세주로 알았다.

이 책은 그들이 그분과 함께 나누었던 몇 순간을 포착하려고 시도한 것이다. 이 책의 각 장은 당신을 잠시나마 그분께 좀 더 가까이 가게 하려고 준비한 것이다. 그래서 당신이 그분 눈에 담긴 친절함을 보고, 그분 음성에 담긴 부드러움을 들으며, 그분 마음에 담긴 열정을 느낄 수 있게 하려는 것이다.

각 장 첫 부분에 인용된 성경 말씀은 이 순간들을 담고 있는 틀이다. '묵상'은 그 틀 안에 담긴 내용에 약간의 색채와 음영을 가미해 나름대로 표현해보려고 시도한 것이다. '기도'는 당신이 구세주와 함께 보낸 순간들에서 나온 결과로 성령이 당신에게 하시는 말씀을 잠시 돌아보도록 하기 위한 것이다.

'기도'에서 끝나서는 안 된다. 기도는 시작으로, 물을 퍼올리기 위해 펌프에 쏟아붓는 한 바가지 물과 같은 것이다. 그래서 당신의 삶이라는 우물에서 끌어올린 기도의 언어가 당신의 가슴에서 차고 넘쳐 그분께 흘러가기를 바란다.

당신이 예수님 안에서 다른 사람들이 보았던 것을 보고, 그들이 들었던 것을 들으며, 그들이 느꼈던 것을 느끼게 되기를 나는 소망한다. 그들과 마찬가지로 당신도 그분이 얼마나 아름다운 구세주이신지를 보기 원한다. 그리고 그들과 함께 당신도 그분 발아래 엎드려 위대한 사람들조차 그 신들메를 감당하지 못하겠노라고 고백했던 샌들의 주인공이신 그분을 사랑하게 되길 간절히 바란다.

켄 가이어

나무 아래서 깨닫는 순_____간

아브라함과 다윗의 자손 예수 그리스도의 세계라.
아브라함이 이삭을 낳고
이삭은 야곱을 낳고
야곱은 유다와 그의 형제들을 낳고,
유다는 다말에게서 베레스와 세라를 낳고
베레스는 헤스론을 낳고
헤스론은 람을 낳고,
람은 아미나답을 낳고
아미나답은 나손을 낳고
나손은 살몬을 낳고,
살몬은 라합에게서 보아스를 낳고
보아스는 룻에게서 오벳을 낳고
오벳은 이새를 낳고,
이새는 다윗 왕을 낳으니라.
다윗은 우리야의 아내에게서 솔로몬을 낳고,
솔로몬은 르호보암을 낳고
르호보암은 아비야를 낳고
아비야는 아사를 낳고,
아사는 여호사밧을 낳고
여호사밧은 요람을 낳고

요람은 웃시야를 낳고,
웃시야는 요담을 낳고
요담은 아하스를 낳고
아하스는 히스기야를 낳고,
히스기야는 므낫세를 낳고
므낫세는 아몬을 낳고
아몬은 요시야를 낳고,
바벨론으로 사로잡혀 갈 때에 요시야는 여고냐와 그의 형제들을 낳으니라.
바벨론으로 사로잡혀 간 후에 여고냐는 스알디엘을 낳고
스알디엘은 스룹바벨을 낳고,
스룹바벨은 아비훗을 낳고
아비훗은 엘리아김을 낳고
엘리아김은 아소르를 낳고,
아소르는 사독을 낳고
사독은 아킴를 낳고
아킴은 엘리웃을 낳고,
엘리웃은 엘르아살을 낳고
엘르아살은 맛단을 낳고
맛단은 야곱을 낳고,
야곱은 마리아의 남편 요셉을 낳았으니
마리아에게서 그리스도라 칭하는 예수가 나시니라.

_ 마태복음 1:1-16

묵
상

마태는 자신의 복음서를 가족 나무(family tree)인 족보 이야기로 시작한다. 이 나무는 이스라엘의 가장 위대한 족장인 아브라함과 가장 위대한 왕인 다윗에게 그 뿌리를 내리고 있다.

이 나무의 열매는 예수다.

마태의 복음서에는 전반에 걸쳐 이 뿌리와 열매라는 공통된 흐름이 나타난다. 구약의 뿌리는 예언이다. 신약의 열매는 성취다. 자녀를 위해 울었던 라헬의 눈물은 헤롯의 손에 자녀가 살해당해야 했던 베들레헴 어머니들이 함께 흘린 눈물이 된다. 이사야가 말했던 광야에서 외치는 자의 소리는 세례 요한의 선포가 된다. 목자를 침으로 말미암아 양 떼가 흩어지리라는 스가랴의 예언은 예수가 배신당하신 밤에 이루어진다.

마태는 유대인을 위해 복음서를 쓰면서 다른 복음서 저자보다 구약을 더 많이 인용한다. 그는 시편의 풍성한 밭이랑 사이에 줄이어 심어진 진리가 지표 아래로 뿌리를 내리는 것을 본다. 그리고 경작되지 못한 듯한 예언서의 언어들 속에서 씨앗이 뿌려져 그 흙 속에 묻혀 있는 밭을 본다.

묻혀 있지만 기대감에 차 있다.

그것은 에덴동산이 황폐해진 이후 모든 피조물은 구세주, 곧 어느 날 낙원을 회복하실 약속의 씨를 기다려왔기 때문이다. 무수한 계절이 오가는 내내 기다렸다. 백 년을 보내고 천 년을 보내면서 애타게 기다렸다. 구세주에 대한 이러한 소망은 우주에 가득 찬 그리움이다. 이교도들의 신화에서도, 비록 그것이 아무리 멀고 또 혼란스럽다 하더라도 이 소망의 메아리를 들을 수 있다. 고대의 전설들에서도, 비록 그것이 너무나 희미하고 왜곡되어 있다 하더라도 이 꿈의 섬광을 볼 수 있다. 이스라엘로 오면 이 소망은 더욱 분명해진다. 이 꿈은 더욱 생생해진다. 이것은 출산을 앞둔 모든 어머니의 소망이며, 그 옆에서 안절부절못하는 모든 아버지의 꿈이다.

그것은 구세주에 대한 꿈이다.

그분이 곧 오시리라는 꿈이다.

구세주는 왕의 가문을 통해 오실 것이다. 그 정도는 누구나 알고 있었다. 그 가문은 아브라함에서 시작되어 다윗을 통해 가지를 칠 것이다. 하지만 그 나무 둥치의 견고함과 가지의 무성함에도 불구하고, 구세주의 가족 나무에도 병충과 황무함이 들고, 가지들이 꺾이며, 줄기가 부러져나갔다.

예컨대 아브라함은 믿음의 사람이었다. 그럼에도 아내를 바로의 품으로 보내 약속의 씨를 위험에 빠뜨렸던 거짓말쟁이기도 했다. 그리고 그는 이 잘못을 믿음이 흔들렸던 한순간에만 저지른 것이 아니라 두 번이나 반복했다.

그리고 다윗이 있다. 성경은 그가 하나님 마음에 합한 사람이었다고 우리에게 가르친다. 그러나 그는 다른 것에도 마음을 빼앗긴 사람이었다. 밧세바가 그중 하나였다. 다윗은 그녀와 간음을 했고, 그녀 때문에 살인을 저질렀다.

이 가족 나무에서 특히 보기 흉한 마디인 라합은 창녀였다.

이방인과의 결혼이 법으로 허용되지 않았던 유대인 사회에서 룻은 예기치 않게 접목된 이방인이었다.

우리아의 아내는 마태의 목록에 이름 없이 등장한다. 그러나 그녀는 다름 아닌 밧세바다. 또 다른 행음자였다.

그리고 유다라는 갈라진 가지가 있다. 또 므낫세라는 뒤틀린 가지도 있다. 이 가족 나무 전체를 살펴보면 우리는 머리를 긁적이며 의아할 수밖에 없다. 그 가지들을 통해 세상의 구세주를 배출한 이 나무에 대해 우리는 어떻게 생각해야 하는가? 이 모든 죄를, 이 모든 불완전한 모습을, 이 모든 실패를 우리는 어떻게 생각해야 하는가?

바로 이것이다. 우리의 인간성이 아무리 연약하고 불안전한 것이라 해도 하나님의 목적은 결코 좌절되는 법이 없다는 것이다. 그분은 우리 안에서, 우리를 통해 그리고 그 무엇보다 우리라는 존재에도 불구하고 일하신다. 그분은 정원사가 정원과 함께 일하듯 우리와 함께 일하신다. 가지를 들어 올리고, 깨끗하게 하며, 물을 주고, 잡초를 제거하신다. 열매를 맺는 데 필요한 것이 무엇이든지 그리고 그 기간이 얼마나 걸리든지 그분은 하신다.

이것이 우리가 품어야 할 소망이다. 계절이 오고 가는 동안 그분은 각 세대마다 경작되지 않은 밭을 일구신다. 그분의 섭리하시는 손길은 어두운 밤에도 흙덩어리가 뭉쳐진 땅을 어루만지신다. 그분의 세심한 눈길은 우리의 성장을 지켜보신다. 어린 자들에게서 막 피어나는 믿음을 지켜보시고, 연로한 자들에게서 뻗어가는 영향력을 지켜보신다. 그래서 우리의 연약하고 마디투성이인 가지에서 무엇인가 아름다운 것이 꽃피어 하늘에까지 닿도록 하신다.

기
도

하나님, 감사합니다.

당신 아들의 족보가 은혜의 혈통이었음을, 당신의 사랑이 모든 세대에 미치고 있음을 보여주는 증거로 그 사실을 우리에게 알려주심을 감사드립니다.

그 많은 세대를 지나 저까지 찾아주셔서 감사드립니다. 그리고 그토록 오래 참으시면서 저를 그 나무에 접목해주셔서 감사드립니다. 당신의 굳센 손과 부드러운 손길에 감사드립니다. 저는 살면서 부딪히는 이 순간 저 순간에 그 두 가지가 다 필요했습니다. 그리고 의심할 여지없이 앞으로도 계속 필요할 것입니다. 가지인 저를 들어 올려주시고 깨끗하게 해주십시오. 물을 주시고 잡초를 제거해주십시오. 그리고 제가 다른 사람들에게 무엇인가를 베풀 수 있는 자리에 이르기까지 다 듬어지도록 필요한 것은 무엇이라도 해주십시오.

여러 가지 손실로 겸손해질 수밖에 없었던 인생의 가을을 주심에 감사드립니다. 추위로 저를 강건하게 해준 겨울을 주심에 감사드립니다. 수액으로 저에게 새로운 활력을 불어 넣어준 봄을 주심에 감사드립니다. 그리고 당신이 제 인생에서 경작해내신 열매들을 나눌 기회를 준 여름을 허락하심에 감사드립니다.

오 주님, 구세주의 오심을 기다렸던 그 가족을 그토록 신실하게 지켜주셨던 주님, 당신이 다시 오시기를 기다리는 우리 가족도 지켜주옵소서!

마리아와 함께 깨닫는 순___간

여섯째 달에 천사 가브리엘이 하나님의 보내심을 받아 갈릴리 나사렛이란 동네에 가서 다윗의 자손 요셉이라 하는 사람과 약혼한 처녀에게 이르니 그 처녀의 이름은 마리아라. 그에게 들어가 이르되 "은혜를 받은 자여 평안할지어다. 주께서 너와 함께하시도다" 하니

처녀가 그 말을 듣고 놀라 '이런 인사가 어찌함인가?' 생각하매 천사가 이르되 "마리아여, 무서워하지 말라. 네가 하나님께 은혜를 입었느니라. 보라 네가 잉태하여 아들을 낳으리니 그 이름을 예수라 하라. 그가 큰 자가 되고 지극히 높으신 이의 아들이라 일컬어질 것이요 주 하나님께서 그 조상 다윗의 왕위를 그에게 주시리니 영원히 야곱의 집을 왕으로 다스리실 것이며 그 나라가 무궁하리라."

마리아가 천사에게 말하되 "나는 남자를 알지 못하니 어찌 이 일이 있으리이까?"

천사가 대답하여 이르되 "성령이 네게 임하시고 지극히 높으신 이의 능력이 너를 덮으시리니 이러므로 나실바 거룩한 이는 하나님의 아들이라 일컬어지리라. 보라 네 친족 엘리사벳도 늙어서 아들을 배었느니라. 본래 임신하지 못한다고 알려진 이가 이미 여섯 달이 되었나니 대저 하나님의 모든 말씀은 능하지 못하심이 없느니라."

마리아가 이르되 "주의 여종이오니 말씀대로 내게 이루어지이
다" 하매 천사가 떠나가니라.

_ 누가복음 1:26-38

'천사'는 메신저를 의미한다. 천사는 때로 메시지만 전하기 위해 온다. 때때로 그들은 둘씩 짝을 지어 오기도 하고, 어떤 때는 여럿이 함께 오기도 한다. 어떤 천사들은 굉장한 모습으로 나타난다. 어떤 천사들은 눈에 띄지 않게 살짝 나타난다. 대부분 천사는 이름 없이 나타난다. 성경 전체에서 단지 두 천사가 이름이 소개되는데, 이스라엘의 수호천사인 미가엘 그리고 가브리엘이다.

가브리엘에는 '하나님의 영웅'이란 의미가 있다. 그가 얼마나 많은 전투를 했는지, 그리고 얼마나 많은 적진을 뚫고 여기에 왔는지 우리는 모른다. 이제 그가 여기에 나타난다. 그는 자신이 온 인류가 그토록 기다려온 메시지를 전하는 자로 선택된 것에 얼마나 큰 기쁨을 느꼈을까!

에덴의 문이 닫혔을 때 우리의 첫 조상은 자신들이 입고 있던 옷만 가지고 나왔을 뿐이다. 그 옷은 하나님이 만들어주신 것이다. 그 옷은 그들의 수치를 가릴 수 있도록 무죄한 짐승이 피를 흘리고 제공한 가죽으로 만들어진 것이었다.

그 옷의 안감에는 약속이 꿰매져 있다.

구세주에 대한 약속이다.

여러 세기를 거쳐 구세주의 정체가 조금씩 드러났다. 아브라함에게 약속을 주시던 장면에는 구세주가 그의 가계를 통해 올 것이며 온 세상에 복이 될 것이 드러났다. 천 년 후 이 약속에 담긴 또 다른 부분이 더 드러났다. 구세주는 다윗의 후손으로 올 것이며 그의 왕권을 계승하리라는 것이다. 선지자마다 뒤를 이어 구세주의 모습을 조금씩 더 분명하게 드러냈다. 그분에 관해 어떤 때는 한 단어가, 어떤 때는 한 문장이 그리고 어떤 때는 한 이미지가 더 밝혀졌다.

"임마누엘."

"베들레헴아, 네게서 한 다스리는 자가 나올 것이다."

"그는 상한 갈대를 꺾지 아니하며 꺼져가는 심지를 끄지 아니하시리라."

그러나 그 후 4백 년 동안 구세주에 대한 언급은 없었다. 어쨌든 하늘로부터는 없었다. 신성한 천사의 등장도, 선지자의 외침도 그리고 한마디 말도 없었다. 이 천사가 메시지를 전하기 전까지는.

그는 이스라엘에서 가장 거룩한 도시인 예루살렘으로, 예루살렘에서도 가장 거룩한 곳인 성전으로, 성전 안에서도 거룩한 사람 중 하나였던 제사장 사가랴에게로 보내졌다. 그리고 그가 전한 메시지는 마침내 하늘의 침묵을 깨뜨렸다.

사가랴는 천사가 나타났을 때 성전에서 제단에 향을 피우고 있었다. 그는 천사의 모습을 보고 기겁했다. 본문은 그의 반응을 "놀라고 무서워하니"라고 묘사한다. 그러나 두려움은 가브리엘이 원했던 반응이 결코 아니다.

"사가랴여, 무서워하지 말라. 너의 간구함이 들린지라. 네 아내 엘리사벳이 네게 아들을 낳아 주리니 그 이름을 요한이라 하라. 너도 기뻐하고 즐거워할 것이요 많은 사람도 그의 태어남을 기뻐하리니 이는 그가 주 앞에 큰 자가 되며 포도주나 독한 술을 마시지 아니하며 모태로부터 성령의 충만함을 받아 이스라엘 자손을 주 곧 그들의 하나님께로 많이 돌아오게 하겠음이라. 그가 또 엘리야의 심령과 능력으로 주 앞에 먼저 와서 아버지의 마음을 자식에게, 거스르는 자를 의인의 슬기에 돌아오게 하고 주를 위하여 세운 백성을 준비하리라"(눅 1:13-17).

사가랴에게 그것은 얼마나 큰 영광이었을까! 마침내 아버지가 된다는 것 때문만은 아니다. 그의 아들이 자라 구세주의 길을 예비할 것이며, 사람들이 그분의 오심을 준비하게 하는 외침이 된다는 것이다. 그러나 어떤 이유에서인지 이 경건한 사람은 천사의 말만으로는 확신을 가질 수 없었던 모양이다. "내가 이것을 어떻게 알리요? 내가 늙고 아내도 나이가 많으니이다"(눅 1:18). 사가랴는 어떤 증거, 어떤 표지, 단지 말만이 아닌 어떤 확신을 원했다.

가브리엘은 그의 이러한 태도를 '불신'이라고 했다.

"나는 하나님 앞에서 있는 가브리엘이라. 이 좋은 소식을 전하여 네게 말하라고 보내심을 받았노라. 보라, 이 일이 되는 날까지 네가 말 못하는 자가 되어 능히 말을 못하리니 이는 네가 내 말을 믿지 아니함이거니와 때가 이르면 내 말이 이루어지리라"(눅 1:19-20).

사가랴는 이 불신 때문에 벙어리가 되었다. 그리고 이 천상의 메시지를 다른 사람들과 나누는 특권을 누릴 수 없게 되었다. 하늘 침묵은 계속되었다.

하늘로부터 전해진 다음 소식은 유대 도시 가운데 가장 거룩한 곳인 예루살렘이 아니라 가장 평범한 도시인 나사렛으로 왔다. 이번에도 가브리엘이 소식을 전했다. 그러나 메시지를 받은 사람은 제사장이 아닌 한 시골 처녀였다. 거룩한 사람이 아닌 한 겸손한 여인에게. 그 여인의 이름은 마리아다.

"은혜를 받은 자여, 평안할지어다. 주께서 너와 함께하시도다."

마리아가 놀란 것은 사가랴처럼 천사 때문이 아니었다. 오히려 그녀가 놀란 것은 천사의 인사 때문이었다. 나사렛 사람인 자신에게는 너무나 고상한 인사였던 것이다. 그녀의 마음에 여러 질문이 스치고 지나갔다. '천사가 왜 여기에 나타난 것일까?' '내가 무엇이 특별해서 그러한 은혜를 입는단 말인가?' '어떤 어두운 골짜기가 기다리고 있기에 주님이 내게 나타나 위로를 주셔야 했는가?'

앞으로 맞을 일을 생각하니 그녀에게 두려움이 엄습해왔다. 불안하게 흔들리는 그녀의 두 눈동자를 보면서 천사는 그 두려움을 씻어주기로 했다.

"마리아여, 무서워하지 말라. 네가 하나님께 은혜를 입었느니라. 보라, 네가 잉태하여 아들을 낳으리니 그 이름을 예수라 하라. 그가 큰 자가 되고 지극히 높으신 이의 아들이라 일컬어질 것이요, 주 하나님께서 그 조상 다윗의 왕위를 그에게 주시리니 영원히 야곱의 집을 왕으로 다스리실 것이며 그 나라가 무궁하리라"(눅 1:30-33).

그녀는 이 계시를 듣고 놀랐다. 정신을 집중해 겨우 몇 마디를 입에 모아 이렇게 물었다. "나는 남자를 알지 못하니 어찌 이 일이 있으리이까?" 이 질문은 메시지에 관한 것이 아니었다. 심지어 기적이 어떻게 일어날 것인지에 대한 것도 아니었다. 그녀는 가브리엘의 말을 의심하지 않았다. 그녀가 궁금했던 것은 단지 이 일이 어떻게 이루어질 것인가였다. 천사는 설명한다.

"성령이 네게 임하시고 지극히 높으신 이의 능력이 너를 덮으시리니 이러므로 나실바 거룩한 이는 하나님의 아들이라 일컬어지리라. 보라, 네 친족 엘리사벳도 늙어서 아들을 배었느니라. 본래 임신하지 못한다고 알려진 이가 이미 여섯 달이 되었나니 대저 하나님의 모든 말씀은 능하지 못하심이 없느니라"(눅 1:35-37).

엘리사벳이 임신한 것은 사실이다. 그러나 마리아의 경우는 완전히 다른 문제였다. 엘리사벳은 결혼했고, 그녀 생애 대부분을 결혼한 여자로 살았다. 마리아는 단지 최근에 약혼했을 뿐이다. 이 점을 생각할 때 마리아의 반응은 놀랍다.

"주의 여종이오니 말씀대로 내게 이루어지이다"라고 대답한 것이다.

마리아가 하나님의 뜻에 순복했을 때 그녀는 자신을 큰 위험에 내어놓은 것이었다. 이것은 그녀의 평판뿐 아니라 생명이 걸린 문제였다. 최악의 경우 그녀는 돌에 맞아 죽을 수도 있었다. 최상의 경우라 해도 조롱거리가 되는 것이었다.

모든 사람이 물을 길으러 모여드는, 그 마을에 하나뿐인 우물가에서 퍼져나갈 소문을 상상해보라. "아니 땐 굴뚝에 연기 날까?" 나이 많은 여인이 물통에 물을 채우면서 짐짓 정숙한 척 한마디를 던진다. 다른 여인은 마리아를 반쯤 편들면서 이렇게 말할 것이다. "여기서는 좋은 아가씨도 문제를 일으키기 십상이야. 외국 상인들이 묵고 가질 않나, 로마 병정들도 지나가질 않나…."

마리아의 이야기가 모든 사람에게 알려지면 소문은 조롱으로 변할 것이다. 사람들의 표정을, 그들의 능글맞은 웃음과 무성한 말들을 상상해보라. "천사가 마리아를 방문해? 허허. 그리고 뭐라고 그랬대? 성령이라고? 마리아가 그렇게 말한대? 자네는 그 여자 말을 믿나?"

누가 제정신으로 그 말을 믿겠는가?

요셉? 마리아의 시댁 식구들? 랍비? 누가 믿겠는가?

누구도 믿지 않을 것이다. 그러나 마리아는 믿었다.

그녀의 믿음은 대담한 것이었다. 그것은 그녀가 즉각 결심했다는 것과 온전히 순종한 것으로 드러난다. 마리아는 하나님께 복종했다. 아무리 많은 의문이 꼬리를 물고 이어져도 복종했다. 의심의 눈초리와 그녀가 치러야 할 대가와 그 결과가 어떨지 뻔히 알고 있는데도 말이다. 평판을 잃을 수도, 애인을 잃을 수도 있었다.

심지어 목숨을 잃을 수도 있는 상황에서도 그녀는 복종했다.

이 젊은 여인이 지니고 있던 많은 좋은 자질 가운데서도 '그럼에도'라는 믿음이야말로 그녀가 이 놀라운 약속의 씨를 양육하기에 적합한 사람이라는 것을 확증한다. 그것은 '그럼에도'의 믿음이 약속의 씨가 점점 더 자라나 세상의 구세주가 되시기 위해 필요했던 본능적인 자질이었기 때문이다.

기
도

사랑하는 예수님,

　당신의 어머니는 얼마나 놀라운 분이셨는지요. 참으로 은혜를 입은 분이셨습니다. 참으로 복 받은 분이셨습니다. 마리아. 하나님의 어머니. 주님, 저를 도우셔서 이 말이 풍기는 익숙함에서 벗어나 그 넓은 의미를 다시 깨닫게 하옵소서. 하나님의 어머니. 누가 그러한 역할을 감당할 수 있겠습니까? 아무리 상상력을 발휘해본다 해도 누가 그러한 자격을 갖출 수 있겠습니까?

　그녀에게 주어진 영예는 아찔한 것이었습니다. 그녀가 감당해야 했던 책임도 마찬가지입니다. 그녀는 당신을 잉태하는 것뿐 아니라 보호하고 기르며 가르치기까지 해야 했습니다.

　그 많은 세월을 지나온 지금 그녀가 저도 가르쳐주기를 기도합니다. 제가 그녀에게서 배워야 할 것은 너무나 많습니다. "주의 종이오니 말씀대로 내게 이루어지이다"라고 기도하는 것을 배울 수만 있다면 제 삶에 얼마나 놀라운 일들이 일어날까요! 만일 그 기도가 저의 기도라면 제가 생각하는 것이나, 세우는 계획이나, 제 입에서 나오는 말들이 얼마나 많은 영향을 받게 될까요! 만일 제가 오늘 아침 성경을 그러한 태도로 읽었다면 이 오후가 얼마나 달라졌을까요! 이 오후에 제가 얼마나 달라졌을까요!

　"저는 당신의 종입니다." 이 말은 종교적으로 너무나 옳은 말로 들립니다. 그러나 이 말이 진실일까요? 제가 참으로 당신의 종일까요? 당신이 제 삶을 두고 품으신 계획이 무엇이든지, 어떠한 위험과 대가

와 결과가 따른다 하더라도 저는 기꺼이 순종할까요?

"말씀대로 내게 이루어지이다." 저는 이 말을 너무 쉽게 합니다. 그러나 제가 정말 정직하게 그 말을 할 수 있을까요? 그렇게 말하고 그런 태도를 가질 수 있을까요? 그렇게 살 수 있을까요?

주님, 오랫동안 그녀는 당신을 가르쳤습니다. 많은 말과 많은 방법으로 말입니다. 그녀의 가르침이 우리에게 너무 조금 알려져 있다는 것은 참으로 슬픈 일입니다. 그러나 "주의 계집종이오니 말씀대로 내게 이루어 지이다"라는 말이 우리에게 전해진 것으로 당신께 감사드립니다. 제가 그녀에게서 다른 어떤 것을 더 배우지 않더라도 이 말은 제게 귀한 본이 됩니다. 제가 어떻게 기도해야 하고 어떻게 살아야 하는지를 우리에게 전해진 것으로 당신께 감사드립니다. 제가 그녀에게서 다른 어떤 것을 더 배우지 않더라도 이 말은 제게 귀한 본이 됩니다. 제가 어떻게 기도해야 하고 어떻게 살아야 하는지를 보여주는….

마리아와 요셉과 함께하는 친밀한 순___간

그때에 가이사 아구스도가 영을 내려 천하로 다 호적하라 하였으니 이 호적은 구레뇨가 수리아 총독이 되었을 때에 처음 한 것이라. 모든 사람이 호적하러 각각 고향으로 돌아가매 요셉도 다윗의 집 족속이므로 갈릴리 나사렛 동네에서 유대를 향하여 베들레헴이라 하는 다윗의 동네로 그 약혼한 마리아와 함께 호적하러 올라가니 마리아가 이미 잉태하였더라. 거기 있을 그때에 해산할 날이 차서 첫아들을 낳아 강보로 싸서 구유에 뉘었으니 이는 여관에 있을 곳이 없음이러라.

— 누가복음 2:1-7

묵상

이 왕의 가족은 호적 등록하러 약 140킬로미터의 거리를 여행해야 한다. 요셉은 걷고, 만삭의 마리아는 들썩거리는 나귀 안장에 올라앉아 험한 길을 간다.

그들이 도착할 즈음 베들레헴이라는 촌은 외지에서 몰려온 여행객들로 북적였다. 여관이 만원이었기에 사람들은 마루 한구석 좁은 공간이라도 차지할 수 있으면 다행이라고 생각한다. 밤이 이슥해지면서 베들레헴은 깊은 잠에 빠지고 빈 방은 하나도 남지 않았다.

그러나 다행스럽게도 여관 주인은 그렇게 꽉 막힌 사람이 아니다. 여관 마구간은 손님들이 타고 온 짐승들로 붐볐다. 그러나 그들이 그 틈 사이에서라도 머물기를 원한다면 그 정도는 허락할 수 있다.

요셉은 진통과 싸우느라 정신이 없는 마리아를 바라본다. "거기라도 좋습니다." 그는 주저하지 않고 주인에게 대답한다.

고요하기만 한 밤, 요셉은 마구간의 문을 삐걱 연다. 문을 열자 그 안에 있던 짐승들은 일제히 불협화음으로 합창하면서 이 불청객들을 맞이한다. 여관 주인은 낮 동안 짐승은 고사하고 손님 시중조차 제대로 들지 못할 정도로 바빴는지, 눅눅하고 역한 마구간 냄새가 코를 찌른다. 주인이 빌려준 작은 램프가 깜빡거리며 벽에 드리운 그림자를 춤추게 한다. 해산의 고통을 겪고 있는 여인에게는 매우 혼잡한 분위기다. 그녀는 집에서부터 멀리 떨어져 있다. 가족에게서도 멀리 떨어져 있다. 그리고 그녀가 첫아이를 위해 기대해온 모든 것에서 멀리 떨어져 있는 것이다.

그러나 마리아는 불평하지 않는다. 마침내 나귀에서 내려 발을 디딜 수 있게 된 것만으로도 한결 살 것 같다. 그녀는 벽에 기대어 앉는다. 발은 부어올랐고, 허리는 끊어질 듯하며, 진통은 점점 더 강하게 더 자주 오고 있다.

요셉은 마구간을 훑어본다. 잠시도 지체할 수 없다. 서둘러 결정을 내려야 한다. 구유는 아기를 누일 요량으로 쓸 만하다. 건초는 매트리스로 쓸 수 있을 것이다. 담요는? 담요는? 아! 그의 겉옷이 있다. 그것이면 될 것이다. 그리고 습기를 말리려 널어놓은 천들도 도움이 될 것이다. 이제 마리아는 두 배로 빨리 진통을 느끼고 있다. 요셉은 물통을 들고 뛰어간다.

해산은 산모에게도 아이에게도 쉽지 않을 것 같다. 그것은 잉태되던 그 순간 이 아들이 가졌던 왕으로서의 모든 특권이 사라졌기 때문이다.

밤의 정적을 가르고 마리아의 비명이 울려 퍼진다.

요셉은 숨을 헐떡이며 물이 넘치는 나무통을 들고 돌아온다. 아기의 머리가 벌써 세상 밖으로 나오고 있다. 고통으로 일그러진 마리아의 얼굴에서는 땀이 비 오듯 쏟아진다. 온 유대에서 가장 어울리지 않는 산파인 요셉이 그녀 옆으로 달려간다.

출산을 위해 필요한 자궁의 수축만으로는 충분하지 않다. 마리아는 마치 하나님이 그녀의 도움 없이는 이 세상에 나오는 것을 거부하시기라도 하는 양, 있는 힘을 다해 아기를 밀어내야 한다.

요셉이 그녀의 밑에 천을 깐다. 그리고 마지막 힘을 주고 긴 숨을 내쉬는 것으로 그녀의 해산이 끝난다.

메시아가 오셨다.

좁은 산도를 따라 어머니의 자궁을 빠져나오느라 압박을 받아 길쭉해진 머리, 색소가 겉으로 드러나기까지는 며칠, 아니 몇 주가 더 걸려야 할 것 같은 하얀 피부, 귀와 콧구멍에 묻어 있는 점액, 양수에 젖어서 미끈거리는 온몸. 가장 높으신 하나님의 아들이 비천한 유대인 처녀에게 탯줄로 연결된 것이다.

아기가 숨이 막혀 기침한다. 요셉은 본능적으로 아기를 뒤집어 목구멍이 뚫리게 한다.

그러자 아기는 울음을 터뜨린다.

마리아는 가슴을 풀어 제치고 떨고 있는 아기를 향해 손을 뻗는다.

그녀가 아기를 자신의 가슴에 누이자 아기의 가련한 울음은 줄어든다. 아기의 작은 머리는 익숙하지 않은 곳을 찾아 더듬거리기 시작한다. 이것이 아기이신 왕이 첫 번째로 배우신 것이다. 마리아는 아기가 젖을 빨려고 움직일 때마다 그의 심장 박동을 느낄 수 있다.

젊은 여인의 가슴에서 신성하신 그분이 젖을 먹는다. 이보다 더 놀라운 일이 있을 수 있을까? 이보다 더 심오한 일이 있을 수 있을까?

요셉은 지쳐서 앉아 있다. 조용하게. 경이에 차서.

아기는 젖을 다 먹고 숨을 내쉰다. 신성하신 말씀이 이제 몇 마디 알아들을 수 없는 옹알거림으로 줄어들었다. 그리고 처음으로 그의 눈은 어머니를 향한다. 신성하신 그분이 초점을 맞추려고 애를 쓴다. 세상의 빛이신 그분이 여느 아기처럼 사시로 바라보시는 것이다.

마리아의 눈에 눈물이 고인다. 그녀는 그의 작은 손을 만진다. 그리고 한때 거대한 산맥들을 조각하시던 그 손이 이제는 그녀의 손가락에 매달린다.

그녀는 요셉을 바라본다. 눈물에 젖어 아른거리는 모습을 보며 서로의 영혼이 교감한다. 요셉은 약혼녀의 뺨을 자신의 뺨으로 비비며 그녀에게 더 가까이 다가앉는다. 그들은 함께 경이에 찬 눈으로 아기 예수를 바라본다. 아기의 눈꺼풀은 이제 점점 무거워져 감기기 시작한다. 그것은 오랜 여행이었다. 왕은 이제 피곤해지신 것이다.

그리고 하나님은 눈에 띄지 않게 잔잔한 물결을 일으키며 인류의 따뜻한 호수로 들어오신다. 어떤 성대한 의식도 없이 수수하게. 세상 사람들이 천사를 예견했음 직한 곳에는 파리만 날아다닐 뿐이었다. 정부의 고급 각료를 기대했음 직한 곳에는 겨우 나귀 몇 마리와 굴레를 쓴 소들, 흥분해서 우왕좌왕하는 양들과 밧줄에 매여 있는 낙타 한 마리 그리고 호기심에 차 몰래 뛰어다니는 마구간의 생쥐들이 있을 뿐이다.

요셉 외에는 마리아와 고통이나 기쁨을 나눌 수 있는 사람이 없었다. 물론 구세주의 도착을 알리는 천사들이 있었다. 그러나 그들은 오직 노동자였던 한 무리의 목자에게만 그 소식을 전했다. 물론 하늘에는 그가 탄생하신 곳을 알리는 장엄한 별이 빛나고 있었다. 하지만 겨우 세 외국인만이 그 별을 보고 따라왔다.

이렇게 베들레헴 작은 고을에… 그 고요한 밤에… 하나님의 아들은 발끝으로 가만히 들어오듯 탄생하셨다. 온 세상이 잠들었을 때.

기도

사랑하는 예수님,

비록 여관에는 당신을 위한 방이 없었지만, 오늘 제 마음속에 당신이 거하실 따뜻한 방을 마련할 수 있도록 도와주십시오. 비록 당신의 백성은 당신을 영접하지 않았지만, 이 시간 제가 두 팔 벌려 당신을 안을 수 있기를 원합니다. 비록 베들레헴은 호적을 등록하려는 사람들로 혼잡했지만, 저에게 은혜를 베푸셔서 이 조용한 시간에 잠잠히 당신이 하나님이심을 알게 해주십시오. 마구간을 궁전으로 삼으신 주님. 말구유를 보좌로 삼으신 주님. 그리고 강보가 유일한 예복이었던 주님.

무릎을 꿇고 고백합니다. 제가 이 세상의 허식과 겉치레에 너무 물든 나머지 당신이 마구간에서 배냇짓하시는 모습을 보지 못하고 있음을. 부디 저를 용서해주십시오. 그리고 제가 당신의 탄생이 가르치시는 바를 이해할 수 있도록 도와주십시오. 하나님의 능력은 강함보다는 약함을 통해 주어지는 것임을, 진정한 위대함은 권리를 주장함으로써가 아니라 오히려 권리를 내어줌으로써 얻어지는 것임을 그리고 가장 속된 것이라 할지라도 당신을 중심에 모실 때 가장 거룩한 것이 될 수 있음을 깨닫게 도와주십시오.

그리고 당신이 저와 교제하시려고 문 앞에 서서 두드리실 때 당신의 노크 소리를 듣고 제가 빨리 일어설 수 있도록 제게 더 특별한 민감함을 허락해주십시오. 당신을 바깥의 추운 곳에서 기다리게 하거나 또 다른 마구간으로 쫓아 보내지 않도록 저를 지켜주십시오. 제 마음이 언제나 따뜻하고 열려 있도록 도와주십시오. 그래서 당신이 문을 두드리실 때 당신이 거하실 처소가 언제나 준비되어 있도록….

들에서 깨닫는 순간

그 지역에 목자들이 밤에 밖에서 자기 양 떼를 지키더니 주의 사자가 곁에 서고 주의 영광이 그들을 두루 비추매 크게 무서워하는지라. 천사가 이르되 "무서워하지 말라. 보라, 내가 온 백성에게 미칠 큰 기쁨의 좋은 소식을 너희에게 전하노라. 오늘 다윗의 동네에 너희를 위하여 구주가 나셨으니 곧 그리스도 주시니라. 너희가 가서 강보에 싸여 구유에 뉘어 있는 아기를 보리니 이것이 너희에게 표적이니라" 하더니

홀연히 수많은 천군이 그 천사들과 함께 하나님을 찬송하여 이르되

"지극히 높은 곳에서는 하나님께 영광이요,
땅에서는 하나님이 기뻐하신 사람들 중에 평화로다" 하니라.

천사들이 떠나 하늘로 올라가니 목자가 서로 말하되 "이제 베들레헴으로 가서 주께서 우리에게 알리신바 이 이루어진 일을 보자" 하고

빨리 가서 마리아와 요셉과 구유에 누인 아기를 찾아서 보고 천사가 자기들에게 이 아기에 대하여 말한 것을 전하니 듣는 자가 다 목자들이 그들에게 말한 것들을 놀랍게 여기되 마리아는 이 모든 말을 마음에 새기어 생각하니라. 목자들은 자기들에게 이르던 바와 같이 듣고 본 그 모든 것으로 인하여 하나님께 영광을 돌리고 찬송하며 돌아가니라.

― 누가복음 2:8-20

묵상

최초의 복음 전도자는 목자들이었다. 그들은 복음을 전하는 데 적합한 어떤 기술도, 은사도 없었다. 신학 교육이나 개인적인 훈련을 받은 적도 없었다. 또 자신들보다 앞서가서 사역을 준비해줄 선교 단체도, 떠날 때 남겨두고 올 책자도 없었다.

그들이 가진 것은 오직 신성한 만남뿐이었다.

목자들은 베들레헴 외곽에 있는 유랑민 촌에서 살았다. 사람들은 그들을 꺼렸다. 직업상 그들은 정통적인 정결 규례를 지킬 수 없었다. 결과적으로 그 사회는 그들을 부정하게 여겼다. 그들은 지역 사회에 뿌리를 내리지 못했기 때문에 항상 의심의 눈초리를 받았다.

유대인 사회의 언저리에 존재했던 이 목자라는 무리는 대개 돌탑 위에서 밤을 보낸다. 다른 목자들이 모닥불 주위에 모여 눈을 붙이려고 애쓰는 동안 그들 중 두어 명은 양 떼를 지킨다. 유대인 역사가 유세비우스는 이러한 파수대가 베들레헴에서 약 천 걸음 떨어진 곳에 있었다고 전한다. 유대인들의 전승은 그 탑이 특별한 양 떼를 내려다보며 지키기 위한 것이었다고 설명한다.

양들은 희생 제물로 드려지기 위해 구별된다.

성전의 제물로 쓰일 가축은 점이나 흠 없이 온전해야 한다. 뼈가 부러지거나 거죽에 상처가 있으면 안 된다. 한 번이라도 골짜기에 떨어지거나 맹수를 만나면 그 양은 제단에 드려질 수 없다. 그럴 경우 그 양의 가치는 희생 제물에서 양털이나 가죽, 고기 등을 제공하는 일반 가축의 수준으로 떨어지게 된다. 양의 가치를 유지하려면 양을 보호해야 한다. 다시 말해 목자는 밤낮을 불문하고 양을 지켜야 한다.

그날 밤에도 기온이 떨어지자 목자들은 양털로 만든 겉옷 안으로 몸을 파묻고 체온을 유지했다. 그들 머리 위로 맑은 밤하늘이 펼쳐진다. 달은 둥글고 환하다. 하늘에는 별들이 흩뿌려져 있다. 그리고 그곳의 공기는 코를 찌르는 양들의 냄새로 가득하다. 멀리서 가축들이 우는 소리가 가끔 들리는 것 말고는 언덕은 고요하다. 불도 이제 사그라든다. 탁탁 튀던 노란 불꽃이 이제 잿불 속에서 오렌지빛으로 속삭인다. 탑 위에서 가끔 두런거리는 말소리가 들려올 뿐이다.

불이 사그라질 무렵 갑자기 하늘에서 천사들이 밤의 휘장을 가르며 하늘의 영광을 온 들판에 쏟아붓는다. 눈부시도록 환한 빛은 몸을 웅크리고 잠들어 있던 사내들을 깨운다.

천사의 모습은 두렵지만, 그의 말은 그렇지 않다. "무서워하지 말라." 그가 위로의 말을 전한다. "보라, 내가 온 백성에게 미칠 큰 기쁨의 좋은 소식을 너희에게 전하노라."

그들은 머리까지 뒤집어쓴 겉옷 사이로 천사를 슬쩍 훔쳐본다. 천사는 미소를 지으면서 곁눈질하는 그들을 향해 부드럽게 말한다. "오늘 다윗의 동네에 너희를 위하여 구주가 나셨으니 곧 그리스도 주시니라."

선지자들은 이 구세주에 대해 예언해왔다. 왕들은 그분의 통치를 고대해왔다. 그리고 모든 사내아이가 태어날 때마다 그분이 오시리라는 소망을 기억했다. 농부에서부터 족장에 이르기까지 모든 이스라엘 사람은 그분을 기다렸다. 그리고 마침내, 그때가 지금일지도… 그곳이 여기일지도… 그리고 그 아기가 그분일지도 모른다.

목자들은 자기들의 귀를 믿을 수 없었다. 환한 빛에 눈이 어느 정도 익자 그들은 천사를 살펴보기 시작한다. 그러자 천사는 마치 그들의 질문을 예견했다는 듯 그들이 어떻게 이 구세주를 알아볼 수 있을지 가르쳐준다. "너희가 가서 강보에 싸여 구유에 뉘어 있는 아기를 보리니 이것이 너희에게 표적이니라."

하늘의 휘장이 더 활짝 열리면서 허다한 천군 천사가 나타나 함께 소리를 모아 찬양을 부른다.

"지극히 높은 곳에서는 하나님께 영광이요,
땅에서는 하나님이 기뻐하신 사람들 중에 평화로다"(눅 2:14).

마지막 음절이 황홀한 메아리를 남기며 들판을 가로질러 울려 퍼지자, 목자들은 그것을 쫓아가 감싸 안고 다시 돌아오기라도 할 것처럼 일어선다. 그러나 메아리는 언덕을 넘어 침묵 속으로 사라진다. 그리고 합창단은 하늘로 돌아가고 휘장은 다시 그들 뒤로 닫힌다.

당신은 지금 일어난 일을 보고 있는가?

이 땅의 가장 낮은 곳에 속한 사람들에게 하늘의 은혜가 내려온 것이다. 그들에게 주님의 영광이, 400년 동안 이스라엘이 볼 수 없었던 그 영광이 나타난 것이다. 창세로부터 지금까지 감추어졌던 좋은 소식이 그들에게 선포된 것이다.

하나님 아들의 탄생 소식이 그들에게 전해지리라고 누가 생각조차 했겠는가? 그들, 그 부정한 자들에게 말이다. 그 무식한 자들에게 말이다. 그 의혹의 대상이었던 자들에게 말이다.

목자들은 급히 베들레헴으로 달려간다. 계단을 뛰어오르고 서로 부딪혀 뒹굴면서 마구간마다 찾아보기 시작한다. 마침내 그들은 아기가 태어난 곳을 발견한다.

그들이 안으로 들어서자 마구간의 벽들은 그림자로 뒤덮인다. 그리고 목자들의 눈은 경외감으로 차오른다. 그분이 거기에 계신다. 천사들이 말한 그대로다. 천 조각들로 쌓인 채 구유에 누워 계신다. 짚더미 사이로 흰 천에 꼭 쌓인 채 누워, 마치 새로 태어난 어린 양처럼 그들을 바라본다.

목자들에게 하나님의 어린양이 탄생하신 소식이 이보다 더 어울리게 전해질 수 없다. 그들을 위한 피로연이 마구간에 마련되어 있다. 그들에게 가장 친숙한 가축들의 얼굴로 가득 찬 곳에 말이다. 이곳은 그들의 초라한 의복과 가축들의 냄새가 잘 섞여 있는 곳이다. 이곳은 조명이 잘 비치지 않는 곳, 세상에서 잘 어울리지 못하는 사람들이 가장 편안함을 느낄 수 있는 곳이다.

그날 밤 목자들은 가장 고귀한 하늘의 광경에서부터 가장 초라한 땅의 모습까지 목격했다. 너무도 휘황찬란하게 빛나던 하늘에서부터 어두운 마구간까지, 천사들의 합창에서부터 짐승들의 합창까지 그리고 명료한 계시로부터 불명료한 계시까지 목격한 것이다.

너무나 부드럽게 들리는 계시였기 때문에 그들은 허리를 숙이고 그것을 듣기 위해 마구간으로 들어가야 했다. 들어보라. 당신에게도 들리는가?

구세주가 나셨다. 목자들이 보았던 영광의 상속자다. 그러나 그분이 지닌 유일한 금은 짚더미에서 가져온 것이다. 그분이 지닌 유일한 은은 달에게 빌린 것이다. 그분이 지닌 유일한 보석은 별들이 남긴 빛이었다.

그분은 구유 위에 너무나 온순하게 누워 계신다. 가장 기대하기 어려운 곳에 자신을 누인 채로, 가장 연약한 모습으로 그분은 우리에게 오셨다. 우리가 오기를 기다리시면서도 우리가 그렇게 하지 않는 것까지 기꺼이 받아들이시면서, 우리가 보기를 원하시면서도 우리가 그분을 등지고 돌아서는 것까지 기꺼이 용납하시면서, 우리가 그분을 경배하기를 원하시면서도 우리가 그분을 버리는 것까지 기꺼이 감수하시면서 그렇게 우리에게 오셨다.

그분은 그리스도 주님이시다. 그러나 그분은 자기가 창조한 피조물들의 자비에 자신을 맡기셨다. 그분이 태어나실 곳을 결정짓는 호적등록에, 그분을 받아들일 낯선 사람에게, 그분을 따스하게 만들어줄 짐승들에게, 그분을 먹이고 보호하고 양육할 유한한 인간들에게, 그들의 자비에 자신을 맡기신 것이다. 그리고 영원히 우리의 자비에, 우리가 원하면 그분을 배반할 수 있도록, 우리가 원하면 그분을 부인하고, 조롱하며, 우리의 주먹으로 치고, 끝내는 십자가에 못 박을 수 있도록 자신을 맡기신 것이다.

그러나 그곳에서조차 그분은 우리에게 오셨다. 가장 기대하기 어려운 곳에 자신을 누인 채로, 가장 연약한 모습으로 그렇게 하셨다. 그분의 몸은 다시 한 번 나무에 달려 그곳에 누운 채로 우리에게 오신다. 우리를 기다리시면서.

기도

우리를 위해 이 땅에 태어나신 구세주, 그리스도 주님.

당신이 저의 구세주가 되시고 저의 주님이 되심을 감사드립니다. 당신의 오심을 감사드립니다. 그리고 당신을 저희의 자비에 맡겨주셔서 감사드립니다.

저를 마구간으로 이끄시고 당신에게서 배울 수 있게 해주십시오. 당신의 구유로, 당신이 입으셨던 그 옷들로, 짚더미 속에 묻혀 있던 그 조용한 곳으로 저를 데려가주십시오. 그곳에서 저는 당신이 제게 바른 눈과 귀를 주시기를 간구할 것입니다. 그래서 당신이 어디로 오시든지 볼 수 있고, 당신이 무엇을 말씀하시든지 들을 수 있기를 원합니다.

저를 들판으로 데려가셔서 목자들에게 배울 수 있게 해주십시오. 저에게 목자들의 겸손한 마음을 주십시오. 겸손했기 때문에 그토록 위대한 계시를 받을 수 있었던 그 마음을, 저에게 그들의 듣는 마음을 주십시오. 두려움과 떨림으로 하늘에서 선포되는 모든 말을 깊이 간직했던 그 마음을, 저에게 그들의 찾는 마음을 주십시오. 자신들의 생업을 떠나 당신을 찾기 위해 베들레헴의 마구간으로 달려갔던 그들의 마음을.

당신이 탄생하신 소식이 그들에게 전해진 것은 결코 놀랄 일이 아닙니다. 그들은 겸손하고, 들으려 하며, 배우려는 자들이었기 때문입니다. 그리고 그들이 최초의 복음 전도자들로 택함을 받은 것도 결코 놀랄 일이 아닙니다.

존귀하신 주 예수님, 은혜를 베푸셔서 어느 날 하늘의 영광이 제가 지켜보던 들판에 쏟아지는 것을 경험하게 해주십시오. 제게 은혜를 베푸셔서 매일의 일상에서 천사들의 노래가 울려 퍼지는 것을 듣게 해주시고, 가장 낮은 곳에서 천상의 일을 볼 수 있는 마음을 갖게 해주십시오.

베들레헴에서 맞이하는
긴장된
순_____간

헤롯 왕 때에 예수께서 유대 베들레헴에서 나시매 동방으로부터 박사들이 예루살렘에 이르러 말하되 "유대인의 왕으로 나신 이가 어디 계시냐? 우리가 동방에서 그의 별을 보고 그에게 경배하러 왔노라" 하니 헤롯 왕과 온 예루살렘이 듣고 소동한지라.

왕이 모든 대제사장과 백성의 서기관들을 모아 "그리스도가 어디서 나겠느냐?" 물으니 이르되 "유대 베들레헴이오니 이는 선지자로 이렇게 기록된바

'또 유대 땅 베들레헴아, 너는 유대 고을 중에서 가장 작지 아니하도다. 네게서 한 다스리는 자가 나와서 내 백성 이스라엘의 목자가 되리라' 하였음이니이다."

이에 헤롯이 가만히 박사들을 불러 별이 나타난 때를 자세히 묻고 베들레헴으로 보내며 이르되 "가서 아기에 대하여 자세히 알아보고 찾거든 내게 고하여 나도 가서 그에게 경배하게 하라."

박사들이 왕의 말을 듣고 갈새 동방에서 보던 그 별이 문득 앞서 인도하여 가다가 아기 있는 곳 위에 머물러 섰는지라. 그들이 별을 보고 매우 크게 기뻐하고 기뻐하더라. 집에 들어가 아기와 그의 어머니 마리아가 함께 있는 것을 보고 엎드려 아기께 경배하고 보배합을 열어 황금과 유향과 몰약을 예물로 드리니라. 그들은 꿈에 "헤롯에게로 돌아가지 말라" 지시하심을 받아 다른 길로 고국에 돌아가니라.

그들이 떠난 후에 주의 사자가 요셉에게 현몽하여 이르되 "헤롯이 아기를 찾아 죽이려 하니 일어나 아기와 그의 어머니를 데리고 애굽으로 피하여 내가 네게 이르기까지 거기 있으라" 하시니 요셉이 일어나서 밤에 아기와 그의 어머니를 데리고 애굽으로 떠나가 헤롯이 죽기까지 거기 있었으니 이는 주께서 선지자를 통하여 말씀하신바 애굽으로부터 내 아들을 불렀다 함을 이루려 하심이라.

이에 헤롯이 박사들에게 속은 줄 알고 심히 노하여 사람을 보내어 베들레헴과 그 모든 지경 안에 있는 사내아이를 박사들에게 자세히 알아본 그때를 기준하여 두 살부터 그 아래로 다 죽이니 이에 선지자 예레미야를 통하여 말씀하신바

"라마에서 슬퍼하며 크게 통곡하는 소리가 들리니

라헬이 그 자식을 위하여 애곡하는 것이라.

그가 자식이 없으므로 위로 받기를 거절하였도다" 함이 이루어졌느니라.

헤롯이 죽은 후에 주의 사자가 애굽에서 요셉에게 현몽하여 가로되 "일어나 아기와 그의 어머니를 데리고 이스라엘 땅으로 가라. 아기의 목숨을 찾던 자들이 죽었느니라" 하시니 요셉이 일어나 아기와 그의 어머니를 데리고 이스라엘 땅으로 들어가니라. 그러나 아켈라오가 그의 아버지 헤롯을 이어 유대의 임금 됨을 듣고 거기로 가기를 무서워하더니 꿈에 지시하심을 받아 갈릴리 지방으로 떠나가 나사렛이란 동네에 가서 사니 이는 선지자로 하신 말씀에 "나사렛 사람이라 칭하리라" 하심을 이루려 함이러라.

― 마태복음 2장

> 묵상

그분의 탄생은 별들 사이에서나 속삭여진, 깊이 감춰진 하나님의 비밀이었다.

오직 손가락으로 셀 수 있을 만큼의 사람들만이 귀를 기울여 이 비밀을 듣고자 했다. 그리고 그들은 팔레스타인이 아닌 페르시아에서 온 자들이었다. 그들은 이방인, 할례받지 못하고 하나님의 약속 밖에 있던 자들이었다.

유대인들이 대망하던 메시아에 대한 계시를 외국인, 그것도 다른 누구도 아닌 점성가들이 먼저 들었다는 것은 참 이상한 일이다. 제사장이나 랍비, 또는 산헤드린 공회원이 듣지 못했다는 것도 참 이상한 일이다. 그리고 그 메신저도 선지자가 아니라 별이었다는 것 역시 참 이상한 일이다. 그것도 혜성이나 유성이 아니라 수백만 개의 별 사이에 조용히 자리 잡고 있던 평범한 별이었다.

그 별은 일부 사람들이 제안했던 것처럼 장관을 이루며 나타날 수 없었다. 그 경우 수많은 사람이 그것을 목격하고, 의아해하며, 그것이 무엇인지를 물었을 것이기 때문이다. 구주의 탄생임에도 장대한 광경을 수반할 수 없었다. 그런데도 이 별의 정체가 동방 점성가들의 주의를 사로잡았다. 어찌 된 것인지 모르지만, 그들은 별자리 사이에 매달려 있는 이 창백한 사파이어가 '그분'의 별이라는 것을 알아챘다.

어쩌면 그 이유는 그 별이 서쪽 하늘에서 기대하지 않았던 방법으로 떠올랐기 때문일 것이다. 그래서 그들은 별자리표를 찾아보았을 것이다. 또는 그들이 두루마리를 연구하다가 그 옛날 자신들의 선조인

발람의 예언을 발견했을 수도 있다. 그 예언은 이 신비한 전령을 설명해준다.

"한 별이 야곱에게서 나오며
한 규가 이스라엘에게서 일어나서"(민 24:17).

그것이 무엇이었든지 하나님의 성령은 조용한 계시로 그들에게 말씀하셨고, 그들이 따라갈 수 있도록 빛을 비추어주셨다.

그들은 별이 가장 잘 보이는 밤에 자신들의 긴 그림자를 드리우며 여행을 시작했다. 그들은 왕을 찾아서 자신들을 비추는 작은 빛을 따라 여행했다. 그것이 자신들을 어디로 이끌지, 또 그것을 따라가다 자신들에게 무슨 일이 일어날지 그리고 그들의 삶이 어떻게 바뀔지 조금도 모르면서도 따라갔다.

한편 마리아는 자기 팔로 어린 왕을 안고는 그날의 일들을 되새겨 본다. 예루살렘까지 8킬로미터를 여행한 것과 성전에서 그녀의 첫 아기를 드린 것 그리고 시므온이 예수를 품에 안으며 했던 빛나는 예언.

"내 눈이 주의 구원을 보았사오니,
이는 만민 앞에 예비하신 것이요
이방을 비추는 빛이요
주의 백성 이스라엘의 영광이니이다"(눅 2:30-32).

그러나 시므온은 그날 다른 말도 했다. 마치 멀리서 다가오는 폭풍우처럼 예수의 삶, 지평으로 모여드는 어둡고 불길한 전조들을.

"이는 이스라엘 중 많은 사람을 패하거나 흥하게 하며 비방을 받는 표적이 되기 위하여 세움을 받았고, 또 칼이 마음을 찌르듯 하리[라]"(눅 2:34-35).

그녀는 아기의 흑갈색 눈동자를 들여다보며 이 말들을 생각한다. '그처럼 엄청난 소동을 일으키기엔 너무나 조용한 아기인데.' 그녀는 미소 지으며 아기에게 속삭인다.

아기는 젖을 빠는 것을 멈추고 엄마에게 미소로 답한다.

엄마 젖의 따스한 온기가 마치 담요처럼 퍼져갈 때, 아기의 눈은 감기기 시작한다. 잠든 사이에도 아기는 엄마에게 꼭 달라붙어 너무도 온유하고 상냥하게, 너무도 감미롭게 그녀에게서 생명을 빨아들이고 있다.

누가 이런 아이를 대적하는 말을 할 수 있는가? 그녀는 아기를 바라보며 생각한다. 누가 이런 순진무구함에 걸려 넘어질 수 있을까?

마리아는 아기의 얼굴을 찬찬히 살펴본다. 그녀의 생각은 아직도 이 모든 기이한 일 사이를 오가고 있다. 하나님의 약속이 이 아이 안에서 육신을 입으셨다. 세상의 소망이 이 아기에게 맡겨졌다. 이 모든 것이 신비에 싸여 있다. 그녀는 궁금해진다. 하나님은 어떤 비밀을 이 아이와 나누고 계시는가?

박사들이 예루살렘 근교에 도착했을 즈음 그 별은 어느새 새벽별이 되어 있었다. '이 거룩한 도시는 왕이 나타난 후 여러 행사로 번잡해졌겠지. 가게들은 다 문을 닫고, 사람들은 축제를 벌이며, 성전에는 감사의 제물이 차고 넘치고 있을 거야.' 그들은 그렇게 기대했을 것이다.

그러나 동방에서 온 일행이 성의 바깥문을 통과했을 때 그들은 여느 날과 다름없는 예루살렘을 보았다. 가게 주인들은 가게를 지키고 있었고, 여자들은 채소를 고르고 있었다. 제사장들은 그날 치러야 할 여러 종교 의식을 준비하고 있었다.

여느 때와 다름없던 아침 풍경을 멈춘 유일한 일은 이 외국인들의 출현이다.

"유대인의 왕으로 나신 이가 어디 계십니까?"

강한 페르시아 억양의 말소리가 들리자 사람들이 머리를 돌린다. 군중은 그들을 의아하게 쳐다본다. 랍비인 듯한 어떤 사람이 나서며 말한다. "여기서는 그런 말을 조심해야 하오."

박사들은 랍비를 향해 말한다.

"우리는 동방에서 그분의 별을 보고 그분께 경배하려고 찾아왔습니다."

그러자 랍비는 그들을 꾸짖는다. "하나님은 성경으로 말씀하시지 별들을 통해 말씀하시지 않소. 당신들의 말은 마술사나 점성가가 지껄이는 참담한 것이오."

정오가 되기 전 이 말은 왕궁에 전해진다. 헤롯이 왕의 보좌에 오르기 위해 내디딘 모든 발걸음은 그의 정적들의 피로 얼룩진 것이었다. 또 다른 왕이 있다는 소문이 들리자 그는 자신의 망상증을 숨기기 위해 최선을 다한다. 그러나 가면 뒤에서 그는 당황해하고 있다.

그리고 예루살렘의 모든 사람이 그와 함께 소동을 벌인다.

유대인들이 헤롯 왕과 오랫동안 맺어온 관계는 얄팍했다. 그러면서도 그들은 관계를 개선하기 위해 애써왔다. 헤롯은 그들에게 성전을 지어주었다. 그리고 그 대가로 그들은 왕에게 충성을 약속했다. 그것은 회당과 정부가 원한 편리한 관계였다. 그들은 이 관계를 흔들고 싶지 않았다.

그러므로 박사들의 말은 그들을 난처하게 했다.

헤롯은 대제사장들과 서기관들을 소집한다. "당신들의 메시아가 온다면, 그는 어디에 나타날 것 같소? 내가 묻는 것은 어느 도시냐는 것이오."

"베들레헴입니다." 종교 지도자들은 재빨리 성경의 장절을 인용한다. 그러나 그들이 구세주를 찾는 일은 거기서 끝난다.

베들레헴, 그는 속으로 생각한다. 다윗의 도성. 왕 다윗. 아무래도 일찍 서둘러 이 소문을 가라앉혀야겠군. 그렇지 않으면 큰 소동이 일어날지도 몰라.

헤롯은 박사들이 의심하지 않도록, 그러나 자신의 목적에 따라 움직이도록 조심스럽게 그들을 보낸다.

해 질 녘이 되자 별이 다시 떠오른다. 별과 함께 그들의 소망도 떠올랐다. 다시 한 번 그 신비한 메신저는 그들을 앞서 이번에는 남쪽을 향해 이동하기 시작한다. 베들레헴의 조용한 마을에 이르자 그 별은 작은 집 위에 머문다. 박사들은 그 초라한 집으로 들어서면서 숨을 죽인다. 그곳은 그들이 경배드리는 성전이 된다. 그들은 이 성스러운 가족에게 조용히 경의를 표한다. 아기를 보자 그 앞에 엎드려 절하고 기쁨으로 몸을 떨면서 입속으로 조용히 찬미한다. 그리고 가장 겸손한 자세로 최대한 말을 줄이고 준비해온 예물을 드린다.

박사들은 베들레헴에서 그 밤을 보내며 이 모든 일을 이해하려고 서로 이야기한다. "헤롯은 궁전에 있고… 오히려 보좌에 오르셔야 할 분이 이런 초라한 집의 한구석에 계시다니…. 다른 어느 곳도 아니고 베들레헴에서. 왜 이곳이어야 하지? 그리고 경배하러 온 사람은 왜 우리밖에 없는 거지? 하나님은 이 아기에게 무슨 비밀을 간직하고 계신 것일까?"

그날 밤 한 천사가 요셉을 찾아온다. 요셉은 침대에서 몸을 벌떡 일으킨다. 가슴이 팔딱팔딱 뛰고 두 눈이 로마 동전처럼 휘둥그레졌다.

그는 마리아를 깨워 자기가 꾼 꿈을 이야기한다.

그녀는 이불을 벗어던지고 요셉이 약간의 음식과 작은 짐 보따리를 꾸리는 동안 아기 예수를 포대에 감싼다. 요셉은 짐을 싸면서 많은 생각에 사로잡힌다. 애굽. 우리는 애굽까지 갈 만한 여비가 없는데. 그리고 거기에서 무엇을 해야 하나? 나 같은 외국인이 일을 찾을 수 있을까?

그는 박사들이 가져온 예물을 싼다. 황금이 담긴 주머니, 값비싼 향유 그리고 귀한 몰약 한 병을. 하나님은 단지 길을 보여주셨을 뿐 아니라 그 길을 가는 데 필요한 것까지 공급해주셨다.

요셉은 보물이 담긴 안장을 감싸 안고 살짝 문을 연 뒤 발소리를 죽이며 캄캄한 밖으로 나간다. 어디로 가는지, 왜 가는지 아무에게도 말하지 않고…. 마리아는 나귀를 타고, 요셉은 예수를 팔에 안고 걸으면서 길을 인도한다. 그러나 그들이 마구간을 나설 때 아기는 울음을 터뜨린다.

요셉은 멈칫한다. 그의 눈에 긴장한 빛이 역력하다. 마리아는 그에게 아기를 달라고 손짓한다. 한 손으로는 고삐를 잡고 다른 한 손으로는 예수를 안은 채, 그녀는 젖을 먹이며 우는 아기를 달랜다.

새벽이 되었을 때는 이 성스러운 가족이 이미 멀리 달아난 뒤였다. 이제 그들은 안전하다. 예수는 칼을 피한 것이다. 그러나 마리아는 그날 밤의 기억을 결코 피할 수 없을 것이다. 그녀는 언젠가 로마 병사의 칼이 그녀의 아들을 찔러 베들레헴에서 시작된 이 일을 마무리 지을 것이라는 두려움을 가슴 깊은 곳에 품고 있을 것이다.

아침 햇살이 아기의 뺨을 어루만지자 졸음에 겨운 구세주는 눈을 뜨고 하품을 한다. 제일 먼저 그의 눈에 띈 것은 어머니의 눈, 갑자기 눈물이 고인 그 눈이었다.

그는 미소 짓는다.

그녀도 미소로 답한다.

그는 더 크게 미소 짓는다.

그러자 그녀는 눈을 깜빡거려서 눈물을 지운다.

어머니의 표정 외에는 아무것도 이해할 수 없는 이때 예수는 벌써 국가의 적이 되고 말았다. 말도 배우지 못한 이때 그는 벌써 암살의 표적이 되고 말았다. 기어 다닐 수도 없는 이때 그는 벌써 도망자가 되어 생명을 건지려고 달아나는 처지가 된 것이다.

하나님은 이 아기에게 무슨 비밀을 간직하고 계신 것일까?

그 비밀은 너무나 두려운 것이어서 하늘이 울리고 별이 떨어지지 않고는 발설할 수 없는 것이었다.

그 비밀은 대체 무엇인가?

그날, 베들레헴에 별이 빛나던 그 밤에, 하나님은 하늘에서는 하실 수 없는 한 가지 일을 하시려고 이 땅에 오신 것이다.

죽기 위해.

기도

주님,

저도 대제사장들과 서기관들처럼 무심했음을 고백합니다. 당신과의 관계를 학구적인 활동으로 전락시킬 때의 저를 용서해주십시오. 당신을 찾는다고 하면서 성경 구절을 찾는 것으로 끝낼 때, 당신을 찾기보다 관주를 찾는 일에 더 열중할 때, 예배보다는 성경에 나오는 단어를 공부하는 것에 더 즐거움을 느낄 때 주님, 그런 저를 용서해주십시오. 주 예수님.

제 마음이 헤롯과 같아 저의 작은 왕국에 집착한 나머지 주먹을 불끈 쥘 때도 많은 것을 고백합니다. 마음이 혼란스러워 제 삶을 주관하시는 당신의 권리에 도전하는 저를 용서해주십시오. 마음의 보좌에서 내려와 당신을 합당한 왕으로 인정하기만 했다면 저는 얼마나 많은 마음의 고통을 맛보지 않아도 되었을지요.

감사하게도 주님, 제 마음이 박사들처럼 당신을 찾을 때도 있었습니다. 당신을 부지런히 찾고, 당신께로 가는 길을 보여주는 표지판을 보고 즐거워하며, 당신의 존전에서 무릎을 꿇었습니다. 주님, 제 삶에 그러한 때가 더욱 많아지도록 도와주십시오.

별과 꿈, 성경 그리고 당신이 당신 자신을 제게 보여주시기 위해 택하셨던 여러 방법으로 인해 감사드립니다. 삶의 여러 상황에서 당신을 볼 수 있는 눈을 주시고, 성경을 읽을 때 당신의 음성을 들을 수 있는 귀를, 이 세상의 여러 베들레헴에서 당신을 찾을 수 있는 발을, 당신께 선물을 드릴 수 있는 손을, 당신 앞에 꿇을 수 있는 무릎을 그리고 경배의 심정으로 차고 넘치는 마음을 제게 허락해주십시오.

저를 도와주셔서 당신은 성구 사전에서 당신을 찾는 이들이 아니라 성전에서 찾는 이들에게 자신을 나타내시는 분이심을 이해하게 해주십시오.

그리고 주님, 제가 베들레헴에서 죽은 아기들과 그들의 부모들이 겪어야 했던 그 참혹한 불의를 간과하지 않도록 도와주십시오. 그 비극적 사건에서 울려 퍼지던 울음소리를 잊지 않게 해주십시오. 왜 아기들이 거리에서 죽어가는 동안 나쁜 사람들은 왕궁에서 권력을 휘두르고 있는 것인지, 왜 무죄한 사람들이 고통당하는 동안 악한 자들은 번성하는 것인지를.

특별히 저와 제가 사랑하는 사람들에게 끔찍한 일이 찾아올 때 비난받아야 할 대상은 당신이 아님을 깨닫게 해주십시오. 이 세상이 악한 자의 수중에 놓여 있음을, 사탄은 헤롯처럼 당신의 보좌를 찬탈한 폭군임을, 그는 교활할 뿐 아니라 잔인하며 수많은 잔인한 군사를 거느린 폭군임을 깨닫게 해주십시오.

이 세상의 모든 혼란과 불의, 잔인함, 어둡고 비뚤어지고 악한 모든 것에 대해 진정한 책임을 져야 하는 자는 바로 그 자임을 이해하게 해주십시오.

당신이 이 모든 일을 바로잡으시기까지는 결코 어떤 일도 온전해질 수 없다는 것을 이해하게 해주십시오.

오래전 온유하고 부드러운 어린양처럼 이 세상에 찾아오신 당신께 감사드립니다. 한 번 더 오십시오, 주 예수님. 이번에는 유다의 사자로, 당신의 보좌를 주장하시기 위해 다시 한 번 오십시오.

그리고 아이들을 위해 주님, 속히 오십시오.

예루살렘에서 맞이하는
긴장된
순_____간

그의 부모가 해마다 유월절이 되면 예루살렘으로 가더니 예수께서 열두 살 되었을 때에 그들이 이 절기의 관례를 따라 올라갔다가 그 날들을 마치고 돌아갈 때에 아이 예수는 예루살렘에 머무셨더라. 그 부모는 이를 알지 못하고 동행 중에 있는 줄로 생각하고 하룻길을 간 후 친족과 아는 자 중에서 찾되 만나지 못하매 찾으면서 예루살렘에 돌아갔더니 사흘 후에 성전에서 만난즉 그가 선생들 중에 앉으사 그들에게 듣기도 하시며 묻기도 하시니 듣는 자가 다 그 지혜와 대답을 놀랍게 여기더라. 그의 부모가 보고 놀라며 그의 어머니는 이르되 "아이야 어찌하여 우리에게 이렇게 하였느냐 보라 네 아버지와 내가 근심하여 너를 찾았노라."

예수께서 이르시되 "어찌하여 나를 찾으셨나이까? 내가 내 아버지 집에 있어야 될 줄을 알지 못하셨나이까?" 하시니 그 부모가 그가 하신 말씀을 깨닫지 못하더라.

예수께서 함께 내려가사 나사렛에 이르러 순종하여 받드시더라. 그 어머니는 이 모든 말을 마음에 두니라. 예수는 지혜와 키가 자라가며 하나님과 사람에게 더욱 사랑스러워 가시더라.

_ 누가복음 2:41-52

묵상 ✓

예수는 자라면서 소년다운 활기와 끝없는 호기심으로 가득 찼다. 그는 아버지에게 안식일과 성일들의 의미를 물었다. 침실 벽에 그림자를 드리우는 등불을 꺼야 할 때가 되면 그는 어머니에게 삼손이나 출애굽에 대해 이야기해달라고 졸랐다.

그러나 한 살, 두 살 나이를 먹고 성숙해지면서 그의 질문도 성숙해졌다. 그의 관심은 출애굽기의 기적에서 레위기의 제사로 옮겨졌다. 사사기에 나오는 삼손의 이야기에서 이사야서에 나오는 고난의 종으로 옮겨졌다.

그는 어린아이에게서는 기대하기 어려운 질문들을 던졌다. 이제 예수는 더는 어린아이가 아니었다.

그는 이제 열두 살이 되었고 어머니 곁을 떠나 아버지 옆에 머물게 되었다. 아버지 곁에서 연장을 손질하고 다루는 법, 나무의 성질과 그것들을 깎는 법 그리고 재료의 가격을 외우고 제품 가격을 매기는 법을 익히며 가족의 사업을 배웠다.

예수는 더는 마리아의 품에 안긴 어린아이가 아니었다. 그는 유년에서 성년으로 향하는 문턱을 넘어섰다. 그는 바 미츠바(Bar Mitzvah), 즉 '율법의 아들'이 된 것이다. 그는 이제부터 정식으로 선생들과 조교들에게 배우고 매년 성전도 방문하게 될 것이다.

성전을 방문하는 목적 중 하나는 유월절을 지키는 것이었다. 나사렛에서 예루살렘까지 가는 그 순례 길은 고원 지대를 통과해 130킬로미터를 가야 하는 길이었다. 그가 속한 카라반은 낙타와 나귀들이 느순하게 늘어선 행렬인데, 앞에는 여인들이 가고 뒤에는 남자들이 매듭을 이루고 그 사이에는 아이들로 이루어졌다. 아이들은 협곡 아래로 돌을 던지기도 하고 손으로 귀를 감싸 메아리를 듣기도 하면서, 뛰놀며 시간을 보냈다.

그들이 마지막 언덕에 올라섰을 때, 아이들은 성스러운 도시의 장엄한 광경에 숨이 막히는 듯했다. 예수의 눈은 웅장한 기둥과 대리석 계단이 있는 헤롯의 궁전을 지나 성전에 머물렀다. 그 웅장한 건물은 마치 금덩이가 바위 사이에 박혀 있듯 태양 아래서 번쩍이며 빛을 발하고 있었다.

남자들은 전통적으로 예루살렘으로 가는 길에 순례자들이 부르는 시편 가운데 하나인 '성전에 올라가는 노래' 한 편을 함께 불렀다.

> "여호와를 의지하는 자는 시온 산이 흔들리지 아니하고 영원히 있음 같도다. 산들이 예루살렘을 두름과 같이 여호와께서 그의 백성을 지금부터 영원까지 두르시리로다"(시 125:1-2).

그들 틈에 끼어 함께 노래 부르는 예수의 가슴이 뛰기 시작했다. 그들은 예루살렘에 가까워질수록 더 크게 노래를 불렀고, 어린 소년의 가슴도 더 빨리 뛰었다.

유월절 동안 예루살렘의 인구는 거의 2백만 명에 육박했다. 거리는 순례자들과 그들의 옷에서 풍기는 땀내, 그들의 피부에 쌓인 흙먼지 그리고 비에 젖은 강아지처럼 그들 뒤를 따라오는 짐승들의 냄새로 가득했다.

그러나 냄새는 거룩한 절기에 꼭 있어야 할 것 중 하나였다. 짓이겨져 반죽이 되는 나물 냄새, 구덩이를 파 그 안에 불을 지펴 굽는 양고기 냄새, 돌로 된 화덕에 구운 무교병 냄새 등등. 무엇보다도 냄새는 맨 처음 기념한 유월절의 기억을 새롭게 일깨웠다.

쓴 나물은 이스라엘이 애굽에서 종살이했던 시절을 기억나게 한다. 구운 양고기는 유대인 가정에서 양의 피를 문지방에 발라 죽음의 사자가 그들의 집을 넘어가게 했던 그 밤을 떠오르게 한다. 무교병은 그들이 서둘러 떠나야 했기 때문에 누룩이 발효될 틈이 없었던 긴급한 상황을 상기시킨다.

냄새는 이렇게 향수를 불러일으킨다. 특별히 양이 풍기는 냄새는 더욱 그렇다. 그것이 다른 무엇보다 구원의 향기를 동반하기 때문이다.

요셉은 예수의 손을 잡고 성전 바깥뜰로 들어가 가족이 저녁으로 먹을 양이 있는지 찾아본다. 어린 소년은 마치 돌로 된 군인들로 이루어진 군대가 그들을 둘러싸고 있는 듯한 거대한 기둥들을 보며 벌어진 입을 다물지 못한다. 아버지가 그의 손을 잡아끌 때 슬며시 손을 뺀다.

주변은 온통 사고파는 소리로 가득하다. 가격이 비싸다고 불평하는 소리, 동전이 딸랑거리는 소리, 상인들이 물건을 흥정하는 소리 등등. 기념품에서 희생 제물에 이르기까지 없는 것이 없다. 나무로 만든 새장에 갇혀 있는 비둘기들, 밧줄에 매인 소들, 임시로 만든 우리에 들어 있는 양들. 짐승들이 우는 소리가 마치 장송곡처럼 울려 퍼진다.

예수는 겁에 질려 웅크리고 있는 양 떼를 살피는 그의 아버지를 바라보고 있다. 율법에 따르면 희생 제물은 수컷이어야 하고, 점이나 흠이 없어야 하며, 또 부러진 뼈가 있어도 안 된다. 요셉은 그중 한 마리를 골라 안아 올린다. 그는 양을 자신의 어깨 위에 멘다. 그리고 예수와 함께 안뜰로 들어선다.

이곳 분위기는 경외심으로 가득 차 있으나 한편으로는 침울하며 착 가라앉아 있다. 뜰 중앙에 있는 커다란 제단에서 희생 제물을 사르는 연기가 하늘로 올라간다. 요셉은 양을 제사장에게 건네준다. 그는 칼을 꺼내 들고 양의 머리를 잡아당긴다. 예수는 겁이 나 주춤거리면서도 머리를 돌리지 않는다.

제사장이 재빠르게 칼을 휘두르자 양의 몸이 기울어진다. 털로 덮인 양의 목은 피로 흠뻑 젖고 그 피는 그릇에 담겨 제단에 뿌려진다. 다시 한 번 칼을 휘두르자 양의 내장이 흘러나온다. 예수는 질겁한다. 제사장은 양을 몇 번 더 잘라 내장은 제단 위에 쌓아놓고 나머지는 요셉에게 다시 준다.

요셉은 그것을 가져다가 네 다리를 잡아당겨 몸통에 묶는다. 그는 칼을 요령 있게 척척 움직여 몸에서 가죽을 벗겨낸다. 그런 다음 나무로 된 막대기를 가슴에 수직으로 끼워놓고 다른 하나는 앞다리에 수평으로 끼워 굽기 쉽게 만든다.

피에 젖은 나무 막대기는 고대 애굽에서 유월절에 볼 수 있었던 문지방을 떠오르게 한다.

유월절 후 그들은 한 주간을 더 머물면서 무교절을 지킨다. 이 주간은 좋은 시간이지만 집을 떠나온 지가 오래되었기 때문에 카라반은 짐을 싸서 집으로 출발한다.

무리를 지은 여인들이 앞에서 출발하자 남자들이 뒤를 따라간다. 아이들은 그 둘 사이에 있다. 그들은 아침 일찍 출발해 오후 늦게 행렬을 멈춘다. 가족이 모여 천막을 친다. 마리아는 요셉에게 예수의 행방을 묻는다.

"나는 그 애가 당신과 함께 있는 줄 알았는데." 요셉이 대답한다.

마리아의 표정이 순간 흐려진다.

"다른 애들과 함께 어울려 있겠지." 요셉이 마리아를 진정시키며 말한다.

그러나 예수는 다른 아이들과 함께 있지 않았다. 그들은 친척들을 찾아간다. 그러나 예수는 거기에도 없다.

요셉도 걱정되기 시작한다. 그들은 가장 빠른 나귀 두 마리를 골라 타고 예루살렘으로 돌아간다. 날카로운 고통이 마리아를 파고든다. 요셉이 탄 나귀에 부딪혀서일까? 염려 때문일까? 아니면 시므온이 예언한 칼끝 때문일까?

그녀는 칼이 자신의 미래에 놓여 있음을 알고 있다. 그것이 오늘 밤에, 이 길 위에서 나타나는 것일까? 그녀는 기도하듯 되뇐다. "주님, 제 아들을 지켜주옵소서. 그는 율법에 따라 한 사람의 성년이 되었지만, 제게는 아직도 아이입니다."

그들은 온밤이 새도록 달려간다. 도중에 사람들이 야영하는 곳마다 멈추어 서서 혹시 열두 살의 키가 큰 예수라는 소년을 보지 못했는지 묻는다. 석회암으로 된 암벽은 달빛을 반사해 혹여 사람의 몸 같은 것은 없는지 길옆의 협곡을 살펴볼 수 있도록 비춰준다.

요셉은 두려움을 느끼는 마리아를 진정시키며 그녀에게 예수가 있을 만한 모든 장소를 그리고 예루살렘이 특별히 일 년 중 이 시기에 얼마나 안전한지를 말해준다. 그러나 마리아는 예루살렘에 관해 안다. 그 도시도 여느 다른 곳처럼 위험한 뒷골목과 나쁜 사람들이 있다. 그리고 걸인들과 임시 체류객들, 로마 군대의 질 나쁜 병사들이 있다.

성안으로 들어온 그들은 자신들이 다녔던 모든 길을 추적한다. 그들은 낯선 사람들에게 다가가 묻는다. "혹시 우리 아들 못 보셨습니까? 아이는 열두 살입니다. 아직 소년이지요."

이웃집 문들을 두드린다. "우리는 나사렛에서 온 소년을 찾고 있습니다. 아이의 이름은 예수입니다. 혹시 못 보셨습니까?"

상인들과도 이야기한다. 그러나 아무도 그를 보지 못했다.

그들은 꼬박 3일 동안 예수를 찾았다. 그리고 그동안 아이가 실종되었는지, 부모를 찾고 있는지, 아니면 어느 뒷골목에 누워 있는지 알지 못한다. 아이가 유괴당했는지 아니면 죽임당했는지도 모른다. 3일이라는 긴장된 시간 동안 그들은 아들을 다시 볼 수 있을지 확신하지 못한 채 거리를 샅샅이 살폈다.

마지막으로 그들은 성전으로 간다. 예수를 찾기 위해서가 아니라 기도하기 위해서다.

성전 뜰에 들어서자 호기심에 가득한 선생들이 모여 있는 것이 그들 눈에 들어온다. 그리고 그들 가운데… 바로 그가 있었다.

"예수!"

마리아는 아들을 향해 달려간다. 안도감과 분노가 한꺼번에 치밀어 오른다. "아이야, 어떻게 우리에게 이럴 수가 있니? 네 아버지와 내가 얼마나 찾아다녔는지 아니?"

예수는 이제까지와는 전혀 다른 태도로 그녀를 바라본다. "왜 저를 찾으셨나요? 제가 제 아버지 집에 있어야 할 줄을 모르셨나요?"

마리아는 요셉을 쳐다본다. 그러나 그는 어깨를 으쓱할 뿐이다. 그들이 성전을 떠날 즈음에서야 마리아는 자신을 추스를 수 있었다. 그녀의 어린아이는 안전하다. 중요한 것은 그것뿐이다.

이 아이는 다시 한 번 그녀의 삶을 흔들어놓았다.

너무나 많은 신비가 그를 둘러싸고 있다. 그녀는 이 신비가 세상을 죄에서 구하는 일과 어떤 관련이 있음을 안다. 그러나 그 일이 어떻게 이루어질지는 알지 못한다. 그녀는 그것이 고난과 관련되어 있으리라는 두려움을 갖고 있다. 그러나 그 이유는 알지 못한다.

그녀가 아는 것은 이 정도다.

엄마에게 아이를 잃을지도 모른다는 두려움보다 더 큰 두려움은 없다.

그녀는 애굽으로 도망가던 날 밤에 그 두려움을 느꼈다. 그리고 지난 3일 동안 다시 두려움을 느꼈다. 그리고 그녀는 앞으로도 그가 저녁 시간에 늦을 때마다 두려움을 느끼리라는 것을 안다. 그에게 열이 있을 때마다, 그가 너무 조용히 자거나 아니면 너무 오래 잘 때마다 그럴 것이다.

그녀는 내어놓는 법을 배우고 있지만, 그럼에도 그녀의 한 부분은 언제나 그의 손에 달려 있을 것이다. 그리고 이 어머니에게는, 그에게 생명을 주었고, 그를 기르고 목욕시켰으며, 그에게 이야기를 들려주고 자장가를 불러주었던 그녀에게는, 예수가 그녀의 작은 아이로 남아 있을 것이다.

기도

주님,

마리아로 인해 감사드립니다. 그녀는 당신을 오직 어머니만이 할 수 있는 사랑으로 사랑했습니다. 그녀는 이 세상 누구도 당신을 알 수 없는 방법으로 당신을 알았습니다. 그녀는 당신이 지으신 처음 미소를 보았고, 당신이 하신 처음 말을 들었으며, 당신이 첫걸음을 내딛도록 도와주었습니다.

그녀가 당신을 붙잡고, 껴안고, 이야기를 들려준 모든 시간으로 인해 당신께 감사드립니다. 그녀가 당신의 지혜와 키가 자라고 하나님과 사람에게 더 사랑스러워가도록 돕기 위해 행한 모든 일로 인해 당신께 감사드립니다.

당신이 성장하시는 동안 당신을 보호하던 그녀의 모성으로 인해, 당신을 구하기 위해 애굽으로 피신하던 그녀의 순종으로 인해 그리고 예루살렘에서 당신을 찾았던 그녀의 부지런함으로 인해 당신께 감사드립니다.

그녀가 당신을 사랑했던 것처럼 제가 당신을 사랑한다면 제 가슴이 결코 안전하지 못할 것을 저는 압니다. 언젠가 당신은 제 삶을 온통 흔들어놓으실 테니까요. 그리고 언젠가는 칼이 제 마음도 찌르고 말 테니까요.

주님, 그날을 위해 저를 준비시켜주십시오. 당신을 향한 제 사랑이 크면 클수록 제 가슴을 찌르는 칼이 더 날카로워진다는 것을, 더 깊이 박히게 된다는 것을 깨닫도록 저를 도와주십시오.

그 위험을 이해할 수 있도록 도와주십시오.

그리고 저를 향한 당신의 사랑의 신비를 깨닫고자 노력할 때 바로 그 일이야말로 이 세상에서 가치 있는 유일한 일임을 이해하도록 도와주십시오.

요단 강에서 맞이하는
긴장된
순_____간

그때에 세례 요한이 이르러 유대 광야에서 전파하여 말하되 "회개하라. 천국이 가까이 왔느니라" 하였으니 그는 선지자 이사야를 통하여 말씀하신 자라 일렀으되

"광야에 외치는 자의 소리가 있어 이르되 '너희는 주의 길을 준비하라 그가 오실 길을 곧게 하라' 하였느니라."

이 요한은 낙타털 옷을 입고 허리에 가죽 띠를 띠고 음식은 메뚜기와 석청이었더라. 이때에 예루살렘과 온 유대와 요단 강 사방에서 다 그에게 나아와 자기들의 죄를 자복하고 요단 강에서 그에게 세례를 받더니

요한이 많은 바리새인들과 사두개인들이 세례 베푸는 데로 오는 것을 보고 이르되 "독사의 자식들아 누가 너희를 가르쳐 임박한 진노를 피하라 하더냐? 그러므로 회개에 합당한 열매를 맺고 속으로 아브라함이 우리 조상이라고 생각하지 말라. 내가 너희에게 이르노니 하나님이 능히 이 돌들로도 아브라함의 자손이 되게 하시리라. 이미 도끼가 나무 뿌리에 놓였으니 좋은 열매를 맺지 아니하는 나무마다 찍혀 불에 던져지리라.

나는 너희로 회개하게 하기 위하여 물로 세례를 베풀거니와 내 뒤에 오시는 이는 나보다 능력이 많으시니 나는 그의 신을 들기도 감당하지 못하겠노라. 그는 성령과 불로 너희에게 세례를 베푸실 것이요 손에 키를 들고 자기의 타작 마당을 정하게 하사 알곡은

모아 곳간에 들이고 쭉정이는 꺼지지 않는 불에 태우시리라."

이때에 예수께서 갈릴리로부터 요단 강에 이르러 요한에게 세례를 받으려 하시니 요한이 말려 이르되 "내가 당신에게서 세례를 받아야 할 터인데 당신이 내게로 오시나이까?"

예수께서 대답하여 이르시되 "이제 허락하라. 우리가 이와 같이 하여 모든 의를 이루는 것이 합당하니라" 하시니 이에 요한이 허락하는지라.

예수께서 세례를 받으시고 곧 물에서 올라오실새 하늘이 열리고 하나님의 성령이 비둘기같이 내려 자기 위에 임하심을 보시더니 하늘로부터 소리가 있어 말씀하시되 "이는 내 사랑하는 아들이요 내 기뻐하는 자라" 하시니라.

_ 마태복음 3장

묵상

예수의 유년 시절 이후 많은 시간이 흘러갔다. 그리고 흘러간 것은 시간만이 아니었다. 로마에서는 가이사 아구스도의 뒤를 이어 디베료가 황제로 등극했다. 나사렛에서는 예수가 요셉의 뒤를 이어 목수 일을 시작했다.

그리고 지금, 또 다른 것이 새로이 시작되고 있다.

하루가 끝날 즈음 예수는 마지막으로 가게 바닥에 흩어진 나무 부스러기들을 쓴다. 그는 문가에 빗자루를 세워놓고 뒤를 돌아본다. 새로 깎인 톱밥 냄새는 추억을 불러일으킨다.

그것은 아들에게 톱을 쥐는 법, 망치를 두드리는 법, 대패를 미는 법 등을 시범 보인 후 그 큰 손으로 열심히 배우는 아들의 손을 감싸 쥐던 아버지 요셉에 대한 추억이다. 그들이 만든 수레, 가구, 연장에 대한 추억이다. 그들이 함께 먹은 점심, 나눈 대화, 함께 웃은 일들에 대한 추억이다.

예수는 가게 문을 닫으며 그 추억들에 작별 인사를 한다. 목수로서의 삶을 마감하기 전에 마지막으로 작별 인사를 해야 할 대상이 하나 더 있다.

그의 어머니는 예수와 작별해야 할 날이 다가오고 있음을 알았다. 그러나 미리 알았다고 해서 헤어짐이 쉬워지는 것은 아니다.

우리는 예수가 어머니에게 무슨 말을 했는지 알지 못한다. 그녀가 그에게 한 말도 마찬가지다. 그리고 어쩌면 그편이 더 좋을지도 모른다. 작별 인사란 원래 지극히 은밀하고 개인적인 것으로, 눈물과 부드러운 몸짓들로 이루어지기 마련이기 때문이다. 작별에는 뺨을 어루만지고, 손을 꼭 쥐었다가 놓으며, 입을 맞추고, 마지막으로 마음이 찢어지는 아픔이 있다.

예수는 어머니를 꼭 껴안고 입을 맞추고 작별을 고한 뒤 뒤를 돌아 나간다. 마리아는 안으로 들어가 무너지듯 의자에 몸을 던진다. 그녀가 그토록 오랫동안 마음 깊이 간직해왔던 것이 이제 밖으로 빠져나와 그녀의 뺨을 타고 흘러내린다.

그녀가 집에 앉아 자신 속으로 침잠해 있을 때, 예수는 동쪽으로 24킬로미터를 걸어가 요단 강 골짜기 가장자리에 다다른다. 그 골짜기는 갈릴리 바다와 사해 바다 사이로 길게 뻗어, 마치 대지 위에 볼썽사나운 흠집을 낸 듯한 형국이다. 요단 강은 이 목마른 골짜기에 생명을 가져다준다. 이 골짜기 둔덕마다 초목과 갈대, 타마리스크와 자신의 이 파리를 마치 눈물처럼 물속에 흩뿌리고 있는 버드나무들이 어우러져 있다.

온갖 사람이 그리로 몰려든다. 상인, 군인, 세리, 종교 지도자, 평범한 사람들, 매일 보는 사람들. 그들은 평범하기 그지없고 어디서든 늘 볼 수 있는 사람들이다.

그러나 속을 들여다보면 다르다. 속에는 거짓과 속임수와 사기가 있다. 우상숭배와 간음이, 미움으로 가득 찬 말과 원한에 찬 복수심이, 도둑질과 살인이 그리고 율법을 어긴 것, 맹세를 어긴 것, 관계를 깨뜨린 것 등이 있다.

예수는 바로 이 깨어짐으로 가득한 골짜기로, 해발보다 거의 30미터 낮게 흐르고 있는 요단 강 아래로 내려온 것이다.

군중에게 세례 요한이라고만 알려진 한 사람이 완만히 흐르는 강물에 허리까지 담근 채 서 있다. 그러나 예수는 요한이 자신의 어머니 쪽 친척의 아들이라는 것을 안다. 그는 엘리사벳의 아들인 것이다. 단지 이제 더는 아이가 아닐 뿐이다. 지금 그는 얼마나 다르게 보이는지. 그의 머리카락은 갈기처럼 휘날린다. 그의 깊은 눈은 강렬한 빛을 발한다. 그는 메뚜기를 잡고 맨손으로 벌집에 손을 넣어 석청을 채취해 먹고 산다. 그가 무릎을 꿇고 요단 강에서 물을 마실 때 지저분한 가죽으로 몸을 감싸고 넓적한 가죽끈으로 졸라맨 그의 모습은 낙타를 연상시킨다.

그러나 초라한 겉모습은 그의 내면의 강인함을 숨기고 있을 뿐이다. 그것은 그의 말이 번개 같고 그의 음성이 천둥 같기 때문이다. 당신이 그의 음성을 들었다면 그 소리가 바위를 쪼개고도 남았을 것이라 생각했을 것이다. 그러나 그가 원하는 바는 바위가 아니라 마음을 쪼개는 것이었다.

그는 "회개하라!"고 외친다. 그러면 마음들이 무너져내린다. 언덕들 주위에서 깨어지는 심령들의 소리가 들린다. 그리고 "회개하라"는 그 말과 함께 그들이 하나님께 돌아가는 것을 방해하는 것은 지적인 것이 아니라 도덕적인 것임을 깨닫게 된다. 그것들은 부식된 성품의 도랑이며 죄가 붕괴하면서 남겨진 움푹 팬 구덩이다.

사람들이 한 명씩 차례대로 앞으로 나아온다. 그리고 요한은 그들의 깨어진 심령의 자갈들로 사막에 대로를 만들기 시작한다. 오실 왕을 위한 대로를 말이다.

그러나 왕은 오셔서 세례를 받으려 하신다. 다른 사람들처럼 요한은 믿을 수 없다. 도대체 예수가 회개해야 할 것이 무엇인가?

아무것도 없다.

그러나 이 사실은 예수가 받으신 세례의 신비와 장엄함을 드러낸다.

하나님의 겸손하심을 보라.

그분은 탄생하심으로 하늘에서 내려오셔서 우리의 육신을 입으셨다. 그리고 세례받으심으로 한 걸음 더 내려가 우리의 수치를 입으셨다. 그분은 회개의 골짜기로 내려가신다. 언덕에 서서 우리와 함께 인성을 나누실 뿐 아니라 물속으로 들어가 우리와 함께 죄성을 나누고자 하시는 것이다.

구세주는 도대체 어디까지 가시려는 것일까? 이 무관심한 세상의 사랑을 얻고자 어느 깊이까지 내려가시려는 것일까?

하늘에서 하나님의 영이 부드럽게 날갯짓하면서 내려오신다. 그 영이 예수의 어깨 위에 내려앉자 사람들은 그 광경을 보고 의아해한다. '이 사람이 누구이기에 하늘이 열리고 하나님의 영이 그 위에 조용히 내려오시는가?'

그 의문에 답하듯 하늘에서 우레와 같은 음성이 들려온다. "이는 내 사랑하는 아들이요 내 기뻐하는 자라." 그러나 이 아들이 무엇을 했기에 그런 승인을 받을 자격을 갖추게 된 것일까?

그는 회당에서 가르치지도 않았고 사탄을 눌러 이기지도 않았다. 설교하거나 귀신을 쫓아내지도 않았다. 혹은 병든 자를 고치거나 제자 하나도 만들지 않았다. 그는 아직 굉장한 일은 고사하고 어떤 특별한 일도 하지 않았다.

그렇다면 왜 그의 아버지는 그를 그토록 기뻐하셨을까?

어쩌면 그 기쁨은 목공소에서 아버지를 그대로 따라 하려고 끊임없이 바라보는 어린 예수에 대한 요셉의 기쁨과 같은 것이었을 것이다. 소년 예수는 자기 손으로 무엇도 만든 적이 없지만 열심히 배우고자 했고 기꺼이 일하고자 했다. 그는 아버지의 목소리에 주의를 기울이고 그분의 지시에 순종했다. 그는 기뻐하며 아버지에게 도제 훈련을 받았다. 온종일 콧노래를 부르면서. 그는 아버지와 함께 일하는 것을 즐거워했다. 아무리 하찮은 일을 맡겨도 그랬다. 그 일이 몸을 구부려 나무 조각들을 집어 올리는 것이거나 바닥에 쌓인 톱밥을 쓸어내는 것이거나 그는 개의치 않았다.

예수가 받으시는 세례는 그가 이제 새로운 도제의 길로 들어서고 있음을 보여주는 표식이다. 그것은 고난의 도제다. 그것은 그가 이제까지 해온 일 중 가장 힘든 일일 것이다. 그리고 가장 비천한 일일 것이다.

그러나 그는 아버지와 함께 일하실 것이다. 그분의 모든 말씀을 들으면서, 그분의 모든 지시를 따르면서. 즐거움으로 일하실 것이다.

어떤 아버지가 이러한 아들을 기뻐하지 않겠는가?

기도

사랑하는 예수님,

당신이 그토록 훌륭한 아들이셨음에 감사드립니다. 당신이 아버지께 배우고자 했던 그 열정으로 인해 그분의 일을 기꺼이 하고자 했던 그 정성으로 인해, 그분의 목소리에 귀를 기울이고 그분의 뜻에 순종하셨던 것으로 인해 당신께 감사드립니다.

당신이 이 땅에 계셨을 때, 당신 스스로 아무것도 하실 수 없고 오직 아버지께서 하시는 것을 보고 하신다고, 오직 아버지께서 가르쳐주시는 것만 말할 수 있다고 하셨습니다.

당신의 꿈은 그분의 뜻을 이루는 것이었습니다. 그것은 세상을 향한 그분의 꿈이 이루어지는 것을, 각 사람을 향한 그분의 꿈이 이루어지는 것을 보는 것이었습니다. 주님, 저도 사람들을 그러한 시각으로 볼 수 있도록 도와주십시오. 그들을 향한 하나님의 뜻이 이루어질 때 그들이 어떻게 변화될지 볼 수 있는 눈을 주십시오. 그리고 제게 은혜를 베푸셔서 제 말과 행동으로 그 꿈이 이루어지는 것을 돕게 해주십시오.

그러한 많은 꿈은 고난을 떠나서는 결코 이루어질 수 없음을 깨닫게 해주십시오. 그리고 당신은 비록 하나님의 사랑을 입은 아들이셨지만 당신이 당하신 고난을 통해 순종을 배우셨다는 것을, 또 당신도 그러한 길을 걸어야 하셨다면 저는 얼마나 더 성실히 그 길을 걸어야 마땅하겠는지를 깨닫게 해주십시오.

저에게 당신처럼 아버지와 하나 됨을 누리도록 허락해주시고, 그분의 꿈이 제 꿈이 되게 해주십시오. 그분의 뜻이 저의 뜻이 되게, 그분의 말씀이 제 말이 되게 그리고 제 삶에서 저를 움직이는 야망은 오직 그분만을 기쁘시게 하는 것이 되게 해주십시오.

주님, 당신이 제자들에게 마지막으로 하신 말씀은 아버지에 관한 것이었습니다. 아버지께서 당신에게 베푸신 사랑이 제자들 안에 그리고 우리 안에 머물게 하려고 계속 일해야 한다고 하셨습니다.

그 말씀이 사실입니까? 아버지께서 당신을 사랑하시는 것처럼 제가 당신을 사랑하는 것이 가능합니까? 그분이 당신을 기뻐하시는 것처럼 제가 당신을 기뻐할 수 있다는 말씀입니까? 당신이 그분을 움직이는 열정이신 것처럼 제 삶에서도 저를 움직이는 그러한 열정이 되어주실 수 있습니까?

그렇다면 주 예수님, 당신이 제게 그 사랑을, 그 기쁨을, 그 열정을 주실 것을 간구합니다.

아버지가 제가 단지 그분의 자녀라는 한 가지 이유만으로 저를 사랑하신다는 것을 압니다. 어느 날 그분이 하늘에서 제 삶을 내려다보시며 이 자녀로 인해 기뻐하시게 될 때가 오기를 바랄 뿐입니다.

그리고 저는 압니다. 만일 제가 남은 생애를 그분이 당신을 사랑하신 것처럼 당신을 사랑하며 산다면, 그분이 얼마나 저를 기뻐하실지를.

광야에서 맞이하는
긴장된
순_____간

그때에 예수께서 성령에게 이끌리어 마귀에게 시험을 받으러 광야로 가사 사십 일을 밤낮으로 금식하신 후에 주리신지라. 시험하는 자가 예수께 나아와서 이르되 "네가 만일 하나님의 아들이어든 명하여 이 돌들로 떡덩이가 되게 하라."

예수께서 대답하여 이르시되 "기록되었으되 '사람이 떡으로만 살 것이 아니요 하나님의 입으로부터 나오는 모든 말씀으로 살 것이라' 하였느니라" 하시니

이에 마귀가 예수를 거룩한 성으로 데려다가 성전 꼭대기에 세우고 이르되 "네가 만일 하나님의 아들이어든 뛰어내리라.

기록되었으되
'그가 너를 위하여 그의 사자들을 명하시리니
그들이 손으로 너를 받들어
발이 돌에 부딪치지 않게 하리로다' 하였느니라."

예수께서 이르시되 "또 기록되었으되 '주 너의 하나님을 시험하지 말라' 하였느니라" 하시니

마귀가 또 그를 데리고 지극히 높은 산으로 가서 천하 만국과 그 영광을 보여 이르되 "만일 내게 엎드려 경배하면 이 모든 것을 네게 주리라."

이에 예수께서 말씀하시되 "사탄아 물러가라. 기록되었으되 '주 너의 하나님께 경배하고 다만 그를 섬기라' 하였느니라."

이에 마귀는 예수를 떠나고 천사들이 나아와서 수종드니라.

_ 마태복음 4:1-11

묵상

광야는 우리가 가장 큰 유혹과 시험을 만나는 곳이다. 이곳에서는 우리의 원수가 가장 무서운 모습을 띠지만 우리는 가장 약한 상태에 놓인다.

그러한 광야로 예수는 이끌려간다.

그 앞에 광야가 끝없는 황무지처럼 펼쳐져 있다. 메마른 도랑들이 할퀴고 지나간 자리들, 부서진 바위들과 햇볕에 바랜 뼈들이 여기저기 흩어져 있다. 어깨를 축 늘어뜨린 듯한 언덕들이 온통 그를 에워싸고 있다. 발밑에는 말라가는 식물들이 마치 구걸하는 사람처럼 하늘을 향해 팔을 벌리고 있다. 그러나 하늘의 눈은 매정하기만 하다. 눈물을 흘릴 기색이 전혀 보이지 않는다. 단지 밤이 온다는 약속만이 위로를 줄 따름이다.

태양이 지자 땅은 마치 한숨을 쉬는 것처럼 열기를 뿜어낸다. 빛의 강한 줄기가 그림자와 교대하면서 지평은 냉혹한 실루엣 형상으로 변한다.

예수는 잠잘 곳을 찾으면서 아버지가 하신 마지막 말씀을 기억한다. 그리고 요한의 마지막 말도.

"…하나님의 어린양이로다"(요 1:29).

예수는 이 말들이 무엇을 의미하는지 알고 있다. 그는 성전에 가본 적이 있다. 그리고 제단도 보았다.

"세상 죄를 지고 가는…."

그는 제단에서 하늘을 향해 기도처럼 피어오르는 한 줄기 연기를 기억한다. 그는 제사장들, 그들의 칼 그리고 피를 기억한다.

40주야 동안 그는 기억한다.

이제 광야에서 그가 머무는 마지막 날이다. 황혼 녘의 장려함이 절반쯤 어두워지면서 언덕들은 평평해지고 모양 없이 흩어진다. 그림자들은 마치 물러가는 빛을 향해 뛰어들 용기를 얻으려는 듯 불쑥 솟은 바위 아래 움푹 파인 곳으로 피난처를 찾아 들어간다. 그것들은 차례로 암석들 뒤로 기어들어 가고 회백색으로 노출된 바위를 지나 사라진다.

달은 지평선 위로 떠올라 산들의 가장자리를 부드럽게 어루만진다. 석회암으로 된 절벽들은 어둡고, 먼바다 위에 떠 있는 빙산처럼 빛을 낸다. 달빛으로 젖은 밤에 광야가 살아난다. 기어 다니는 곤충들은 숨어 있던 구멍에서 나오고, 조심스러운 들쥐들은 모래 위를 달려간다. 냉혈 동물인 파충류들은 바위 위를 미끄러져 간다.

예수는 언덕에 부채꼴 모양으로 파인 얕은 동굴에 자리를 잡는다. 그의 침상은 차고 딱딱한 땅바닥이고 그의 담요는 밤의 어둠뿐이다.

마가는 예수가 광야에서 짐승들과 함께 계셨다고 우리에게 알려준다. 멀리서 풍겨오는 향기처럼 낙원의 추억은 이 짐승들 위를 떠다니고, 그들은 침을 흘리기 시작한다. 그들은 앞으로 나아온다. 마르고 수척하며 허기진 채로, 처음에는 조심스럽게, 예수의 냄새를 맡으며 그에게 나아온다.

그들의 나아옴은 집단적인 기도다. 사자와 어린 양이 함께 뒹구는 곳, 에덴으로 복귀되길 염원하는 기도다.

그들은 예수가 그 기도에 대한 응답이라는 것을 느낀다. 그리고 마치 낙원으로 들어가는 입구를 지키는 자들처럼 동굴 어귀에 함께 누워 잠이 든다.

다음 날 아침 태양이 기지개를 켜며 이 회색 풍경에 놀라운 색깔을 한 움큼 던져준다. 태양은 이제 겨우 눈을 떴지만 위로 치솟자마자 뜨겁고 하얗게 달아오르며 분노를 발산한다.

잠에서 깬 예수는 서늘한 땅에서 그의 수척해진 몸을 일으킨다. 그의 여윈 모습은 마치 석판에서 끌로 파낸 듯 보인다. 그의 피부는 바짝 말랐고 입술은 갈라져 터졌다. 40일의 금식으로 그는 탈진 상태다.

'공격하기에 안성맞춤인 때로군.' 사탄은 그늘에서 빠져나오며 생각한다. 그의 움직임은 신중하다. 그것은 자신이 먹는 쪽이 될지 먹히는 쪽이 될지 아직 확신할 수 없기 때문이다. 그는 주저하면서 앞으로 나아가다 그의 대적이 놀랍도록 여위고 약한 것을 보고 이내 담대해진다.

"네가 만일 하나님의 아들이어든 명하여 이 돌들이 떡덩이가 되게 하라."

이 시험은 예수가 자기 자신을 의심하게 하려는 것이 아니라 자기 자신을 의지하게 하려는 것이다. 아버지께서 그의 고통을 덜어주시려고 손가락 하나 까딱하지 않으시는 상황에서 왜 자신의 손으로 문제를 해결해서는 안 되는가? 여하튼 벌써 40일이 지나지 않았는가? 누가 그를 비난할 수 있겠는가?

그러나 예수는 미끼에 걸리지 않는다. 오히려 이렇게 대답한다. "기록되었으되, 사람이 떡으로만 살 것이 아니요 하나님의 입으로부터 나오는 모든 말씀으로 살 것이라 하였느니라."

예수는 배고픔이 얼마나 극심하든지 광야 전체를 가득 메우는 떡보다는 아버지가 주신 말씀의 작은 부스러기로 만족하고자 했다.

사탄은 다음 공격을 계획하기 위해 한 걸음 물러선다. 어쩌면 전략을 약간 수정하는 것이 도움이 될지도 모른다. 그리고 장소도 바꿀 필요가 있다. 그는 예수를 성전 꼭대기로 데려가 예수가 그에게 사용한 무기의 무딘 끝으로 예수를 찔러댄다.

"네가 만일 하나님의 아들이어든 뛰어내리라. 기록하였으되, 그가 너를 위하여 그의 사자들을 명하시리니 그들이 손으로 너를 받들어 발이 돌에 부딪히지 않게 하리로다."

예수는 자신이 아버지를 의지하고 있음을 확언함으로 사탄의 첫 번째 시험에 답했다. 그래서 이번에는 사탄이 예수가 아버지를 의지하는 것을 오히려 끝까지 밀어붙이는 쪽으로 시험한다. "만일 네가 하나님이 너를 돌보신다고 참으로 믿는다면," 사탄은 자신의 논리를 전개한다. "그분이 그것을 증명하도록 해보라. 공적으로 모든 사람이 다 볼 수 있게 해보라."

성전은 이스라엘을 위한 종교 활동의 중심지다. 그곳에서 뛰어내리면 모든 핵심 지도자가 다 보게 될 것이다. 그리고 아무 상처 없이 구조된다면 예수가 참으로 하나님의 아들이라는 것을 모든 사람이 믿게 될 것이다. 단 한 번의 행동으로 그는 모든 회의주의자의 마음을 사로잡고, 종교 지도자들과의 오랜 갈등을 피할 수 있을 것이다.

매우 유혹적인 제안이다.

그러나 예수는 사탄의 간계를 꿰뚫어 본다. 그러한 시험으로 하나님의 돌보심을 확증하게 되는 것이 아니라 오히려 그분의 돌보심을 의심하게 될 것이다. 그는 주저하지 않고 대답한다.

"기록되었으되, 주 너의 하나님을 시험하지 말라 하였느니라."

그러한 시험은 하나님께 이렇게 말하는 것과 같다. "만일 당신이 정말 나를 돌보신다면 증명해보십시오." 그러한 도전은 하나님의 돌보심에 대한 신뢰를 보여주는 것이 아니라, 우리의 확신을 담보로 명백한 증거를 요구하는 의심을 보여줄 뿐이다.

사탄은 두 번째 시험에서도 퇴짜를 맞자 잠시 물러나 다시 한 번 전략을 검토한다. 그런 다음 그는 예수를 더 큰 시험에 빠뜨리기 위해 더 높은 꼭대기로 데려간다. 이 세상 신으로서 사탄은 세상의 왕국들을 자신의 호주머니에 넣고 있다. 그는 호주머니에 손을 넣고 잔돈을 세어본다. 그리고 최후의 제안을 한다.

"만일 내게 엎드려 경배하면 이 모든 것을 네게 주리라."

이 왕국은 아버지께서 예수에게 약속하신 것이다. 언젠가는 그가 소유할 것이었다. 그날이 오늘이 될 수도 있다. 그리고 내일 당할 모든 고난도 피할 수 있다. 그가 해야 할 일은 단지 잠깐 등을 돌려 사탄의 지시대로 무릎을 꿇는 것이다. 그것이 전부다.

그러나 그의 무릎을 고정하고 있는 것은 그가 누구에게 등을 돌려야 하는가의 문제다. 그 대상은 바로 자신의 아버지시다. 그를 사랑하고 그를 기뻐하시는 아버지시다. 그가 어떻게 그러한 관계를 배신하고 잠시라도 한쪽 무릎인들 꿇을 수 있겠는가?

예수는 사탄이 보는 앞에서 그 잔돈을 집어 던진다.

"사탄아, 물러가라. 기록되었으되, 주 너의 하나님께 경배하고 다만 그를 섬기라 하였느니라."

그 말들은 마치 채찍처럼 쩍 하고 공기를 가른다. 사탄은 뒤로 물러선다. 그는 경멸감으로 입술을 부르르 떨며 몸을 돌려 떠난다. 그가 '얼마 동안' 떠났다고 누가는 기록한다. 예수가 더 약해지고 더 시험에 쉽게 넘어질 때까지, 그의 고난이 더 심해질 때까지 사탄은 잠시 동안 있는 것이다. 그리고 그 고난은 예수가 광야에서 그토록 결정적인 선택을 하지 않았더라면, 그렇게 강경하게 거부하지 않았더라면 피할 수도 있었다.

예수는 요단 강에서 성령의 기름 부음을 받고 아버지의 승인을 받았다. 그는 광야에서 그 두 분에게서 버림받은 것처럼 보였다. 하나님의 모든 흔적이 바람에 불려 날아가거나 모래 속에 파묻힌 것이다. 거기에는 확증해주는 어떤 음성도, 어떤 표적도 없었다.

예수가 하늘에서 들을 수 있었던 것은 씽씽거리는 공허한 바람 소리뿐이었다. 그가 위를 쳐다보았을 때 눈에 보인 것은 점점 더 좁게 원을 그리며 선회하는 독수리뿐이었다.

그러나 그는 여전히 신뢰한다. 그리고 여전히 순종한다.

그리고 잠시 후 비로소 천사들이 나타난다.

기도

주님,

제가 어느 때나 주님을 신뢰하도록, 특히 제 삶에서 광야를 지날 때 주님을 신뢰할 수 있도록 도와주십시오. 제가 믿음이 아니라 보이는 것을 따라 행하고 싶은 유혹을 받을 때, 당신보다는 저 자신을 의지하려는 유혹을 받을 때, 제가 당신의 사랑에 의문을 품고자 하는 유혹을 받을 때 그리고 당신을 배반하고자 하는 유혹을 받을 때 제가 주님을 신뢰할 수 있도록 도와주십시오.

하박국 선지자가 광야를 지날 때 가진 그 믿음을 제게도 주십시오.

"비록 무화과나무가 무성하지 못하며
   포도나무에 열매가 없으며
   감람나무에 소출이 없으며

밭에 먹을 것이 없으며
우리에 양이 없으며
외양간에 소가 없을지라도
나는 여호와로 말미암아 즐거워하며
나의 구원의 하나님으로 말미암아 기뻐하리로다.
주 여호와는 나의 힘이시라.
나의 발을 사슴과 같게 하사
나를 나의 높은 곳으로 다니게 하시리로다"(합 3:17-19).

아버지의 말씀이 음식보다 더 귀한 영양분이 될 뿐 아니라 더욱 필요한 것임을 볼 수 있도록 제 눈을 열어주십시오. 그리고 그분이 매 순간 제 영혼에 가장 좋은 것이 무엇인지를 아시기 때문에 떡이든 돌이든 주신다는 것을 깨닫게 해주십시오.

당신이 저를 사랑하시는 것을 절대 의심하지 않도록 도와주십시오. 그리고 그 사랑을 시험하려는 유혹에 절대 빠지지 않도록 지켜주십시오. 사탄이 제 앞에 하찮은 것을 흔들어대며 유혹한다 해도 그것에 현혹되지 않도록 지켜주시고, 제가 당신을 원하는 것보다 다른 것을 더 원하지 않도록 저를 보호해주십시오.

당신이 하나님의 말씀을 공부하셨듯 제게도 그 말씀에 대한 목마름을 주십시오. 그러나 당신을 사탄의 시험에서 안전하게 건진 것은 사탄에게도 있었던 말씀에 대한 지식이 아니라 말씀에 대한 순종이었음을 깨닫도록 도와주십시오.

저를 시험에 들게 하지 마시고 다만 악한 자에게서 구해주십시오. 당신은 제가 얼마나 약한지, 얼마나 사탄의 속임수에 쉽게 넘어가는지를 잘 아십니다. 그러나 만일 당신이 저를 광야로 인도하셔서 사탄의 시험을 받게 하신다면, 당신이 세상에 있는 이보다 더 크신 분이심을, 그리고 사탄은 대적하면 도망가는 존재임을 깨달을 수 있도록 도와주십시오.

제가 시험당한 대로 당신도 모든 면에서 똑같이 시험당하심으로 저의 갈등을 이해해주셔서 감사드립니다. 단지 당신의 자비만이 아니라 이해를 얻기 위해서도 은혜의 보좌 앞에 담대히 나아갈 수 있음으로 인해 진정으로 감사드립니다.

혼인 잔치에서 맞이하는
긴장된
순___간

사흘째 되던 날 갈릴리 가나에 혼례가 있어 예수의 어머니도 거기 계시고 예수와 그 제자들도 혼례에 청함을 받았더니 포도주가 떨어진지라. 예수의 어머니가 예수에게 이르되 "저들에게 포도주가 없다" 하니

예수께서 이르시되 "여자여, 나와 무슨 상관이 있나이까? 내 때가 아직 이르지 아니하였나이다."

그의 어머니가 하인들에게 이르되 "너희에게 무슨 말씀을 하시든지 그대로 하라" 하니라.

거기에 유대인의 정결 예식을 따라 두세 통 드는 돌항아리 여섯이 놓였는지라. 예수께서 그들에게 이르시되 "항아리에 물을 채우라" 하신즉 아귀까지 채우니 이제는 떠서 연회장에게 갖다 주라 하시매 갖다 주었더니 연회장은 물로 된 포도주를 맛보고도 어디서 났는지 알지 못하되 물 떠온 하인들은 알더라. 연회장이 신랑을 불러 말하되 "사람마다 먼저 좋은 포도주를 내고 취한 후에 낮은 것을 내거늘 그대는 지금까지 좋은 포도주를 두었도다" 하니라.

예수께서 이 첫 표적을 갈릴리 가나에서 행하여 그의 영광을 나타내시매 제자들이 그를 믿으니라.

_ 요한복음 2:1-11

묵
상

하나님의 아들이 하늘 보좌에서 내려와 인간이 되셨을 때 하늘의 가장 좋은 포도주가 팔레스타인에 거주하는 한 유대인 가정의 평범한 그릇에 담겼다.

30년 동안 이 하늘의 포도주는 나사렛에 있는 한 목수의 작업실에 저장되어 있었다. 그러나 이제 이 포도주 병의 인봉을 뗄 때가 왔다. 코르크 마개가 뽑히고 하늘의 신령한 향기가 지상을 가득 채워 비록 짧은 순간이나마 세상의 말라붙은 입술이 하나님 나라를 맛볼 때가 온 것이다.

그 일은 때마침 혼인 잔치와 겹친다.

중노동과 보잘것없는 임금 그리고 가혹한 세금으로 지친 사람들에게 혼인 잔치는 꼭 필요한 일시적인 돌파구다. 사람들은 이때 오랜 친구들과 만나 긴장을 풀고 약간의 음식과 포도주 그리고 웃음을 함께 나눈다. 그러나 이제 그 웃음이 점차 줄어들기 시작한다. 혼인 잔치를 연 이 가난한 가정은 자신들이 마련한 포도주에 약간의 물을 섞고 또 잔을 절반만 채우면 부족하나마 그 정도의 포도주로 잔치를 마칠 수 있으리라 기대했다. 그러나 그들이 준비한 포도주가 바닥을 드러내고 있었다.

예수의 어머니는 그 가정의 수치와 사회적 불명예를 가려주고 싶은 마음에서 그에게 도움을 청한다. 그녀는 자신의 손을 안절부절못하며 "저들에게 포도주가 없다"고 걱정스럽게 말한다. 그녀가 의도하는 것은 '어떻게 좀 해달라'는 것이다.

예수의 기적적인 탄생 이후 마리아는 장차 그녀의 아들에게서 나타날 영광을 늘 마음속으로 기대해왔다. 그녀는 환상을 보았고, 천사의 말을 들었으며, 그의 놀라운 성장을 지켜보았다. 그리고 지금 그녀는 아들에게 간곡한 부탁을 하며 그가 자기 영광의 일부를 보여주어 사람들의 필요를 곧 채워줄 것을 기대하고 있다.

마리아가 간곡한 부탁을 한 후 잠깐 머뭇거림이 있다. 그 짧은 순간 마리아는 아들의 얼굴을 들여다본다. 그리고 그 얼굴에서 그녀는 지난 30년 동안 함께 살며 자기를 돌보아주던 아들의 모습과는 너무나 다른 모습을 보게 된다. 그의 얼굴에는 광야에서 40일을 지낸 뒤 마치 조각칼로 깎은 듯한 모습이 담겨 있다. 그는 그때보다 더 말랐고, 좀 더 심각해졌으며, 좀 더 긴장한 모습이다.

예수는 만일 자신이 이 필요를 초자연적인 방법으로 해결해줄 경우 그의 삶이 결코 전과 같을 수 없음을 알기 때문에 주저한다. 그는 결코 다시는 시계를 거꾸로 돌릴 수 없게 될 것이다.

아니, 이 혼인 잔치가 끝나고 나면 그 작은 동네에서 은둔하며 살아온 자신의 삶은 영원히 사라지고 말 것이다. 앞으로 3년 반 동안 그가 홀로 있을 수 있는 유일한 시간은 동이 트기 전 감람나무 숲에서 잠시 훔치듯 가지게 될 짧은 시간이거나, 아니면 어두워진 후에 작은 불모지 언덕에서 갖는 고요함뿐일 것이다. 그가 아버지와 함께 누리던 교제는 이제부터는 잠을 줄여야만 얻을 수 있을 것이다. 그것은 그가 다닐 여러 도시에서, 많은 언덕에서, 또 많은 바닷가에서 한낮 동안 그를 둘러쌀 수많은 사람의 엄청난 필요를 돌보아야 할 것이기 때문이다.

그가 가는 곳 어디에서나 예수는 여인들에게는 부풀려진 소문의 주인공이 될 것이고, 남자들에게는 입씨름의 주제가 될 것이다. 예수의 가르침은 서기관들의 치밀함으로 토씨 하나 남김없이 랍비들의 전통이라는 시금석에 비추어 분석되고 비판받게 될 것이다. 그가 다니는 어느 곳에서나 소동이 일어나고 그것은 곧바로 팔레스타인 전역에 오랫동안 사그라지지 않을 파문을 일으킬 것이다.

그가 이 모든 가능성을 생각해본 후 자신에게 주어진 요청을 받아들이지 않기로 한 것은 이해할 만하다.

"여자여, 나와 무슨 상관이 있나이까? 내 때가 아직 이르지 아니하였나이다."

그는 마음 깊은 곳에서 이 요청을 놓고 갈등하면서 또 다른 문제를 생각한다. 아직은 그의 영광을 나타낼 때가 아니라는 것이다. 아직 제자를 택하는 일도 끝내지 못했다. 이 땅에서의 사역은 여전히 그의 마음속에 연필로 스케치만 해놓은 정도다. 그는 아버지에게서 색깔과 치수에 대한 지시를 기다리는 중이다.

예수는 앞으로도 아버지께 간구할 또 다른 요청을 놓고 주저하게 될 것이다. "아버지여, 만일 아버지의 뜻이어든 이 잔을 내게서 옮기시옵소서"(눅 22:42). 그 운명의 잔을 받아들이는 것은 참으로 어려운 일일 것이다. 끓어오르는 분노를 받아들이기는 쉽지 않을 것이다. 그러나 예수는 떨리는 손으로 그 잔을 받을 것이다. "그러나 내 원대로 마시옵고 아버지의 원대로 되기를 원하나이다."

겟세마네에서 아버지의 요청에 순응하게 될 것처럼 그는 지금 가나에서 어머니의 요청에도 순응하게 된다.

그의 생각은 장래의 사역에서 금방 현실의 필요로 되돌아온다. 너무 가난하고 너무 무거운 짐을 진 사람들에게로. 단조로운 고역에 얽매여 살아가면서 잠시의 흥겨운 즐거움을 원하는 자들에게로. 이 혼인식을 준비하기 위해 빚을 지고 지쳐 있는 신부와 신랑의 부모에게로.

마침내 그의 생각은 신부와 신랑에게 돌아온다. 여기서 망신을 당한다면 이 동네에서 새로운 가정을 시작하는 것은 말할 것도 없고 신혼여행을 떠나는 것도 즐겁지 않을 것이다. 이 젊은 부부는 도움이 필요하다. 그리고 예수의 마음은 그들을 향해 나아간다.

한마디 말도 없이, 손으로 한 번 만지지도 않고, 예수는 단지 물이 포도주가 되기를 원했다. 그리고 그 생각이 이루어지는 거룩한 순간, 물은 그의 뜻에 복종했다.

여기서 예수가 자신의 영광을 이러한 방법으로 드러낸 것은 너무나 구세주다운 모습이다.

그 영광은 로마 제국의 황실에서 드러난 것이 아니다. 예루살렘에 있는 헤롯의 성전에서도 아니고, 아테네에 있는 거대한 돌기둥들로 둘러싸인 아크로폴리스에서 드러난 것도 아니다. 여기 가나라고 하는 갈릴리의 후미진 구석에 있던 가난한 동네에서 드러난 것이다.

그리고 그가 그의 영광을 드러낸 방법은 조용한 기적을 통해서였다. 트럼펫의 요란한 팡파르나 무대의 화려한 조명이나 어떤 준비된 연출도 없었다. 단지 하나님의 전능하신 손길이 이 필요의 시간에 무대 뒤에서 조용히 역사하신 것이다.

그리고 이 기적의 목적은 자신의 목마름을 해결하기 위한 것도 아니고 다른 사람들의 필요를 채우기 위한 것도 아니었다. 그것은 사랑하는 여인의 근심을 덜어주기 위한 것이었다. 눈물 어린 신혼부부를 망신에서 건져주기 위한 것이었다. 그리고 노동에 지친 이 동네 사람들에게 조금이라도 즐거움을 주기 위한 것이었다.

예수는 여기서 그의 영광을 드러냄으로 제자들의 믿음을 확장해주었다. 그리고 그는 이 일로 또 하나의 일을 했다. 자신의 영광을 드러내기로 한 결심과 함께 예수는 루비콘 강을 건넌 것이다. 돌아올 수 없는 다리를 건넌 것이다.

드디어 주사위는 던져졌다. 시계의 태엽은 감겼다. 이제 그 태엽은 그의 운명의 마지막 시간을 향해 풀리기 시작한 것이다. 그리고 결국 그를 걸어 그의 생명을 앗아갈 톱니바퀴가 돌아가기 시작한 것이다. 그가 가나에서 제공한 포도주는 언젠가 십자가에서 자신이 마시게 될 잔을 앞당긴 것이다.

기도

사랑하는 주 예수님,

참으로 하늘은 가장 좋은 포도주를 마지막까지 남겨둡니다. 그것은 이 세상이 그 향락을 퍼내는 방법과는 너무도 다릅니다. 세상의 향락은 현란한 흥분을 자아내지만, 아침이면 머리와 마음을 더 아프게 합니다. 그리고 그때 우리는 우리 속을 갉아먹는 공허감을 다시 맛보게 됩니다.

주님, 저와 가까운 사람 중에 언제나 더 많은 것이 필요한 공허감으로 이 세상을 살다 간 사람이 있습니다.

주님, 당신이 그를 붙잡아주시고 당신의 성령으로 채워주시기를 기도합니다. 마르고 텅 빈 심연으로 가득한 그의 마음은 당신을 열망하지만, 그는 그 사실을 깨닫지 못합니다. 그의 영혼은 영적인 일들에 대해 너무나 무지하므로 그 아픔을 제대로 표현하지도 못합니다.

주님, 그는 온갖 그릇된 것들로 그 아픔을 무마시키려 애써왔습니다. 그러나 그는 지금, 과거는 후회로 채워져 있고, 현재는 온갖 산

만한 일로 혼란스러우며, 미래는 염려로 가득 차 있는 공허한 사람입니다.

그에게서 그 모든 일을 비워주십시오, 주님. 그렇게 하려고 그의 삶을 거꾸로 뒤집으셔도 괜찮습니다.

그리고 어제나 오늘이나 영원토록 동일하신 당신이야말로 그의 과거를 용서해주시고, 그의 영혼을 위해 오늘의 양식을 제공해주시며, 그의 미래를 손에 쥐고 계신 분이시라는 것을 아는, 샘솟는 깨달음으로 그를 채워주십시오.

주님, 저는 주님이 이 기적을 베풀어주실 것을 신뢰합니다. 그의 삶의 물을 가장 좋은 포도주로 변화시켜주실 것을.

성전에서 맞이하는
긴장된
순____간

유대인의 유월절이 가까운지라 예수께서 예루살렘으로 올라가셨더니 성전 안에서 소와 양과 비둘기 파는 사람들과 돈 바꾸는 사람들이 앉아 있는 것을 보시고 노끈으로 채찍을 만드사 양이나 소를 다 성전에서 내쫓으시고 돈 바꾸는 사람들의 돈을 쏟으시며 상을 엎으시고 비둘기 파는 사람들에게 이르시되 "이것을 여기서 가져가라. 내 아버지의 집으로 장사하는 집을 만들지 말라" 하시니 제자들이 성경 말씀에 '주의 전을 사모하는 열심이 나를 삼키리라' 한 것을 기억하더라.

이에 유대인들이 대답하여 예수께 말하기를 "네가 이런 일을 행하니 무슨 표적을 우리에게 보이겠느냐?"

예수께서 대답하여 이르시되 "너희가 이 성전을 헐라. 내가 사흘 동안에 일으키리라."

유대인들이 이르되 "이 성전은 사십육 년 동안에 지었거늘 네가 삼 일 동안에 일으키겠느냐?" 하더라.

그러나 예수는 성전 된 자기 육체를 가리켜 말씀하신 것이라.

_ 요한복음 2:13-21

묵상

해마다 유월절이 돌아오면 모든 유대인 가정은 정결 예식을 위한 봄맞이 청소를 한다. 선반은 구석까지, 벽은 천장까지 깨끗이 닦는다. 바닥은 쓸고 또 쓴다.

그러나 이렇게 쓸고 닦는 것은 먼지를 털어내기 위한 것이 아니다. 먼지가 아니라 누룩을 없애기 위해서다. 유월절 기간에는 아무리 적은 분량의 누룩이라도 집 안에 두어서는 안 되기 때문이다. 율법은 구체적이고 형벌은 엄격했다.

그러므로 누룩을 없애는 것은 중요한 일이다. 그것은 또한 잊지 말아야 할 중요한 교훈을 일깨우는 역할을 한다. 모든 유대인 가정에 출애굽 사건을 일깨우는 것이다. 한밤중에 서둘러 떠나던 일을. 여행을 위해 급히 떡을 굽던 일을 그리고 반죽이 부풀기를 기다릴 만한 시간이 없었기 때문에 누룩을 넣고 구울 수 없었던 일을.

그때부터 누룩을 치우는 일은 유월절의 전통이 되었다. 유월절 전날 밤 식사를 하며 아버지는 촛불을 켜고 온 가족과 함께 마지막 검사를 한다. 구석구석을 다 살펴보고 서랍과 용기마다 다 살펴본다. 이것은 진지한 의식이다. 누룩은 조금이라도, 심지어 누룩이 들어간 음식까지도 정해진 곳에 모아두었다가 없앤다.

그렇기에 언제나 유월절이면 모든 유대인 가정은 흠 없이 깨끗해진다. 단 한 곳을 제외하고는. 절기를 준비하느라고 서두르는 중에 단 한 집은 소홀히 여겨진다.

그것은 다름 아닌 하나님의 집이다.

예수는 열두 살 되던 해부터 매년 하나님의 집에 왔다. 그러나 이 집의 형편은 점점 더 악화되었다. 상업주의 때문이었다. 매년 더 많은 짐승이 매매되었고, 더 많은 돈이 환전되었으며, 더 많은 장사 터가 성전 뜰을 점령해갔다.

이 장사 터 중 상당수가 대제사장인 안나스와 자손들의 소유였다. 거룩한 도시의 주민들도 유월절이면 방을 빌려주고, 서비스를 제공하며, 제물이나 기념품을 판매하여 약간의 이익을 얻었다. 모두가 그렇게 했다. 종교 지도자조차 같은 일을 하고 있었기 때문에 아무도 이 상황을 문제 삼지 않았다.

그들이 행한 일이 그토록 심각한 죄가 되는 이유는 그 일이 이루어진 장소 때문이었다.

사고파는 일을 행한 곳은 다름 아닌 성전의 바깥뜰이었다. 성전 안뜰은 유대인을 위한 곳이었고, 바깥뜰은 이방인이 와서 기도할 수 있도록 허용된 곳이었다. 성전의 설계 원리에는 세계를 향한 이스라엘의 선교적 사명이 담겨 있었다. 모든 족속과 나라의 사람들을 성전의 문 안에 들어오게 하여 하나님을 향해 나아가고 믿음의 공동체의 일원이 될 기회를 주는 사명이었다.

그러나 예수는 이 뜰에서 잃어버린 세상을 하나님께로 인도하는 빛을 볼 수 없었다. 절기를 맞아 한 몫 보려는 숨 막히는 상업주의가 그 불을 꺼버린 것이다. 그의 눈은 웅장한 기둥들 사이를 꿰뚫고 있다. 그는 사람들 사이로 이방인이 멀찌감치 떨어져 홀로 서서 머리를 숙이고 손을 모은 채 기도하는 모습을 본다.

가까운 곳에서 동전 꾸러미가 땅에 떨어지자 바닥이 뒹구는 잔돈들로 어지럽다. 돈 바꾸는 자가 사람들 틈을 비집고 나간다. 그가 그 이방인을 밀치고 지나가자 이방인은 기도를 중단하고 만다. 돈 바꾸는 자는 바닥에 엎드려 사람들 다리 사이로 손을 넣어 자신의 이익을 놓치지 않으려고 허겁지겁 동전을 주워 올린다.

돈 바꾸는 자들은 성전의 돈궤가 외국 동전 때문에 부정하게 되지 않도록 막는 일을 했다. 모든 유대인은 매년 반 세겔을 성전의 헌금함에 내야 했다. 그러나 특별하게 제조된 동전만 허용되었다. 정결법에 합한 동전이어야 했다. 환율은 돈 바꾸는 자의 성품에 따라 조절되었다. 성품이 좋지 않은 사람일수록 환율은 높아졌다. 그리고 유월절 기간에 환율은 엄청나게 치솟았다.

짤랑거리는 동전 소리 외에도 제사와 유월절 식사를 위해 판매되는 짐승들의 소리가 뜰을 채웠다. 그것들은 실제 가치보다 몇 배 더 비싸게 매매되었다. 하지만 절기 동안에는 파는 자가 주도하는 상황이기에 때문에 제사장의 검열을 통과한 짐승들은 부르는 게 값이었다.

짐승들의 오물 냄새가 진동했다. 예수는 그 냄새에 속이 울렁거리는 것을 느낀다. 그러나 그를 괴롭히는 것은 짐승의 냄새가 아니다. 타락한 종교의 냄새다.

유월절에 이익을 남기는 것이 절기의 핵심이 되었다. 기도가 아니었다. 하나님의 크신 일을 기억하는 것이 아니었다. 하나님에 대한 감사가 아니었다. 예루살렘을 방문하는 순례자들에게는 그것이 핵심이었을지 모르지만, 적어도 직업적인 제사장들에게는 아니었다. 직업적인 사람들의 마음에서는 신성함에 대한 열정이 사라진 지 오래였다. 그들의 손이 매일의 종교적 일과로 무감각해진 지 오래였다.

예수는 조금이라도 고요함을 찾기 위해 틈을 찾으려는 그 이방인을 다시 바라본다. 그러나 그의 기도는 또다시 중단된다. 이번에는 꿈틀거리는 양을 어깨에 메고 지나가는 어떤 사람 때문이었다.

예수는 뜨거운 콧김을 내고 입을 앙다물었다. 저쪽 상 위에 밧줄이 놓여 있는 것이 보인다. 그는 그것을 낚아채 여러 겹으로 묶는다. 그의 얼굴이 달아오른다. 목 근처의 핏줄이 부풀어 오른다. 심장 박동은 빨라진다. 그는 매듭을 바짝 조인다.

그가 채찍을 휘두르자 한 무리의 사람이 뒤로 물러선다. 그들의 주름 깊은 얼굴에는 혼란한 표정이 역력하다. 예수가 상을 발로 차자 그 중 두 사람은 뒤로 자빠지고 그들의 돈은 대리석 바닥 위를 굴러간다. 그는 임시로 만든 울타리를 무너뜨리고 다시 한 번 채찍을 휘두른다. 그러자 이번에는 한 무리의 양 떼가 울부짖으며 피할 곳을 찾아간다. 그는 한 칸 밑으로 내려가 거기 놓인 상들의 끝을 잡고 뒤집는다.

그는 채찍을 머리 위로 휘두르다 가죽 소리와 함께 힘껏 내리친다. 사람들은 그가 일으키는 회오리를 맞고 나무 잎사귀처럼 흩어진다. 마치 하늘의 진노가 땅에 부어지면서 모든 것을 뒤집어엎는 형국이다.

예수는 새장들이 늘어서 있는 구역으로 내달으며 그것을 지키는 사람에게 분노를 퍼붓는다. "이것을 여기서 가져가라. 내 아버지의 집으로 장사하는 집을 만들지 말라!"

그의 노는 너무나 맹렬해 마치 예수 자신이 그 노에 휩쓸려버릴 것 같았다. 제자들은 억수같이 쏟아지는 노를 피해 뒤로 물러서며 이 순간을 위한 예언처럼 보이는 성경 말씀을 기억한다.

"주의 전을 사모하는 열심이 나를 삼키리라"(요 2:17).

그들은 생각한다. 이러한 열정을 마지막으로 본 적이 언제였던가? 과부나 고아에게 행하는 불의에 제사장이 분노를 터뜨리는 것을 마지막으로 본 적이 언제였던가? 바리새인이 자신의 죄로 흐느껴 울며 하나님의 자비를 간절히 구하는 것을 마지막으로 본 적이 언제였던가? 그때가 얼마나 오래전이었던가? 그들은 기억조차 할 수 없었다. 그러한 모습을 한 번이라도 본 적이 있었는지 의아할 따름이다.

바로 지금 이 순간까지.

그러나 제자들에게는 갑자기 또 다른 의문이 떠올랐다. 사람을 낚는 어부가 되겠다고 서약한 자신들이 타게 된 배가 어떤 것인지를 생각하게 되었다. 도대체 사역을 시작하려고 하면서 이런 일을 벌이면 어쩌자는 것인가? 예수는 이 일이 종교 지도자들과 마찰을 일으키게 될 것을 모른단 말인가? 그는 이 일이 얼마나 많은 사람을 멀어지게 하고 얼마나 많은 적을 만들게 될지 모른단 말인가?

그러나 예수가 다시 한 번 채찍을 휘두르자 사람들은 생각에서 깨어난다. 상인들은 채찍으로 등을 맞자 비명을 지르며 대든다. 그러나 누구도 예수를 제지하지 못한다. 그의 길을 막을 사람은 아무도 없다.

상이 차례로 엎어지고 종교의 장터는 완전히 뒤집어진다. 사람들은 짐승들이 갓 싸놓은 똥에 미끄러져 팔다리를 허우적거리고, 넘어진 사람들과 짐승들 위로 자빠진다. 비둘기들은 나뭇가지로 된 감옥 창살 사이로 날개를 퍼덕인다. 양들은 숨을 곳을 찾듯 신경질적으로 무리의 틈새를 파고든다. 소들은 자유를 찾아 대리석 바닥 위를 미친 듯이 질주한다.

한편 더욱 종교적인 사람들은 뒤로 물러서 가나안 사람들처럼 저주한다. 물론 그들에게는 그럴 만한 이유가 있다. 종교가 큰 사업이었기 때문이다. 제사장들은 부유하게 살았다. 그들은 유복한 삶을 좋아하게 되었다. 그들은 온갖 좋은 것에 둘러싸여 호화스러운 식탁과 화려한 의상 그리고 가는 곳마다 사람들에게서 존경 어린 인사를 받는 것에 익숙해져 있었다.

그들은 자신들의 직업에 뒤따르는 여러 특권을 즐겼다. 연회에서 상석에 앉는 것, 후원자들이 베풀어주는 환대, 사회의 엘리트들이 만나는 자리에서 정치가나 발이 넓은 사람들과 함께하는 것 등.

그러나 그런 것은 결국 그들의 파멸을 의미할 뿐이었다.

언젠가부터 그들은 선한 마음보다 편안한 생활을 더 중요하게 여겼기 때문이다.

세상을 향해 손을 뻗는 것보다 사람들의 주머니를 향해 손을 뻗는 것이 더 중요해졌기 때문이다.

그리고 기도가 성전 뜰에서 사라진 이유였다.

그것이 예수가 그토록 분노한 이유였다.

이 유월절에 예수는 아버지의 집을 깨끗하게 하시기 위해 오셨다. 비록 촛불은 가냘팠으나 그 열정은 너무나 강해 뜰 안 구석구석에서 부풀어 오르고 있던 욕심의 누룩을 적나라하게 드러낼 수 있었다.

그가 든 채찍은 그것을 치우는 걸레였을 뿐이다.

아버지의 전을 사모하는 열심이 그를 살렸다. 그러나 그 열심이 언젠가 그를 죽일 것이다. 오늘 종교 지도자들은 예수를 저주했다. 어느 날 그들은 예수를 못 박을 것이다.

이 모든 것은 그가 촛불을 밝혔기 때문이다.

그리고 그가 용감하게 그 빛을 비춘 장소가 아버지의 전이었기 때문이다.

빛을 비추어주십시오, 주님.

당신의 빛을 제 마음 모든 구석에 비추어주십시오. 모든 선반과 모든 옷장 문을 여시고, 그곳에 감추어져 있는 모든 악을 밖으로 꺼내주십시오.

오 하나님, 저를 살피시고 제 마음을 알아주십시오. 그리고 그 안에 있는 어떤 조그만 위선의 흔적도, 어떤 조그만 부정의 조각도, 어떤 조그만 욕심이나 물질주의의 싹도 낱낱이 찾아주십시오. 저를 씻어주시고 정결하게 해주십시오.

삶을 반죽처럼 부풀어 오르게 하는 사소한 영향을 소홀히 여겼던 것을 용서해주십시오. 결국 험담으로 발전한 남들의 이야기를, 결국 거짓으로 발전한 약간의 과장된 말을, 결국 다른 사람을 시기하고 급기야 비판하게 만드는 제 안의 소리 없는 불안정을.

제 삶의 뜰에 버려둔 많은 것을 용서해주십시오. 거룩한 것들이 더럽혀지는 것을 방임했던 일을, 기도가 삶의 구석으로 밀려가도록 그대로 내버려두었던 것을.

주 예수님, 오십시오. 오셔서 제 마음의 성전을 깨끗하게 해주십시오. 상을 뒤엎고 돈 바꾸는 자들을 몰아내셔서 제 마음이 기도하는 곳이 되게 해주십시오. 그 일을 위해 필요한 것은 무엇이든 해주십시오.

니고데모와 함께하는 친밀한
순____간

바리새인 중에 니고데모라 하는 사람이 있으니 유대인의 지도자라. 그가 밤에 예수께 와서 이르되 "랍비여, 우리가 당신은 하나님께로부터 오신 선생인 줄 아나이다. 하나님이 함께하시지 아니하시면 당신이 행하시는 이 표적을 아무도 할 수 없음이니이다."

예수께서 대답하여 이르시되 "진실로 진실로 네게 이르노니 사람이 거듭나지 아니하면 하나님의 나라를 볼 수 없느니라."

니고데모가 이르되 "사람이 늙으면 어떻게 날 수 있사옵나이까? 두 번째 모태에 들어갔다가 날 수 있사옵나이까?"

예수께서 대답하시되 "진실로 진실로 네게 이르노니 사람이 물과 성령으로 나지 아니하면 하나님의 나라에 들어갈 수 없느니라. 육으로 난 것은 육이요 영으로 난 것은 영이니 내가 네게 거듭나야 하겠다 하는 말을 놀랍게 여기지 말라. 바람이 임의로 불매 네가 그 소리는 들어도 어디서 와서 어디로 가는지 알지 못하나니 성령으로 난 사람도 다 그러하니라."

니고데모가 대답하여 이르되 "어찌 그러한 일이 있을 수 있나이까?"

예수께서 그에게 대답하여 이르시되 "너는 이스라엘의 선생으로서 이러한 것들을 알지 못하느냐? 진실로 진실로 네게 이르노니 우리는 아는 것을 말하고 본 것을 증언하노라. 그러나 너희가 우리의 증언을 받지 아니하는도다. 내가 땅의 일을 말하여도 너희가 믿지 아니하거든 하물며 하늘의 일을 말하면 어떻게 믿겠느냐? 하늘에서 내려온 자 곧 인자 외에는 하늘에 올라간 자가 없느니라. 모세가 광야에서 뱀을 든 것같이 인자도 들려야 하리니 이는 그를 믿는 자마다 영생을 얻게 하려 하심이니라. 하나님이 세상을 이처럼 사랑하사 독생자를 주셨으니 이는 그를 믿는 자마다 멸망하지 않고 영생을 얻게 하려 하심이라. 하나님이 그 아들을 세상에 보내신 것은 세상을 심판하려 하심이 아니요 그로 말미암아 세상이 구원을 받게 하려 하심이라. 그를 믿는 자는 심판을 받지 아니하는 것이요 믿지 아니하는 자는 하나님의 독생자의 이름을 믿지 아니하므로 벌써 심판을 받은 것이니라. 그 정죄는 이것이니 곧 빛이 세상에 왔으되 사람들이 자기 행위가 악하므로 빛보다 어둠을 더 사랑한 것이니라. 악을 행하는 자마다 빛을 미워하여 빛으로 오지 아니하나니 이는 그 행위가 드러날까 함이요. 진리를 따르는 자는 빛으로 오나니 이는 그 행위가 하나님 안에서 행한 것임을 나타내려 함이라" 하시니라.

_ 요한복음 3:1-21

묵상

그의 이력서는 화려하다.

  바리새인: 율법을 수호하는 지성인 중 한 사람

  산헤드린 회원: 존경받는 통치 기관에 속한 일원

  이스라엘의 선생: 권위를 가진 자로서 그의 의견은 선거에 지대한 영향을 미치고 그의 말은 흔히 인용됨

대단히 훌륭한 조건을 갖춘 사람. 니고데모는 종교라는 사다리의 맨 꼭대기에 올라서서 밑을 내려다보는 사람이다.

그러나 위에서 내려다본 광경은 온통 실망스러운 것투성이다. 이제 그는 그 사다리에서 내려와 거리를 활보한다. 무엇인가를 찾으며.

그는 밤에 온다.

그의 이력서 행간에 보이는 '밤에'라는 단어는 복음서를 통해 마치 길 잃은 사람처럼 그를 따라다닌다. 후에 요한이 그를 묘사할 때, 그는 니고데모의 다른 자격들을 열거하지 않고 그의 성품을 보여주는 듯한 이 모습을 그린다. '니고데모, 일찍이 밤에 예수를 찾아온 사람.'

이렇게 어둠에 휩싸인 채 니고데모는 예루살렘의 곁길을 더듬어 온다. 천천히… 조심스럽게… 때때로 사람들이 자기를 알아보지나 않을까 하는 염려로 그림자 속으로 숨으면서….

그는 진리를 추구하기 위해 온다. 그러나 밤에 왔다.

공식적인 입장에서 온 것이 아니라 개인적인 입장으로 온 것이다. 이것은 약간 위험한 시도다. 사람들의 험담이 그를 상하게 할 수 있다. 그는 지켜야 할 것이 많은 사람이다. 이스라엘의 선생으로서의 긍지, 통치 기관에서 그가 차지하고 있는 위치, 그가 속한 사회의 모든 동료.

그런데도 그는 온다. 호기심 때문이 아니라 양심 때문이다.

성전 뜰에서 이루어지는 매매 행위를 보며 그는 늘 괴로웠다. 그러나 그 상황을 외면했다. 환전상들은 "사업에 좋은 것은 어쨌든 성전에도 좋은 것이지요"라고 그가 그들 곁을 지나 성전으로 갈 때마다 이빨을 드러내고 웃으면서 말하곤 했다. 그러나 그는 늘 불편했다. 그것이 부정하게 느껴졌다.

그때 예수가 온 것이다. 예수도 니고데모가 목격한 것을 좋아하지 않았다. 그가 상들을 뒤엎고 짐승들을 성전 뜰에서 몰아내는 모습에서

니고데모는 왠지 정결하게 하시는 하나님의 진노를, 성전 주위에 쌓여 있는 찌꺼기들을 태우시는 그 진노를 보는 듯했다.

그날 예수는 돈 바꾸는 자들의 상만 뒤엎은 것이 아니었다. 이스라엘에서 가장 뛰어난 선생의 굳은 사고방식을 뒤엎은 것이었다.

정통을 거스르는 예수의 이 말은 얼마나 오래 니고데모의 머릿속을 떠나지 않으며 맴돌았는가? "내 아버지의 집으로 장사하는 자의 집을 만들지 말라." "너희가 이 성전을 헐라. 내가 사흘 동안에 일으키리라."

누가 이 말들을 설명할 수 있겠는가?

이스라엘 사람들은 그들의 선생에게 물었다. 그러나 그는 설명할 수 없었다. 그리고 예수가 물로 포도주를 만들었다는 이야기가 있다. 누가 그것을 설명할 수 있겠는가? 예수는 어떻게 그런 일을 할 수 있는 것인가? 만일 하나님의 손이 참으로 그와 함께하지 않았다면 말이다. 그러나 그는 자격도 없고, 공식적인 교육도 받지 못했다. 그렇다고 종교 지도자들만의 은밀한 모임에 들어오고 싶어 하는 마음도 전혀 보이지 않는다. 그에게 예수는 참으로 수수께끼다.

혹시 그가? 아닐 것이다. 하지만 그럴지라도….

여러 밤을 지새우며 니고데모는 같은 질문을 놓고 씨름한다. "이 사람이 메시아일 수 있을까?" 그리고 이 질문은 매일 밤 그를 구석으로 몰아넣고 대답을 강요하며 불면의 밤으로 이끈다.

그래서 그는 이렇게 깊은 밤에 예수를 찾아온 것이다.

예수는 온종일 가르치고 사람들의 질문에 대답하고 기적을 행하느라 지쳐 있다. 그런데도 그는 언제나 사람을 맞이할 준비가 되어 있다. 자기를 찾는 자는 언제든지. 지금 니고데모가 용기를 내 자기를 찾아오자 기꺼이 그를 만나준다.

이 바리새인에게 예수와의 만남은 신학적으로나 개인적으로 긴장될 것이 없는 자리였다. 그러나 몇 차례 대화가 오가는 동안 대화의 주도권은 예수에게로 옮겨간다. 밤이기는 해도 누가 선생이고 누가 노트에 적는 사람인지 쉽게 알아볼 수 있다.

니고데모는 듣는다. 조용히, 존중하는 자세로, 주의 깊게, 예수의 눈을 깊이 들여다보면서.

니고데모는 종교적 위계질서로는 당시 가장 존경받는 자들과 어깨를 나란히 하는 자였다. 그중 몇은 그를 가르친 스승이었고, 또 그중 몇은 그가 가르친 제자였다. 그들은 모두 엘리트였다. 그는 그들의 눈을 모두 들여다보았다. 그리고 언제나 같은 것을 느꼈다. 자신을 포함해 그들에게는 무엇인가 생동감이 없었다.

그러나 니고데모의 영혼이 예수의 눈에 끌려들면서, 그는 신성한 옷자락을 만지고 있다는 느낌을 받았다. 예수의 눈과 목소리에서 권위를 느꼈다. 율법의 토씨를 놓고 왈가왈부하는 대신 예수는 생명의 말씀을 전한다.

평생을 말씀 연구에 바친 니고데모는 이제 육신을 입고 오신 말씀을 대면하고 있다.

그는 어두울 때 찾아와 이제 세상의 빛 되신 분의 눈부신 임재 앞에 서 있다. 그는 하나님 나라 바로 앞에, 그 문까지 온 것이다. 예수의 입술에서 폭포수처럼 흘러내리는 말씀을 들으며 깨닫는다. 이분이야말로 선지자들이 말했던 바로 그 사람이구나!

불꽃이 그의 영혼 가장자리를 사른다. 그러나 그것은 천천히 타오른다. 왜냐하면 니고데모는 신중한 사람이기 때문이다. 그리고 그는 지켜야 할 것이 많은 사람이다.

그럼에도 그의 마음에 불씨 하나가 떨어졌다. 어느 날 어떤 비극적 사건이 이 불씨를 활활 타오르는 용기가 되게 할 것이다. 그리고 이 비극적 사건으로 말미암아 니고데모는 그림자 속에서 나와 구세주 곁에 서게 될 것이다. 대낮의 밝음 속에.

기도

사랑하는 주 예수님,

　이토록 좋은 스승이 되어주셔서 감사합니다. 심오한 진리를 단순한 예화로 보여주시고, 어려운 질문도 피하지 않고 분명하게 답해주셔서 감사드립니다. 제가 깨닫는 것이 더딜 때가 많음에도 성실하게 답해주셔서 감사드립니다.

　기꺼이 스승이 되어주셔서 감사합니다. 사마리아의 우물이든 다메섹으로 가는 길이든 기꺼이 어디든 가주시고, 바리새인이든 창기든 기꺼이 누구든 만나주시며 낮이나 밤이나 기꺼이 언제든 가주셔서 감사드립니다.

　제가 당신께 도마처럼 의심하며 올 수 있음에, 아리마대 요셉처럼 두려움을 느끼며 올 수 있음에, 간음하다 현장에서 잡힌 여인처럼 수치 속에서 올 수 있음에 그리고 니고데모처럼 의문을 품고 올 수 있음에 감사드립니다.

　당신이 저를 만나주신 그 밤 제가 당신 나라의 문밖에 있다는 나쁜 소식을 말해주셔서 감사드립니다. 그리고 제가 그 나라에 들어가기 위해 해야 할 일은 어둠에서 벗어나 당신의 빛으로 나아가는 믿음의 한 걸음뿐이라는 좋은 소식을 알려주셔서 감사드립니다. 빛보다는 어둠을 더 좋아했음을 고백합니다. 당신의 자녀가 되어서도 그리고 지금 이 순간에도 이 세상이 던지는 유혹의 그림자들과 놀기 위해 회색 지대를 걸을 때가 많음을 고백합니다. 저는 이 세상을 더 밝게 만드는 것이 아니라 더 어둡게 만들었던 때가 많았습니다. 제 생각으로, 제 말로, 제 행동으로. 참으로 무가치한 존재였던 저의 그 모든 수치스러운 순간을 용서해주십시오. 오, 가장 고귀한 왕이시여.

당신이 빛 가운데 계신 것처럼 저도 빛 가운데 걸을 수 있도록 도와주십시오. 어둠이 있는 곳에 빛을 밝히는 등대가 되게 해주십시오. 등대가 아니라면 횃불이라도, 횃불이 아니라면 촛불이라도 그리고 촛불이 아니라면 다른 사람들의 불을 붙이는 불꽃이라도 되게 해주십시오.

오 주님, 제가 결코 당신을 부끄러워하지 않도록 도와주십시오. 당신과 함께 있는 것이 다른 사람들에게 보이는 것을, 어떤 모습으로라도 당신과 연관되는 것을 부끄러워하지 않도록 도와주십시오. 이 찬양의 가사가 저의 고백이 되기 원합니다. "머지않아 저녁이 붉게 물들면 별이 솟아오르리라. 그러나 나의 영광은 당신이 나를 부끄러워하지 않으심에 있습니다."

우물가의 여인과 함께하는
친밀한
순_____간

사마리아를 통과하여야 하겠는지라. 사마리아에 있는 수가라 하는 동네에 이르시니 야곱이 그 아들 요셉에게 준 땅이 가깝고 거기 또 야곱의 우물이 있더라. 예수께서 길 가시다가 피곤하여 우물 곁에 그대로 앉으시니 때가 여섯 시쯤 되었더라. 사마리아 여자 한 사람이 물을 길으러 왔으매 예수께서 물을 좀 달라 하시니 이는 제자들이 먹을 것을 사러 그 동네에 들어갔음이러라. 사마리아 여자가 이르되 "당신은 유대인으로서 어찌하여 사마리아 여자인 나에게 물을 달라 하나이까?" 하니 이는 유대인이 사마리아인과 상종하지 아니함이러라.

예수께서 대답하여 이르시되 "네가 만일 하나님의 선물과 또 네게 물 좀 달라 하는 이가 누구인 줄 알았더라면 네가 그에게 구하였을 것이요 그가 생수를 네게 주었으리라."

여자가 이르되 "주여 물 길을 그릇도 없고 이 우물은 깊은데 어디서 당신이 그 생수를 얻겠사옵나이까? 우리 조상 야곱이 이 우물을 우리에게 주셨고 또 여기서 자기와 자기 아들들과 짐승이 다 마셨는데 당신이 야곱보다 더 크니이까?"

예수께서 대답하여 이르시되 "이 물을 마시는 자마다 다시 목마르려니와 내가 주는 물을 마시는 자는 영원히 목마르지 아니하리니 내가 주는 물은 그 속에서 영생하도록 솟아나는 샘물이 되리라."

여자가 이르되 "주여 그런 물을 내게 주사 목마르지도 않고 또 여기 물 길으러 오지도 않게 하옵소서."

이르시되 "가서 네 남편을 불러오라."

여자가 대답하여 이르되 "나는 남편이 없나이다." 예수께서 이르시되 "네가 남편이 없다 하는 말이 옳도다. 너에게 남편 다섯이 있었고 지금 있는 자도 네 남편이 아니니 네 말이 참되도다."

여자가 이르되 "주여, 내가 보니 선지자로소이다. 우리 조상들은 이 산에서 예배하였는데 당신들의 말은 예배할 곳이 예루살렘에 있다 하더이다."

예수께서 이르시되 "여자여, 내 말을 믿으라. 이 산에서도 말고 예루살렘에서도 말고 너희가 아버지께 예배할 때가 이르리라. 너희는 알지 못하는 것을 예배하고 우리는 아는 것을 예배하노니 이는 구원이 유대인에게서 남이라. 아버지께 참되게 예배하는 자들은 영과 진리로 예배할 때가 오나니 곧 이때라. 아버지께서는 자기에게 이렇게 예배하는 자들을 찾으시느니라. 하나님은 영이시니 예배하는 자가 영과 진리로 예배할지니라."

여자가 이르되 "메시야 곧 그리스도라 하는 이가 오실 줄을 내가 아노니 그가 오시면 모든 것을 우리에게 알려 주시리이다."

예수께서 이르시되 "네게 말하는 내가 그라" 하시니라.

이때에 제자들이 돌아와서 예수께서 여자와 말씀하시는 것을 이상히 여겼으나 "무엇을 구하시나이까? 어찌하여 그와 말씀하시나이까?" 묻는 자가 없더라.

여자가 물동이를 버려두고 동네로 들어가서 사람들에게 이르되 "내가 행한 모든 일을 내게 말한 사람을 와서 보라. 이는 그리스도가 아니냐?" 하니 그들이 동네에서 나와 예수께로 오더라.

여자의 말이 "내가 행한 모든 것을 그가 내게 말하였다" 증언하므로 그 동네 중에 많은 사마리아인이 예수를 믿는지라.

사마리아인들이 예수께 와서 자기들과 함께 유하시기를 청하니 거기서 이틀을 유하시매 예수의 말씀으로 말미암아 믿는 자가 더욱 많아 그 여자에게 말하되 "이제 우리가 믿는 것은 네 말로 인함이 아니니 이는 우리가 친히 듣고 그가 참으로 세상의 구주 신 줄 앎이라" 하였더라.

_ 요한복음 4:4-30, 39-42

팔레스타인의 태양은 이름 모를 이 사마리아 여인이나 세상의 구주 위에 똑같이 공평하게 내리쬐고 있다. 여행에 지친 예수는 야곱의 우물 곁에 앉아 쉬고자 한다. 그녀 역시 운명적인 만남을 위해 우물을 향해 가는 길이다. 왜냐하면 그녀야말로 예수가 '사마리아로 통행해야 했던' 이유기 때문이다.

뜨거운 열기를 뚫고 그녀가 온다. 그녀는 지쳐 있다. 그녀가 머리에 이고 가야 하는 물통 때문이 아니다. 그녀 마음 깊은 곳에 있는 공허함 때문이다. 지나간 세월이 남긴, 거친 귀리에서 떨어진 껍질 같은 공허함이다.

한때 그녀의 삶에서 빠르게 흐르던 정열의 급류도 이제는 다 지나갔다. 그녀는 세파에 시달리고 닳았으며, 허비된 삶의 크고 작은 개울들이 스쳐 지나며 그녀 얼굴에 자국을 남겼다.

그녀가 하루 중 가장 뜨거운 한낮에 왔다는 것은 그녀의 평판이 좋지 않았다는 것을 보여준다. 다른 여인들은 황혼 무렵, 곧 더 서늘하고

편한 시간에 온다. 그들은 물만 길으러 오는 것이 아니라, 얼굴을 가리는 베일을 벗고 남성 위주의 사회에서 잠시 해방되기 위해 오는 것이다. 친구들을 만나 이야기하고, 웃으며, 소문을 나누기 위해 오는 것이다. 물론 소문의 대부분은 이 여인과 관련이 있다. 이렇게 수가 동네의 아낙네들에게 따돌림을 받는 까닭에 이 여인은 태양의 조롱쯤은 아랑곳하지 않는다. 평판이 좋다고 하는 사람들의 따가운 눈총을 피할 수만 있다면 아무것도 문제 될 것이 없다.

다섯 명의 남편을 거치는 동안 그녀는 이 우물에 왔다. 언제나 한낮에, 언제나 혼자.

지금껏 살아온 허망한 여정을 돌아볼 때마다 그녀의 마음은 자책감으로 가득 찬다. 그녀는 지나온 삶의 갈림길을 되돌아본다. 그녀가 선택할 수도 있었던 다른 길들을. 그리고 그 길에서 만났을 수도 있었던 행복을. 그러나 다시는 돌아갈 수 없다는 것을 그녀는 잘 안다.

그녀는 지금 막다른 골목에 서 있다. 더는 어디로도 갈 수 없는 관계 속에서 현재의 남자와 살고 있는 것이다. 그녀도 이것을 잘 안다. 그러나 지금 그녀는 그 남자가 필요하다. 그와 함께 있으면서 얻는 얕고 미지근한 한 움큼의 정으로 외로운 밤을 채우는 것이다.

그녀는 지금까지 마치 사막에서 태양 빛에 시달리며 헛소리를 하는 길 잃은 사람처럼 이 남자에게서 저 남자에게로 옮겨 다녔다. 그리고 그때마다 사랑과 행복에 대한 갈증을 해소하고자 결혼이라는 우물을 찾았다. 그러나 매번 그녀는 실망하면서 그 우물을 떠나야 했다.

이런 무거운 생각들로 짓눌린 그녀가 야곱의 우물을 찾아온다. 텅 빈 물통은 마치 그녀의 삶을 보여주는 듯하다.

그녀의 눈이 구세주의 눈과 마주쳤을 때 예수는 그녀 안에 깊이 자리 잡고 있는 아픔을 보았다. 자신이 채워주지 않으면 언제까지나 텅 빈 채로 남아 있을 그녀의 영혼 안에 있는 웅덩이를 보았다. 눈을 통해 그녀의 과거를 다정하게 꿰뚫어 본다. 열정의 불꽃이 타오르던 모든 순간을… 그리고 그 불꽃이 타고 남은 실패의 잿더미를 본다.

그러나 그는 인생에 실패한 이 이름 모를 여인에게 예배에 관한 가장 심오한 가르침을 베푼다. 하나님은 영이시기 때문에 예배란 우리의 몸이 교회를 향해 가는 것이 아니라 우리의 영혼이 하나님의 영을 향해 가는 것임을. 그것은 평생을 영이 아닌 육의 삶을 살아온 사람에게 준 통렬한 계시였다.

그뿐 아니라 그가 말하지 않은 것 역시 똑같이 놀라운 것이다. 그는 그녀의 과거와 현재의 결혼 상태에 대해 말했지만 그녀의 죄에 대해서는 아무 말도 하지 않았다. 그는 회개를 촉구하지 않았다. 잘 짜인 구원의 길을 설명하거나 기도를 제안하지도 않았다.

그가 한 일은 그녀를 성읍에서 이끌어 이 조용한 우물가로 데려온 것이다. 거기서 그는 그녀의 참모습을 드러내 보여주었다. 그녀가 움츠러드는 것은 이해할 만하다.

그녀는 신학의 뒷길로 돌아가려고 한다. 그러나 예수는 "네게 말하는 내가 그라"고 말함으로 그녀가 선물을 주시는 분과 그분의 놀라운 선물인 생수를 마주 대하게 한다. 이것은 노동으로 벌어야 할 임금이나 시합해서 이겨야 얻을 수 있는 상이 아니다. 그저 받아들이면 되는 선물이다.

그녀에게 이 낯선 사람은 처음에는 단지 '유대인'이었다. 그다음에는 '주'(sir)였고, 그다음에는 '선지자'였다. 이제 그녀는 그가 진정 누구인지를 보게 되었다. 바로 '메시아'였던 것이다.

이 진리를 깨달은 바로 그 순간, 여인은 이 기쁜 소식을 전하기 위해 한때 자신을 소유했지만 또 자신을 버렸던 성읍을 향해 달려간다.

그녀의 물통은 모래 속에 남겨둔 채. 그녀 앞에는 이제 전혀 다른, 새로운 삶이 펼쳐져 있다. 그리고 가슴에 넘쳐흐르는 생수를 안고 그녀는 달리기 시작한다. 처음에는 천천히. 그러나 곧 그녀의 새로운 다리가 움직일 수 있는 가장 빠른 속도로….

기도

주님,

저 역시 당신이 사마리아 여인에게 주신 것과 같은 생수를 가졌으면서도 자주 제 삶을 채우기 위해 다른 것을 찾으려고 노력합니다.

당신의 선하심을 맛본 사람이라면 다른 우물에서 물을 마시려 한다는 것은 생각조차 할 수 없는 일입니다. 그럼에도 저는 다른 것을 찾았습니다. 돈, 성공, 쾌락, 인기, 안정감을. 그러나 그 모든 것은 결국 마른 우물이었습니다.

저는 얼마나 자주 제 물통을 그러한 우물들 안으로 던졌는지 모릅니다. 그리고 얼마나 자주 빈 물통을 올려야 했는지 모릅니다.

당신이 저를 우물가에서 만나주시며 "네게 말하는 내가 그로라"고 하신 것을 기억할 수 있도록 도와주십시오. 그리고 그 신성한 기억을 간직함으로써 당신의 우물이 아닌 다른 우물에서 물을 찾으려고 방황하지 않게 도와주십시오.

제가 부지런히 그 신성한 우물을 잘 지키게 도와주십시오. 그리고 비록 생수라 할지라도 저의 무관심이나 제가 삶에서 소홀히 여기는 불순물이 그 물을 오염할 수 있음을 잊지 않도록 도와주십시오.

   제 믿음을 순수하게 지켜주셔서 다른 사람들이 와서 목을 축일 수 있는 깊은 우물이 되게 해주십시오. 그리고 그들이 올 때마다, 주 예수님, 당신이 그들을 만나주시길 기도합니다. 사마리아 여인을 만나주시고, 또 저를 만나주신 것처럼 그들에게도 생수를 주시기를 기도합니다.

   오 구세주여, 사마리아 여인이 가지고 있던 열정을, 자신의 친구들과 아는 사람들 그리고 심지어 낯선 사람들에게까지도 당신을 전하고 싶어 했던 그 열정을 저에게도 새롭게 부어주십시오. 이 교회에서나 저 교회에서 예배드리려는 열정이 아니라, 신학에 대한 열정이 아니라 그리고 어떤 목적을 위한 열정이 아니라 당신, 오직 당신을 위한 열정을 주십시오.

왕의 신하와 함께하는
놀라운
순_____간

예수께서 다시 갈릴리 가나에 이르시니 전에 물로 포도주를 만드신 곳이라. 왕의 신하가 있어 그의 아들이 가버나움에서 병들었더니 그가 예수께서 유대로부터 갈릴리로 오셨다는 것을 듣고 가서 청하되 "내려오셔서 내 아들의 병을 고쳐 주소서" 하니 그가 거의 죽게 되었음이라.

예수께서 이르시되 "너희는 표적과 기사를 보지 못하면 도무지 믿지 아니하리라."

신하가 이르되 "주여, 내 아이가 죽기 전에 내려오소서."

예수께서 이르시되 "가라. 네 아들이 살아 있다" 하시니 그 사람이 예수께서 하신 말씀을 믿고 가더니 내려가는 길에서 그 종들이 오다가 만나서 "아이가 살아 있다" 하거늘 그 낫기 시작한 때를 물은즉 "어제 일곱 시에 열기가 떨어졌나이다" 하는지라. 그의 아버지가 예수께서 "네 아들이 살아 있다" 말씀하신 그때인 줄 알고 자기와 그 온 집안이 다 믿으니라.

_ 요한복음 4:46-53

묵
상

'왕의 신하'로 번역된 단어는 문자적으로는 '왕의 사람'이라는 뜻이다. 그는 헤롯이 특별히 신뢰하는 신하였다. 그는 갈릴리 바다의 푸른 파도가 내려다보이는 석회암 절벽 위에 지어진 잘 손질된 별장에서 살았을 것이다. 그의 삶은 하인들이 저택을 오가면서 모든 필요를 수발해주는, 푹신푹신한 쿠션에 쌓인 듯한 것이었다.

그는 부와 지위와 특권을 누렸다. 그러나 그 어떤 것도 그가 지금 당면한 문제에는 도움이 되지 못한다. 헤롯이 자신의 권력을 동원한다 해도 그를 도울 수 없다.

평소에는 힘이 넘치던 그의 어린 아들이 고열로 마치 망가진 헝겊 인형처럼 침대 시트 속에 떨며 누워 있는 것이다.

그는 헤롯에게 충성을 다하여 많은 포상을 받았다. 아름다운 저택, 화려한 가구, 그 어떤 미각도 만족하게 할 수 있는 쾌락주의적 즐거움, 왕이 베푸는 성대한 연회에 잘 어울리는 의상 등. 그는 부유한 사람이다. 그렇기에 아들이 아파서 눕자 그가 제일 먼저 자신의 부를 의지하고자 했던 것은 이해할 만한 일이다.

그는 돈으로 구할 수 있는 가장 뛰어난 의사들을 고용했다. 그러나 아이의 침상 곁에 흩어져 있는 약병들은 그들의 처방이 아무 효과가 없었음을 입증해주고 있다.

아버지는 전문가들이 추천하는 각양각색의 약에서 그의 종들이 권하는 민속 요법에 이르기까지 모든 방법을 다 시도해보았다. 다른 방법이 있다면 무엇이라도 더 할 것이다. 그러나 그는 절망에 빠져 있다.

그의 삶의 즐거움이 눈앞에서 사라져가고 있었다.

그와 아내는 밤새 아이를 감싸고 달아오른 몸을 젖은 수건으로 닦아낸다. 종들은 시트를 갈고, 마른 수건을 가져오고, 물을 갈며, 위로의 말을 하느라 분주하다.

그러나 지금 이 순간 더 할 수 있는 일은 없다. 기다리는 것밖에는. 그리고 소망하는 것밖에는.

안타깝게도 갈릴리의 새벽은 실낱같은 희망의 빛줄기조차 보내주지 않는다. 왕의 신하는 테라스에 앉아 무표정한 표정으로 바다를 멍하니 바라본다. 뜬눈으로 밤을 새운 탓에 눈은 부어 있고, 몸은 감각을 잃었으며, 가슴에는 묵직한 아픔이 느껴진다.

그리고 심장 박동과 함께 같은 질문이 줄기차게 머리를 맴돈다. 아들을 잃게 된다면 도대체 모든 성공과 그 부산물이 무슨 의미가 있단 말인가? 탄탄한 직업이, 화려한 저택이 무슨 의미가 있겠는가?

진리에 눈뜬 그 순간 그는 자신의 모든 부가, 모든 지위가, 모든 특권이 허무한 것임을 깨닫는다. 그는 이들의 생명과 바꿀 수 있다면 이 모든 것을 기쁘게 내어놓을 수 있었다. 생명이야말로 그의 돈으로 살 수 없었다.

그 고통스러운 질문은 심장 박동에 맞추어 계속된다.

집 안을 뛰어다니는 아이가 없다면, 아이의 떠드는 소리가 아침에 깰 때 들리지 않는다면 어떻게 될 것인가? 저녁 식탁에 아이의 자리를 준비할 필요가 없게 되면 어떻게 될 것인가?

아버지는 두 손에 얼굴을 묻고 아들을 위해 운다. 이제 다시는 아이를 안아서 침대에 누일 수 없겠지… 다시는 뛰어노느라고 지친 아이의 다리를 주물러줄 수 없겠지… 다시는 잠들기 전 아이의 작은 귀에 옛날이야기를 읽어줄 수 없겠지….

다시는 그럴 수 없겠지. 이 생각은 마치 사형 집행인의 날카로운 칼날이 마지막으로 번쩍이듯 그의 가슴을 베고 지나간다.

왕실을 위해 봉사하던 그의 손바닥은 후회로 젖어 있다. 너무 열심히 일했다. 너무 자주 집을 비웠다. 어린 아들의 성장기에 함께할 수 있는 짧고도 소중한 순간을 너무 많이 놓친 것이다. 그 순간들은 돈으로 살 수 없다. 그가 가진 부와 지위와 특권이 얼마나 큰 것이든.

그는 의기소침해져 주저앉았다.

그때 하인 하나가 머뭇거리며 다가와 예수에 대해 말한다. 사람들이 그에 대해 전하는 놀라운 일들을. 그가 병든 자를 고치는 기적적인 능력을 지녔음을. 그리고 어쩌면, 정말 어쩌면 와서 아이를 봐주십사 예수를 초청할 수 있지 않겠느냐고….

왕의 신하는 이 제안을 듣기가 무섭게 예수가 계신 가나까지 40킬로미터 길을 달려갈 준비를 한다.

그는 기적을 행하는 자를 찾기 위해 미친 듯이 달려 마을에 도착한다. 왜냐하면 예수가 그의 마지막 희망이기 때문이다.

그는 예수를 만나자마자 그 정도 지위에 있는 사람이 보통 하지 않는 일을 한다. 그는 간청한다. 아이의 생명을 살려달라고. 예수가 아이에게 와주지 않는다면 자신은 다시는 아이를 껴안을 수 없고, 다시는 그 아이가 자라는 것을 볼 수 없다고 간청한다.

이상하게도 예수는 평소와 달리 연민을 가지고 그를 대하지 않는다. 오히려 그를 꾸짖는다.

"너희는 표적과 기사를 보지 못하면 도무지 믿지 아니하리라."

예수는 팔레스타인에서 가장 뜨거운 화제의 주인공이었다. 그러나 널리 퍼져나가는 뉴스는 사람들의 선풍적인 관심을 불러일으켰고, 그리스도를 둘러싼 분위기는 서커스를 구경하는 듯한 것으로 재빨리 변질되었다. "와서 바로 당신 눈앞에서 벌어지는 표적과 기사를 보십시오! 어서 빨리 오십시오! 와서 기적을 행하는 자의 신기한 능력을 보십시오!"

그것은 예수가 원한 것이 아니었다. 그는 하나님 나라가 사람들의 입에서 금방 녹아 사라지는 솜사탕 같은 경험이 되는 것을 원하지 않았다.

왕의 신하는 예수의 옷을 붙잡은 채 무릎을 꿇고 애걸하며 간청하고 탄원한다.

"주여, 내 아이가 죽기 전에 내려오소서."

그의 목소리는 갈라지고 눈물이 뺨을 타고 흘러내린다.

그가 표출하는 감정은 예수의 마음에 추억 하나를 불러일으킨다. 그는 자기 하늘 아버지의 눈을 기억한다. 그 눈 속에 담겨 있던 아버지의 배려, 사랑, 감정을. 그는 자기가 하늘로 돌아갈 때 그 눈을 다시 보게 될 것을 안다. 그러나 아버지를 보지 못하는 오래된 아픔이 갑자기 예리하게 느껴진다. 그는 아버지와 마지막으로 포옹할 때 느꼈던 그 찢어지는 고통을 기억한다. 그는 무릎을 꿇고 있는 그 사람에게로 눈을 돌린다.

"가라. 네 아들이 살아 있다."

잠시 이 아버지는 주저한다. 이 대답은 그가 예상하지 못한 것이다. 그는 예수가 자신의 집으로 가줄 것을 기대했다. 그러나 그는 몸을 일으켜 믿음의 걸음을 내디딘다. 그는 예수의 말을 그대로 믿고 눈물로 얼룩진 얼굴을 하고 집으로 향한다.

눈물로 젖은 이 아버지의 마음에 씨가 하나 떨어졌다. 그리고 그가 예수의 말을 그대로 믿기로 결심하자 믿음의 움직임이 싹트기 시작한다.

집으로 돌아간 왕의 신하는 그의 하인들을, 그의 아내를 그리고 그의 어린 아들을 차례로 끌어안았을 것이다.

싹이 튼 믿음이 바다가 내려다보이는 그 집 정원에 뿌리를 내렸을 것이다. 그리고 그곳에서 그 믿음은 자라나 활짝 피어 층층으로 된 벽 너머에 향기를 날리고, 무지갯빛 색깔로 피어날 것이다.

이 아버지가 이제껏 보지 못한 색이다. 그 색들은 너무나 생생해 그가 가진 모든 부와 지위와 특권은 빛이 바래 보일 뿐이다. 그 색들은 이 부유한 신하에게 인생에서 진정 중요한 것이 무엇인지를 밝히 보여주었다. 그것은 지금 품에 안고 있는 그의 아들과 그의 마음에 모시게 된 구세주이시다.

기도

아버지가 사랑하는 아들이신 주님,

당신이 제 삶에 주신 아름다움과 향기와 색깔로 인해 감사드립니다. 꽃이 태양을 따라 방향을 돌리듯, 저도 매 순간 당신만을 찾는 자가 되기를 원합니다.

제가 왕의 신하가 보였던 열정으로 당신을 찾도록, 모든 것이 잘될 때뿐 아니라 잘 안 될 때도 같은 열정을 품고 주님을 찾도록 도와주십시오.

이 세상이 주는 안락함에 파묻혀 제가 얼마나 주님을 필요로 하는지를 망각할 때가 많았음을 고백합니다. 어려울 때 만나는 당신의 엄격한 자비가 저를 다치게 하려고 던지는 돌팔매가 아니라 저의 주의를 끌고자 던지시는 신호인 것을 깨닫게 해주십시오. 저의 안락한 집 창문을 두드려 이곳이 제가 안주할 집이 아니라는 것을 일깨워주는 돌임을 알게 해주십시오.

제게 은혜를 베푸셔서 그 엄격한 자비를 받아들이도록 도와주십시오. 그 자비의 돌들이 얼마나 날카롭든, 얼마나 무겁든 그것을 사용하셔서 주님께 나아가는 길을 닦아주십시오. 그 돌들을 사용하셔서 당신의 부드러운 자비가 제게 올 수 있도록 넓은 길을 닦고 계신다는 것을 제가 볼 수 있게 해주십시오.

주 예수님, 제가 겪는 고통의 좁고 작은 길만을 보게 하는 눈가리개를 벗겨주시고, 제 얼굴을 들어 다른 이들도 걷고 있는 힘든 길들을 보게 해주십시오.

그들을 위해 기도합니다. 오 주님, 지금 사랑하는 자를 떠나보내고 있는 자들에게 그 상황을 분명하게 판단할 수 있는 명료한 시각을 주십시오. 근심에 시달린 그들의 마음을 위로해주시기를 기도합니다. 이미 사랑하는 사람을 잃어버린 자들을 당신의 팔로 감싸주시고 꼭 붙들어주시기를 기도합니다.

특별히, 아이가 몹시 아파 어려움을 겪고 있는 _____와 _____(을)를 위해 기도합니다. 이것은 그들에게 엄격한 자비입니다. 주님, 그들에게 은혜를 베푸셔서 그들이 이 자비의 돌을 사용해 주님께로 나아가는 길을 닦을 수 있도록 해주십시오. 그리고 그곳에서 당신이 왕의 신하에게 베푸셨던 부드러운 자비를 그들에게도 허락해 주십시오. 그들의 아이가 살게 될 것이라는 그 확신을 말입니다. 주님, 간구합니다.

나사렛에서 깨닫는 순___간

예수께서 그 자라나신 곳 나사렛에 이르사 안식일에 늘 하시던 대로 회당에 들어가사 성경을 읽으려고 서시매 선지자 이사야의 글을 드리거늘 책을 펴서 이렇게 기록된 데를 찾으시니 곧
 "주의 성령이 내게 임하셨으니
 이는 가난한 자에게 복음을 전하게 하시려고
 내게 기름을 부으시고
 나를 보내사 포로 된 자에게 자유를,
 눈먼 자에게 다시 보게 함을 전파하며
 눌린 자를 자유롭게 하고
 주의 은혜의 해를 전파하게 하려 하심이라" 하였더라.
책을 덮어 그 맡은 자에게 주시고 앉으시니 회당에 있는 자들이 다 주목하여 보더라. 이에 예수께서 그들에게 말씀하시되 "이 글이 오늘 너희 귀에 응하였느니라" 하시니 그들이 다 그를 증언하고 그 입으로 나오는바 은혜로운 말을 놀랍게 여겨 이르되 "이 사람이 요셉의 아들이 아니냐?"
 예수께서 그들에게 이르시되 "너희가 반드시 '의사야, 너 자신을 고치라' 하는 속담을 인용하여 내게 말하기를 우리가 들은바 가버나움에서 행한 일을 네 고향 여기서도 행하라 하리라." 또 이르시되 "내가 진실로 너희에게 이르노니 선지자가 고향에서는 환영을 받는 자가 없느니라. 내가 참으로 너희에게 이르노니 엘리야

시대에 하늘이 삼 년 육 개월간 닫히어 온 땅에 큰 흉년이 들었을 때에 이스라엘에 많은 과부가 있었으되 엘리야가 그중 한 사람에게도 보내심을 받지 않고 오직 시돈 땅에 있는 사렙다의 한 과부에게뿐이었으며 또 선지자 엘리사 때에 이스라엘에 많은 나병환자가 있었으되 그중의 한 사람도 깨끗함을 얻지 못하고 오직 수리아 사람 나아만뿐이었느니라."

회당에 있는 자들이 이것을 듣고 다 크게 화가 나서 일어나 동네 밖으로 쫓아내어 그 동네가 건설된 산 낭떠러지까지 끌고 가서 밀쳐 떨어뜨리고자 하되 예수께서 그들 가운데로 지나서 가시니라.

_ 누가복음 4:16-30

묵상

나사렛은 예수의 고향이다. 갈릴리에 있는 이 작은 마을은 해발 300미터 정도 되는 지대에 있으면서 이스르엘 골짜기를 내려다보고 있다. 이 마을은 이스라엘 역사에서 중요한 역할을 한 바가 전혀 없었기 때문에 구약에는 이 마을에 대한 언급이 아예 없다. 유대 역사가 요세푸스 역시 갈릴리에 있던 45개 도시에 대해서는 썼지만 나사렛은 언급하지 않았다. 탈무드에는 63개에 이르는 도시 목록이 있지만 나사렛은 빠져 있다.

나사렛은 알려지지 않았을 뿐 아니라 매우 엄격한 곳이었다. 그곳은 지중해라는 크고 푸른 접시와 갈릴리 바다로 알려진 작은 컵에 든 양쪽 물 사이에 있었다. 나사렛은 석회암이 물결처럼 굽이치며 여기저기 솟아 있는 구릉 위에 있다. 외국의 영향을 받은 상인의 무리(대상, 캐러밴)가 자주 이곳을 지나간다. 산등성이에 있는 동네기 때문에 이곳에서는 남북으로 지나가는 그 행렬을 내려다볼 수 있다. 순수한 피를 가진 유대인들은 외국의 영향을 혐오했으며 이 지역에 사는 혼혈 인종과 그들의 억양을 경멸했다. 나다나엘이 메시아가 나사렛에서 오셨다는 말을 들었을 때 보인 반응을 기억하는가? 그것을 생각조차 할 수 없었던 그는 "나사렛에서 무슨 선한 것이 날 수 있느냐?"(요 1:46)고 반문했던 것이다.

그러나 우리는 그 사람을 알고 있다. 누가는 그의 유년 시절을 요약하면서 그가 지혜와 키가 자라가며 하나님과 사람에게 더욱 사랑스러워가셨다고 기록한다. 예수는 그 동네에서 착한 아이라는 칭찬을 받으며 자라셨다.

그는 옆집에 사는 좋은 아이 정도를 훨씬 넘어선 분이었다. 고향 사람들이 이 사실을 알기까지 그는 얼마나 아파야 했는지.

예수는 나사렛을 얼마 동안 떠나 있었다. 그 사이 그는 집에서 먼 다른 지역들을 다녔다. 지금 그는 돌아왔지만, 집은 그 어느 때보다 더 멀어 보인다.

고향으로 온 그가 성경을 읽으려고 회당에 서자 몇 마디 말을 해달라고 요청이 들어온다. 시작하고 얼마 되지 않아 사람들은 서로 눈짓을 하고 미간을 찌푸리며 머리를 흔들기 시작했다. '도대체 무슨 말을 하려는 거지? 한 2년 동네를 떠나 예루살렘에 다녀오더니 갑자기 권위 있는 자처럼 행세하는군. 저 자는 대체 자신을 누구라고 생각하는 거야? 혹시 선지자로 자처하는 것은 아닌가? 그렇다면 증명해 보라고 해. 저 자가 가버나움에서 행했다고 소문난 일들을 여기서도 한번 해 보라고 해.'

그가 말을 마쳤음에도 아무도 그를 포옹하지 않았다. 누구도 그를 저녁 식사에 초대하지 않았다. "저 자는 대체 자신을 누구라고 생각하는 거야?" 식의 대화가 "저 자가 여기에 와서 이런 식으로 말하게 할 순 없어"로 바뀌었고, 마침내 "아무래도 확실히 짚고 넘어가야겠군" 하는 분위기로 바뀌면서 회당 안의 열기가 후끈 달아올랐다.

그들은 예수를 동네 밖으로 내몰아 언덕 밑으로 떨어뜨리기로 했다.

예수는 고향에서 영웅 대접을 받으리라고 기대하지 않았다. 그렇다고 이런 식의 반응을 기대한 것도 아니었다. 그는 회당 지도자들이 자신을 비난할 것이라고 생각하지 않았다. 그리고 가족이 그에게 거리를 둘 것이라고도 생각하지 않았다. 또한 친척들이 그를 이렇게 공격하리라고 생각하지 않았다.

기적적으로 그는 그들 사이로 걸어 나갔다.

그러나 그의 마음은 슬픔으로 가득 찼다.

그가 어떻게 느꼈을지 상상해보라. 고향에서 당신의 평판이 사람들의 비난으로 땅에 떨어졌다고 상상해보라. 고향에 대한 기억이 당신을 향한 사람들의 빈정거림으로 점철되었다고 생각해보라. 사람들은 당신의 이름을 들을 때 땅에 침을 뱉는다. 그들은 기도할 때 당신을 저주한다. 그리고 무엇보다도 고향에 남아 있는 가족이 당신의 산산조각이 난 평판의 부스러기를 주워 모아야 한다는 것을 안다면 당신은 어떻겠는가?

누가 깊은 슬픔 없이 이날을 기억할 수 있겠는가? 누가 예리한 아픔 없이 이 일을 극복할 수 있겠는가? 도대체 누가 이 일을 다시 고향을 방문하고 싶겠는가?

그러나 예수는 다시 고향을 찾았다. 사역 후기에 그곳을 다시 찾았다. 마태는 그 방문을 이렇게 기록했다.

"예수께서 이 모든 비유를 마치신 후에 그곳을 떠나서 고향으로 돌아가사 그들의 회당에서 가르치시니 그들이 놀라 이르되 '이 사람의 이 지혜와 이런 능력이 어디서 났느냐? 이는 그 목수의 아들이 아니냐? 그 어머니는 마리아, 그 형제들은 야고보, 요셉, 시몬, 유다라 하지 않느냐? 그 누이들은 다 우리와 함께 있지 아니하냐?' 그런즉 이 사람의 이 모든 것이 어디서 났느냐 하고 예수를 배척한지라. 예수께서 그들에게 말씀하시되 선지자가 자기 고향과 자기 집 외에서는 존경을 받지 않음이 없느니라 하시고 그들이 믿지 않음으로 말미암아 거기서 많은 능력을 행하지 아니하시니라"(마 13:53-58).

구세주가 보이신 자제력은 참으로 놀랍다.

그는 고향에 대해 말할 때 결코 경멸에 찬 어투를 사용하거나 분노에 찬 표현을 쓰지 않았다. 악의에 찬 말을 하지도 않으셨다. 그가 말한 전부는 단지 그가 존경을 받지 못했다는 것뿐이다. 그는 자신을 변호하지 않았다. 자신을 설명하려 하지도 않았다. 그들의 오해를 정정하려고 시도하지도 않았다. 그는 그들이 자신의 말을 어떻게 왜곡해서 받아들였는지를, 어떻게 문맥과 상관없이 취급했는지를 지적하지도 않았다. 심지어 그들을 비판하지도 않았다.

그러나 예수는 그들에게 자신을 드러내지 않으셨다.

마가는 "거기서는 아무 권능도 행하실 수 없어 다만 소수의 병자에게 안수하여 고치실 뿐이었고 그들이 믿지 않음을 이상히 여기셨더라"(막 6:5-6)고 기록한다.

예수는 고향에 처음 가셨을 때 아무 기적도 행하지 않았다. 그리고 두 번째로 가셨을 때는 약간의 기적만 행했을 뿐이다. 그는 병든 자 몇 명을 고쳤을 뿐 어떤 극적인 기적도 행하지 않았다. 폭풍을 잔잔하게 하지도 않고, 귀신을 쫓거나 죽은 자를 살리지도 않았다. 다른 곳에서 행한 것과 같은 엄청난 기적은 아무것도 행하지 않았다.

왜 그랬을까? 왜 그는 그렇게 할 수 없었을까? 그는 무엇 때문에 옛 이웃에게 자신의 권능을 충분히 발휘하지 못했을까? 그들의 믿음이 작아서 제약을 받았던 것일까? 또는 스스로 자신을 제한한 것일까? 그렇다면 왜 그렇게 했을까?

마태복음에서 이보다 두 장 전에 예수는 갈릴리 근교의 어떤 도시들을 향해 심판을 선포한 적이 있다.

> "예수께서 권능을 가장 많이 행하신 고을들이 회개하지 아니하므로 그때에 책망하시되 '화 있을진저 고라신아, 화 있을진저 벳새다야, 너희에게 행한 모든 권능을 두로와 시돈에서 행하였더라면 그들이 벌써 베옷을 입고 재에 앉아 회개하였으리라. 내가 너희에게 이르노니 심판 날에 두로와 시돈이 너희보다 견디기 쉬우리라. 가버나움아, 네가 하늘에까지 높아지겠느냐? 음부에까지 낮아지리라. 네게 행한 모든 권능을 소돔에서 행하였더라면 그 성이 오늘까지 있었으리라. 내가 너희에게 이르노니 심판 날에 소돔 땅이 너희보다 견디기 쉬우리라' 하시니라"(마 11:20-24).

예수는 고라신과 벳새다 그리고 가버나움에 화를 선포했다. 그러나 나사렛에 대해서는 아무 말도 하지 않았다. 그는 자기 고향을 공적으로 비난하지도 않았고, 또 영원히 탄핵하지도 않았다.

그는 자신이 자라난 고향 마을을 고삐 풀린 하나님의 심판이 짓밟고 지나간다는 생각을 차마 할 수 없었다. 그는 자신의 이웃들이 하늘에서 내리는 진노의 말발굽 아래 뭉개진다는 생각을 견딜 수 없었다. 함께 놀던 아이들, 예루살렘으로 함께 순례 길을 떠났던 이웃들, 회당에 함께 참석했고, 가구를 만들어주었던 사람들이 심판에 처한다는 생각을 도저히 할 수 없었다.

갈릴리의 도시들은 그들이 받은 온전한 계시로 인해 하나님 앞에서 온전한 책임을 져야 했다. 예수는 그의 고향이 그러한 위치에 놓이기를 원하지 않았다. 그는 그들의 불신을 보았지만, 훗날 그들이 혹시 마음을 바꿀지도 모른다는 가능성을 배제하지 않으려 했던 것이다.

고향은 예수님께 매정하게 문을 닫아걸었지만 그는 후에 다시 돌아와 그 문을 두드렸다. 그러나 두 번째에도 사람들은 그를 받아들이지 않았다. 그렇다고 문을 닫은 것도 아니었다. 비록 예수는 많은 사람은 아니었지만 그래도 몇 사람은 고쳤다. 어떤 사람은 예수에 대해 여전히 거북하게 느꼈지만, 어떤 사람은 그를 보고 놀라워했다. 그 '몇 사람'과 '또 다른 사람들'을 위해 그는 문을 열어둔 것이다. 단 열 명을 위해서라도 그의 아버지가 소돔을 위해 그렇게 하셨던 것처럼….

고향 사람들이 더 무거운 심판을 받지 않게 하려고 예수는 그곳에서 기적적인 권능을 드러내기보다는 단순히 그리고 조용히 물러났다. 그렇게 물러남으로 그가 가버나움에 선포한 심판이 고향에는 해당되지 않도록 했다. 왜냐하면 예수가 가버나움에서 행한 기적을 고향에서도 했더라면 나사렛 또한 책망을 들은 갈릴리 도시 속에 포함되었을 것이기 때문이다.

나사렛이 그 명단에 오르지 못한 모든 목록 중 이것이 가장 다행스러운 경우다. 나사렛이 심판받을 도시 가운데 들지 않게 된 것은 예수가 무엇보다도 구세주이셨기 때문이다.

제한될 수 없는 구세주의 사랑이 심판을 제한했다.

구세주의 사랑이다.

이 사랑은 나사렛에서 선한 것이 나온 정도가 아니라 세상을 위한 최상의 것이 나온 것이었다.

기도

구세주여,

당신을 거부한 자들을 위해 발휘하셨던 자제력을 제게 주십시오. 가버나움에서 행하신 기적을 그들 앞에서 보이지 않으시려고 얼마나 참으셨을까요? 자신을 변호하지도, 그들의 오해를 정정하지도, 또 그들의 잘못을 드러내지도 않으시고서 말입니다.

그런 자제력은 약함이 아니라 강함에서 나오는 것임을, 부딪힘에 대한 두려움에서가 아니라 그렇게 하지 않을 수 있는 용기에서 비롯된 것임을 보게 해주십시오.

당신이 나의 구세주이심에 감사드립니다. 당신이 세상을 심판하기 위해서가 아니라 구원하기 위해서 오신 것에 감사드립니다. 당신이 기꺼이 생명까지 희생하고자 하셨다면 좋지 않은 평판쯤은 작은 희생이었다는 것을 저는 이제 볼 수 있습니다.

자제력의 본을 보여주셔서 감사합니다. 당신의 이웃들은 당신을 죽이려 했지만, 당신 입에서 나온 가장 엄한 말은 "선지자가 자기 고향과 자기 집 외에서는 존경을 받지 않음이 없느니라"였습니다. 제게도 그러한 사랑을 주십시오. 그래서 저를 가혹하게 대하는 사람들에게 퍼붓고 싶은 가혹한 말이 있더라도 자제할 수 있기를 원합니다.

당신의 길을 이해할 수 있게 도와주십시오. 당신의 사랑이 담고 있는 인내심뿐 아니라 끝까지 견디는 힘까지도 이해하기 원합니다. 당신은 다시 돌아오셨습니다. 바로 앞에서 문을 닫아버렸는데도 당신은 다시 돌아오셨습니다. 당신을 문밖으로 내친 사람들에게로 당신은 돌아오셨습니다. 그리고 다시 문을 두드리셨습니다.

　주님, 제 마음을, 제 과거를 살펴주십시오. 제가 돌아가야 할 나사렛이 있습니까? 저의 고향 사람입니까? 저의 옛 이웃? 친구? 부모님? 형제나 자매? 제가 돌아가야 할 그 사람이 누구입니까?

베드로와 함께하는
친밀한
순___간

무리가 몰려와서 하나님의 말씀을 들을새 예수는 게네사렛 호숫가에 서서 호숫가에 배 두 척이 있는 것을 보시니 어부들은 배에서 나와서 그물을 씻는지라. 예수께서 한 배에 오르시니 그 배는 시몬의 배라. 육지에서 조금 떼기를 청하시고 앉으사 배에서 무리를 가르치시더니 말씀을 마치시고 시몬에게 이르시되 "깊은 데로 가서 그물을 내려 고기를 잡으라."

시몬이 대답하여 이르되 "선생님 우리들이 밤이 새도록 수고하였으되 잡은 것이 없지마는 말씀에 의지하여 내가 그물을 내리리이다" 하고 그렇게 하니 고기를 잡은 것이 심히 많아 그물이 찢어지는지라. 이에 다른 배에 있는 동무들에게 손짓하여 "와서 도와달라" 하니 그들이 와서 두 배에 채우매 잠기게 되었더라.

시몬 베드로가 이를 보고 예수의 무릎 아래에 엎드려 이르되 "주여, 나를 떠나소서. 나는 죄인이로소이다" 하니 이는 자기 및 자기와 함께 있는 모든 사람이 고기 잡힌 것으로 말미암아 놀라고 세베대의 아들로서 시몬의 동업자인 야고보와 요한도 놀랐음이라. 예수께서 시몬에게 이르시되 "무서워하지 말라. 이제 후로는 네가 사람을 취하리라" 하시니 그들이 배들을 육지에 대고 모든 것을 버려두고 예수를 따르니라.

_ 누가복음 5:1-11

묵상

사람들은 어부들이 낚아온 고기 중에서 남보다 먼저 좋은 것을 고르려고 몰려든다. 그러나 그날 밤바다는 구두쇠 노릇을 했다. 아무것도 낚지 못한 채 배들이 돌아왔다.

예수는 그날 아침 사람들 가운데 계시면서 가르칠 기회를 찾고 있다. 그가 가르치는 말씀은 서기관이나 바리새인과는 완전히 다르다. 그는 말씀을 사람들 머리 위로 몽둥이처럼 들어 올리지 않는다. 그는 단지 빛을 향해 말씀을 처들 뿐이다. 그리고 그 말씀은 무지갯빛 색깔을 발하며 회색빛의 사람들에게 희망을 선사한다. 새로운 왕국의 동이 트며 그 빛깔이 퍼져가는 모습이다.

베드로는 그날 아침 아무것도 잡지 못한 채 등에서 전해오는 뻐근한 통증을 느끼며 수선해야 할 그물만을 싣고 바다에서 돌아온 어부 중 하나였다. 그는 그물 위로 몸을 숙인 채 가늘고 미끈거리는 해초들을 뽑아낸다. 그러는 사이 태양은 솟아올라 그의 차가운 어깨를 따스하게 해준다.

그의 형제 안드레는 베드로를 예수께로 데려온 사람이다. 그는 세례 요한이 하나님의 어린양이신 예수에 대해 말한 것을 베드로에게 전해주었다. 그리고 예수가 메시아라고 말했다. 베드로는 예수가 가버나움 근교를 돌아다니며 회당과 바닷가에서 가르치실 때 그를 따라다녔다. 마치 지중해의 해면처럼 그는 자신이 들은 모든 것을 빨아들였다. 지금도 그는 그물의 한 코 한 코를 무의식적으로 씻으면서 예수의 말씀을 듣고 있다.

열심 있는 무리가 점점 더 가까이 다가와 바닷가에는 이제 예수가 서 있을 공간조차 없게 되었다. 그래서 예수는 베드로의 배에 올라가 배를 뭍에서 조금 떨어지게 해달라고 부탁한다. 이 덩치 큰 어부는 그 요청대로 속히 노를 저어 물로 조금 나아가 닻을 내린다.

태양은 그들 뒤로 찰랑거리는 물결 위에 빛을 발하며 여러 겹의 금빛 줄기를 이루고, 배에서 해변까지 반짝이는 길을 닦아놓는다. 그리고 그 빛의 길 위로 예수의 말씀은 무리를 향해 다시 한 번 나아간다.

베드로는 예수를 뱃머리에 모신 채 중간쯤 앉아 머릿속의 칼로 그의 말씀을, 마치 생선의 하얀 살을 저미듯, 한 문장씩 주의 깊게 살핀다.

마침내 예수는 말씀을 마친다. 그러나 아직 베드로에 대해서는 끝내지 않았다. 그는 마치 이 배의 주인이기라도 한 것처럼 명령을 내린다. "깊은 데로 가서 그물을 내려 고기를 잡으라."

이 억센 어부는 예수에게 실례가 되지 않으려고 조심해서 말을 고른다. "주님." 주님의 능력이 얼마나 넓고 깊은지 그는 모른다. "우리들이 밤이 새도록 수고하였으되 잡은 것이 없습니다."

그는 속으로 생각한다. '주님, 언짢게 생각하지 마십시오. 그러나 저는 이 일로 잔뼈가 굵은 사람입니다. 만일 고기를 잡으려면 그놈들이 먹이를 먹기 위해 깊은 곳에서 떠오르는 밤이어야 한다는 것쯤은 모든 어부가 아는 상식입니다. 그리고 태양이 떠오르면 고기들은 그물이 미치지 않는 곳으로 피해 간다는 것을 모두 압니다.'

그러나 베드로는 예수를 존경하기 때문에 이 생각을 드러내지 않는다. 그리고 존경심에서 순종한다. "그러나 말씀에 의지하여 내가 그물을 내리리이다."

고용한 선원들이 배를 깊은 곳으로 저어 가는 동안 베드로는 자신이 어리석다는 생각을 한다. 그러나 아무 말도 하지 않는다. 예수 또한 아무 말도 하지 않다가 "그만 됐다. 이곳이다. 여기가 좋은 곳이다"라고 말한다.

뱃사람들은 묵직한 그물을 꺼내 바다를 향해 던진다. 그물이 가라앉자 침묵이 흐른다. 베드로는 예수 옆에 있는 밧줄을 붙잡는다. 이것은 경험 많은 어부로서 부끄러운 순간이다. 그래서 그는 예수나 다른 뱃사람들과 눈을 마주치지 않으려고 조심한다. 그는 다만 바다를 응시할 뿐이다.

그러나 저쪽 먼 끝에서 그물을 당기는 움직임이 보인다. 그리고 또 다른 곳에서, 또 그 옆에서. 갑자기 그물은 살아 있는 것처럼 그들의 손안에서 움직이기 시작한다. 뱃사람들은 고함을 지르며 환호한다. 수면 위로 올라온 고기들이 몸을 뒤틀며 바다를 치고 그 비늘은 햇빛에 반짝거린다. 어부들은 그물을 당기느라 힘을 쓰고, 그물코 몇 개는 꼬인 나머지 찢어진다.

"야고보, 요한!" 베드로는 동업자들을 부른다. "빨리 오게. 고기가 너무 많이 잡혀서 그물이 찢어지고 있네! 빨리 서두르게!"

그들 위로 왜가리나 가마우지 같은 새들이 꽥꽥거리며 떼를 지어 날아와서는 그들이 잡은 고기를 낚아챌 기회를 엿본다.

그러는 동안에도 그물은 계속 어부들의 팔을 아프게 한다. 어깨의 인대와 힘줄이 늘어나면서 빠질 듯한 통증이 찾아온다. 손바닥은 밧줄이 스치면서 껍질이 벗겨지려 한다. 그리고 근육은 뒤틀리면서 모든 구멍마다 땀을 짜낸다. 그들의 말이 짧게 끊어진다. "조심해… 이쪽으로… 그렇지, 조금 더… 그 줄을 잘라버려."

다른 배가 도착하자 어부들은 함께 은빛으로 부푼 그물을 빈 배로 들어 올린다. 그러나 수확이 너무 많은 나머지 배의 좌현이 물 밑으로 가라앉으며 물이 배 안으로 흘러들어온다. 사람들은 배에 괸 물을 정신없이 퍼내면서 고기를 다시 물속으로 던지기 시작한다. 베드로를 제외한 모든 사람이 그렇게 하고 있다.

혼란스럽던 머릿속으로 한 가지 분명한 깨달음이 베드로의 뇌리에 스쳐 지나간다. '이분은 그냥 인간 메시아가 아니시다. 이분이 다스리시는 영역은 바다 밑에까지 미치고 있구나.'

그는 몸을 돌려 예수를 바라본다. 그리고 그의 눈은 고정된다. 갑자기 베드로 마음의 어두운 밑바닥이 표면을 향해 떠오른다. 그리고 자신이 예수와 같은 배에 타고 있을 자격조차 없는 자라는 것을 깨닫는다.

그는 몸을 떨며 천천히 예수께 나아간다. 그리고 그 앞에 무릎을 꿇는다. "주여, 나를 떠나소서. 나는 죄인이로소이다!"

어부들은 그들을 압도하는 경외감으로 몸을 떨면서 주님의 대답을 기다린다. 그러나 그의 말은 천둥소리를 내지 않는다. 그의 말은 조용하고 약속으로 가득 차 있다.

"무서워하지 말라. 이제 후로는 네가 사람을 취하리라."

마침내 배가 뭍에 닿자 어부로서 베드로의 직업은 막을 내린다. 그는 꾸준한 수입이 보장되는 사업을 버리고 떠난다. 자산이 있는 사업, 미래가 있는 사업을. 그리고 그는 또 한 가지를 버리고 떠난다. 그가 어부 생활에서 가장 크게 거둔 이 수확을.

그는 배와 그물과 고기를 버렸다. 그러나 그는 예수를 얻었다.

기도

제가 그물을 씻는 것과 같은 작은 일에 충성할 수 있도록 도와주십시오. 그런 작은 일들이 사람을 낚는 일과 같은 더 큰일을 위해 주님이 저를 준비시키시는 방법일 수 있음을 압니다.

단순하게 그리고 오직 '말씀에 의지하여' 순종할 수 있게 도와주십시오. 몇 번 고기를 잡아보았다고 제 인생이 어디로 가야 하는지, 어디에 그물을 내려야 하는지를 제가 당신보다 더 잘 안다고 생각하지 않도록 지켜주십시오.

저를 아무 위험도 보상도 없는, 해변에 가까운 얕은 믿음에서 불러내주십시오. 저를 당신에 대한 더 깊은 헌신으로 불러주십시오.

그리고 당신이 부르실 때 제가 빨리 배를 타고 노를 저으며 그물을 내릴 수 있도록 도와주십시오. 제 옆에서 일하시는 분이 누구인지를 깨닫게 해주시고, 그분이 위대하고 전능하신 하나님이신 것을 볼 수 있는 눈을 주십시오.

제 힘으로만 열심히 수고하다가 아무것도 잡을 수 없었던 곳으로 저를 데려가주십시오. 그곳에서 당신이 다스리시는 영역이 얼마나 깊은지, 그물이 찢길 만큼 당신의 능력이 얼마나 충만한지를 분명히 보여주십시오.

당신이 주님이신 것을 언제나 기억하게 해주십시오. 그리고 제가 죄인이라는 사실도 기억하게 해주십시오. 그래서 그 사실을 기억하면서 당신 앞에 언제나 무릎을 꿇게 해주십시오.

오 주님, 당신이 말씀하시면 제가 그물을 내리겠습니다. 그리고 당신이 말씀하시면 제가 그것을 영원히 버리고 당신을 따르겠습니다. 그것은 당신이 주시고자 하는 것이 이 세상 모든 바다가 줄 수 있는 것보다 무한하기 때문입니다.

문둥병자와 함께하는
놀라운
순____간

한 나병환자가 예수께 와서 꿇어 엎드려 간구하여 이르되 "원하시면 저를 깨끗하게 하실 수 있나이다."

예수께서 불쌍히 여기사 손을 내밀어 그에게 대시며 이르시되 "내가 원하노니 깨끗함을 받으라" 하시니 곧 나병이 그 사람에게서 떠나가고 깨끗하여진지라. 곧 보내시며 엄히 경고하사 이르시되 "삼가 아무에게 아무 말도 하지 말고 가서 네 몸을 제사장에게 보이고 네가 깨끗하게 되었으니 모세가 명한 것을 드려 그들에게 입증하라" 하셨더라. 그러나 그 사람이 나가서 이 일을 많이 전파하여 널리 퍼지게 하니 그러므로 예수께서 다시는 드러나게 동네에 들어가지 못하시고 오직 바깥 한적한 곳에 계셨으나 사방에서 사람들이 그에게로 나아오더라.

― 마가복음 1:40-45

묵상

그는 말기에 접어든 문둥병자였다. 누가는 그를 "온몸에 문둥병 들린 사람"이라고 묘사했다.

문둥병은 끔찍한 병이다. 이 병은 눈썹 위나 손바닥 안의 작은 점으로 시작된다. 그리고 그것이 온몸으로 퍼진다. 몸의 털이 하얘진다. 피부가 시체처럼 창백하고, 비늘 같은 것이 그 위로 덮이다가 터지면서 진물이 흘러나온다.

그러나 이것은 단지 표면적인 것에 불과하다. 이 병은 마치 '좀'처럼 피부를 뚫고 그 안으로 들어가 온몸의 조직을 연결하는 신경의 그물망을 공격한다. 얼마 안 가 온몸은 감각을 잃고 쾌락이나 고통을 느끼지 못하게 된다. 발가락이 떨어져 나가도 고통도 느끼지 못한다. 그렇게 계속 걸어 다니다가 상처가 더 심해지고 염증이 깊어진다. 문둥병자들은 엄격한 현실에 부딪히면서 사회에서 분리되고 고립되는 운명을 맞는다.

이러한 육체적인 낙인만으로는 충분하지 못하다는 듯 랍비들은 이 병에 도덕적인 낙인을 찍는다. 그들은 이 병을 하나님이 죄인에게 직접 내리시는 형벌로 보았다. 이러한 믿음 때문에 인과응보라고 하는 상투적인 공식이 그 뒤를 따른다. "죄가 없이는 죽음이 오지 않고, 허물이 없이는 고통이 오지 않는다." 그들에게 문둥병은 눈으로 볼 수 있는 도덕적 부패의 상징이다. 그것은 작은 점으로 시작하지만 천천히 그러나 확실히 개인을 파멸시키는 것이다.

레위기의 정결법에 따르면 문둥병자는 겉옷을 찢고 머리를 흐트러뜨리고 얼굴의 일부를 가려야 한다. 그는 자기 자신의 장례식에 가서 통곡하는 사람처럼 옷을 입어야 한다. 그리고 길에서 마주치는 사람들에게 "부정하다, 부정하다!"고 소리쳐야 한다. 자신이 육체적으로나 영적으로 부정하다고 외치는 것이다.

그는 길을 갈 때 다른 사람들에게서 적어도 어른 한 사람 키만큼의 거리를 떨어져 있어야 한다. 사람들은 그를 피한다. 어린아이들은 그를 피해 달아난다. 그보다 좀 더 큰 아이들은 돌을 던지며 욕을 한다. 어른들은 그를 피해 숨을 죽이고 그를 위해 기도하거나 혐오감에 머리를 흔들거나 아니면 다른 곳을 바라본다.

문둥병자는 그 병이 주는 공포뿐 아니라 수치와 죄책감을 안고 살게 된다.

문둥병에는 아무 치유책이 없다. 그는 성읍 밖에서 다른 문둥병자들과 함께 살아야 한다. 거기서, 인류에게서 멀리 떨어진 그곳에서 남은 날을 살아야 하는 것이다. 그것은 하나님에게서 분리되었음을 뜻하는 또 다른 상징이다.

문둥병자들이 머무는 동굴 입구에 음식을 담은 줄이 내려온다. 비참하고 절망적인 사람들이 모여 있는 동굴이다. 음식을 가져온 사람은 일을 마치면 마치 놀란 쥐처럼 서둘러 그곳을 떠난다.

문둥병자의 삶은 분리된 삶이다. 분리는 서서히 그러나 완전히 이루어진다. 처음에는 먼 친구들부터 그에게서 사라진다. 그 후 가까운 친구들과 맺은 관계의 동심원이 줄어든다. 그 원은 점점 더 줄어들어 마침내 가족으로만 이루어진 아주 작은 원이 된다. 그때부터 가족조차도 한 사람씩 발길을 끊는다. 이제 그는 어머니만이 자기를 찾아오는 유일한 사람인 것을 깨닫게 된다. 어머니의 방문도 점점 줄어들고 더 뜸해진다. 어머니조차도 그에게서 멀리 떨어져서 이전처럼 가까이서 그의 눈을 들여다봐 주지 않는다.

그가 살아가는 텅 빈 동굴도 하나의 상징이다. 즉 그가 느끼는 처절한 외로움의 상징이다. 그의 삶은 날마다 점점 더 어두워지는, 소리 없는 회색의 험한 삶이다. 그는 동굴의 춥고 그늘진 구석으로 찾아든다. 때때로 바깥세상에서 들려오는 희미한 메아리만 있는 곳으로.

그곳에서 그는 산다. 사랑이나 소망도 없이, 삶의 단순한 기쁨이나 품위도 없이. 누군가가 그를 향해 웃어준다거나, 길에서 그를 반갑게 맞아준다거나, 시장에서 싱싱한 과일을 산다거나, 샘터에서 정치에 대한 담론을 나눈다거나, 웃어주지 않는다. 또 그는 아침에 일어나 일하러 간다거나, 사업을 운영한다거나, 가게 주인과 물건 값을 흥정한다거나, 결혼식 초대장을 받는다거나, 회당에서 찬송을 부른다거나, 가족과 함께 유월절을 축하한다거나 하는 작은 기쁨조차 누릴 수 없다.

이 모든 것이 그에게는 금지된 것들이다. 영원히.

궁금하다. 누군가가 그의 손을 마지막으로 잡아준 것이 언제였는지. 그의 등을 두드려준 것이, 그의 허리에 팔을 감은 것이, 그에게 어깨를 내준 것이, 그를 안아준 것이. 또 그의 머리카락을 만져준 것이, 그의 뺨을 어루만져준 것이, 그의 눈에서 눈물을 닦아준 것이···. 그리고 그에게 입 맞춰준 것이 언제였는지 궁금하다.

그는 아침 일찍 그런 꿈에서 깨어난다. 꿈속에서 사람들은 그를 사랑해주고 만져주었다. 그러나 그것은 꿈일 뿐이다. 현실은 동굴이다. 그리고 문둥이 촌이다.

오늘 아침 예수가 마을에 왔다는 소식으로 동굴 안이 시끌벅적하다. 예수는 자기가 하나님의 아들이라고 주장하는 사람이라고 한다. 병자를 고치고, 절름발이를 걷게 하며, 장님의 눈을 뜨게 하는 사람이라고 한다.

이 소식은 삶의 불꽃이 꺼져가는 이 사람에게 소망의 불을 댕긴다. 그는 몰래 그곳을 빠져나간다. 예수를 찾아 절름거리며 간다. 거리가 가까워질수록 그의 소망은 더 밝게 타오른다. 마침내 그는 도착한다. 예수 주위에 있는 수많은 사람은 예수에게 너무나 열중한 나머지 그의 출현을 알아채지 못한다. 그는 조심스럽게 사람들 틈으로 나아간다. 지금 벌어지는 일들을 주시하며 귀를 바짝 기울이면서. 예수가 한 사람씩 병을 고칠 때마다 놀라움의 파도가 사람들 위로 부서지며 이 문둥병자의 발 앞에 거품을 남긴다.

흥분으로 떨리는 몸을 겨우 가누며 랍비 앞에서는 꿈도 꾸지 못할 일을 감히 행한다. 예수 앞으로 나아온다.

그가 나아오자 사람들이 순식간에 둘로 갈라진다. 그들 가운데 문둥병자가 나타난 것이다. 어떤 사람들은 조용히 서서 그가 조심스럽게 다가오는 것을 지켜본다. 어떤 사람들은 분노하며 고함을 친다. 그러나 누구도 그 앞을 가로막지는 못한다.

그는 예수에게서 팔 길이만큼 떨어진 곳까지 와서 선다. 그리고 그 앞에 무릎을 꿇는다. 그는 예수를 올려다보며 간청한다. 잠시 머뭇거리다 말한다. "원하시면 저를 깨끗하게 하실 수 있나이다."

예수는 이 사람의 움푹 팬 눈에서 믿음의 희미한 빛을 본다. 그는 자신의 잿빛 피부를 본다. 그의 상처를 본다. 그의 수치를 본다.

아름답지도 않고 활짝 피지도 못한 이 창백하고 시든 꽃이 구세주 앞에 고개를 숙인다. 가시들이 어떻게 낙원을 가로챘는지를 냉혹하게 상기시켜주는 모습이다.

이 모습은 예수의 마음을 연민의 정으로 가득 채운다. 예수는 손을 내밀어 그를 만진다. 문둥병자를 만지기 위해 손을 내미는 것이다. 만지기는커녕 아무도 말조차 걸어주지 않던 사람에게 이 몸짓은 엄청난 의미를 지닌다. 그것은 '나는 당신을 사랑합니다. 나는 당신에게 관심을 갖고 있습니다. 당신을 이해합니다. 제가 돕고 싶습니다'라고 말하는 것이다.

예수의 손끝이 닿자 이 문둥병자의 피부에 남아 있던 감정의 작은 웅덩이들 위로 소름이 돋으며 지나간다. 예수는 바로 그의 고통에 종

지부를 찍는다. "내가 원하노니 깨끗함을 받으라."

또 다른 파도가 이 문둥병자를 덮친다. 이번에는 발가락 끝까지 그 느낌이 전달된다. 그는 자신의 손을 들여다본다. 병색이 사라졌다. 상처도 없어졌다. 그는 손가락 끝을 만져본다. 감각이 있다. 주먹을 쥐어본다. 힘이 느껴진다.

그는 다시 예수를 쳐다본다. 무언가 말을 하려는 듯 그의 눈에는 감정이 고인다. 그러나 그가 겪는 모든 슬픈 삶이 마치 목으로 몰려든 듯 아무 말도 나오지 않는다.

말문이 곧 트일 것이다. 그리고 그는 자기가 본 것을 모든 사람에게 말할 것이다. 그는 자기가 깨끗해진 것을 말할 것이다. 그리고 기꺼이 손을 내밀어 문둥병자를 만져주신 이 놀라운 사랑의 구세주에 대해 말할 것이다.

기도

주 예수님,

저는 지금 자신을 문둥병자로 여기고 있는 _____(을)를 위해 무릎을 꿇고 기도합니다. _____에게 당신의 연민을 베풀어주십시오.

그는 외로운 사람입니다, 주님. 그는 사회에서 겉돌고 있습니다. 다른 곳을 바라보고 자신을 지나치게 의식하면서 늘 머리를 숙이고 있습니다. 그는 자신감에 찬 사람들의 시선을 두려워합니다. 그들이 그의 상처를, 염증을, 수치를 볼까 봐 두려워하고 있습니다.

그를 도와주셔서 우리 모두가 죄를 갖고 있음을 깨닫게 해주십시오. 어떤 죄는 모든 사람이 볼 수 있게 분명히 드러나지만, 어떤 죄는 속에 감추어져 있다는 것을. 누구도 보지 못하지만 당신만이 보시는 죄가 있다는 것을. 그리고 우리 마음에 문둥병 같은 고름이 있는 것을 당신이 보실 때 당신은 뒤로 물러서시지 않고 오히려 손을 내밀어 상처를 만지시고 고치신다는 것을 그가 깨닫게 해주십시오.

원하시면 당신은 그를 깨끗하게 하실 수 있습니다.

그는 문둥병자가 들었던 그 말을 당신에게서 듣고 싶어 합니다. "내가 원하노니 깨끗함을 받으라." 그를 도우셔서 당신이 그를 깨끗하게 하실 수 있을 뿐 아니라 또한 그것을 원하신다는 것을 깨닫게 해주십시오. 그를 향해 손을 내밀어주십시오. 그를 만져주십시오. 그를 온전하게 해주십시오.

제 마음이 그에 대한 연민으로 가득 차게 해주십시오. 당신이 사람들에게서 멀리 떨어져 외롭게 서 있던 문둥병자를 보았을 때 느끼신 것과 같은 연민으로 저를 채워주십시오. 용기를 내어 뻗는, 그를 만질 수 있는 팔을 제게 주십시오. 그리고 그를 만지고 그의 삶에 개입하는 것을 두려워하지 않는 손을 제게 주십시오.

중풍병자와 함께하는
놀라운
순____간

　수일 후에 예수께서 다시 가버나움에 들어가시니 집에 계시다는 소문이 들린지라. 많은 사람이 모여서 문 앞까지도 들어설 자리가 없게 되었는데 예수께서 그들에게 도를 말씀하시더니 사람들이 한 중풍병자를 네 사람에게 메워 가지고 예수께로 올새 무리들 때문에 예수께 데려갈 수 없으므로 그 계신 곳의 지붕을 뜯어 구멍을 내고 중풍병자가 누운 상을 달아내리니 예수께서 그들의 믿음을 보시고 중풍병자에게 이르시되 "작은 자야 네 죄 사함을 받았느니라" 하시니

　어떤 서기관들이 거기 앉아서 마음에 생각하기를 "이 사람이 어찌 이렇게 말하는가? 신성 모독이로다. 오직 하나님 한 분 외에는 누가 능히 죄를 사하겠느냐?"

　그들이 속으로 이렇게 생각하는 줄을 예수께서 곧 중심에 아시고 이르시되 "어찌하여 이것을 마음에 생각하느냐? 중풍병자에게 네 죄 사함을 받았느니라 하는 말과 일어나 네 상을 가지고 걸어가라 하는 말 중에서 어느 것이 쉽겠느냐? 그러나 인자가 땅에서 죄를 사하는 권세가 있는 줄을 너희로 알게 하려 하노라" 하시고 중풍병자에게 말씀하시되 "내가 네게 이르노니 일어나 네 상을 가지고 집으로 가라" 하시니 그가 일어나 곧 상을 가지고 모든 사람 앞에서 나가거늘 그들이 다 놀라 하나님께 영광을 돌리며 이르되 "우리가 이런 일을 도무지 보지 못하였다" 하더라.

　　_ 마가복음 2:1-12

묵상

중풍병자인 그의 미래를 암울했다. 그것은 그 당시에는 신경외과 의사도, 재활원도, 물리 치료사도, 획기적인 의료 기술도, 기적을 일으키는 어떤 약도 없었기 때문이다.

사람들이 그에게 줄 수 있는 유일한 처방은 단지 동정심뿐이었다. 그러나 동정심이라면 그는 이미 넘치게 받았다. 그는 더는 어떠한 동정도 원하지 않는다. 그는 삶을 되찾고 싶을 뿐이다.

그의 삶은 욕창으로 가득 차 있고, 텅 빈 천장만 그를 바라보고 있다. 천장이야말로 그의 유일한 제사장이다. 그러나 그 제사장은 그의 고백을 들어주지도, 그의 참회를 받아주지도 못한다.

그의 허약한 팔다리는 그를 가두고 세상에서 분리시키는 감옥의 창살이 되고 있다. 그렇게 그는 누워 있다. 반 평 남짓한 침상 위에 홀로. 하루가 지나고 또 한 주가 지나간다. 단조로운 한 달이 지나간다.

그는 아침에 일어나 태양을 바라보며 기지개를 켤 수 없다. 거리에서 사람을 만나 어울릴 수 없다. 가끔 신선한 공기를 마시기 위해 집 밖을 나설 수도, 좌절감을 떨쳐버리기 위해 산책하러 나갈 수도, 몇몇 사람에게 불편을 끼치지 않고는 다른 풍경을 내다볼 수도 없다.

그는 다른 사람에게 모든 것을 의지해야 한다. 물 한 모금 마시는 일도, 음식을 한 입 먹는 일도, 용변을 보는 일도 다른 사람의 도움 없이는 불가능하다. 누군가가 그를 돌아 눕히고, 목욕을 시키고, 옷을 입혀주어야 한다.

의존, 굴욕, 감금, 권태, 고독, 좌절, 수치, 절망…. 이것이 반 평짜리 침상 위에서 살아가야 하는 사람을 묘사하는 단어다.

그러나 이 모든 부정적인 단어 외에 이 중풍병자는 자기 삶에 의미를 부여하는 긍정적인 단어 하나를 가지고 있다. 바로 친구들이다. 그에게는 네 명의 신실한 친구가 있었다. 그리고 그들은 놀라운 소문을 듣고 그의 침대 곁으로 몰려온다. 기적을 행하는 사람에 대한 놀라운 소식이다.

예수가 회당에서 귀신 들린 사람을 고친 후 그에 대한 소문이 가버나움에서부터 파문을 일으키며 퍼져나갔다. 그 소문은 갈릴리 해변 도시들에 가닿았고, 데가볼리에 파문을 일으켰으며, 남쪽으로는 예루살렘에까지 미쳤다.

이 소문의 두 번째 파장은 문둥병자가 고침 받았다는 것으로, 이 소문이 퍼져나가자 예수를 만나려고 무리가 늘어난다. 곳곳에서 사람들이 가버나움으로 몰려든다. 그들은 나사렛 출신의 이 기이한 사람을 보려고 온 것이다.

그들은 구도자, 구경꾼, 염탐꾼 등 온갖 부류의 사람이다. 어떤 이들은 치유에 대한 소망을 안고 찾아왔다. 어떤 이들은 확신을 얻기 위해 의혹에 찬 눈을 두리번거리며 찾아왔다. 또 다른 이들은 편견을 품고 찾아왔다. 누가 이 종교적인 평지풍파를 일으키고 있는지를 알아내어 더는 파장이 없게 하려고 찾아온 것이다.

오늘 예수가 사람들에게 이야기하고 있는 집은 사람들로 가득 찼다. 늦게 온 사람들은 입구를 메운 채 발뒤꿈치를 들고 서서 스승의 말씀을 한마디라도 더 듣고자 귀를 기울인다.

늦게 온 사람 중 한 사람은 네 친구가 침상의 네 귀퉁이를 어깨에 메고 데리고 온 중풍병자다. 그러나 인파의 벽은 그들이 뚫고 들어가기에 너무 두터웠다. 그들은 거듭 시도했지만 조금이라도 더 듣고자 하는 사람들의 조바심 때문에 번번이 실패했다.

이대로 물러설 수는 없다. 굳게 결심하고 찾아온 이 친구들은 다른 수단을 취해본다. "계단, 계단이 있지 않나? 지붕 위로 이어진 바깥 계단을 이용하면 어떨까?"

그들의 열심은 한 계단 한 계단 올라갈수록 점점 더 뜨거워진다. 마침내 지붕 위에 올라서자 그들의 심장은 쿵쿵거린다. 그들은 친구를 내려놓으면서 예수가 어디쯤 서 계실지 어림잡으며 지붕 위를 살펴본다. 그리고 아드레날린이 치솟는 것을 느끼면서 그들은 기와를 벗기고 지붕을 뚫고 내려가기 시작한다.

조각들이 떨어지면서 풀썩거리는 먼지 구름을 만들자 사람들은 뒤로 물러서며 원망스러운 기침을 하느라 손으로 입을 가린다.

위를 쳐다보자 가장 먼저 눈에 띈 것은 구멍을 더 크게 뚫으려고 부지런히 움직이는 손가락들이었다. 사람들은 한 줄기 광선으로 뚫고 들어오는 햇빛과 예수를 찾는 한 쌍의 눈, 구멍을 더 크게 만들고 있는 네 쌍의 손 그리고 끝으로 중풍병자가 누워 있는 침상의 밑바닥을 보게 된다.

친구들은 이 중풍병자를 아래로 내리기 위해 애를 쓰고, 밑에서는 몇 사람이 침상을 받아서 바닥에 내리는 것을 도와준다.

지붕의 뚫린 구멍을 통해 빛이 거꾸로 놓인 깔때기 모양으로 흘러 들어오자 먼지 조각들이 바닥 위에 누운 환자 주위에서 반짝거리며 팽이처럼 춤을 춘다.

예수의 눈은 천장 위에 뚫린 구멍 주위로 얼굴을 내밀고 있는 네 사람에게 고정된다. 본문은 그가 "그들의 믿음을 보시고…"라고 표현한다. 그들의 믿음이다. 중풍병자 친구들의 믿음이다. 믿음의 날개를 타고 천상의 자비는 내려오는 것이다.

그들이 어떤 말을 했다는 기록은 전혀 없다. 따라서 예수의 마음을 사로잡은 것은 그에게 들린 어떤 소리가 아니었다. 그가 본 무엇이었다.

그는 무엇을 보았을까? 땀으로 범벅이 된 네 사람이 믿음으로 애쓰는 모습…, 어떤 장애물이라도 뚫기 위해 애쓰다가 긁힌 손들…. 기적을 갈망하는, 더러워진 얼굴들이었다. 흥분한 나머지 숨도 쉬지 못하는 모습. 기대감에 크게 떠진 눈. 마치 빵집 진열장 창문에 코를 박고 침을 삼키는 길가의 아이들처럼 그들은 하늘의 달콤한 맛에 굶주려 있었다.

조금이라도 예절을 아는 어른이라면 결코 하지 않았을 일을 감행한 것이다. 그들은 다른 사람의 재산을 훼손했고, 말하고 있던 사람을 방해했으며, 그 말을 듣고 있던 사람들에게 불편을 끼쳤다. 마치 아이들처럼.

그러나 "어린아이들이 내게 오는 것을 용납하고 금하지 말라"(눅 18:16)고 말씀하신 분은 이 믿음의 행동을 방해로 여기지 않으셨다. 오히려 반대. 그것은 그들이 그의 아버지 집에 속한 아이들이기 때문이다.

예수의 시선은 침상에 누워 있는 이 사람의 초라한 행색에 멈춘다. 중풍에 걸린 그의 병세는 겉보기보다 더 깊다. 그 수척한 몸은 죄로 마비되고 수치로 위축된 나머지 그의 영혼까지 불구로 만들었다.

그는 햇빛에 부신 눈을 깜박이며 예수를 쳐다본다. 예수는 그의 위에 몸을 굽혀 빛을 막아준다. 순간적으로 하늘이 열린다. 하나님의 얼굴이 미소를 짓는다. 그리고 달콤한 만나가 침대 위에 누워 있는 사람에게 떨어진다.

"작은 자야, 네 죄 사함을 받았느니라."

얼마나 오래 기다린 말인가? 삶의 수수께끼에 대한 답을 찾고자, 자신을 내려다보고 있는 금욕주의자처럼 냉혹한 이 천장을 바라보며 얼마나 많은 눈물을 흘렸던가?

예수는 마치 "힘을 내라, 내 아들아. 하나님은 네게 노하지 않으셨단다"라고 하는 듯 웃음을 담고 말했다. 중풍병자는 떨리는 입술을 움직이며 웃음으로 답한다. 그는 눈물을 참느라 애쓰지만 소용이 없다. 눈을 질끈 감자 여러 해 동안 쌓였던 눈물이 뺨을 타고 흐른다. 그러나 중풍병자의 뺨을 적신 이 부드러운 자비가 종교 지도자들에게는 채찍처럼 다가온다. 하늘이 기뻐하는 동안 그들은 머릿속으로 논리를 따지기에 분주한 나머지 함께 춤출 수가 없다. 그들의 논리는 삼단 논법을 따른 것이다.

예수는 죄를 용서하는 권세를 가졌다고 주장한다.
오직 하나님만이 죄를 용서하실 수 있다.
그렇다면 예수는 자신이 하나님이라고 주장하는 것이다.

그렇다. 그들의 논리는 정확하다. 논리는 그들을 바른 결론으로 이끌었다. 그러나 그리스도께로 이끌지는 못했다. 지붕의 구멍이 우리에게 주는 교훈이 있다면 그것은 사람을 예수께로 인도하는 것은 믿음이지 결코 지적인 논리가 아니라는 것이다. 사람들을 예수께 몰려들게 한 것은 호기심이었지만, 지붕을 뚫고 중풍병자를 예수의 발아래 데려온 것은 믿음이었다.

예수는 자기를 비판하는 자들의 마음을 읽고 자신이 그들이 생각하는 그 존재임을 입증하는 증거를 하나 더 제시한다.

"어찌하여 이것을 마음에 생각하느냐? 중풍병자에게 네 죄 사함을 받았느니라 하는 말과 일어나 네 상을 가지고 걸어가라 하는 말 중에서 어느 것이 쉽겠느냐? 그러나 인자가 땅에서 죄를 사하는 권세가 있는 줄을 너희로 알게 하려 하노라."

이것은 둘 다 말하기는 쉽다. 그러나 행하기는 둘 다 불가능하다. 물론 당신이 하나님이 아니라면 말이다. 그러나 하나님께는 다 쉬운 일이다. 예수의 태연자약함은 이 때문이다. 하지만 이제 종교 지도자들은 그를 단순히 병 고치는 자로 취급하지 않을 것이 분명하기 때문에 예수는 인간이라면 감히 엄두도 못 낼 일을 행한다. 바로 하나님이 하시듯 중풍병자의 죄를 용서한다.

구세주는 이 논쟁에 마침표를 찍고 그의 관심을 비판자들에게서 중풍병자로 옮긴다.

"내가 네게 이르노니 일어나 네 상을 가지고 집으로 가라."

비록 중풍병에서 고침을 받는다 해도 쇠약해진 근육 때문에 이 사람은 마치 갓 태어난 망아지처럼 휘청거릴 수밖에 없었을 것이다. 그러나 그는 은혜 위에 은혜를 받았다. 그는 용서받고 치유되었을 뿐 아니라 체력도 되찾았다.

그는 일어나 자신의 침상을 어깨에 메고 문밖을 나선다. 그가 들어오는 것을 막았던 무리는 경외심에 차 그가 나갈 길을 만들어준다.

사람들의 마음에는 경외감과 두려움이 섞여 있다. "우리가 이런 일을 도무지 보지 못하였다."

이 장면은 하나님 나라가 밝게 빛나는 순간이었고, 그 방에 있던 사람들에게는 참으로 놀라운 순간이었다. 그것은 그 낮은 지붕의 뚫린 구멍 사이로 하나님 나라의 영광이 흘러들어와 왕의 왕관에 반사되어 빛을 발했기 때문이다.

바깥에서는 다섯 친구가 기쁨의 눈물을 흘리며 춤을 춘다. 다시 한 번 아이들로 돌아간 다섯 친구가 왕께 영광을 돌린다.

기
도

인자가 되신 주님,

저를 자신들의 어깨에 메고 당신께로 데려다준 신실한 친구들로 인해 감사드립니다. 제 변명과 핑계가 얼마나 심하게 마비되었든 상관하지 않고 저를 침대 위에 남겨두지 않은 친구들을 주신 당신께 감사드립니다.

＿＿＿＿와 ＿＿＿＿와 ＿＿＿＿와 ＿＿＿＿(을)를 감사드립니다. 그들에게 믿음을 주셔서 감사드립니다. 그들이 저로 인한 모든 불편을 감수해준 데 대해 감사드립니다.

사람들이 얼마나 많든 상관하지 않고 그들은 기꺼이 길을 내고자 했습니다. 계단이 얼마나 가파르든지 상관하지 않고 그들은 기꺼이 오르고자 했습니다. 지붕이 얼마나 두껍든지 상관하지 않고 그들은 뚫고자 했습니다.

저를 당신께 데려오기 위해 그들이 극복해야 했던 모든 장애물로 인해 감사드립니다.

그들의 사랑과 돌봄, 그들의 기도와 도움이 얼마나 컸는지를 생각하며 당신께 감사드립니다. 저는 그들에게, 또 당신께 결코 다 감사할 수 없을 것입니다.

제게 삶을 되찾아주셔서 감사드립니다. 저를 온전해지게 해주셔서 감사드립니다. 저를 이토록 이해해주시고 또 기꺼이 용서해주셔서 감사드립니다.

제게 베풀어주신 은혜를 기억하며 이제 저도 구부러졌거나, 부러졌거나, 침대에 누워 지내야 하는 사람들에게 제 마음을 주고 싶습니다. 휠체어나 병원 침대, 또는 인간적인 우정의 빛이라곤 조금도 찾아들지 않는 외로운 곳에 매여 있는 사람들을 돌아보고 싶습니다.

  자신의 몸에 감옥처럼 갇혀 있는 사람들의 친구가 될 수 있도록 저를 도와주십시오. 당신이 갇힌 자들과 함께 갇힌 것처럼 그들을 찾아보라고 저를 부르셨음을, 제가 그중 가장 작은 자에게 한 것이 당신께 행한 것임을 저는 압니다.

  사람들이 표면 밑에 숨겨둔 다른 형태의 중풍병에도 제가 민감할 수 있기를 원합니다. 사람을 위축시키는 환경의 틀로 불구가 된 사람들, 영혼의 만성병으로 움직일 수 없게 된 사람들, 이혼의 상처로 헤매는 사람들, 사랑하는 사람의 죽음으로 감정이 마비된 사람들, 우울증의 무거운 짐 아래 깔린 사람들, 마음의 상처를 감수해야 하는 사람들, 깨어진 인간관계로 마음이 산산조각 난 사람들. 그들에게도 제가 민감할 수 있도록 도와주십시오. 주님, 그들의 삶을 파멸로 이끌어가는 모든 장애를 위해 기도합니다. 기도 속에서 그들을 주님께 의뢰하고, 그들의 짐을 덜어주며, 그들을 주님께 데려와 주님의 자비를 얻도록 믿음으로 그들을 도울 수 있게 저를 도와주십시오. 특별히 _____(을)를 위해 기도합니다.

베데스다에서
깨닫는
순____간

그 후에 유대인의 명절이 되어 예수께서 예루살렘에 올라가시니라. 예루살렘에 있는 양문 곁에 히브리말로 베데스다라 하는 못이 있는데 거기 행각 다섯이 있고 그 안에 많은 병자, 맹인, 다리 저는 사람, 혈기 마른 사람들이 누워 [물의 움직임을 기다리니 이는 천사가 가끔 못에 내려와 물을 움직이게 하는데 움직인 후에 먼저 들어가는 자는 어떤 병에 걸렸든지 낫게 됨이러라] 거기 서른여덟 해 된 병자가 있더라.

예수께서 그 누운 것을 보시고 병이 벌써 오래된 줄 아시고 이르시되 "네가 낫고자 하느냐?"

병자가 대답하되 "주여 물이 움직일 때에 나를 못에 넣어 주는 사람이 없어 내가 가는 동안에 다른 사람이 먼저 내려가나이다."

예수께서 이르시되 "일어나 네 자리를 들고 걸어가라" 하시니 그 사람이 곧 나아서 자리를 들고 걸어가니라. 이날은 안식일이니 유대인들이 병 나은 사람에게 이르되 "안식일인데 네가 자리를 들고 가는 것이 옳지 아니하니라."

대답하되 "나를 낫게 한 그가 자리를 들고 걸어가라 하더라" 하니 그들이 묻되 "너에게 '자리를 들고 걸어가라' 한 사람이 누구냐?" 하되 고침을 받은 사람은 그가 누구인지 알지 못하니 이는 거기 사람이 많으므로 예수께서 이미 피하셨음이라.

그 후에 예수께서 성전에서 그 사람을 만나 이르시되 "보라, 네가 나았으니 더 심한 것이 생기지 않게 다시는 죄를 범하지 말라" 하시니 그 사람이 유대인들에게 가서 자기를 고친 이는 "예수라" 하니라. 그러므로 안식일에 이러한 일을 행하신다 하여 유대인들이 예수를 박해하게 된지라.

예수께서 그들에게 이르시되 "내 아버지께서 이제까지 일하시니 나도 일한다" 하시매 유대인들이 이로 말미암아 더욱 예수를 죽이고자 하니 이는 안식일을 범할 뿐만 아니라 하나님을 자기의 친아버지라 하여 자기를 하나님과 동등으로 삼으심이러라. 그러므로 예수께서 그들에게 이르시되 "내가 진실로 진실로 너희에게 이르노니 아들이 아버지께서 하시는 일을 보지 않고는 아무것도 스스로 할 수 없나니 아버지께서 행하시는 그것을 아들도 그와 같이 행하느니라."

_ 요한복음 5:1-19

묵상

예수가 예루살렘에 올라온 때는 명절이었다. 유대인의 삶의 리듬은 이러한 절기들로 조절되었다. 유월절, 오순절, 명절과 금식의 반복, 애통과 축제의 리듬, 매년 찾아오는 대속죄일과 매주 반복되는 안식일 등.

안식일은 하나님이 당신의 백성과 맺으신 언약의 상징으로 세워진 제도다. 하나님이 창조의 일을 마치시고 제칠 일에 안식하시면서 하루를 따로 떼어놓아 지난 엿새의 삶을 돌아보게 하셨기 때문에 모든 유대인은 그 본을 따라야 했다. 엿새 동안 일하고 칠일에는 쉬는 것이다.

모세의 법에 규정된 안식일을 지키는 방법은 간단했다. "너희는 아무 일도 하지 말라"(레 23:31). 그러나 세월이 지나며 수많은 해석의 암벽들이 이 계명을 덮자 원래 목적은 희미해졌다. 랍비들은 일의 종류를 서른아홉 가지 항목으로 분류해놓고 이것 중 하나라도 범하면 사형에 해당한다고 가르쳤다. 각 항목은 더 세분된다. 예를 들면, 추수하는 것은 하나의 큰 항목으로, 더 들어가 보면 밀 이삭을 베어 먹는 것이나 머리카락을 한 올 뽑는 것 등 추수와 관련된 작은 일들로 구분된다. 이 규정들이 제한하는 바가 너무 심해 여인들은 심지어 안식일에 거울을 보아서는 안 되었다. 왜냐하면 거울을 보다 혹시 흰 머리털이라도 발견하면 뽑고 싶은 유혹을 받게 될 것이고, 따라서 추수를 금하는 법을 어길 수 있었기 때문이다.

안식일이라는 의식은 자연계의 리듬에 따라 조절되는 것이었다. 그것은 금요일 해질 때 시작해 토요일 해질 때까지 계속되었다. 안식일을 위한 음식은 미리 준비해야 했다. 안식일에는 음식을 만드는 것은 물론 불을 피우는 것도 허용되지 않았다. 그릇을 씻어도, 바닥을 쓸어도 안 된다. 어떤 종류의 일도 금지되었다. 심지어 지고 나르는 것도 제한이 있었다. '짐을 나르는 것'은 분명히 금지된 것이다. 그러나 무엇이 짐에 해당하는지는 분명하지 않았다. 따라서 논쟁이 벌어지고 머리카락을 쪼개는 듯한 초정밀한 정의가 나타났다. 예를 들면, 지팡이를 의지하고 걷는 것은 허용되지만, 죽마를 올라타고 걷는 것은 안 된다. 왜냐하면 지팡이의 경우 그것이 사람을 나르는 역할을 하지만, 죽마는 사람이 그것을 나르기 때문이다. 죽마는 짐에 해당하는 것이다.

베데스다에서의 치유 사건은 안식일에 일어났다. 안식일을 규정하는 너무나 복잡한 제한 조항들로 유대인들은 그 사람이 들고 일어선 짐은 보았지만 하나님이 그를 일으키신 것은 보지 못했다. 이것은 놀라운 일이 아니다. 율법주의는 언제나 시야를 좁힌다. 밖으로 드러난 외면적인 것에 초점을 맞추면서 그 외의 것은 제대로 보지 못한다. 바로 이러한 이유로 유대인들은 정해진 종교적 의식의 리듬 밖에서 일하시는 하나님에 대해서는 꿈도 꿀 수 없었다.

그러나 구세주의 삶은 다른 리듬을 따라 움직였다.

우리의 성장 과정 초기부터 우리를 둘러싸며 우리에게 영향을 끼치는 또 다른 리듬이 있다. 우리는 어머니의 배 속에서 어머니의 심장 고동 소리를 듣는다. 우리는 어머니의 혈관을 타고 흐르는 피의 순환을, 허파를 통해 움직이는 공기를, 몸을 통해 울리는 목소리의 여운을 듣는다. 우리는 출생 후 다른 리듬을 경험한다. 해가 뜨고 지는 것을. 조수가 들어오고 나가는 것을. 계절이 오고 가는 것을. 하루살이의 삶의 순환에서부터 달이 차고 기우는 순환에 이르기까지 삶의 리듬들이 이 세상을 조절한다.

그러나 이 세상에는 또 다른 리듬도 있다. 바로 영적인 리듬이다. 하늘에 계신 우리 아버지의 심장에서부터 울려 나오는 리듬이다. 예수는, 마치 철 따라 이동하는 동물들이 온도를 통해 계절의 변화를 느끼거나 지구의 자기(磁氣)에 따른 일관된 신호를 듣듯이, 그 리듬을 들었다. 그는 조수가 달의 움직임을 감지하듯이 아버지의 움직임을 감지했다. 그 움직임들이 그의 움직임을 결정했다. "내가 진실로 진실로 너희에게 이르노니 아들이 아버지의 하시는 일을 보지 않고는 아무것도 스스로 할 수 없나니 아버지께서 행하시는 그것을 아들도 그와 같이 행하느니라." 아버지는 아들의 행동뿐 아니라 대화의 행로(行路)까지도 결정하셨다. "내가 내 자의로 말한 것이 아니요 나를 보내신 아버지께서 내가 말할 것과 이를 것을 친히 명령하여 주셨느니라"(요 12:49)고 예수는 말했다.

요한복음 4, 5장은 예수의 삶의 리듬을 조절하는 것이 무엇인지 잘 보여준다. 요한복음 4장에서 그가 수가라는 동네 밖에 있는 우물로 거의 중력에 끌리듯 가신 것을 볼 수 있다. 거기서 그는 사마리아 여인을 만난다. 그리고 그녀로 인해 그 동네의 많은 사람이 예수를 믿게 되었다. 다음 장에서 예수는 예루살렘으로 올라오셔서 온갖 병자가 몰려 있는 행각 다섯이 있는 못으로 오신다.

이상하게도 예수는 그곳에서 모든 사람을 고치지 않는다. 단 한 사람의 불구자를 고칠 뿐이다. 어느 곳에서는 많은 사람이 예수의 어루만지심을 받는다. 그러나 다른 곳에서는 오직 한 사람만 고침을 받는다.

이것은 질문을 불러일으킨다.

왜 예수는 베데스다 못가에 있는 모든 사람을 고치지 않았는가? 그들은 천사가 나타나기를 그토록 오래 기다려왔고, 기적적인 치유를 위해 그토록 열심히 기도해오지 않았는가? 예수는 거기 있었다. 다른 어려움이 있을 까닭이 없다. 그에게는 그들을 고칠 능력이 있었다. 그런데 왜 그렇게 하지 않았을까?

왜냐하면 아버지가 그날 그렇게 하시지 않았기 때문이다. 사마리아에 머물던 날에는 큰일을 행하는 것이 아버지의 뜻이었다. 예루살렘에서는 작은 일을 행하는 것이 아버지의 뜻이었다. 왜 그러셨을까? 누가 그것을 알 수 있겠는가? 그분의 행하심은 신비다. 우리는 솔로몬처럼 다만 의아해할 뿐이다. "바람의 길이 어떠함과 아이 밴 자의 태에서 뼈가 어떻게 자라는지를 네가 알지 못함같이 만사를 성취하시는 하나님의 일을 네가 알지 못하느니라"(전 11:5).

우리는 다만 이것 하나를 알 뿐이다. 만일 숫자가 성공의 척도라면 베데스다 못가에서의 사역은 실패였다. 그러나 성공은 아들의 야망이 아니었다. 아버지의 뜻에 순종하는 것이 그의 야망이었다. 예수는 말했다. "나의 양식은 나를 보내신 이의 뜻을 행하며 그의 일을 온전히 이루는 이것이니라"(요 4:34).

예수의 삶은 아버지와의 교제에서 흘러나왔다. 그는 아버지에게 귀 기울이고 그분의 인도하심에 복종하며 살았다. 아버지가 광야로 이끄시면 그는 광야로 갔다. 아버지가 사마리아의 우물이나 베데스다의 못가로 이끄시면 그는 거기로 갔다. 그리고 만일 하늘 아버지가 인간 아버지로서는 결코 아들을 보내리라고 생각할 수도 없는 곳, 험한 갈보리의 수치스러운 십자가로 보내기를 원하신다면 그는 기꺼이 거기에도 간다.

그는 그가 살아온 대로 죽기 위해 그곳에 간다. 왜냐하면 그의 심장은 오직 한 가지 열정으로 뛰고 있기 때문이다. "내 원대로 마시옵고 아버지의 원대로 되기를 원하나이다"(눅 22:42).

그는 심장이 더는 뛰지 않을 때까지 그렇게 순종했다.

기도

하나님 아버지,

이 세상에는 두 종류의 사람이 있다고들 합니다. 하나님을 향해 "당신의 뜻대로 하옵소서"라고 말하는 사람과 하나님이 "그래 좋다. 네 마음대로 해봐라"고 말씀하시는 사람이라고 합니다. 아버지, 저를 도와주셔서 제가 전자에 더 가까운 사람으로 살도록 도와주십시오.

그러나 저는 많은 시간을 후자와 같은 사람으로 살아왔습니다. 제 삶의 너무 많은 부분이 바로 제 삶, 제 필요, 제 욕망, 제 계획, 제 희망, 제 꿈, 제 직업, 제 차, 제 사역, 제 휴식 등으로 채워져 있었습니다. 제 생각과 행동과 대화의 너무 많은 부분을 제 뜻대로 움직여온 것을 고백합니다. 기도할 때조차 제 입술에는 '당신의'라는 말보다 '나의'라는 말이 더 많이 오릅니다. 너무나 자주 제 계획을 축복해달라고 당신께 나아옵니다. 제가 당신의 뜻에 머리를 숙이기보다는….

주님. 저는 얼마나 쉽게 이 말을 사용하는지요? 저는 기도할 때 당신을 '주님'이라고 부릅니다. 저는 대화 속에서 당신을 '주님'이라고 지칭합니다. 당신이 제 삶의 주님이십니까? 만일 그렇다면 저는 당신의 종입니다. 그러나 당신이 제게 무엇을 하라고 말씀하시는 것을 듣기보다는 너무나 자주 제가 당신께 무엇을 하라고 지시합니다.

주님, 제 삶에서 이기적인 일인칭 소유격 대명사를 제거해주십시오. 그것이 이인칭으로 바뀌게 해주십시오. 당신의 삶, 당신의 계획, 당신의 꿈, 당신의 뜻이 이 땅에서 이루어지기를 원합니다. 제 뜻이 아니라. 그것은 나라와 권세와 영광이 제 것이 아니라 당신의 것이기 때문입니다. 영원히.

품성에 대해 깨닫는 순___간

예수께서 무리를 보시고 산에 올라가 앉으시니 제자들이 나아온지라. 입을 열어 가르쳐 이르시되

"심령이 가난한 자는 복이 있나니 천국이 그들의 것임이요,

애통하는 자는 복이 있나니 그들이 위로를 받을 것임이요,

온유한 자는 복이 있나니 그들이 땅을 기업으로 받을 것임이요,

의에 주리고 목마른 자는 복이 있나니 그들이 배부를 것임이요,

긍휼히 여기는 자는 복이 있나니 그들이 긍휼히 여김을 받을 것임이요,

마음이 청결한 자는 복이 있나니 그들이 하나님을 볼 것임이요,

화평하게 하는 자는 복이 있나니 그들이 하나님의 아들이라 일컬음을 받을 것임이요,

의를 위하여 박해를 받은 자는 복이 있나니 천국이 그들의 것임이라.

나로 말미암아 너희를 욕하고 박해하고 거짓으로 너희를 거슬러 모든 악한 말을 할 때에는 너희에게 복이 있나니

기뻐하고 즐거워하라. 하늘에서 너희의 상이 큼이라 너희 전에 있던 선지자들도 이같이 박해하였느니라."

_ 마태복음 5:1-12

묵
상

산상 수훈은 이제까지 선포된 설교 중 가장 많이 사랑받고, 가장 많이 연구되며, 가장 많이 인용된다. 그러나 설교에는 이토록 많은 관심이 집중되는 반면, 최초로 이 설교를 들은 사람들에게 주의를 기울이는 경우는 별로 없다. 산상 수훈이 시작되기 전의 몇 구절에는 그들이 누구인지가 묘사돼 있다.

"예수께서 온 갈릴리에 두루 다니사 그들의 회당에서 가르치시며 천국 복음을 전파하시며 백성 중의 모든 병과 모든 약한 것을 고치시니 그의 소문이 온 수리아에 퍼진지라. 사람들이 모든 앓는 자, 곧 각종 병에 걸려서 고통당하는 자, 귀신 들린 자, 간질하는 자, 중풍병자들을 데려오니 그들을 고치시더라. 갈릴리와 데가볼리와 예루살렘과 유대와 요단 강 건너편에서 수많은 무리가 따르니라"(마 4:23-25).

예수를 따르던 무리는 대체로 사회의 소외 계층이었다. 갈릴리에서 인종적으로 혼합된 사람들과 비정통적 유대인이 많이 왔다. 데가볼리와 요단강 동편에서부터 많은 이방인이 왔다. 군중 가운데 많은 사람은 예수가 고쳐준 자들이었다. 병든 자와 연약한 자, 귀신 들린 자와 정신이 온전하지 못한 자, 불구자와 가난한 자.

사회의 기둥 같은 역할을 한다고 볼 수 없는 자들이었다. 그들은 오히려 파괴 후 남은 잔재 같은 존재들이었다. 동굴 속에 터를 잡거나 동네 쓰레기장에 모여 꺼져가는 불에 몸을 녹이며 배를 채우려 쓰레기더미를 뒤지는 사람들 말이다.

이런 사람들이 기적을 행한다고 하는 예수에 대한 소문을 듣자 동굴에서, 뒷골목 구석에서, 동네 쓰레기장 담벼락에서 나와 그를 찾아 나선 것이다. 그들이 다가왔을 때 구세주는 움찔하거나 뒤로 물러서지 않았다. 그는 그들의 꺼진 눈을 들여다보고, 그들의 꺼져가는 심지 같은 영혼을 감싸주었다. 그는 그들의 수척한 얼굴을 만지며 부드럽게 쓰다듬어 주었다. 그의 손은 그들에게 치료를 베풀었고, 그의 눈은 그들이 지니고 살아갈 희망을 보여주었다.

그들이 예수를 그토록 충성스럽게 따랐던 것은 너무나 당연하다. 그들은 사회의 찌꺼기 같은 존재들이었지만, 예수는 그들을 믿음의 공동체의 특별 회원들로 택했다. 그리고 역사상 가장 위대한 설교를 들을 수 있는 특권을 주었다.

그들은 설교하는 예수의 목소리에서 무엇을 들었을까? 그의 얼굴에서 무엇을 보았을까?

우리는 예수가 어떻게 생겼는지, 그의 목소리가 어떻게 들렸는지 전혀 모른다. 그의 머리털이 무슨 색깔이었으며 얼마나 길었는지 모른다. 그가 수염을 길렀는지 또는 깨끗하게 면도를 했는지 모른다. 그의 키가 얼마나 컸는지, 그의 몸무게가 얼마였는지도 모른다.

예수에 대해 우리가 가장 잘 알고 있는 것은 마태가 그의 복음서에서 제시하고 있는 모자이크로, 다름 아닌 팔복이다. 이 여덟 가지 조항은 잘 짜인 것으로서 그리스도의 품성을 잘 보여준다.

이 숭고한 예술 작품에 눈을 고정하면 그 모자이크는 우리를 쳐다보며 우리의 영혼을 살핀다. 그리고 오직 위대한 예술 작품만이 할 방법으로 우리에게 말을 건다. 우리가 갖춰야 할 모습에 대해, 하나님의 은혜로 우리가 될 수 있는 모습에 대해 낮은 목소리로 조용히 속삭인다. 그 목소리를 듣고 있으면 우리는 그 작품을 만드신 예술가에게 순복하게 된다. 그러나 우리가 이 예술가의 작품이 되기 전에 먼저 그가 작품을 만드는 방법을 이해해야 한다.

아버지가 품성을 다듬기 시작하실 때는 앞서 부수는 일을 하신다. 이것은 아버지가 자기 작품에 분풀이하는 신경질적인 예술가여서가 아니라 그가 작품을 만드는 기본 재료를 깨어진 가슴에서 구하기 때문이다.

우리 가슴은 삶의 고된 환경이나 대적의 공격으로 부서지기도 하고, 때로 예술가가 자기 손으로 직접 부수기도 한다. 그러나 일단 우리 가슴이 부서지면 예술가는 직접 자기 손을 넣어 그 부서진 조각들을 주워 올린다. 그리고 그 조각을 하나씩 공들여 맞추어 그분이 그토록 사랑하는 아들의 형상을 만들어낸다.

그 아들의 형상은 이렇다.

그는 심령이 가난한 자다. 그는 아버지와 동등한 위치에 계셨으나 스스로 높이지 않으셨다. 오히려 그는 자기를 낮추어 하늘의 예복을 벗고 인간의 누더기를 입었다. 그가 이렇게 한 것은 우리를 섬기기 위해서다. 그리고 우리에게 온전한 인간이 된다는 것이 무엇을 뜻하는지 보여주기 위해서다.

그는 애통하는 자다. 그는 이사야가 예언한 대로 슬픔의 사람이었고 질고를 아는 사람이었다. 그는 친구의 무덤에서 울었으며 조국의 운명을 내다보고 통곡했다. 그의 얼굴에서 우리는 세상의 고통이 남겨놓은 주름살 패인 이마를 보게 된다. 그리고 그 이마 밑으로 측량할 수 없는 아픔이 넘쳐나는 눈을 볼 수 있다.

그는 온유한 자다. 나귀의 등에 올라 예루살렘에 입성하고, 비천한 사람들을 돌보기 위해 허리를 굽혔으며, 간음하다 현장에서 잡힌 여인을 변호하기 위해 소리칠 힘을 갖고 있었지만 정작 자신을 변호해야 할 때는 잠잠했다.

그는 의에 주리고 목마른 자다. 그래서 광야에서 사탄의 제안을 받았을 때도 돌을 떡으로 만들기를 거절했다. 그리고 십자가에서는 병사가 제공하는 포도주를 거부했다. 그 대신 그는 아버지의 손에서, 비록 그것이 40일의 금식과 6시간 동안의 타는 목마름을 의미한다 해도, 그 손에서 공급받기를 기다렸다. 그의 양식은 아버지의 뜻을 행하는 것이었고, 그의 음료는 겟세마네 동산에서 그가 받아들인 잔이었다.

그는 긍휼히 여기는 자다. 그는 목자를 찾기 위해 필사적으로 헤매며 두려움에 사로잡힌 많은 양처럼 그의 주변에 모여든 수많은 사람에게 연민의 정을 느꼈다. 그는 가는 곳마다 손을 뻗쳐 그들을 자신에게로 모으고, 그들을 먹이며, 그들의 상처를 싸매주었다.

그는 마음이 청결한 자다. 마음의 순수는 오직 한 가지만 바라는 것이라는 말이 있다. 예수의 마음이 바로 그랬다. 그의 마음은 개인적 야심이라는 불순물이 전혀 섞여 있지 않았기에 사탄이 아버지에게서 그를 분리하려 행했던 어떠한 유혹도 그를 넘어뜨릴 수 없었다.

그는 화평하게 하는 자다. 그는 아버지를 멀리 떠난 탕자 같은 이 세상을 아버지의 사랑으로 돌아오게 하려고 이곳에 왔다.

그러나 이 모든 선함과 이 모든 친절함의 보상으로 예수가 얻은 것은 무엇이었는가? 누구 하나 그의 등을 토닥이며 칭찬해주었는가? 공로패라도 증정했는가? 그의 영예를 높이려 행진이라도 했는가?

아니다. 그는 오히려 핍박받았다.

세상이 그를 핍박했다면, 그를 따르는 자들에게 세상은 어떤 태도를 보이겠는가?

만일 핍박이 그리스도의 성품을 본받기 위해 우리가 가야 할 길의 종착역이라면, 왜 처음부터 그 길로 들어선단 말인가?

핍박이 그 길의 종착역이 아니기 때문이다. 그 길 끝에는 우리의 시야를 넘어, 우리의 논리가 미치지 않는 곳에, 우리가 꿈꿀 수 있는 한계를 지나 진정한 복들로 넘치는 장엄한 왕국이 있다.

거기에는 우리가 마음에 지니고 살아온 슬픔에 대한 위로가 있다.

우리의 상상을 초월하는 유업이 있다.

우리가 지금껏 갈급해온 내면의 모든 갈망을 채워줄 잔치가 있다.

우리가 인생길에서 받은 모든 상처를 감싸줄 긍휼이 있다.

그리고 가장 신나는 것은 그분의 자녀를 집으로 맞아주시는 아버지의 포옹이 우리를 기다리고 있다는 것이다.

이것이 바로 그리스도를 닮은 성품을 지닌 사람들에게 주어지는 복이다. 이것은 처음 이 설교를 들은 잡다한 무리에게 값없이 제공되었다. 또 수십 세기를 거쳐 우리에게까지 미치는 그분의 손길을 통해 우리도 이 복을 받는다. 그리고 이 복은 우리 앞길에 소망을 줄 뿐 아니라 바로 지금 여기서 우리의 여행길을 즐길 수 있는 행복까지도 베풀어준다.

기도

주님,

저는 똑똑하고 인기 있고 존경받기 원합니다. 멋진 외모를 갖고 싶고, 운동 신경도 뛰어나며, 멋있게 옷 입기 원합니다. 또한 훌륭한 삶과 성취감 있는 일, 흥미진진한 관계를 원합니다. 저는 행복하고 건강하고 부유하기 원합니다. 저는 정말 그것들을 갖고 싶습니다. 영원히 소유하고 싶습니다.

주님, 제가 원하는 복을 솔직히 말씀드리면 바로 그런 것입니다. 그러나 더 솔직히 말씀드리면 그중 어느 것도 저를 진정으로 행복하게 해줄 수 없다는 것도 압니다. 어쨌든 오래 지속되는 행복은 줄 수 없습니다. 물론 영원한 행복은 말할 것도 없습니다.

이 모든 조건을 다 합친다면, 저는 영화나 잡지 표지에 나오는 사람을 얻게 될 것입니다. 저는 유명 인사를 얻게 될 것입니다. 그리스도를 얻지는 못할 것입니다. 그러나 제가 얻고 싶은 것은 그리스도입니다. 진정 그분을 닮고 싶습니다. 그분처럼 생각하고, 그분처럼 느끼며, 그분처럼 살고 싶습니다. 그분처럼 강인하고, 그분처럼 지혜로우며, 그분처럼 인자한 사람이 되고 싶습니다.

저는 제 삶을 통해 예수를 본받고 싶습니다.

아버지, 당신도 그것을 원하시니 감사합니다. 그의 형상을 본받는 것이야말로 당신이 저를 위해 예정하신 영광입니다. 그것은 위대한 예술 작품의 영광입니다. 그보다 못한 것에 만족하지 않도록 저를 일깨워주십시오. 그분의 형상을 제 삶에 아로새기는 과정이 아무리 고통스럽다 해도, 저를 다듬으시는 당신의 손길이 고통스러워 계속 소리를 질러도, 또 너무 자주 소리를 지르게 돼도 주님, 계속 저를 다듬어주십시오. 계속….

나인 성에서 맞이하는
놀라운
순___간

그 후에 예수께서 나인이란 성으로 가실새 제자와 많은 무리가 동행하더니 성문에 가까이 이르실 때에 사람들이 한 죽은 자를 메고 나오니 이는 한 어머니의 독자요 그의 어머니는 과부라. 그 성의 많은 사람도 그와 함께 나오거늘 주께서 과부를 보시고 불쌍히 여기사 "울지 말라" 하시고 가까이 가서 그 관에 손을 대시니 멘 자들이 서는지라. 예수께서 이르시되 "청년아 내가 네게 말하노니 일어나라" 하시매 죽었던 자가 일어나 앉고 말도 하거늘 예수께서 그를 어머니에게 주시니 모든 사람이 두려워하며 하나님께 영광을 돌려 이르되 "큰 선지자가 우리 가운데 일어나셨다" 하고 또 "하나님께서 자기 백성을 돌보셨다" 하더라.

예수께 대한 이 소문이 온 유대와 사방에 두루 퍼지니라.

_ 누가복음 7:11-17

나인 성은 이스르엘 골짜기를 내려다보고 있는 암벽들 틈에 있는 아

늑한 동네다. 때는 봄이고 골짜기는 바람에 흔들리는 풀과 여기저기 만발한 야생화로 바다를 이루고 있다. 공기는 만개한 과실수 냄새로 그윽하다.

그러나 이 과부의 마음 골짜기에는 죽음의 겨울이 자리 잡고 있다.

죽음은 두 번씩이나 얼음같이 찬 손으로 그녀의 가족을 파헤쳐 사랑하는 사람들을 앗아갔다. 먼저는 남편이었고, 지금은 아들이다. 유일한 피붙이인 아들을 빼앗아간 것이다.

지난 여러 해 동안 그녀는 불확실한 미래를 마주하고 살아왔다. 지금 그녀는 혼자서 그 미래에 직면해 있는 것이다. 그녀의 손을 잡아줄 수 있는 사람은 아무도 없다. 그녀의 걸음을 지켜줄 사람도 없다.

밤에 홀로 울 때 위로해줄 사람도, 아침에 깨워 줄 사람도, 아침 식사를 차려줄 사람도, 함께 휴일을 보낼 사람도, 또는 평일이나 그 어떤 날을 함께 보낼 사람도, 함께 늙어갈 사람도 그리고 그녀의 삶에 겨울이 닥쳐왔을 때 돌봐줄 사람도 없다.

아무도 없다.

남은 것이라곤 껍데기처럼 텅 빈 집뿐이다. 일에서 돌아오는 남편을 더는 맞을 수 없는 집이다. 그리고 지금, 그 남편의 아들을 더는 기다릴 수 없게 된 집이다.

이 기울어지는 집은 깊은 슬픔과 침묵 속에 침잠해 있다. 하루를 마감하며 나누는 활기찬 대화가 없다. 웃음소리도 없다. 밤늦게까지 나누는 이야기 소리도 들리지 않는다. 단지 가늘게 흐르는 슬픔만이 이 방에서 저 방으로 옮겨 다닐 뿐이다.

그녀의 가슴에는 추억이라고 할 만한 것이 없다. 그녀의 말년을 따뜻하게 해주기는커녕 지금 겪고 있는 외로움이라는 추위에도 그녀를 감싸주지 못할 만큼.

뚜껑을 열어놓은 관은 동네 밖에 있는 묘지를 향해 나아간다. 그 뒤를 이어 어머니와 친척, 가까운 친구들과 다른 조문객들이 통곡하며 따라간다. 장례 행렬의 중간에 우울하면서도 부드러운 피리 소리와 구슬픈 꽹과리 소리가 들려온다. 여자들은 소리를 모아 애곡하고 남자들은 기도하며 조용히 걸어간다.

그러나 이들이 나인 성을 떠나는 것과 동시에 또 다른 무리가 그 성으로 들어오고 있다. 이쪽은 관을 따라가고 있고, 저쪽은 그리스도를 따라오고 있다. 이쪽은 슬픔과 절망에 차 있고, 저쪽은 흥분과 소망에 차 있다.

예수를 따르던 군중은 고인에 대한 예우로 뒤로 물러서서 장례 행렬이 성문을 빠져나가도록 돕는다.

거기에서 삶과 죽음은 두 개의 다른 섬에 서 있다. 그 둘을 잇는 다리는 폭포수처럼 눈물을 흘리는 어머니의 슬픔이다.

어머니의 가슴에서 흘러나오는 그 눈물을 보자 예수의 관심은 마음이 갈가리 찢어진 이 여인에게 향한다.

지금 이 순간 그가 아는 것은 그녀가 절망에 빠져 있다는 것뿐이다. 그가 느끼는 것은 그녀의 고통뿐이다. 그가 보는 것은 그녀의 눈물뿐이다.

그리고 그 눈물은 불꽃이 되어 그의 가슴을 녹인다.

예수는 손을 내밀어 관을 만진다. 그러자 행렬이 기우뚱하며 멈춰 선다. 그는 이런 때 지켜야 할 절차나 예의, 심지어 관을 만지는 것이 랍비들의 법으로 부정한 행위가 된다는 것도 무시한다. 그의 유일한 관심은 절망에 빠진 이 여인을 돕는 것이다.

"울지 말라."

이 말은 목회 이론을 참고한 것이 아니다. 그것은 연민으로 들끓는 가슴을 뚫고 나온 것이다. 예수는 여인의 아들에게 향한다.

"청년아, 내가 네게 말하노니 일어나라."

상을 당한 사람에게는 단 두 마디 말을, 죽임을 당한 사람에게는 다섯 마디의 말을 했을 뿐이다. 하지만 그것으로 충분했다. 그 말들은 죽음의 손아귀에서 이 아들을 빼앗아 어머니의 품에 돌려주기에 충분했다.

젊은 아들은 일어나 앉아 말하기 시작한다. 그 말이 무엇이었는지 우리는 모른다. 그러나 그의 입에서 처음 튀어나온 단어 중 하나가 '어머니'였음은 틀림없다.

기적은 구세주의 능력을 놀랍게 보여주는 것이다. 그러나 성문 어귀에서 이루어진 이 축복받은 만남에는 그보다 더 놀라운 것이 있다.

이 어머니는 기적을 요청하지 않았다. 그녀는 구세주의 발아래 자신을 던져 아들의 생명을 구걸하지 않았다. 그녀는 큰 믿음을 보이지도 않았다. 그녀는 믿음의 어떤 표지도 보이지 않았다. 우리가 아는 바로는 그녀는 예수가 누구인지조차 몰랐다.

바로 이 점이 놀라운 것이다.

이 일은 인간의 간청이 없이 이루어진 기적이다. 제자들에게 교훈을 주시려는 의도도 아니었다. 자기를 의심하는 자들에게 신적 능력을 보이시려는 것도 아니었다.

이것은 단지 신성한 연민의 샘에서만 길어 올린 기적일 뿐이다. 그러므로 이 생수는 공짜다. 이 생수를 길어 올린 가슴은 너무도 순수했다. 이 물을 담아 상을 당한 어머니의 입술에 가져다준 손은 너무도 부드러운 것이었다.

기도

사랑하는 주님,

당신의 연민의 샘이 그토록 깊은 것에 대해 감사드립니다. 그 순수함에, 시원함에 그리고 그 물을 거저, 즉각 주심에 감사드립니다.

당신이 그 샘에서 물을 길어 올린 것은 위대한 지식이나 위대한 재산 또는 위대한 권력 때문이 아니라, 눈물과 같은 작고 약하고 부드러운 것 때문이었음을 감사드립니다.

오, 너무나 자비로우신 구세주여, 당신이 그 아들을 어머니에게 돌려주심으로 마음의 봄날을 회복해주심에 감사합니다. 당신의 연민을 보여주는 얼마나 아름다운 그림인지요. 그리고 당신이 우리 눈에서 모든 눈물을 닦아주시고 더는 병이나 죽음이 없을, 앞으로 우리가 맞을 찬란한 봄에 대한 얼마나 매혹적인 그림인지요.

상을 당한 어머니를 향해 그리고 홀로 감당하기에는 상실의 무게가 너무나 커 어깨가 휘어지는 사람들을 위해 당신이 품으셨던 그 마음을 제게도 주십시오.

갑작스러운 사고나 서서히 진행되는 고통스러운 병으로 사랑하는 사람을 잃은 이들을 위해 기도합니다.

그들이 응답받지 못한 기도 때문에 자책하는 고통을 이겨낼 수 있도록 은혜를 베풀어주십시오.

비록 기도가 응답되지 않는다 해도 그 눈물은 결코 헛되지 않다는 것을 알도록 그들에게 은혜를 베풀어주십시오.

참새 한 마리가 땅에 떨어지는 것도 눈여겨보시는 분이 이 땅에서 사라져가는 이들을 눈물 흘리며 지켜보시는 것을 그들이 깨닫도록 은혜를 베풀어주십시오.

특별히, 지금 이 순간 아픔과 슬픔 속에서 이 하루를 견디고 있는 _____(을)를 위해 기도합니다.

용서에 대해
배우는
순____간

한 바리새인이 예수께 자기와 함께 잡수시기를 청하니 이에 바리새인의 집에 들어가 앉으셨을 때에 그 동네에 죄를 지은 한 여자가 있어 예수께서 바리새인의 집에 앉아 계심을 알고 향유 담은 옥합을 가지고 와서 예수의 뒤로 그 발 곁에 서서 울며 눈물로 그 발을 적시고 자기 머리털로 닦고 그 발에 입 맞추고 향유를 부으니 예수를 청한 바리새인이 그것을 보고 마음에 이르되 '이 사람이 만일 선지자라면 자기를 만지는 이 여자가 누구며 어떠한 자 곧 죄인인 줄을 알았으리라' 하거늘

예수께서 대답하여 이르시되 "시몬아 내가 네게 이를 말이 있다" 하시니 그가 이르되 "선생님 말씀하소서." 이르시되 "빚 주는 사람에게 빚진 자가 둘이 있어 하나는 오백 데나리온을 졌고 하나는 오십 데나리온을 졌는데 갚을 것이 없으므로 둘 다 탕감하여 주었으니 둘 중에 누가 그를 더 사랑하겠느냐?"

시몬이 대답하여 이르되 "내 생각에는 많이 탕감함을 받은 자니이다." 이르시되 "네 판단이 옳다" 하시고 그 여자를 돌아보시며 시몬에게 이르시되 "이 여자를 보느냐? 내가 네 집에 들어올 때 너는 내게 발 씻을 물도 주지 아니하였으되 이 여자는 눈물로 내 발을 적시고 그 머리털로 닦았으며 너는 내게 입 맞추지 아니하였으되 그는 내가 들어올 때로부터 내 발에 입 맞추기를 그치지 아니하였으며 너는 내 머리에 감람유도 붓지 아니하였으되 그

는 향유를 내 발에 부었느니라. 이러므로 내가 네게 말하노니 그의 많은 죄가 사하여졌도다. 이는 그의 사랑함이 많음이라. 사함을 받은 일이 적은 자는 적게 사랑하느니라."

이에 여자에게 이르시되 "네 죄 사함을 받았느니라" 하시니 함께 앉아 있는 자들이 속으로 말하되 '이가 누구이기에 죄도 사하는가?' 하더라.

예수께서 여자에게 이르시되 "네 믿음이 너를 구원하였으니 평안히 가라" 하시니라.

_ 누가복음 7:36-50

묵상

그녀는 창녀다. 그녀는 저녁마다 거리에 서서 손님을 끈다. 그리고 아침이면 집으로 돌아와 간밤의 숙취를 없애고자 잠에 빠져든다.

그녀는 남자들과 함께 술로 저녁을 보낸다. 그리고 그들이 가고 나면 혼자 술을 마신다. 마침내 자신도 잠에 곯아떨어질 때까지 마시는 것이다. 그녀에게 포도주는 음료수가 아니라 진통제다. 술은 그녀의 감각을 마비시킨다. 무감각이 그녀가 가장 바라는 것이다.

다시 저녁이 되자 그녀는 술을 따르기 시작한다. 그녀는 잠시 침대에 누워 천장을 바라본다. 그녀의 생각은 침대 시트에 뿌려진 향유와 함께 범벅이 된다.

얼마나 많은 순간을 이 침대에 남자와 함께 누워 자신도 즐기고 있는 척했던가? 마치 남자들이 그녀를 원할 뿐 아니라 필요로 하고, 또 어쩌면 사랑한다고 자신을 설득하면서….

그러나 그녀는 남자들이 자신을 단 한 가지 목적을 위해 오직 밤에만 원할 뿐 결코 사랑하지는 않는다는 것을 너무나 잘 안다.

그녀는 또 다른 밤을 준비하기 위해 몸을 일으키며 한숨을 내쉰다. 그녀의 목에는 향유가 담긴 작은 앨러배스터* 병이 목걸이처럼 걸려 있다. 그녀는 고혹적인 머리를 맵시 있게 묶고, 현란한 색상의 스카프를 어깨에 두른 후 얼굴에 분을 바른 다음 반짝이는 귀걸이를 단다.

그녀는 늘 가던 골목 어귀로 가서 향수병을 꺼내 목에 살짝 뿌린다. 그 거리에서 온갖 남자를, 곧 가게 주인들과 그들에게 세금을 받는 사람과 그 세리들에게 십일조를 받는 사람들에 이르기까지 온갖 종류의 남자를 만나왔다.

그들은 그녀와 함께 밤을 보내기 원했지만 아침이면 사라지고 만다. 남자들. 그들은 다 마찬가지다.

아니, 그녀가 예수를 만나기 전까지는 그렇게 생각했다.

그녀는 저녁 식사에 초대받아 길을 가던 예수를 우연히 만난다. 그가 가까이 오자 그녀는 향수 냄새가 그를 자극할 수 있으리라고 기대한다. 만일 그렇게 되지 않으면 손으로 귀걸이를 만지며 그의 시선을 끌어볼 작정이다.

그러나 그의 눈은 그녀의 몸짓을 따라가지 않는다. 그 대신 그는 반짝이는 귀걸이와 스카프 아래 감춰진, 그녀가 밤마다 이 거리에 나설 수밖에 없는 그 무엇을 바라본다.

그녀는 예수의 눈이 자기의 텅 빈 영혼을 꿰뚫어 보고 있는 것을 느끼면서 그녀답지 않게 스카프로 얼굴을 가린다.

---

* 대리석의 일종. 조각이나 장식품에 많이 쓰인다.

예수가 그녀에게 말을 건다. 그 순간 그녀는 그가 선지자임을 깨닫는다. 그렇지 않다면 그가 그녀의 감추어진 수치를 어떻게 알 수 있겠는가? 어떻게 그녀의 깊은 갈망을 알 수 있겠는가?

그는 그녀가 찾고 있는 사랑은 거리 어귀에 있는 것이 아님을 말해준다. 그녀의 모든 죄를 씻어줄 수 있는 순수한 사랑에 대해 말해준다. 그 오점이 얼마나 흉한 것이든지, 또 그 죄의 흔적이 얼마나 오래가는 것이든지 관계없이 깨끗이 씻어줄 수 있는 사랑에 대해 말해준다. 그것은 하나님의 사랑이다. 그리고 그녀가 구하기만 하면 그 사랑을 받을 수 있다.

그녀는 베일로 얼굴을 가린 채 조용히 듣는다. 예수는 몇 마디 말을 더 건네고 약속 장소를 향해 떠난다. 그녀는 그가 떠나고 나서야 베일을 내린다. 한 가닥 양심이 마음속을 스치고 지난다. 그녀는 자신의 가슴을 더듬는다. 그러나 손에 만져지는 것은 차가운 앨러배스터 병뿐이다.

하나님은 말할 것도 없고, 자기를 그렇게 사랑해줄 수 있는 누군가가 있을 수 있다는 생각에 그녀는 압도당한다. 무릎을 꿇고 용서를 빈다. 이 사랑을 알게 해달라고 간청한다.

그녀는 퍼뜩 정신을 차리고 자리에서 일어나 예수를 보지 못했느냐고, 그가 어디로 갔는지 아느냐고 사람들에게 묻는다. 거리를 훑어보고 골목을 살펴본다. 그러나 예수는 밤의 암흑 속에 파묻힌 것 같다. 반시간 가까이 조바심을 태우며 찾은 끝에 그녀는 예수가 시몬의 집에 들어가는 것을 본 사람을 만난다.

그녀는 숨을 헐떡이며 시몬의 집으로 달려간다. 그녀의 심장은 마치 새장에 갇힌 새처럼 갈비뼈 안에서 거세게 뛴다.

그녀는 열려 있는 현관으로 낮은 상이 펴 있는 부드러운 매트 위에 손님들이 팔꿈치로 몸을 기대고 비스듬히 누워 있는 것을 본다. 하인들은 손님들의 잔을 채우고 음식 접시를 나르느라 정신이 없다. 그녀는 눈에 띄지 않게 살짝 들어가는 데 성공한다.

조심스럽게 상 가까이 가 이제는 그녀의 구세주가 되신 분의 발 앞에 선다.

모든 사람의 시선이 일시에 그녀를 향한다. "몰래 들어온 고양이를 좀 보게." "시몬의 집에 죄인이 들어와?" "이것 참 흥미 있는 일이로군."

그녀는 목에 매달려 있는 작은 앨러배스터 병을 붙잡는다. 그리고는 앞으로 엎어지며 스카프에 얼굴을 묻고 흐느끼기 시작한다. 그녀는 구세주 발 위에 감격에 겨운 눈물을 쏟으며 얼굴을 파묻는다.

시몬은 자리에서 일어선다. 집주인에게는 거북한 순간이다. 그는 그녀의 평판을 안다. 만일 예수가 선지자라면 그 사실을 알 것이라 생각한다. 그리고 예수가 의로운 사람이라면 그녀를 꾸짖고 보낼 것이 분명하다.

그러나 예수는 그녀를 꾸짖지도, 보내지도 않는다.

그녀는 자신의 눈물이 예수의 발에 떨어지며 남긴 젖은 얼룩을 본다. 그러자 머리를 풀어 그 발을 닦고 물기를 훔친다. 그러면서 그녀는 예수의 발에 계속 입 맞춘다.

한때 남자들을 유혹하는 데 쓰인 머리털이 지금 섬기는 데 쓰이고 있다. 전에는 대가를 받고 했던 입맞춤을 이제는 거저 베푼다.

그리고 마치 예수를 자신의 무가치한 입맞춤에서 깨끗하게 하려는 듯, 그녀는 향유병을 열어 그의 발에 향기로운 냄새를 붓는다.

실내가 향기로 가득해지자 시몬의 마음이 불편해진다. 얼마나 수치스러운 일인가? 어떻게 예수는 그녀가 하는 대로 가만히 둔단 말인가? 그는 그녀가 누구인지 정말 모른단 말인가?

예수는 이 여인의 도덕적 과오를 알아냄으로써가 아니라 집주인의 생각을 읽음으로 자신이 선지자임을 증명한다. 그는 시몬의 마음속에 소용돌이치고 있는 혼란을 잠재우시려고 비유를 들어 말씀하신다.

"빚 주는 사람에게 빚진 자가 둘이 있어 하나는 오백 데나리온을 졌고 하나는 오십 데나리온을 졌는데 갚을 것이 없으므로 둘 다 탕감하여 주었으니 둘 중에 누가 그를 더 사랑하겠느냐?"

"내 생각에는 많이 탕감함을 받은 자니이다"라고 이 바리새인이 마지못해 대답한다.

그러나 예수가 말하는 빚은 창녀의 것이 아니라 바리새인의 것이었다.

"내가 네 집에 들어올 때 너는 내게 발 씻을 물도 주지 아니하였으되 이 여자는 눈물로 내 발을 적시고 그 머리털로 닦았으며 너는 내게 입 맞추지 아니하였으되 그는 내가 들어올 때로부터 내 발에 입 맞추기를 그치지 아니하였으며 너는 내 머리에 감람유도 붓지 아니하였으되 그는 향유를 내 발에 부었느니라."

이 여인에게 부어진 용서는 그녀가 예수에게 부은 사랑으로 확증되었다. 그녀는 눈물, 머리털, 입맞춤, 향유로 자신의 사랑을 보여주었다. 그녀는 자신이 용서받은 것을 그것으로 증명했다.

이 밤의 여인은 그녀가 결코 거리에서 찾을 수 없던 것을 구세주에게서 찾았다. 죄의 용서를, 영혼의 구원을, 마음의 평화를 그리고 그녀가 그렇게도 갈망해온 사랑을. 하룻밤만 그녀 옆에 머무는 사랑이 아니라 영원히 함께하는 사랑을.

기도

사랑하는 주님,

창기처럼 살아온 저의 지난날을 용서해주십시오. 남의 시선을 끌고자 했던 일들을, 저의 성품을 세상과 타협했던 일들을, 저의 삶과 다른 사람들의 삶을 값싸게 취급했던 일들을.

제가 진 빚은 너무나 큽니다, 주님.

바리새인 같았던 저를 용서해주십시오. 겉모습으로 다른 사람의 그들의 속사람을 판단했던 일들을, 저와 다른 방식으로 당신을 예배하는 사람들을 경멸했던 일들을, 당신의 임재 앞에서도 눈물 흘릴 줄 몰랐던 그 모든 순간을 용서해주십시오.

제가 진 빚은 너무나 큽니다, 주님.

제가 창기같이 지은 너무나 많은 죄를 용서해주십시오. 바리새인처럼 당신을 경홀히 여긴 모든 순간을 용서해주십시오.

제가 진 빚은 너무나 큽니다, 주님.

제가 진 빚이 얼마나 큰 것인지를 깨달음으로 그것을 탕감해주신 당신의 은혜가 얼마나 큰 것인지를 분명히 깨닫도록 도와주십시오. 그래서 당신을 더욱더 사랑할 수 있도록 도와주십시오.

듣는 것에 대해
배우는
순____간

각 동네 사람들이 예수께로 나아와 큰 무리를 이루니 예수께서 비유로 말씀하시되 "씨를 뿌리는 자가 그 씨를 뿌리러 나가서 뿌릴새 더러는 길가에 떨어지매 밟히며 공중의 새들이 먹어버렸고 더러는 바위 위에 떨어지매 싹이 났다가 습기가 없으므로 말랐고 더러는 가시떨기 속에 떨어지매 가시가 함께 자라서 기운을 막았고 더러는 좋은 땅에 떨어지매 나서 백 배의 결실을 하였느니라." 이 말씀을 하시고 외치시되 "들을 귀 있는 자는 들을지어다."

제자들이 이 비유의 뜻을 물으니 이르시되 "하나님 나라의 비밀을 아는 것이 너희에게는 허락되었으나 다른 사람에게는 비유로 하나니 이는 그들로 보아도 보지 못하고 들어도 깨닫지 못하게 하려 함이라. 이 비유는 이러하니라. 씨는 하나님의 말씀이요 길가에 있다는 것은 말씀을 들은 자니 이에 마귀가 가서 그들이 믿어 구원을 얻지 못하게 하려고 말씀을 그 마음에서 빼앗는 것이요 바위 위에 있다는 것은 말씀을 들을 때에 기쁨으로 받으나 뿌리가 없어 잠깐 믿다가 시련을 당할 때에 배반하는 자요 가시떨기에 떨어졌다는 것은 말씀을 들은 자이나 지내는 중 이생의 염려와 재물과 향락에 기운이 막혀 온전히 결실하지 못하는 자요 좋은 땅에 있다는 것은 착하고 좋은 마음으로 말씀을 듣고 지키어 인내로 결실하는 자니라."

_ 누가복음 8:4-15

묵
상

예수는 내륙 도시 고라신과 해변 도시 베데스다와 가버나움을 포함해 갈릴리 바다 북쪽 지역을 제자들과 함께 여행하고 있었다.

이 도시들은 예수가 하신 놀라운 말씀을 들었고, 그가 행하신 놀라운 일들을 보았다. 그가 손으로 만지거나 말만 해도 장님이 보고, 절름발이가 걸으며, 귀머거리가 듣게 된 것이다. 심지어 그 도시 사람들은 예수가 죽은 자도 살리는 것을 보았다.

그가 떠나고 나면 도시들은 논쟁에 휩싸였다. "기적을 행하는 이 사람은 도대체 다윗의 자손인가, 아니면 악마의 자손인가?" 지금 가버나움 외곽 바닷가에 사람들이 모여 있다. 그들은 마치 고기잡이를 마치고 들어오는 배 위를 맴도는 갈매기처럼 열심히, 기대감에 넘쳐 예수에게로 몰려왔다. 예수는 사람들로 발 디딜 틈 없는 해변에서 쪽배를 물에 띄우고 그 위에 올라선다.

해변 앞쪽에는 열두 제자가 쭉 서 있다. 초승달처럼 휜 데다 경사진 해변은 나머지 군중을 위해 원형 극장이 되어준다. 가버나움은 예수의 오른편에 있다. 그의 왼편에는 갈릴리의 태양이 언덕 사이로 마치 거대한 황금 달걀 모양으로 가라앉고 있다. 뒤쪽으로는 닻을 내린 배들이 벌거벗은 돛대를 드러낸 채 찰싹이는 물결과 함께 한가로이 흔들거리고 있다. 시원한 바람이 불자 사람들은 오늘 아침 어획량을 가늠해본다. 물총새는 연처럼 물 위를 날다 갑자기 곤두박질쳐 저녁거리를 낚아챈 뒤 인적이 드문 외딴 바닷가로 날아간다.

예수가 뱃머리에 앉자 푸른 바다는 그의 입에서 나올 말의 무게에 눌리듯 서서히 짙은 색으로 변해간다.

예수는 군중을 향해 외친다. "들을 귀 있는 자는 들을지어다."

제자들은 산상 수훈 같은 메시지가 한 번 더 선포되리라 생각한다. 평범한 사람들을 위해 일상에서 따온 한두 가지 예화를 곁들인 잘 짜인 설교를. 학자들을 위해 구약의 몇몇 본문에 대한 통찰로 가득한 주석을. 그리고 모든 사람을 위해 설교 끝부분에 결단을 촉구하는 초청을.

그러나 예수가 말씀을 마치자 제자들은 의문에 찬 얼굴로 서로 눈빛을 교환한다. 그들은 어깨를 으쓱하며 영문을 모르겠다는 표정을 짓는다.

군중이 흩어지자 궁금증에 찬 제자들은 비유의 의미를 물어본다. 예수는 대답한다. "하나님 나라의 비밀을 아는 것이 너희에게는 허락되었으나 다른 사람에게는 비유로 하나니 이는 그들로 보아도 보지 못하고 들어도 깨닫지 못하게 하려 함이니라."

비유는 영적 진리라는 알맹이를 땅에 속한 이야기라는 껍질로 감싼 것이다. 하나님 나라의 비유에서 그 나라의 비밀은 감추어져 있는데, 진지한 구도자는 진리의 알맹이를 찾게 되고, 그렇지 않은 자들은 단지 껍데기만 보게 되어 있다.

그렇다면 왜 메시지를 불분명하게 표현하는 것일까? 왜 최대한 분명하게 이야기하여 가능한 많은 사람이 그 나라에 들어갈 수 있게 하지 않을까?

그것은 예수가 이미 그들에게 하나님 나라에 관한 진리를 들을 기회를 주었음에도 그들이 거절했기 때문이다. 예수가 최근 안식일에 어떤 사람을 고쳤을 때 바리새인들은 그를 죽이려고 공모했다. 그가 귀신 들린 사람에게서 귀신을 쫓아내자 종교 지도자들은 그를 비난하면서 "그가 귀신의 왕 바알세불을 힘입어 귀신을 쫓아낸다"고 중상 모략했다.

예수는 그들의 불신앙을 신랄하게 꾸짖으며 "화 있을진저 고라신아, 화 있을진저 벳새다야, 너희에게 행한 모든 권능을 두로와 시돈에서 행하였더라면 그들이 벌써 베옷을 입고 재에 앉아 회개하였으리라. 심판 때에 두로와 시돈이 너희보다 견디기 쉬우리라"(눅 10:13-14)고 외쳤다.

그 후 바리새인들은 예수에게 자신들이 믿을 수 있도록 기적을 보여달라고 요청했다. 그러자 예수는 그들에게 최후의 심판을 선포하여 그들만 아니라 자신의 운명까지 결정했다.

"악하고 음란한 세대가 표적을 구하나 선지자 요나의 표적밖에는 보일 표적이 없느니라. 요나가 밤낮 사흘 동안 큰 물고기 뱃속에 있었던 것같이 인자도 밤낮 사흘 동안 땅속에 있으리라"(마 12:39-40).

사람들이 왕을 거부하면 그들에게 제안된 왕국도 철회되는 것이다. 예수는 십자가를 향해 가며 왕국의 약속도 가져갔다. 그가 왕국을 다스리는 통치권을 가지고 다시 올 때까지 예수는 지상에서 인간의 마음이라는 작은 밭을 다스리는 것으로 자신의 통치를 제한했다.

그러나 비유가 보여주는 대로 인간의 마음은 일구기에 쉬운 밭이 아니다. 그 밭은 단단하고 바위투성이며 잡초가 무성한 땅이다.

이 비유에서 예수는 북부 갈릴리의 영적인 상태를 묘사했다. 그는 제자들에게 자신이 이 지역을 다니면서 하나님 나라의 말씀을 뿌렸으며 사람들이 그 말씀에 어떻게 서로 다른 다양한 반응을 보였는지 설명했다.

북쪽 해안의 언덕과 골짜기에는 진리가 뿌리를 내릴 수 없는 마음들이 있었다. 예를 들면, 전통으로 굳어 있고 '자기 의'라는 거만한 발에 꽉 밟혀 단단해진 서기관들과 바리새인들의 마음이었다.

그런가 하면 진리를 받아들여 마치 비온 뒤 만개하는 야생화처럼 순식간에 영적인 봄을 맞는 마음들이 있었다. 그러나 진리를 향한 헌신이 너무나 얕아 그들의 믿음은 깊이 뿌리내리지 못했다. 그래서 시련의 열기가 달아오르자 그들의 믿음은 곧 말라버리고 말았다. 예를 들면, 복음을 듣고 믿었지만 동료들의 조롱을 받자 믿음을 저버린 거친 얼굴의 선원 말이다.

반면 믿음의 뿌리를 깊이 내린 마음들도 있었다. 그들은 태양이 내리쬐는데도 억센 줄기를 내밀었다. 그러나 밭에 뿌려진 세속적인 씨앗 몇 톨을 간과한 나머지 그것이 싹을 틔우고 자라 덩굴처럼 엉기는 포도나무가 되었다. 그리고 얼마 가지 않아 억센 믿음의 줄기들이 자라는 것을 막았다. 예를 들면, 진리를 받아들였을 뿐 아니라 예수를 따라 고원 지대를 다니며 묻고 배우면서 힘닿는 대로 주님을 도왔던 고라신의 상인이었다. 그러나 그는 결국 자신의 사업으로 돌아가야 할 때가 되었다고 결정을 내렸다. 고객들은 그를 기다리고 있었고, 경쟁자들은 그를 따라잡으러 혈안이었으며, 채주들은 그의 뒤를 좇고 있는 형편이었으니 말이다. 그 외에도 그에게는 별장을 구입하고 난 후 갚아야 할 돈이 있었고, 또 배도 새로 한 척 사야 했다. 바닷가에서의 멋진 삶이 그를 유혹하고 있었다. 서서히 눈치 채지 못하게 그 포도 넝쿨이 그의 믿음을 말라 죽인 것이다.

그런가 하면 모든 농부가 갈망하는 땅도 있었다. 비옥하고, 진리에 열려 있으며, 그들의 헌신을 방해하는 어떤 장애물도 없고, 모든 유혹거리가 제거된 그런 마음들이 있었다. 이러한 마음 밭에서 하나님의 말씀은 싹을 내고 조용히 뿌리를 내리며 꾸준히 자랐다. 잎이 나고, 줄기가 자라며, 마지막에는 이삭 안에 알곡이 맺혔다.

이 비유에 나오는 각 경우마다 씨앗의 생산성은 토양의 수용성에 달려 있다.

여기에 비밀이 있는 것이다.

하나님은 왜 천국의 무한한 권세를 여기저기 흩어져 있는 진리의 몇몇 씨앗에 국한하시는 것일까? 왜 영원한 추수에 대한 소망을 인간의 마음이라고 하는 그토록 불확실한 토양에 묻어두시는 것일까?

기도

추수의 주님,

제 마음속에 떨어진 씨앗은 왜 그렇게 열매 맺기는커녕 자라나기도 어려운 걸까요? 당신의 말씀이 제 삶에 뿌리를 내리는 것이 왜 이토록 어려운 것인가요? 제 믿음은 열기 속에서 왜 이리 쉽게 시들고 마는 것일까요? 왜 저는 매주 같은 잡초를 계속 베어내야 하는 것일까요?

주님, 저의 정원에 오십시오. 오셔서 당신의 쟁기를 드시고 제 삶의 굳은 땅에 이랑을 내주십시오. 제 믿음이 더 깊이 자라는 것을 방해하는 장애물을 골라내주시고, 제 마음에 가시를 퍼뜨리고 영적인 삶을 조이는 모든 세상 염려와 관심을 제거해주십시오.

주님, 제 마음을 일구어주셔서 제가 하늘에서 내려오는 모든 말씀을 붙잡을 수 있게 해주십시오 격려와 책망, 교훈과 경고의 모든 말씀을. 부드럽고 비옥한 땅이 씨앗을 받아들이는 것처럼 제가 이 모든 말을 받을 수 있도록 도와주십시오.

제 마음의 추수가 이 세대의 양식을 위한 것일 뿐 아니라 오는 세대가 거둘 추수를 위해 씨 뿌리는 일임을 기억하면서 부지런히 제 마음을 살피도록 도와주십시오.

폭풍 속에서 맞이하는
놀라운
순___간

그날 저물 때에 제자들에게 이르시되 "우리가 저편으로 건너가자" 하시니 그들이 무리를 떠나 예수를 배에 계신 그대로 모시고 가매 다른 배들도 함께하더니 큰 광풍이 일어나며 물결이 배에 부딪쳐 들어와 배에 가득하게 되었더라.

예수께서는 고물에서 베개를 베고 주무시더니 제자들이 깨우며 이르되 "선생님이여 우리가 죽게 된 것을 돌보지 아니하시나이까?" 하니 예수께서 깨어 바람을 꾸짖으시며 바다더러 이르시되 "잠잠하라. 고요하라" 하시니 바람이 그치고 아주 잔잔하여지더라.

이에 제자들에게 이르시되 "어찌하여 이렇게 무서워하느냐? 너희가 어찌 믿음이 없느냐?" 하시니 그들이 심히 두려워하여 서로 말하되 "그가 누구이기에 바람과 바다도 순종하는가?" 하였더라.

_ 마가복음 4:35-41

묵상

예수는 마치 이음새 없이 통으로 짜인 긴 옷 같은 나날을 보내며 그 주름 사이에 끼어 있는 듯한 삶을 살았다.

낮에는 군중에게 하나님 나라의 비밀을 보여주었고, 밤에는 우지직거리며 타는 모닥불 옆에서 가장 가까운 이들에게 그 비밀을 설명해주었다. 어스름한 새벽 때부터 장작이 다 타버린 한밤중까지 그는 지칠 줄 모르고 아버지의 일을 했다. 가르치고, 병든 자를 고치며, 귀신을 쫓아내고, 기적을 행했다.

그러나 지금 그는 피곤하다.

끊임없이 밀려드는 군중은 그에게 쉬거나 숨 돌릴 만한 잠시의 여유도 주지 않았다. 오늘 하루도 가르치느라 쉬지 못한 채 저녁을 맞았다. 그러나 몸과 영혼을 다해 매달린 한 주를 마무리하는 시점이었기에 안식일의 고요함을 맞이할 준비를 할 수 있었다.

"우리가 저편으로 건너가자."

그들 뒤로 군중이 점처럼 작게 보이자 예수는 쿠션을 찾아 배의 고물 한쪽에 웅크리고 눕는다. 찰싹거리는 파도가 박자를 맞추어 흔들어주고, 점잖은 바람이 부드럽게 어루만져주는 동안 예수는 잠이 든다.

배가 바다의 거친 천을 마구 베며 나아가는 동안 밤하늘의 검은 벨벳을 뚫고 별자리들이 안내인이 되어준다. 제자들도 지쳤다. 그러나 바닷바람과 잔뜩 부푼 돛은 그들의 무거운 눈꺼풀을 들어올리기에 충분한 흥분을 제공해준다.

갑자기 차가운 광풍이 고요하고 목가적인 밤의 얼굴에 무례하게 맞서면서 돛을 때린다. 제자들은 폭풍우의 맹렬한 기세에 밀려 선체와 함께 한쪽으로 기울어진다. 배의 요동이 줄어들면서 그들이 몸을 추스르자 번개가 칼날을 번쩍이며 하늘을 가른다.

긴 바람 소리가 돛에 부딪히며 비명을 지르자 돛은 펄럭이며 신경질적인 반응을 보인다. 성난 바람은 바다에서부터 갈퀴 같은 물을 퍼 올려 겁에 질린 제자들에게 퍼부어댄다.

산 같은 파도는 거품을 뿜는 꼭대기에 배를 올려놓고 이리저리 굴린다. 그리고 연이어 배의 옆구리를 치며 그 안으로 물을 토한다. 몇몇 제자가 미친 듯이 물을 퍼내는 동안 다른 제자들은 노를 붙잡고, 또 다른 제자들은 발광하는 돛을 진정시키기 위해 애를 쓴다.

그런데 이 폭풍 가운데서도 고요한 눈동자가 있다. 예수는 깊이 잠들어 있다. 이 지쳐 있는 메시아는 얼마나 깊은 잠에 빠진 것일까? 그리고 그가 아버지의 돌보심을 신뢰하는 그 믿음은 또 얼마나 큰 것일까? 폭풍에서 그를 보호해주는 것은 감싸 쥐는 듯한 고물의 나무손이 아니라 하늘 아버지의 강력한 손이다.

하지만 예수는 배 안에서 이 사실을 아는 유일한 사람이다. 다른 사람들은 공포에 빠져 있다. 자기들을 삼키려고 하는 파도를 보자 그들은 바람의 울부짖음을 무색하게 하는 큰 소리로 예수를 깨운다.

"선생님이여, 우리가 죽게 된 것을 돌보지 아니하시나이까?"

예수는 깨어나며 공포로 충혈된, 믿음을 잃은 열두 쌍의 눈동자를 마주 본다. 그는 눈을 돌려 폭풍을 꿰뚫어 본다. 그리고 몸을 일으켜 마치 집 안에서 떠들며 뛰어노는, 말 안 듣는 아이에게 말하듯 먼저 바람에게 말하고, 그 후 파도에게 말한다.

"잠잠하라. 고요하라."

그 즉시 소동이 가라앉는다. 어떤 대답이나 투덜거림, 볼멘소리도 없이.

돛은 풀이 죽는다. 배는 제자리를 잡는다. 폭풍은 끝났다.

주님은 자기 아이들을 야단친다. "어찌하여 이렇게 무서워하느냐? 너희가 어찌 믿음이 없느냐?"

제자들은 예수가 저는 다리에 힘을 준 것, 앞 못 보는 눈에 시력을 준 것, 백부장의 하인에게 건강을 회복시켜 준 것을 보았다. 그러나 그들은 이런 일을 이제껏 본 적이 없다. 예수님의 능력을 이토록 적나라하게 목격하기는 처음이다.

그러나 폭풍이 가라앉고 침몰할 위험이 사라졌는데도 그들은 여전히 무엇을 두려워하고 있다.

왜 그럴까? 그것은 그들이 지금 경험한 폭풍보다 더 두려운 폭풍을 마주하고 있기 때문이다. 그것은 조금 전 그들이 겪은 폭풍처럼 급하고 사납게 그들을 엄습해왔다. 이 폭풍의 소용돌이는 주님의 정체를 둘러싸고 휘몰아쳤다.

"그가 누구이기에 바람과 바다도 순종하는가?"

그들은 본다.

지금 그들 앞에 서 있는 이분은 단지 스승이거나 선지자거나 기적의 치유자 정도가 아니라는 사실을. 지금 그들 앞에 서 있는 이분은 손을 펴 자연의 야성적인 갈기를 그 손안에 단단히 쥐고 계신 분이라는 것을. 그에게는 굴레를 벗어난 자연의 힘도 발길질도 저항의 움직임도 없이 온전히 복종한다는 것을.

그러한 능력 앞에서 젖은 채로 떨며 제자들은 두려움에 사로잡혀 있다. 그것은 그들이 고물에서 주무시던 분이 오직 하나님만 하실 수 있는 일을 하셨음을 알기 때문이다.

기도

바람과 파도의 주님,

　인생의 급작스러운 폭풍이 사나운 바람과 거품을 뿜는 파도로 덮쳐 올 때 저를 도와주십시오. 저는 평화로운 상황이 얼마나 빨리 재난으로 변할 수 있는지를 알 수 있을 만큼 숱한 폭풍을 보았습니다.

　강한 자가 병으로 약해지는 것을 보았습니다. 자유로웠던 영혼이 중독에 빠지는 것을 보았습니다. 가장 빛나던 스타가 사라져가는 인기의 궤적을 그리며 유성처럼 떨어지는 것을 보았습니다.

　존경받던 설교가와 정치인이 세상의 웃음거리가 되어 수치를 당하는 것을 보았습니다.

　날개를 단 듯 엄청난 부를 쌓다가 하루아침에 파산하는 은행을 보았습니다. 금이나 은이나 값비싼 보석에 투자되었던 부가 사라져가는 것을 보았습니다. 석유, 부동산, 주식 등을 주무르던 재벌이 바다 밑바닥으로 곤두박질하는 것을 보았습니다.

　신실하던 사람이 믿음을 잃는 것을 보았습니다. 희망에 넘쳐 출발한 행복했던 결혼이 배신이라는 바위에 부딪혀 파국에 이르는 것을 보았습니다. 그리고 바른길에서 떨어져 나간 탕아들이 죄의 바다에 가라앉는 것을 보았습니다.

　그렇습니다, 주님. 저는 너무나 많은 폭풍을 보았습니다. 손댈 수 없다고 느낀 엄청난 폭풍들을. 비판적이 되거나 교만해지거나 무정해질 수 없었던 저 자신의 수많은 폭풍을.

　주님, 제가 사랑하는 이들이 지금 시련의 폭풍을 맞고 있습니다. 저는 당신이 _____와 _____와 _____와 함께해주실 것을 간구합니다. 그들이 겪고 있는 폭풍의 한가운데서 말씀 한마디로 바람과 파도를 다스리시는 당신이 함께하시는 것을 그들이 보게 해주십시오.

그리고 그들에게 불어닥치고 있는 폭풍이 제아무리 파괴적이라고 해도 그들이 빠지지 않도록 주님이 돌보고 계신다는 것을 보게 해주십시오. 설령 자신들의 삶이 가라앉고 있는데 당신은 고물에서 주무시고 있는 것처럼 보일 때가 있더라도, 그들 당신의 돌보심에 대해 그들이 성급히 판단하지 않도록 도와주십시오.

때로 당신이 그들을 강건하게 만드시려고 그들의 삶에 폭풍을 허락하실 때도 있다는 것을, 그러나 결코 파선하도록 두지 않으신다는 것을 그들이 보게 해주십시오. 그리고 그들을 도와주셔서 당신이 그들이 삶이 가야 할 삶의 방향을 제시해주실 뿐 아니라 그들과 함께 가시며 안전한 여행이 되도록 지켜주신다는 것을 보게 해주십시오.

주 예수여, 그들의 폭풍 속에 함께해주서서 감사합니다. 그리고 변덕스러운 바다가 그들의 믿음을 흔들 때도 그들이 당신을 향해 시선을 돌리게 하셔서 그들 영혼이 잔잔하고 고요하게 해주십시오.

귀신 들린 자와 함께하는
친밀한
순_____간

　예수께서 바다 건너편 거라사인의 지방에 이르러 배에서 나오시매 곧 더러운 귀신 들린 사람이 무덤 사이에서 나와 예수를 만나니라. 그 사람은 무덤 사이에 거처하는데 이제는 아무도 그를 쇠사슬로도 맬 수 없게 되었으니 이는 여러 번 고랑과 쇠사슬에 매었어도 쇠사슬을 끊고 고랑을 깨뜨렸음이러라. 그리하여 아무도 그를 제어할 힘이 없는지라. 밤낮 무덤 사이에서나 산에서나 늘 소리 지르며 돌로 자기의 몸을 해치고 있었더라.
　그가 멀리서 예수를 보고 달려와 절하며 큰 소리로 부르짖어 이르되 "지극히 높으신 하나님의 아들 예수여 나와 당신이 무슨 상관이 있나이까? 원하건대 하나님 앞에 맹세하고 나를 괴롭히지 마옵소서" 하니 이는 예수께서 이미 그에게 이르시기를 "더러운 귀신아, 그 사람에게서 나오라" 하셨음이라.
　이에 물으시되 "네 이름이 무엇이냐?" 이르되 "내 이름은 군대니 우리가 많음이니이다" 하고 자기를 그 지방에서 내보내지 마시기를 간구하더니 마침 거기 돼지의 큰 떼가 산 곁에서 먹고 있는지라.
　이에 간구하여 이르되 "우리를 돼지에게로 보내어 들어가게 하소서" 하니 허락하신대 더러운 귀신들이 나와서 돼지에게로 들어가매 거의 이천 마리 되는 떼가 바다를 향하여 비탈로 내리달아 바다에서 몰사하거늘 치던 자들이 도망하여 읍내와 여러 마을에 말하니 사람들이 어떻게 되었는지를 보러 와서 예수께 이르러 그 귀신 들렸던 자 곧 군대 귀신 지폈던 자가 옷을 입고 정신이 온전하여 앉은 것을 보고 두려워하더라.

이에 귀신 들렸던 자가 당한 것과 돼지의 일을 본 자들이 그들에게 알리매 그들이 예수께 그 지방에서 떠나시기를 간구하더라.

예수께서 배에 오르실 때에 귀신 들렸던 사람이 함께 있기를 간구하였으나 허락하지 아니하시고 그에게 이르시되 "집으로 돌아가 주께서 네게 어떻게 큰일을 행하사 너를 불쌍히 여기신 것을 네 가족에게 알리라" 하시니 그가 가서 예수께서 자기에게 어떻게 큰일 행하셨는지를 데가볼리에 전파하니 모든 사람이 놀랍게 여기더라.

— 마가복음 5:1-20

묵상

만일 당신이 그를 만난다면 당신은 꿈에서도 그 비슷한 형상을 본 적이 없을 것이다. 그는 귀신 들린 자다. 귀신들은 그를 난폭하게 만든다. 그들은 그를 밤에 울부짖는 들개처럼 만든다. 그들은 그를 한적한 곳, 즉 언덕에 있는 무덤들 사이에 거하게 한다.

거기서 그는 미친 짐승처럼 입에 거품을 물고 인간 사회에서 격리된 채 남루하게 살아간다. 누가는 그가 옷을 입지 않고 산 지가, 또는 집에 거하지 않은 지가 오래되었다고 말한다.

팔레스타인에 그런 자들을 위한 집은 없다. 병원도, 수용소도 없다. 그들은 갈릴리 바다 동쪽 해안의 아무도 살지 않는 곳에 버려진 채 이리처럼 방황하며 살아간다. 그들의 유일한 안식처는 죽은 자를 장사하기 위해 쓰였던 언덕에 뚫린 구멍들뿐이다.

그의 머리카락은 오물로 뒤덮여 있다. 한때 그를 묶었던 쇠사슬 때문에 손목과 발목 주위의 피부가 하얗게 벗겨져 있다. 그의 여윈 몸에는 스스로 돌로 쳐서 생긴 깊은 상처 자국이 있다. 인간의 모습이 거의 남아 있지 않은 형상이다.

하나님의 형상이 어떻게 이토록 망가지고 손상될 수 있을까? 어쩌다가 그는 이 지경이 되었을까? 어떻게 그는 자신의 유일한 집인 무덤에서 그의 유일한 동류인 귀신들과 함께하는 자리에까지 오게 되었을까?

그도 한때 어머니 품에 안긴 갓난아이가 아니었겠는가? 한때 소꿉놀이도 하고 진흙으로 장난도 치며 거리를 뛰어다니던 어린아이가 아니었겠는가? 그런데 지금 그는 과거의 기억도 없고 미래의 소망도 없이 오직 끝 모르는 공포의 밤만 있는 깊은 심연에 떨어지고 말았다.

어느 순간 암흑의 세력은 그의 삶에 자리를 잡기 시작했다. 그 일이 어떻게 일어났는지, 언제 어디서 일어났는지 모른다. 그러나 귀신들은 마치 먹이를 쫓는 사자처럼 그를 추적했다. 어디선가 그는 그들에게 자리를 내어주었다. 어찌 된 일인지 그는 그들에게 공격할 틈을 내주고 말았다. 그리고 지금까지 그들의 포로로 살고 있는 것이다.

지금 그의 몸은 사탄의 교두보다. 바로 이 교두보에 예수가 상륙하고 있다.

해변에 닿았을 때 제자들은 머리를 긁적인다. 그들은 조금 전 지금까지 본 것 중 가장 놀라운 능력이 아무 제한 없이 나타나는 것을 보았다. 바로 예수가 폭풍을 잔잔하게 한 사건이다. "잠잠하라! 고요하라!"는 말로 그는 바람뿐 아니라 파도까지도 다스렸다. 제자들은 그때 자신들이 또 다른 폭풍을 향해 가고 있음을 전혀 깨닫지 못했다.

신앙의 성장 과정을 밟고 있는 예수의 제자들은 그가 자연계의 주님이심을 이제 막 배웠다. 그런데 이제 그들은 그가 또한 초자연계의 주님이신 것도 배우게 된다. 그들은 예수가 성난 바다를 잠잠하게 하신 것처럼 이 고통당하는 영혼도 잠잠하게 하실 수 있음을 목격하게 된다. 제자들은 유대인에게는 둘 다 부정하게 여겨지는 무덤과 돼지들이 있는 마른 땅에 배를 끌어 올린다. 이곳 분위기는 왠지 음산하고 불길하다.

그들 앞으로 하늘을 찌를 듯한 석회 암벽이 버티고 서 있다. 그러나 그들의 시선은 이 장관에 머물지 않는다. 빈 동굴이 된 한 무덤에서 어떤 사나운 사람이 성이 나 고함을 지르며 그들을 향해 질풍노도처럼 달려온다.

한랭 전선과 정면으로 맞부딪친 온난 전선처럼 선과 악의 세력은 정면으로 충돌한다. 무한한 선과 구제할 수 없는 악과의 대결이다.

제자들은 뒤로 물러서며 이 폭풍 같은 충돌을 피하려고 몸을 사린다. 그러나 예수는 용감하게 자신의 자리를 지킨다. 그리고 이 강한 바람이 그들에게 부딪히기 전 달려오는 그를 향해 외친다. "더러운 귀신아, 그 사람에게서 나오라!"

즉시 이 거센 바람은 풀이 꺾인다. 그리고 이 사나운 자가 예수의 발아래 무릎을 꿇는다. 헬라인들은 대개 통치자들 앞에서 이런 자세를 취한다. 노예들은 주인 앞에서 이렇게 행동한다. 그리고 지금 귀신들은 예수의 존전에서 두려워 떨며 이런 태도를 보이는 것이다.

그의 울부짖음은 암벽에 부딪혀 메아리가 되어 울려 퍼진다. "지극히 높으신 하나님의 아들 예수여 나와 당신이 무슨 상관이 있나이까?"

귀신들은 예수의 정체에 대해 조금도 혼란을 느끼지 않는다. 종교 지도자들은 논쟁을 할지라도, 군중은 의견이 엇갈릴지라도 악의 세력은 그가 누구인지 결코 부인할 수 없다.

"네 이름이 무엇이냐?"고 물으시며 예수는 지하 세계의 어두운 얼굴에서 베일을 벗긴다.

목 깊은 곳에서부터 울려 나오는 목소리로 그는 대답한다. "내 이름은 군대니 우리가 많음이니이다."

로마의 한 군단은 병사 6천 명으로 이루어진다. 이 귀신의 군단에 얼마나 많은 귀신이 속했는지 우리는 모른다. 그러나 악의 군대는 무시무시하다. 그럼에도 이 악령들은 그리스도의 발아래서 꼼짝도 못한다. 그들은 모래 위에 뒹굴며 영원한 형벌인 무저갱으로 쫓겨나지 않기 위해 애걸한다. 그보다는 훨씬 가벼운 벌을 달라고 간구한다. 돼지떼로 들어가게 해달라는 요청이다.

예수는 이 간청을 들어준다. 그리고 곧 풀밭에서 먹이를 뜯고 있던 2천 마리나 되는 돼지들은 이 악한 기생충들의 거처가 된다. 돼지들은 갑자기 미친 듯 내달아 절벽 아래에서 입을 벌리고 있는 바다를 향해 몸을 던진다.

그러자 돼지를 치던 자들은 반대쪽으로 달려가 이 기이한 일을 온 동네에 알린다. 그 귀신에게서 풀려난 사람을 보자 그들은 이제 귀신이 아니라 그 귀신을 쫓아낸 이에게 두려움을 느끼기 시작한다. 그리고 마치 귀신들이 돼지 떼에 들어가기를 간청했던 것처럼 그들은 예수에게 이 동네를 떠나달라고 간청한다.

이 무슨 비극인가? 귀신을 쫓아내고, 병든 자들을 고치며, 하나님 나라 복음을 전파하고, 그 나라의 복을 가져온 예수가 바로 눈앞에 있는데 그들은 떠나달라고 간청하는 것이다.

그들이 한 영혼보다 돼지 떼를 더 귀하게 여겼기 때문에 얼마나 많은 생명이 변화되지 못한 채 돌아갔고, 얼마나 많은 병자가 고침을 받지 못한 채 돌아갔으며, 얼마나 많은 귀신 들린 사람이 자유로워지지 못한 채 돌아가야 했는가?

예수는 자신을 환영하지 않는 곳에는 결코 머물지 않는다. 그래서 그는 다른 곳으로 떠나기 위해 배에 오른다. 그 순간 또한 사람이 그에게 간청한다. 귀신에게서 풀려난 바로 그 사람이다. 그는 예수와 함께 가게 해달라고 간청한다. 예수를 따라다니며 구세주이신 그분이 자기에게 행한 위대한 일을 말하고 싶어 한다.

그러나 예수는 예상 밖의 반응을 보인다. 그 청원을 거절한다. 그 사람은 이해할 수 없다. 제자들도 이 거절에 충격을 받는다. 자신을 헌신해 따르고자 하는 자들은 찾기 힘들다. 그럼에도 이 사람에게 기회가 주어지지 않는다.

그렇다. 이 사람은 집으로 돌아가야 한다. 그는 사역 현장 뒤편에서 뛰어야 한다. 그리고 그는 뛸 것이다. 그는 집에서부터 시작할 것이다. 그 후 그는 자신이 사는 동네 전체에 말할 것이다. 나아가 데가볼리에 있는 열 개의 이방인 도시 전체에 외칠 것이다.

폭풍이 예수를 그가 있는 곳으로 오게 했을 때 그의 삶은 변했다. 예수는 그 삭막한 바닷가에서 무덤 중에서도 가장 무서운 곳으로 다가갔다. 벌거벗은 포로를 어둠에서 풀어주기 위해, 그에게 자유를 주기 위해, 그가 온전한 정신으로 옷을 입게 하기 위해 그리고 그를 집으로 돌려보내기 위해 그곳으로 간 것이다. 그래서 버려졌던 어린아이가 어머니와 다시 하나 되게 하기 위해, 그가 다시 한 번 거리를 뛰어다니게 하기 위해, 그리고 주께서 그에게 어떻게 큰일을 행하셔서 그를 불쌍히 여기셨는지를 온 세상에 전하게 하기 위해 그곳으로 간 것이다.

기도

그토록 고요한 손으로 다스리시는 주님,

진정한 싸움은 육적인 것이 아니라 영적인 것임을 볼 수 있는 눈을 주십시오.

그것은 우리의 싸움이 혈과 육에 대한 것이 아니라 정사와 권세와 이 어두움의 세상 주관자들과 하늘에 있는 악의 영들에 대한 것이기 때문입니다.

사람들이 우리를 아무리 난폭하게 대적한다 할지라도 그들이 우리의 적이 아님을 깨닫게 해주십시오. 오히려 그들은 적의 포로들입니다. 당신이 그들을 자유롭게 해주시려고 죽으셨다는 것을 기억하도록 도와주십시오. 그리고 그 지식과 함께 용기도 주셔서 제가 그들이 거하는 해변으로 찾아가 그들을 무덤 사이에서 끌어내고, 귀신에게서 자유를 얻게 하며, 온전한 정신으로 옷을 입고, 당신의 발아래 무릎 꿇고 앉을 수 있는 특권을 얻도록 그들을 돕게 해주십시오.

저를 도와주셔서 하나님 나라를 위해 담대하게 사탄의 교두보를 공략할 수 있게 해주십시오. 그의 세력을 몰아내게 해주십시오. 그리고 비록 그들의 수가 많아 군대 같다 할지라도 당신이 주님이심을 아는 지식으로 말미암아 용감할 수 있게 해주십시오.

진정한 싸움터는 인간의 마음인 것을 깨닫기 원합니다. 바로 이 싸움터에서 선과 악의 세력이 서로 충돌하고 있습니다.

이 사실을 알기에 주님, 오늘 바로 이 시간 제 마음을 주님께 드립니다. 저의 희망과 두려움, 꿈과 욕망, 야심과 염려 그리고 저의 사랑과 충성을 당신께 드립니다.

저의 헌신이 하나님 나라를 위한 또 한 번의 승리가 되기를 원합니다. 그래서 당신이 싸워야 할 싸움이 하나 더 줄게 되기를 원합니다.

혈루증 앓는 여인과 함께하는
친밀한
순_____간

이에 그와 함께 가실새 큰 무리가 따라가며 에워싸 밀더라.
 열두 해를 혈루증으로 앓아 온 한 여자가 있어 많은 의사에게 많은 괴로움을 받았고 가진 것도 다 허비하였으되 아무 효험이 없고 도리어 더 중하여졌던 차에 예수의 소문을 듣고 무리 가운데 끼어 뒤로 와서 그의 옷에 손을 대니 이는 '내가 그의 옷에만 손을 대어도 구원을 받으리라' 생각함일러라. 이에 그의 혈루 근원이 곧 마르매 병이 나은 줄을 몸에 깨달으니라.
 예수께서 그 능력이 자기에게서 나간 줄을 곧 스스로 아시고 무리 가운데서 돌이켜 말씀하시되 "누가 내 옷에 손을 대었느냐?" 하시니 제자들이 여짜오되 "무리가 에워싸 미는 것을 보시며 '누가 내게 손을 대었느냐?' 물으시나이까?" 하되 예수께서 이 일 행한 여자를 보려고 둘러보시니 여자가 자기에게 이루어진 일을 알고 두려워하여 떨며 와서 그 앞에 엎드려 모든 사실을 여쭈니 예수께서 이르시되 "딸아, 네 믿음이 너를 구원하였으니 평안히 가라. 네 병에서 놓여 건강할지어다."

 _ 마가복음 5:24-34

묵
상

그녀가 얼마나 고생했는지는 오직 하나님만 아신다. 그녀는 12년이라는 세월을 자궁에서 피를 흘리며 부끄러움 속에 살아왔다. 랍비들은 그녀를 부정하게 여기며 레위기에 나오는 금지 조항들을 그녀에게 적용했다. 그녀는 다른 사람을 만져서도 안 되고 그들이 그녀를 만져서도 안 된다. 회당의 출입도 금지되었고 사회에서 버림받았다.

그리고 하나님에게서도 버림받았다. 아니 그렇게 생각했다. 그녀는 기도했다. 간청도 했다. 그러나 12년이라는 고통의 세월 동안 하나님은 그녀에게 침묵하셨다.

그 세월 동안 그녀는 도시의 뒷문으로 쫓겨나 계단 아래 놓였다. 그때부터 그녀는 희망의 부스러기라도 찾으려고 골목골목을 헤맸다.

당신의 옆으로 지나갈 때 그녀는 아래를 내려다본다. 그녀는 자신을 지나치게 의식한다. 부끄러워하고 두려워하면서…. 당신의 눈에 비칠 경멸의 빛을 두려워한다. 당신이 그녀 앞에서 차갑게 어깨를 돌릴 것을 두려워한다. 그러나 무엇보다도 그녀는 당신이 그녀의 삶에 대해 내릴 평가를 두려워한다.

그녀는 자신의 병을 그녀가 지은 죄로 인한 결과로 보는 사람들의 질책 섞인 판단을 두려워하는 것이다. 그리고 자궁에서 피를 흘린다는 것이 그녀의 죄가 무엇인지를 짐작하게 하는 근거로 여겨졌다. "당연히 성적인 죄지"라고 속삭이는 빈정거림이 들려온다. "아마도 문란한 여자였을 거야"라고 판단하는 또 다른 수군거림이 들려온다.

그래서 계속 피를 흘리는 부끄러움 외에도 그녀는 그것에 따르는 치욕의 짐을 더 져야 한다. 그녀는 가는 곳마다 이 짐을 안고 다닌다. 이 의사에게서 저 의사에게로 옮겨갈 때마다 그녀는 자신의 짐을 내려놓을 수 있는 곳을 찾았다. 의사들은 그녀의 마음에 희망을 불어넣어 주고 민간요법으로 그녀의 몸을 치료해주었지만, 그것은 결국 돈만 허비하는 일이었을 뿐이다.

그녀는 지금 아주 가난하다. 의사들은 마침내 자신들이 그녀를 위해 할 수 있는 것이 아무것도 없다는 사실을 시인한다. 그녀의 삶은 썰물처럼 빠져나가고 있다. 여러 해 계속 피를 흘렸기 때문에 이제 건강에 심각한 위협을 받게 되었다. 빈혈을 앓고 있고, 창백하며, 피곤하다. 매우 피곤하다.

그녀는 수치감에 대해 피곤을 느낀다. 치욕에 대해 피곤을 느낀다. 돌팔이 의사들에 대해 피곤을 느낀다.

오직 하나님만이 그녀가 얼마나 고통을 겪었는지 아신다.

그녀가 삶에 대해 품었던 모든 환상은 산산이 조각나고 말았다. 고난을 오래 겪으면 그렇게 된다. 그리고 그 환상과 함께 그녀의 모든 꿈도 사라졌다. 고난이 가져온 결과다.

그녀는 더는 결혼이나 가정에 대해 꿈꾸지 않는다. 딸아이의 머리를 빗겨준다거나 사내아이의 더러운 얼굴을 씻어준다거나 무릎에서 손자가 뛰어노는 꿈 말이다. 노인이 되었을 때 사랑하는 사람들이 그녀를 돌봐준다거나 그녀가 가슴에 소중하게 품어온 귀한 꿈도 이제 더는 꾸지 않는다. 고난은 그녀의 모든 꿈을 깨뜨렸다.

그러나 어떤 의사에 대한 이야기가 깨진 조각 하나를 건져 올렸다. 이 의사는 치료비를 받지 않는다고 한다. 아무것도 요구하지 않는다고 한다. 병든 세상을 고치는 것 외에 숨겨둔 다른 계획이 없다고 한다.

그녀는 이 의사에 대한 이야기를, 건강한 자가 아니라 병든 자를 고치러 오셨다는 예수에 대한 이야기를 들은 적이 있다. 강한 자가 아니라 짓밟힌 자를 위해 왔고, 삶의 질서가 잘 잡힌 자들이 아니라 육체적으로나 도덕적으로 혼란한 자들을 위해 왔다고 한다.

그리고 그녀는 예수가 치료 불가능한 병자들을 고치는 데 성공했다는 이야기를 들었다. 아무도 억제할 수 없었던 귀신 들린 사람을 고쳤고, 과부의 죽은 아들을 살렸으며, 문둥병자를 깨끗하게 했다는 이야기를 들었다.

문둥병자, 그녀는 생각한다. 아무도 손댈 수 없는 또 다른 사람이다. 목덜미를 잡혀 사회 뒷문으로 내팽개쳐진 또 다른 고아다. 그 신성한 의사는 이 병에 먹히고 있던 병자를 단지 만져줌으로 완전히 낫게 했다. 내가 이 예수를 찾아 그의 옷자락 끝이라도 만지기만 한다면 나 또한 깨끗해지고 온전해질 수 있을 텐데.

그래서 이 실낱같은 믿음을 가지고 이 연약한 바늘 같은 여인이 군중 사이를 헤집고 그에게 나아간다.

그녀의 피곤한 육신은 예수 주위를 둘러싸고 있는 사람들에게 부딪혀 이리저리 떠밀린다. 그들은 예수를 밀고, 어깨를 스치고, 그의 몸에 부딪힌다. 호기심에 가득 찬 사람들, 열심 있는 사람들 그리고 절망적인 사람들이다.

이 절망적인 여인은 군중 사이 갈라진 틈으로 자신의 빈손을 밀어 지극히 짧은 순간 예수의 옷자락 끝을 붙잡는다. 그는 뒤로 잡아당겨진다. 그녀의 손이 아닌 그녀의 믿음이 그렇게 했다. 예수의 능력이 이 여인의 몸을 통과한다. 그 즉시 그녀는 젊은 시절의 건강이 되돌아오는 것을 느낀다. 그리고 그 느낌의 홍수 속에서 그녀는 옷을 쥐었던 손을 놓고 군중에게 떠밀린다.

그러나 예수는 그녀를 보내지 않는다. 비록 엄청나게 많은 인파가 그를 에워싸 밀고 있었지만 그녀의 만짐은 달랐다. 그리고 그 만짐은 그를 멈추게 했다. 예수는 도움을 청하는 손에 반응할 준비가 이토록 잘되어 있었다.

그의 부르심에 순종해 그녀가 온다. 온몸을 떨면서. 부끄러움에 얼굴을 붉히며. 겁에 질린 모습으로. 그래도 그녀는 온다. 그리고 눈물로 중간중간 끊긴 그녀의 고백, 그 행간에서 예수는 지난 12년의 슬픈 삶의 모습을 읽는다. 그는 격리되었던 삶과 자책의 몸부림을 본다. 불안에 떨었던 모습을 본다.

그녀가 졌던 고통의 무게는 오직 하나님만 아신다.

그녀의 눈물 젖은 눈에 군중의 모습은 흐릿해진다. 짧은 한순간의 친밀감으로 그녀의 눈에는 오직 예수만 보인다. 그리고 그의 눈에도 오직 그녀만 보인다. 의사와 환자가 얼굴을 맞대고 있다. 그리고 "딸아"라고 부르며 그는 고아였던 그녀에게 하나님의 가족이라는 새 가정이 생겼음을 가르쳐준다. 그는 그녀에게 치료를 베푼다. 그리고 다시금 그녀의 꿈을 찾아준다.

기도

세상에서 가장 자비로우신 의사 선생님,

당신을 향해 손을 뻗는 자들은 건강한 자들이 아님을 깨닫게 해주십시오. 건강한 자들은 군중 한가운데에 몰려 있습니다. 그러나 큰 고통 속에 있는 사람들만이 당신을 만지려고 손을 내밉니다.

당신의 옷자락을 만지려고 더듬는 사람들은 사회의 대기실에 앉아 있는 사람들이 아니라 거리에 있는 사람들입니다. 그들은 도움이 필요한 사람들입니다. 도움을 청하며 손을 내민 사람들, 빈손인 사람들, 당신에게 드릴 것은 당신이 자신들을 온전하게 해주실 수 있는 분이라고 믿는 믿음뿐인 사람들입니다.

오 주님, 저 또한 얼마나 많은 순간 당신 주위에서 밀치며 법석을 떨던 군중 가운데 있었는지요. 그러나 그렇게 스쳐 간 접촉이 제 삶을 변화시킨 적은 없었습니다. 저도 당신을 만진 적이 있습니다. 그러나 언제나 종교적 활동의 부산함 속에서였습니다.

주일마다 저는 예배에 참석하면서 군중 속 저의 자리를 지킵니다. 저는 의식을 따르고, 찬송을 부르며, 설교를 듣습니다. 성경을 읽고, 기도하며, 헌금을 냅니다. 또 좋은 세미나에 참석하고, 좋은 프로그램을 택하며, 좋은 책을 읽습니다.

어떻게 저는 당신께 이토록 가까이 있으면서 또 동시에 그토록 당신의 능력에서 멀리 있을 수 있을까요?

제가 팔짱을 끼고 있기 때문일까요? 아니면 제 손이 비어 있지 않기 때문일까요?

만일 제 팔이 이 상태로 만족하고 있다면 당신을 향한 갈망으로 그 팔들이 펴지도록 도와주십시오. 그리고 제 손이 비어 있지 않다면 오직 당신께만 매달릴 수 있게 그 손들을 비우도록 도와주십시오.

주 예수님, 저를 도와주셔서 혈루증 앓던 그 여인의 믿음이 12년이란 긴 고통의 세월 속에서 준비된 것임을 깨닫게 해주십시오. 환멸의 세월, 모든 꿈이 산산이 부서져 나간 세월 속에서 준비된 것임을.

감사합니다, 주님. 제 삶의 모든 출혈을 자비의 눈으로, 이해의 눈으로 보아주시고, 제 삶의 모든 과정을 놓치지 않고 다 보아주셔서 감사합니다. 제 고통의 출혈을 멈추어주셔서 감사합니다. 그리고 당신의 발아래에 제 문제들을 내려놓고 평안히 갈 수 있게 해주셔서 감사합니다.

오천 명과 함께하는
놀라운
순____간

    그 후에 예수께서 디베랴의 갈릴리 바다 건너편으로 가시매 큰 무리가 따르니 이는 병자들에게 행하시는 표적을 보았음이러라. 예수께서 산에 오르사 제자들과 함께 거기 앉으시니 마침 유대인의 명절인 유월절이 가까운지라.
    예수께서 눈을 들어 큰 무리가 자기에게로 오는 것을 보시고 빌립에게 이르시되 "우리가 어디서 떡을 사서 이 사람들을 먹이겠느냐?" 하시니 이렇게 말씀하심은 친히 어떻게 하실지를 아시고 빌립을 시험하고자 하심이라.
    빌립이 대답하되 "각 사람으로 조금씩 받게 할지라도 이백 데나리온의 떡이 부족하리이다."
    제자 중 하나 곧 시몬 베드로의 형제 안드레가 예수께 여짜오되 "여기 한 아이가 있어 보리떡 다섯 개와 물고기 두 마리를 가지고 있나이다. 그러나 그것이 이 많은 사람에게 얼마나 되겠사옵나이까?"
    예수께서 이르시되 "이 사람들로 앉게 하라" 하시니 그곳에 잔디가 많은지라. 사람들이 앉으니 수가 오천 명쯤 되더라. 예수께서 떡을 가져 축사하신 후에 앉아 있는 자들에게 나눠 주시고 물고기도 그렇게 그들의 원대로 주시니라. 그들이 배부른 후에 예수께서 제자들에게 이르시되 "남은 조각을 거두고 버리는 것이 없게 하라" 하시므로 이에 거두니 보리떡 다섯 개로 먹고 남은 조각이 열두 바구니에 찼더라.

그 사람들이 예수께서 행하신 이 표적을 보고 말하되 "이는 참으로 세상에 오실 그 선지자라" 하더라.

그러므로 예수께서 그들이 와서 자기를 억지로 붙들어 임금으로 삼으려는 줄 아시고 다시 혼자 산으로 떠나가시니라. 바다 건너편에서 만나 "랍비여 언제 여기 오셨나이까?" 하니 예수께서 대답하여 이르시되 "내가 진실로 진실로 너희에게 이르노니 너희가 나를 찾는 것은 표적을 본 까닭이 아니요 떡을 먹고 배부른 까닭이로다. 썩을 양식을 위하여 일하지 말고 영생하도록 있는 양식을 위하여 하라. 이 양식은 인자가 너희에게 주리니 인자는 아버지 하나님께서 인치신 자니라."

그들이 묻되 "우리가 어떻게 하여야 하나님의 일을 하오리이까?"

예수께서 대답하여 이르시되 "하나님께서 보내신 이를 믿는 것이 하나님의 일이니라" 하시니 그들이 묻되 "그러면 우리가 보고 당신을 믿도록 행하시는 표적이 무엇이니이까? 하시는 일이 무엇이니이까? 기록된바 하늘에서 그들에게 떡을 주어 먹게 하였다 함과 같이 우리 조상들은 광야에서 만나를 먹었나이다."

예수께서 이르시되 "내가 진실로 진실로 너희에게 이르노니 모세가 너희에게 하늘로부터 떡을 준 것이 아니라 내 아버지께서 너희에게 하늘로부터 참 떡을 주시나니 하나님의 떡은 하늘에서 내려 세상에 생명을 주는 것이니라." 그들이 이르되 "주여, 이 떡을 항상 우리에게 주소서." 예수께서 이르시되 "나는 생명의 떡이니 내게 오는 자는 결코 주리지 아니할 터이요."

_ 요한복음 6:1-15, 25-35상

묵
상

기적은 하늘에서는 흔하게 쓰이는 통화다. 예수가 오천 명을 먹이신 일은 호주머니의 구멍에서 떨어진 푼돈에 불과하다.

이 사건은 사복음서에 모두 기록된 유일한 기적이다. 그중 오직 요한복음만이 그 해석을 제공한다.

예수는 군중에게 자신을 온종일 내어주었다. 한 사람씩 피곤함에 지친 그들의 등에서 짐을 내려주었다. 이제 분주했던 하루를 마치는 시각이다. 구세주는 허기진 데다 군중에게서 오는 끝없는 압력에 매우 지쳤다. 그는 제자들과 함께 언덕에 올라 잠시 쉬고 싶었다. 그러나 사람들은 그에게 작은 틈도 주지 않는다.

그럼에도 예수는 그들에게 연민을 느꼈다고 요한은 말한다. 그의 눈에는 그들이 목자 없이 방황하는 양처럼 보였다. 그들을 푸른 초장 쉴 만한 물가가 있는 믿음의 고요한 경관으로 인도해줄 사람, 그들의 영혼을 소생시켜줄 사람, 그들을 의의 길로 인도해주고 삶의 음침한 골짜기를 지날 때도 함께해줄 그러한 사람이 없는 것이다.

제자들은 사람들을 마을로 보내 음식을 사 먹게 하자고 제안한다. 그러나 예수는 그렇게 하기에는 너무나 좋은 목자였다.

그는 양들이 부드러운 자비의 풀을 뜯고자 언덕에 올라가는 것을 보고 빌립의 믿음을 시험한다. "우리가 어디서 떡을 사서 이 사람들을 먹이겠느냐?"

빌립은 문제를 풀기 위해 연필을 들고 재빨리 비용을 계산한다. 그는 그들의 예산을 초과하는 비용이라고 결론을 내린다. 그는 연필을 내려놓고 이렇게 말한다. "불가능합니다. 도저히 안 됩니다."

우리는 모두 나름대로 불가능한 일의 목록을 가지고 있다. "콩 심은 데 콩 나고 팥 심은 데 팥 나는 법이지. 그에게 동정을 구하는 것은 불가능해. 표범의 피부를 바꿀 수 있나!"

불가능? 하나님과 함께 태초부터 계신 말씀, 별들을 그 궤도에 올려놓으신 분에게는 불가능이 없다. 하늘에서 내려와 육신이 되셔서 우리 가운데 거하신 하나님이셨던 그분에게는 아니다.

예수는 어부와 세리라고 하는 거친 실로 교회의 지도자들을 만들어냈다. 그는 흔한 물로 포도주를 만들었고, 문둥병으로 뒤덮인 사람을 깨끗하게 바꾸어놓았다.

안드레는 문제의 해답을 찾기 위해 조금 더 수고한다. 그는 될 수 없는 것을 구하기보다는 적은 것이라도 될 수 있는 것을 구한다. 그러다 보니 거친 보릿가루로 만든 떡 다섯 덩이와 작은 생선 두어 마리가 담긴 바구니를 가지고 있는 가난한 아이를 찾게 된다. "그러나 그것이 이 많은 사람에게 얼마나 되겠사옵나이까?"

빌립과 안드레가 보지 못한 것은 무엇일까? 불가능한 상황은 우리가 호주머니나 바구니에 무엇을 얼마나 많이 가지고 있는가로 해결되지 않는다는 것이다. 우리의 예금 계좌가 얼마나 튼튼한가, 혹은 우리의 자산이 얼마나 많은가가 문제의 해결책이 될 수 없다는 것이다.

불가능은 기적으로만 해결될 수 있다. 하늘에서 떨어지는 동전만이 해답이다. 그리고 예수는 그것을 주머니에 가득 가지고 있었다. 제자들은 바로 그곳으로 떡을 구하러 가야 했다.

예수는 아이에게 향한다. 아이가 가진 것은 많지 않다. 질이 좋은 것도 아니다. 그것은 가난한 사람들의 음식이다. 밀이 아닌 보리로 만든 떡이다. 양고기 스테이크가 아니라 소금에 절인 정어리다. 그러나 그것으로 충분하다. 어린아이의 순종과 구세주의 연민이야말로 기적에 필요한 모든 것이다.

놀라운 순간이었다. 그리고 예수를 왕으로 세우려는 계획이 순식간에 무리 사이에 퍼졌다. 그러나 구세주는 광야에서 사탄이 제의한 왕관을 거절했듯 지금 제안받은 왕관도 거부한다.

그것은 보좌에 이르는 길이 자신을 유혹하는 자가 깔아놓은 붉은 융단으로 수놓인 길도 아니고, 자신을 지지하는 자들의 어깨 위로 난 길도 아닌 것을 예수는 알기 때문이다. 보좌에 이르는 길은 그의 아버지가 정해놓으신 길, 갈보리로 향하는 거친 돌길인 것을 알기 때문이다.

용서에 굶주린 세상이 받아먹을 수 있는 생명의 떡은 바로 거기에만 있다.

기도

생명의 떡이신 주님,

저는 저를 둘러싼 사람들의 필요를 채워주기에 제가 너무도 부족하다는 것을 느낍니다. 점심 바구니를 들고 있던 그 작은 아이처럼 저는 제가 가지고 있는 떡과 생선이 너무 적다고 느낍니다. "그것이 이 많은 사람에게 얼마나 되겠사옵나이까?"

그러나 저는 당신이 이 세상의 연약한 자들을 통해 당신의 능력을 나타내신다는 것을 압니다.

당신은 아이를 잉태할 수 없는 나이든 부부를 통해 바다의 모래처럼 셀 수 없이 많은 인구가 있는 나라를 만드셨습니다. 당신은 어린 목동의 돌팔매질을 사용하셔서 거인을 쓰러뜨리셨습니다. 또 거친 보릿가루로 만든 떡 다섯 덩이와 작은 물고기 두 마리를 가진 아이를 통해 수천 명을 먹이셨습니다.

주님, 제가 당신의 일하시는 방식에 눈뜨게 해주십시오.

빌립의 제안처럼 튼튼한 예금 계좌가 있어야 하거나, 안드레의 말처럼 충분한 자산이 있어야 하는 것이 아님을 깨닫게 해주십시오. 제게 필요한 것은 그 작은 아이가 그랬듯 제가 가지고 있는 것을 당신 손에 맡기는 것입니다.

제가 드리는 것이 작은 떡이든, 얼마 안 되는 생선이든지 당신이 그것을 축복하신다는 것을 깨닫도록 제게 믿음을 주십시오. 제가 당신께 드리는 시간이나 재능, 재물이 아무리 보잘것없다 해도 당신은 그것을 축복해주실 것입니다.

주님, 저는 가진 것이 별로 없습니다. 하지만 그 모두를 당신께 드립니다. 거친 보릿가루 같은 저의 삶과 보잘것없는 저의 기술을 받아주십시오. 그것을 손에 받으시고, 축복해주시며 배가해주십시오. 당신의 영광을 위해 그리고 다른 사람들의 유익을 위해 그것을 사용해주십시오.

당신이 참 생명의 떡이신 것을 깨닫게 해주십시오. 굶주림의 고통이 제 영혼을 사로잡을 때마다 저를 도와주셔서 다른 진열장에 놓인 빵이 제아무리 달콤하고 맛있어 보여도 먹어서는 안 되는 것을 일깨워주십시오. 제 영혼의 미각이 당신만을 갈망하도록 훈련해주십시오. 당신이 제가 날마다 먹어야 할 양식이며 제게 필요한 모든 것이 되심을 가르쳐주십시오.

주 예수님, 그러한 떡을 한 번도 맛본 적이 없는 제 친구가 있습니다. 그 친구의 이름은 _____입니다. 그는 인생의 뷔페에서 삶이 제공해주는 온갖 음식을 맛보았습니다. 그러나 그는 정작 굶주려 있습니다. 사랑에 굶주려 있고, 용납과 용서와 의미와 목적에 굶주려 있습니다.

주님, 제가 그를 당신께 인도할 수 있도록 도와주십시오. 저 역시 가난하고 굶주린 영혼에 지나지 않지만, 어디에 가야 양식을 얻을 수 있는지 그에게 알려주도록 지혜와 용기를 주십시오.

물 위에서 맞이하는
놀라운
순____간

예수께서 즉시 제자들을 재촉하사 자기가 무리를 보내는 동안에 배를 타고 앞서 건너편으로 가게 하시고 무리를 보내신 후에 기도하러 따로 산에 올라가시니라 저물매 거기 혼자 계시더니 배가 이미 육지에서 수 리나 떠나서 바람이 거스르므로 물결로 말미암아 고난을 당하더라.

밤 사경에 예수께서 바다 위로 걸어서 제자들에게 오시니 제자들이 그가 바다 위로 걸어오심을 보고 놀라 유령이라 하며 무서워하여 소리 지르거늘 예수께서 즉시 이르시되 "안심하라. 나니 두려워하지 말라."

베드로가 대답하여 이르되 "주여 만일 주님이시거든 나를 명하사 물 위로 오라 하소서" 하니 "오라" 하시니 베드로가 배에서 내려 물 위로 걸어서 예수께로 가되 바람을 보고 무서워 빠져 가는지라 소리 질러 이르되 "주여, 나를 구원하소서" 하니 예수께서 즉시 손을 내밀어 그를 붙잡으시며 이르시되 "믿음이 작은 자여 왜 의심하였느냐" 하시고 배에 함께 오르매 바람이 그치는지라.

배에 있는 사람들이 예수께 절하며 이르되 "진실로 하나님의 아들이로소이다" 하더라.

_ 마태복음 14:22-33

> 묵
> 상

기적의 양식으로 배를 채운 굶주린 사람들의 수가 엄청났기 때문에 이제 예수를 둘러싼 인기의 기상도에서 이전의 모든 적대적인 분위기는 사라지고 있었다.

그러나 예수는 일기의 변화를 이미 감지하고 있다. 그보다 앞서 왔던 세례 요한이 목 베임을 당한 서늘한 기억이 그의 뒤로 그늘져 있다. 그의 앞으로는 바리새인과 사두개인들의 불길한 연대가 지평 위로 떠오르고 있다. 서로 배타적인 이 그룹들은 예수를 대적하는 세력의 소용돌이를 이루며 함께 작당한다. 그들은 하늘에서 내려온 이적을 요구하면서 그를 시험한다.

그 외로운 언덕 꼭대기에서 예수는 폭풍을 맞기 위해 자신을 추스른다. 제자들을 바다 건너편으로 먼저 보낸 것도 이 때문이다. 그는 자신만의 시간이 필요했다. 애통해하기 위해, 기도하기 위해 그리고 자신을 대적하고자 모여들고 있는 맹렬한 광풍을 맞이할 힘을 얻기 위해 시간이 필요했다.

예수가 바람이 몰아치는 언덕에서 기도하고 있을 때, 제자들은 늦은 오후의 출렁이는 청동빛 바다를 저어 나아간다.

한 줄기 사프란의 흔적을 남기며 태양이 서쪽으로 기울 때 돌풍이 차가워지고 심해진다. 그리고 노를 젓는 손들은 점점 더 무거워진다. 들어 올려서 밀고 담그며 당기고. 들어 올려서 밀고 담그며 당기고. 그들은 아무 소득 없이 10시간 가까이 노를 젓고 있다. 그동안 겨우 5.6킬로미터를 전진했을 뿐이다.

등으로 칼로 찌르는 듯한 고통이 찾아오고 앞 팔은 저리다 못해 쥐가 난다. 손에서는 피가 나지만 그들은 제자리를 맴돌 뿐 앞으로 나아가지 못한다.

이제 두어 시간만 지나면 새벽이다. 창 같은 번개가 산등성이 위에서 번쩍이며 실루엣 모양의 봉우리들을 밤하늘에 비춰준다. 팀파니 같은 천둥소리가 그 후 찾아오는 캄캄함 속에서 장엄하게 울린다.

물살이 몸부림을 치며 위로 솟아 배를 강타한다. 파도는 마구잡이로 밤바다에 흩어지면서 지친 선원들을 조롱한다. 물방울이 튀어 시야를 흐리게 할 때 어떤 형체가 요동하는 바다 위로 그들에게 다가오는 것이 보인다.

심신이 지친 그들에게 나타난 환영일까? 그들은 잠시 노를 놓고 눈을 비빈다. 유령인가? 죽음을 알리려고 찾아온 영인가? 아니 어쩌면 죽음을 앞당기려고 찾아온 것일까?

그들은 바다에 얽힌 모든 미신을 떠올리며 두려움에 겨워 소리를 지른다. 그들의 비명은 이 유령이 갑자기 말을 하자 바람의 신음과 섞인다.

"안심하라. 나니 두려워하지 말라."

그들은 다시 한 번 자신의 눈을 비비며 변덕스러운 암흑 속을 곁눈질한다. 자신들의 눈을 믿을 수 없다.

예수다.

그가 지금 그들을 향해 걸어오고 있다. 그가 더 가까이 올수록 베드로의 맥박이 빨라진다. 갑자기 두려움이 그리움으로 바뀐다.

"주여, 만일 주님이시거든 나를 명하사 물 위로 오라 하소서."

예수는 베드로가 뻗는 믿음의 손길을 보고 그를 초대한다.

"오라!"

베드로는 구세주에게 시선을 고정하고 배의 좌현을 뛰어넘는다.

그러자 다른 제자들이 숨을 멈출 만큼 놀라운 일이 벌어진다. 물이 그를 떠받쳐준 것이다. 아직도 성난 바다가 그를 떠받치고 있는 것이다.

놀라운 순간이다.

그들은 그동안 예수가 믿지 못할 만큼 놀라운 일을 행하는 것을 많이 보았다. 그런데 지금 그들 앞에서 한 평범한 사람이 오직 예수만이 할 수 있다고 여긴 기적적인 일을 하고 있는 것이다.

그 순간 바람이 질투심 많은 바다로부터 물살을 일으켜 베드로의 시선을 빼앗아 그를 굴복시킨다. 그는 절망적으로 소리를 지른다.

"주여, 나를 구원하소서."

두 발은 이미 가라앉고 있었지만 믿음으로 손을 뻗는 순간, 주님이 응답하신다. 예수는 베드로의 팔을 붙잡아 그를 안전하게 끌어올린다.

예수가 배에 오르자 폭풍이 가라앉는다. 학습은 끝났다.

그렇다면 제자들은 무엇을 배웠을까?

베드로를 통해 그들은 믿음이 무엇인가를 눈으로 보고 배웠다. 예수께 순종해 발을 내디디고, 비록 그 순종의 길이 우리를 불확실하고 제멋대로인 물결 위로 이끌어가더라도 그 발걸음을 지켜주시도록 그를 바라보는 것이 믿음 아니고 무엇이겠는가?

그들은 또한 베드로를 통해 믿음으로 행하는 것과 눈에 보이는 차이를 배웠다. 그가 자신의 시선을 구세주에게 고정했을 때 그는 물 위를 걸었다. 그러나 그 눈을 세상으로 돌리자 물속에 빠져들고 말았다.

갈릴리 바다에서 경험한 이 폭풍은 훗날 그들을 대적하며 기세를 더해가는 영적 폭풍을 맞게 되었을 때 그들의 마음속에 생생하게 떠올랐을 것이다. 이날의 폭풍처럼 그들과 바리새인들, 사두개인들과의 만남은 급작스러웠고, 물 위로 머리를 처들기 위해 똑같은 믿음이 필요했다.

바닷바람이 급하게 방향을 바꾸듯 사람들은 매정하게 예수에게 등을 돌렸다. 어떤 날은 그를 왕으로 삼고자 했고, 어떤 날은 그를 십자가에 못 박고 싶어 했다. 그러나 오늘 밤에 배운 교훈으로 제자들은 급작스럽게 다가오는 적대적인 광풍을 맞이할 준비를 할 수 있었다.

예수의 정체를 두고 논쟁의 폭풍이 일었을 때 예수는 베드로에게 물었다. "그렇지만 너는 어떻게 생각하느냐? 너는 나를 누구라고 하느냐?" 베드로는 군중의 변덕스러움에서 얼굴을 돌려 예수를 응시하며 견고한 믿음으로 이렇게 말할 수 있었다. "주는 그리스도시요 살아 계신 하나님의 아들이십니다."

제자들은 또 다른 교훈도 배웠다.

어쩌면 그것은 예수가 그들을 떠나 아버지께로 올라가신 후 여러 해가 지난 때였을 것이다. 어쩌면 그것은 다락방에서 제자들이 그를 기억하던 조용한 때였을 것이다. 어쩌면 그것은 제자들이 갈릴리 해변에서 모닥불 가에 둘러앉아 밤하늘을 올려다보며 찬바람에 몸을 떨던 때였을 것이다. 그것이 언제였든지 그들이 배운 것은 이것이다.

제자들이 구세주를 따라다닌 3년 반 동안 두 번의 자연적 폭풍을 경험했다. 첫 번째 폭풍에서는 비록 잠들어 있기는 했지만 예수가 그들과 함께 있었다. 그러나 두 번째에서 그는 멀리 언덕에 떨어져 있었다. 그는 제자들을 볼 수 있었지만 그들은 어두운 밤이었기에 예수를 볼 수 없었다.

왜 떨어져 있었을까? 눈에 보는 것을 따라 살던 제자들의 삶이 믿음으로 사는 삶으로 성장하게 하기 위해서였다. 그들이 육적인 눈을 덜 신뢰하고 영적인 눈을 더 신뢰하게 하기 위해서였다.

그들이 믿음으로 걸을 수 있으려면 예수는 그들의 시야에서 사라져야 한다.

예수는 연약한 덩굴손이 울타리를 타고 자라듯 제자들이 자신에게만 매달리는 연약한 믿음으로 남도록 허락할 수 없었다. 그들의 뿌리는 깊어져야 한다. 그들의 가지는 더 강해져야 한다.

그렇지 않으면 그들은 홀로 설 수 있을 만큼 강해질 수 없을 것이다. 언젠가 그들은 반드시 그렇게 되어야 한다. 그렇지 않으면 그들은 열매를 달고 있을 만큼 강인한 가지가 될 수 없다. 주님은 그들이 풍성히 열매 맺을 수 있도록 준비시키고 있는 것이다.

믿음의 교과서에서 이 부분은 고비다. 몇 시간 안에 그들의 젖은 옷은 마를 것이고 오한은 멈출 것이다. 며칠 지나지 않아 그들은 자신들의 상처를 잊고 자신들의 맨손을 망각할 것이다. 그러나 그들이 그 밤에 배운 교훈은 결코 잊지 못할 것이다.

사랑하는 주 예수님,

삶이 고요할 때 믿음의 교훈을 잘 배워 저를 대적하는 모든 바람이 불어올 때 제가 잘 준비되어 있도록 도와주십시오.

제가 바닷가에서 누리는 안전함에 매달려 있을 때 믿음의 어려운 교훈은 오직 바다에서만 배울 수 있다는 것을 이해하도록 도와주십시오. 파도가 험한 곳에서만, 바람이 그칠 줄 모르고 달려드는 곳에서만 그리고 진짜 위험이 도사리고 있는 곳에서만 배울 수 있다는 것을 알게 해주십시오.

거기서 매서운 바람이 얼굴을 찌르고, 거센 파도가 가슴을 칠 때 세 힘이나 평탄한 환경을 의지하지 않고 주님을 의지하는 법을 배우게 해주십시오.

귀하신 주님, 비록 폭풍 속에서 당신을 시야에서 놓치더라도 당신이 저를 결코 놓치지 않으시니 감사드립니다.

언제나 지켜보시고 돌보시는 당신의 눈으로 제가 깊이 사랑하는 부부를 지켜주시기를 간구합니다. 그들은 지금 인생의 폭풍을 지나고 있습니다. 만일 당신이 그들의 삶에 개입하시지 않는다면 가정은 암초에 부딪히고 말 것입니다.

저는 _____와 _____(을)를 위해 기도합니다. 그들은 당신이 가까이 와주시기를 간절히 바라고 있습니다. 그들은 힘을 다해 노를 젓고 있고, 당신이 그들의 삶에 두신 코스를 따라가기 위해 온 힘을 다하고 있습니다.

그러나 그들의 영혼은 실망으로 젖어 있습니다. 자신들이 다 감당할 수 없는 책임으로 등이 쓰리고 아픕니다. 폭풍을 뚫고 지나갈 수 없을지도 모른다는 두려움에 그들은 떨고 있습니다.

예수님, 그들을 불쌍히 여겨주십시오. 그들은 세파에 시달려 지쳤고, 곤고한 심령에 안식을 얻으려고 평화의 항구를 찾기에 급급합니다.

그들에게 와주십시오. 폭풍 가운데에 계신 당신을 그들이 보게 해주십시오. 자신들을 둘러싸고 있는 성난 환경 너머 당신의 목소리를 듣게 해주십시오. 그들에게 은혜를 베푸셔서 주님께만 시선을 고정하게 해주시고, 그들 주변을 채찍처럼 가르고 지나가는 환경의 매서움에 머물지 않게 해주십시오.

삶이 고달프고 믿음이 부력을 상실해 그들이 절망 속으로 빠져들어 갈 때도 당신이 거기서 편 팔로 그들을 건지신다는 것을 깨닫게 해주십시오. 주 예수님, 그들의 곤고한 심령을 안정시켜주시고, 그들의 결혼을 위협하는 이 폭풍을 잔잔하게 해주십시오.

산 위에서 맞이하는
긴장된
순____간

    이때로부터 예수 그리스도께서 자기가 예루살렘에 올라가 장로들과 대제사장들과 서기관들에게 많은 고난을 받고 죽임을 당하고 제삼일에 살아나야 할 것을 제자들에게 비로소 나타내시니 베드로가 예수를 붙들고 항변하여 이르되 "주여, 그리 마옵소서. 이 일이 결코 주께 미치지 아니하리이다."

    예수께서 돌이키시며 베드로에게 이르시되 "사탄아 내 뒤로 물러가라. 너는 나를 넘어지게 하는 자로다. 네가 하나님의 일을 생각하지 아니하고 도리어 사람의 일을 생각하는도다" 하시고 이에 예수께서 제자들에게 이르시되 "누구든지 나를 따라오려거든 자기를 부인하고 자기 십자가를 지고 나를 따를 것이니라. 누구든지 제 목숨을 구원하고자 하면 잃을 것이요 누구든지 나를 위하여 제 목숨을 잃으면 찾으리라. 사람이 만일 온 천하를 얻고도 제 목숨을 잃으면 무엇이 유익하리요 사람이 무엇을 주고 제 목숨과 바꾸겠느냐? 인자가 아버지의 영광으로 그 천사들과 함께 오리니 그때에 각 사람이 행한 대로 갚으리라. 진실로 너희에게 이르노니 여기 서 있는 사람 중에 죽기 전에 인자가 그 왕권을 가지고 오는 것을 볼 자들도 있느니라." 엿새 후에 예수께서 베드로와 야고보와 그 형제 요한을 데리시고 따로 높은 산에 올라가셨더니 그들 앞에서 변형되사 그 얼굴이 해같이 빛나며 옷이 빛과 같이 희어졌더라. 그때에 모세와 엘리야가 예수와 더불어 말하는 것이 그들에게 보이거늘 베드로가 예수께 여쭈어 이르되 "주여, 우리가 여기 있는 것이 좋사오니 만일 주께서 원하시면 내가 여기서 초막 셋을 짓되 하나는 주님을 위하여, 하나는 모세를 위하여, 하나는 엘리야를 위하여 하리이다."

말할 때에 홀연히 빛난 구름이 그들을 덮으며 구름 속에서 소리가 나서 이르시되 "이는 내 사랑하는 아들이요 내 기뻐하는 자니 너희는 그의 말을 들으라" 하시는지라.

제자들이 듣고 엎드려 심히 두려워하니 예수께서 나아와 그들에게 손을 대시며 이르시되 "일어나라, 두려워하지 말라" 하시니 제자들이 눈을 들고 보매 오직 예수 외에는 아무도 보이지 아니하더라.

그들이 산에서 내려올 때에 예수께서 명하여 이르시되 "인자가 죽은 자 가운데서 살아나기 전에는 본 것을 아무에게도 이르지 말라" 하시니 제자들이 물어 이르되 "그러면 어찌하여 서기관들이 엘리야가 먼저 와야 하리라 하나이까?"

예수께서 대답하여 이르시되 "엘리야가 과연 먼저 와서 모든 일을 회복하리라. 내가 너희에게 말하노니 엘리야가 이미 왔으되 사람들이 알지 못하고 임의로 대우하였도다. 인자도 이와 같이 그들에게 고난을 받으리라" 하시니 그제서야 제자들이 예수께서 말씀하신 것이 세례 요한인 줄을 깨달으니라.

_ 마태복음 16:21-17:13

> 묵
> 상

예수는 자신이 당할 고난에 대해 가르치신 후 그 자리에 있던 몇 사람은 그가 영광 가운데 있는 모습을 보기 전에는 죽지 않을 것이라고 선언한다.

그 '몇 사람'은 베드로와 야고보, 요한이다.

그들은 예수가 야이로의 죽은 딸을 살리기 위해 그의 집 안으로 들어갈 때 데려간 세 제자다. 그리고 그들은 예수가 그의 최후를 눈앞에 두고 씨름하며 기도하기 위해 겟세마네에 갈 때 데려갈 세 제자다.

예수는 이들을 지금 헤르몬 산으로 데리고 올라간다. 그들은 비바람에 시달린 바위를 타고 길도 나지 않은 곳으로 나아간다. 언덕 위의 향기로운 풀 냄새를 뒤로 하고 올라간다. 나무들이 자라고 있는 한계선을 넘어 위로 올라간다. 그들이 머물며 기도할 수 있는 조용한 곳까지 올라간다.

그곳에 도착하자 발이 아픈 제자들은 몸을 구부려 손으로 무릎을 잡고 깊게 심호흡을 한다. 땀이 얼굴 위로 흘러내려 목 주변의 옷자락을 적시는 것을 느끼며 바위에 기대선다. 그러다 한 사람씩 차례로 땅에 주저앉는다. 호흡이 진정되자 그들은 천천히 눈을 들어 장관을 훑어본다.

늦은 오후의 수채화 빛깔이 하늘을 가로지르고 있다. 노란빛이 뚝뚝 떨어져 구름 아래쪽에 모여 오렌지 빛깔을 수놓는다. 서쪽으로는 약속의 땅이 평야로 드러누워 태양과 입을 맞추고 있다. 동쪽으로는 파란색의 지중해가 보인다. 남쪽으로는 물에 충분히 적셔진 푸른 요단 골짜기가 있다.

그들은 땅과 하늘 사이쯤에 와 있다. 아니 그렇게 보인다. 해발 수천 미터의 고지대에서 그들은 아래 세상과 분리되어 있다. 몰려드는 무리도 없다. 격렬한 논쟁도 없다. 오직 구름과 하늘, 그들의 뺨을 스치고 지나가는 부드러운 바람의 손길만이 있을 뿐이다.

산으로 올라가는 길은 길고 가팔랐다. 그래서 예수가 기도하기 위해 조금 떨어진 곳으로 갔을 때 제자들은 잠에 곯아떨어진다. 예수는 기도하면서 아드레날린이 솟아오르는 것을 느낀다. 산에 올랐기 때문이든지 아니면 밀실 공포증 때문일 것이다.

운명의 시간이 시시각각 다가오고 있다. 예수는 마치 지옥의 사냥개들이 풀려나 그의 냄새를 맡고 울부짖으며 추격해오는 듯한 느낌을 받는다. 그의 혈관을 타고 흐르는 아드레날린은 싸우거나 도망치라고 말한다. 그러나 그의 영을 타고 흐르는 아드레날린은 그에게 둘 다 하지 말라고 말한다. 그래서 그는 하늘을 향해 그 사냥개들을 마주 대할 힘을 달라고 외친다. 순복할 힘, 그들의 굶주린 아가리에 기꺼이 목을 들이밀 힘을 달라고 기도한다.

그는 자신을 기다리고 있는 고난의 골짜기로 내려갈 수 있도록 힘을 달라고 기도한다. 그 앞에 놓여 있는 암흑을 통과할 수 있도록 그를 도울 수 있는 한 줄기 희망의 빛을 달라고, 아무리 흐리고 아무리 멀리 있다 해도 그가 붙잡고 갈 수 있는 빛을 달라고 기도한다.

하늘은 응답한다. 그리고 빗줄기가 내려와 제자들을 깨운다. 그들은 졸린 눈을 비빈다. 갑자기 그들 앞에 번개의 칼날이 하늘을 가르고 그 사이로 하늘의 한 부분이 쏟아져 나온 것처럼 백열광의 실루엣이 나타난다.

그 강렬한 빛으로 눈도 제대로 뜰 수 없는데, 예수의 얼굴은 마치 정오의 태양처럼 빛을 발한다. 그의 옷에서는 마치 빛나는 흰색 천에서 실오라기가 끝없이 풀려나오듯 이음새도 없는 빛이 계속 흘러나온다.

어리둥절해진 제자들은 벌떡 일어선다. 이게 꿈인가 생시인가, 아니면 고산 지대에 올라오느라 피곤해진 탓에 환영을 보는 것인가? 그들은 자신들의 얼굴을 가리며 의아해한다. 마침내 빛이 더욱 강렬해져 눈이 상하게 되자 그들은 더 이상 빛을 보지 않고 다만 느낀다. 그리고 이제야 알게 된다. 이것이 꿈이 아니라는 것을. 비전도 환영도 아니라는 것을.

지금까지 예수의 인성이라는 장막은 그의 참 정체를 대부분 가려왔다. 그러나 지금 그 장막이 올라가도록 특권을 받은 이 세 제자는 그의 영광을 순간적으로 훔쳐보게 되었다.

이 영광의 빛 앞에서 그들을 둘러싸고 있던 모든 것은 빛을 잃고 말았다. 한때는 대담하게 돌출되어 있던 바위나 암석들이 지금은 그 색깔도 특성도 잃어버렸다. 바위 사이로 손을 내밀던 풀들도 싱싱한 푸른빛을 잃었다. 흙도 더는 갈색이 아니다. 그들을 둘러싸고 있는 모든 것은 깊이도 차원도 갖추지 못했다. 모든 것이 희어지고 창백해졌다.

구세주가 그의 나라에서 누릴 영광을 보며 제자들은 이제 주님의 나라에서 그중 누가 더 큰지는 생각하지도 않게 되었다. 그런 생각들은 다 빛을 잃었다.

눈이 차차 적응되자 그들은 예수 곁에 서 있는 모세와 엘리야를 보게 된다. 그들은 광야를 경험해본 사람들로서 그 곁에 서 있다. 고난을 겪어낸 사람들로서, 그들이 인도하도록 부르심 받은 사람들에게 배척을 당한 사람들로서 그 곁에 서 있다.

예수는 산에서 내려와 마음이 통하는 이 사람들과 함께 하늘로 돌아가기를, 아버지가 계신 집으로 돌아가 마땅히 그의 것인 영예를 되찾기를 얼마나 원했겠는가? 그는 엘리야처럼 불병거를 타고 지상을 떠날 수도 있었다. 아니면 모세처럼 기적적인 출애굽을 할 수도 있었다.

그러나 이 상황에서 예수를 벗어나게 해줄 병거는 오지 않는다. 그를 고난에서 벗어나게 해줄 기적은 일어나지 않는다. 이 세 사람이 함께 서 있는 것은 얼마나 아이러니한 일인지! 율법과 선지자가 증거한 것을 성취하기 위해 오신 분이 가장 위대한 율법의 수여자와 가장 위대한 선지자와 함께 서 있는 것이다. 그들에게서 채워지기 위해. 그들에게 위로받기 위해. 그들에게서 힘을 얻기 위해.

구세주는 그들이 줄 수 있는 모든 힘과 격려가 필요하다. 죽음이라는 현실이 그를 무겁게 짓누르고 있기 때문이다. 그리고 그에게는 지금 이 산 위에서 맞는 순간이 하늘이 베풀어주는 성례식이다. 그를 기다리고 있는 영광을 미리 맛보는 것이다. 메시아를 위한 만찬에서 그에게 주어질 기쁨을 미리 한 모금 마시는 것이다. 이 성례는 그날을 위해 그의 미각을 자극할 뿐 아니라 앞으로 맞이할 날들을 위해 그를 지탱해준다.

그러나 이 순간의 신성함은 그것을 기념하려는 어리석은 시도로 방해를 받는다.

"주여, 우리가 여기 있는 것이 좋사오니 만일 주께서 원하시면 내가 여기서 초막 셋을 짓되 하나는 주님을 위하여, 하나는 모세를 위하여, 하나는 엘리야를 위하여 하리이다."

다시 한 번 베드로는 주님의 길을 막아선다. 그리고 자신도 모르는 말을 많이 한 후 다시 한 번 옆으로 비켜서라는 지시를 받는다. "이는 내 사랑하는 아들이요 내 기뻐하는 자니 너희는 그의 말을 들으라."

이 말이 끝나자 산이 진동하고 제자들은 땅에 엎드러진다. 그러나 그 말은 예수에게는 다른 효과, 곧 그의 마음을 진정시키는 효과를 준다. 그것은 3년 전 그가 광야에서 시험받을 때 들어야 했던 말이다. 그리고 이제 십자가의 고통을 당하기 전에 들어야 하는 말이다.

그는 이 말을 들을 필요가 있다. 아니 말보다도 그에게는 소리 그 자체가 필요하다. 그 친숙한 억양이 필요한 것이다. 아버지의 음성이, 너무도 풍부하고 낭랑한 그 음성이, 영원으로 가득한 그 음성이 필요한 것이다. 아버지의 음성은 단지 소리만으로도 그에게 새로운 힘을 부어준다.

마치 번개가 찌르는 듯 공기의 베일을 가르고 그 소리가 돌아온다.
"너희는 그의 말을 들으라."

이 명령은 천둥소리 같은 구두점을 따라 들리면서 제자들 위로 쏟아져 그들을 땅에 더 납작하게 엎드리게 한다.

예수가 그들에게 들려주려 했던 메시지는 중요한 것이었다. 그것은 그가 고난받고 죽임당해야 한다는 것이다. 그리고 제자들은 이 사실을 현실로 받아들여야 한다. 그는 산에 오르기 전에 이 사실을 말했다. 그러나 베드로는 들으려 하지 않았다. 예수는 산을 내려갈 때 다시 한 번 말하려고 한다. 그때는 제자들이 들을 것이다. 그리고 이해하고 슬퍼할 것이다.

제자들이 떨면서 땅 위에 엎드려 있을 때 예수는 그들을 만지며 일어나라고 말한다. 천둥과 번개가 지나고 태양이 다시 구름 사이로 나타나 떨고 있는 지구에 그 온기를 퍼뜨리듯 구세주의 손길은 떨고 있는 제자들에게 확신을 준다.

"두려워하지 말라."

그들은 위를 쳐다본다. 모세는 보이지 않는다. 엘리야도 없다. 구름과 빛은 사라졌다. 그들 눈에는 오직 예수만 보인다. 오직 그의 얼굴만이, 오직 그의 눈만 보인다.

여러 해가 지난 후 베드로와 요한은 자신들이 그날 본 것에 대해 썼다.

"우리가 그의 영광을 보니"(요 1:14)라고 요한은 증거한다. 요한에게는 그 순간이 구세주의 신성이 드러난 순간이었다. 그에게는 그가 본 영광이 성막 안에 나타나던 쉐키나 영광과 같은 것이었다. 다만 이 경우 동물의 가죽이나 나무 막대기로 만든 성막이 아니고 인간의 살과 뼈로 된 성막이라는 차이가 있을 뿐이다.

훗날 베드로는 "우리는 그의 크신 위엄을 친히 본 자라"(벧후 1:16)고 회고한다. 그리고 그에게는 그 순간이 장차 올 하나님 나라에 대한 예언적 말씀을 확증해준 기적적인 표적과 같았다.

세 사람 중 야고보만 이 사건을 기록하지 않았다. 어쩌면 그도 기록으로 남기려 했을 것이다. 그러나 열두 제자 중 가장 먼저 순교했기 때문에 그의 삶은 짧게 끝났다. 비록 이 긴장된 순간을 기록하지는 못했지만 예수에 대한 기억은 마음속 깊이 새겨져 마지막 고난의 순간에 그를 지켜주었음이 틀림없다. 마치 그보다 앞서간 구세주를 지켜주었듯이.

그날 그 산 위에서 제자들은 이전에 한 번도 본 적 없는 모습의 예수를 보았다. 이전에는 영광을 향해 빠르게 달려가는 낙타 위에 타고 있는 자신들을 보았다. 그 위에서 그들은 장차 올 하나님의 나라에서 위대해지고자 하는 생각으로 현기증을 느꼈다. 그러나 그들은 영광으로 가는 길이 고난이라는 터널을 통과해야 한다는 것을 보지 못했다.

예수는 제자들에게 자기를 따라 이생과 내생을 이어주는 그 터널을 통과하자고 제안했다. 그 터널에 들어가기 위해서는 몸을 숙여야 하고, 좁은 입구를 통해 들어가려면 가진 모든 것을 내려놓아야 할 것이다.

바로 여기에 변화산의 메시지가 있다.

그것은 문자적으로 터널 끝에 있는 빛이다. 다른 쪽에서 비추는 영광의 빛이다. 영광에 이르는 길은 고난을 돌아가는 것이 아니라 그것을 통해 가는 것이다. 그리고 기쁨은 돌아가는 데서가 아니라 목적지에서만 찾을 수 있다.

제자들에게 그 터널을 기어서 통과할 힘을 주는 것은 단지 그리스도와 함께하는 것만이 아니라 그의 영광을 나누어 갖는 보상도 포함된다. 그리고 이 보상은 너무나 황홀해 그들이 통과해야 하는 것이 무엇이든, 그들이 버려야 하는 것이 무엇이든지 도저히 비교되지 않는다.

그러나 그리스도의 영광에 동참하기 위해 우리는 먼저 그의 고난에 동참해야 한다. 왕관을 쓰기 전에 먼저 십자가를 져야 한다. 높임을 받기 전에 먼저 낮아져야 한다.

비록 베드로는 이 메시지를 더디 깨닫기는 했지만 그날 그 산에서 확실히 들었다. 여러 해가 지난 후 그는 한때 구속 드라마에서 고난이 감당하는 역할에 대해 자신이 느꼈던 혼란을 그 당시 겪고 있는 사람들에게 이렇게 썼다.

"사랑하는 자들아 너희를 연단하려고 오는 불 시험을 이상한 일 당하는 것같이 이상히 여기지 말고 오히려 너희가 그리스도의 고난에 참여하는 것으로 즐거워하라. 이는 그의 영광을 나타내실 때에 너희로 즐거워하고 기뻐하게 하려 함이라"(벧전 4:12).

바로 이것이 변화산에서 얻을 수 있는 메시지다. 이것은 마지막에 우리를 기다리고 있는 기쁨에 관한 것이다. 그리고 구세주도 이 기쁨을 듣고 보며 느낄 필요가 있었다. 예수가 산을 내려가 십자가를 질 수 있도록 힘을 준 것이 다름 아닌 산 위에서 그가 맛보았던 기쁨이었기 때문이다.

기
도

가장 위대한 왕이신 주님,

　당신이 변화산에서 죽음의 그림자가 깔린 골짜기로 내려오신 것이 얼마나 큰 희생이었는지를 제가 깨닫기 원합니다. 그것은 승리의 정상에서 눈물로 얼룩진 비천함의 개울로 내려오신 것입니다. 그것은 표현할 수 없는 영광에서 말로 다할 수 없는 수치로 내려오신 것입니다.

　친히 낮아지신 당신은, 그 산에서 모세와 엘리야의 안내를 받으며 쉽게 하늘로 올라가실 수 있었습니다. 그 산 위의 고요함 속에서 남은 생애를 보내실 수도 있었습니다. 친밀한 이들과 함께 시간을 보내고, 당신을 반대하는 자들의 분노에서 보호를 받으며, 산 아래 거리에서 벌어지고 있을 인간들의 남루한 다툼에서 멀리 계실 수 있었습니다.

　그러나 당신은 언덕을 내려가는 쪽을 택하셨습니다. 실이 다 헤어져 거리에서 방황하고 있는 인간들의 끈을 꿰매기 위해, 그 끔찍한 못에 당신의 부드러운 팔목을 내어주기 위해 내려가는 쪽을 택하셨습니다. 그리고 마침내 추위와 외로움으로 가득한 땅속으로까지 내려가셨습니다.

　오, 가장 영광스러운 주님, 이 길이 영광에 이르는 길임을 깨닫게 해 주십시오. 이 땅에서 저의 십자가를 지고 가야 하나님 나라에서 면류관을 쓸 힘을 얻을 수 있음을, 그리고 제가 지고 가는 십자가가 제 등을 휘게 할 때 비로소 면류관을 곧장 머리에 쓰는 위험에 빠지지 않고 겸손을 배울 수 있다는 것을 깨닫게 해주십시오.

　그 면류관을 주시는 하나님 나라가 임하기를 기도합니다. 당신의 나라가 속히 임하기를 원합니다.

　언제나 잘못된 시간에 잘못된 것만을 말하고 또 천사들조차 가까이 가기를 두려워하는 곳까지도 주저 없이 함부로 발을 내딛는 베드로에게 그 길을 보여주신 것에 감사드립니다. 그에게 단지 그가 어떤 사람인지를 보여주신 것뿐만 아니라 어떤 사람이 될 것인지도 함께 보여주신 것에 감사드립니다.

　제게도 은혜를 베풀어주셔서 주변 사람들을 그러한 시각으로 보게 해주십시오. 오, 주님. 베일을 벗겨주셔서 제가 그들을 다른 빛 아래에서 볼 수 있도록, 이 지상의 평범한 장막과 그 초라함을 뛰어넘어, 표면에 드러나는 급하게 꿰맨 자국을 넘어, 그 뒤에 있는 참모습을 보게 해주십시오. 제가 그들 영혼의 지성소를 들여다볼 수 있도록, 언젠가 하늘에서 그들의 소유가 될 영광스러운 모습을 잠깐이라도 볼 수 있도록 도와주십시오.

　저는 변화산의 메시지를 이해하고 싶습니다. 이 세상의 어떤 어두운 터널도 비출 수 있는 소망으로 찬란하게 빛나는 메시지를. 그 터널이 얼마나 길고 얼마나 힘들든지, 얼마나 어둡고 춥고 외롭든지 그곳을 환하게 비출 수 있는 메시지를 이해하고 싶습니다.

　언제나, 하지만 특별히 고난 중에 믿음의 주요 또 온전하게 하시는 분이신 당신만을, 그 앞에 있는 즐거움을 위해 십자가를 참으신 주 예수 당신만을 바라볼 수 있도록 도와주십시오. 죄인들이 자기를 거역한 것을 참으신 당신을 생각하도록 도와주십시오. 그래서 저 또한 십자가를 져야 할 때 피곤하거나 낙망하지 않게 해주십시오.

귀신 들린 아이와 함께하는
놀라운
순____간

이튿날 산에서 내려오시니 큰 무리가 맞을새 무리 중의 한 사람이 소리 질러 이르되 "선생님 청컨대 내 아들을 돌보아 주옵소서. 이는 내 외아들이니이다. 귀신이 그를 잡아 갑자기 부르짖게 하고 경련을 일으켜 거품을 흘리게 하며 몹시 상하게 하고야 겨우 떠나가나이다. 당신의 제자들에게 내쫓아 주기를 구하였으나 그들이 능히 못하더이다."

예수께서 대답하여 이르시되 "믿음이 없고 패역한 세대여, 내가 얼마나 너희와 함께 있으며 너희에게 참으리요? 네 아들을 이리로 데리고 오라" 하시니 올 때에 귀신이 그를 거꾸러뜨리고 심한 경련을 일으키게 하는지라. 예수께서 더러운 귀신을 꾸짖으시고 아이를 낫게 하사 그 아버지에게 도로 주시니 사람들이 다 하나님의 위엄에 놀라니라.

_ 누가복음 9:37-43

묵
상

아이는 덮개 속에서 웅크린 채 꺼져가는 작은 기름 등불 아래서 창백한 얼굴로 잠든 듯 누워 있다. 아버지는 아이의 머리를 부드럽게 쓰다듬는다.

한 줄기 눈물이 그의 뺨을 타고 흘러내린다.

아이가 결코 배우지 못할 기술을 생각하며, 아이가 결코 사랑하지 못할 아내를 생각하며, 자신은 아이와 함께 침대에 눕지만 아이는 함께할 자녀를 결코 보지 못할 것을 생각하며 흘리는 눈물이다.

사탄은 아이에게서 이 모든 것을 앗아갔다.

부모로서 아버지의 역할은 단지 아이를 돌보는 것 외엔 없다. 아버지로서 아이를 빼앗긴 것이다.

부모가 누려야 할 단순한 기쁨을 빼앗겼다. 아버지가 아들을 위해 꿈꿀 수 있는 소망, 꿈, 열망을 빼앗겼다. 작은 아이가 만들어내는 모든 소음, 아이다운 모든 질문, 장난치며 웃는 모든 웃음, 아버지와 아들 사이에 오고 가는 모든 대화를 빼앗겼다.

걱정스러운 질문들이 갑자기 떠오르자 그는 소리 없이 흘리던 눈물을 멈춘다. 아내와 내가 죽으면 어떻게 되나? 그때 누가 이 아이를 데려갈 것인가? 누가 이 아이를 먹이고 돌보아줄 것인가?

그의 마음이 무겁게 가라앉는다. 그는 이 모든 질문의 답을 알기 때문이다. 아무도 없다. 아무도 귀먹고 벙어리인 데다 급작스러운 발작을 일으키는 아이를 원하지 않는다.

침대에 푹 파묻힌 아이는 무척 평온해 보인다. 그러나 실제 삶은 이 모습과는 거리가 멀다.

아이를 사로잡는 발작은 간헐적으로 그러나 급작스럽게 일어난다. 그리고 발작이 시작되면 땅에 엎어져 경련을 일으키고 이를 갈며 마치 미친 동물처럼 입에 거품을 뿜는다.

발작이 가라앉은 아이에게 보이는 것은 그를 둘러싼 걱정스러운 얼굴들이다. 정신을 차리고 일어나면 사람들은 제 갈 길로 가며 그가 거리에 나온 것을 야단친다.

혼자 있기를 원하는 아이가 되어가는 것은 이해할 만하다. 그는 침묵의 대륙에 있는 자들이 꺼리는 시선을 보내는 고독한 섬이다.

부모들은 자기 아이들에게 그에게 가까이 가지 말라고 당부한다. 그래서 아이는 어린 시절뿐 아니라 친구마저 빼앗겼다.

아이의 삶에서 가치 있는 것은 모두 사라졌다. 그는 허물어지는 건물처럼 보인다. 아무도 살지 않고 훼파되었으며, 결국은 허물기로 예정한 건물처럼.

그의 삶 모든 구석에는 파멸의 잠재력이 웅크리고 있다. 마치 학교에서 집으로 오는 아이를 두들겨주기 위해 기다리는 깡패처럼 잔인한 영이 그를 노리고 있다. 그놈은 슬며시 아이에게 뛰어들고, 뒤에서 그를 덮치며, 그의 얼굴을 흙 속에 처박는다. 그러면서 이 횡포를 즐기는 것이다.

그놈은 다름 아닌 우리의 대적 마귀다. 마귀는 바로 이런 존재다. 그는 겁쟁이며 잔인하다. 그리고 그의 방법은 언제나 밀거나 제치거나 아니면 잔인하게 만드는 것이다.

마치 굶주린 사자처럼 마귀는 삼킬 자를 찾아 으르렁거리며 돌아다닌다. 앞발로 낚아챌 수 있는 사람을, 이빨로 물어뜯을 수 있는 사람을 찾아다닌다. 약하고 천진하며 방어할 수 없는 자들을 찾아다닌다. 야수처럼 흉악하게. 그리고 사자가 교활하게 물소 떼에 접근하듯 그는 가장 어리고 가장 쉽게 공격할 수 있는 자를 찾아내 무자비하게 달려들어 그를 쓰러뜨리고 만다.

아이의 아버지는 예수가 이 동네에 있다는 소문을 듣고 이 구세주는 어떤 방법으로든지 그의 아들을 사탄의 마수에서 벗어나게 해주리라는 희망을 안고 그를 찾아온다. 그는 무릎을 꿇고 두 손을 모아 절망적인 탄원을 올린다. 그는 깊은 상처를 안고 있는 아버지만이 할 수 있는 모습으로 간청한다.

예수는 그의 절망적인 마음을 보고 묻는다.

"언제부터 이렇게 되었느냐?"

"어릴 때부터니이다. 귀신이 그를 죽이려고 불과 물에 자주 던졌나이다. 그러나 무엇을 하실 수 있거든 우리를 불쌍히 여기사 도와주옵소서."

"할 수 있거든 이 무슨 말이냐? 믿는 자에게는 능히 하지 못할 일이 없느니라"고 예수는 대답한다.

아버지는 버려진 얼굴에 눈물을 흘리며 예수의 눈을 쳐다보고 간청한다. "내가 믿나이다. 나의 믿음 없는 것을 도와주소서."

예수는 아이를 돌아보고 그 안에 있는 귀신에게 명한다. "벙어리 되고 귀먹은 귀신아, 내가 네게 명하노니 그 아이에게서 나오고 다시 들어가지 말라."

귀신은 소리를 지르면서 아이의 몸을 떠나기 전 마지막으로 완강하게 반항하며 아이의 몸을 격하게 뒤흔든다. 아이는 땅에 쓰러져 죽은 듯 힘없이 누워 있다. 사람들은 중얼거린다. "죽었다." 그러나 예수는 아이의 손을 잡아 일으켜 그를 세운다.

사람들은 아이의 삶을 그토록 끈질기게 휘어잡고 있던 악한 영이 뿌리째 뽑히는 놀라운 순간을 목격하며 안도의 한숨을 내쉰다.

예수는 아이를 아직도 흥분된 감정에 휩싸여 있는 아버지에게 인도한다. 이렇게 함으로 구세주는 도둑맞은 물건을 적법한 소유주에게 돌려준다. 눈물에 젖은 아버지에게 아이를 돌려준다. 그리고 아이에게는 그의 어린 시절을 되찾아준다.

기도

주님,

저는 원수가 얼마나 교활하고 얼마나 냉혹하며 얼마나 사악하고 얼마나 비겁한지를 보면서 그를 이전보다 더욱 경멸하고 있습니다.

학대받거나 유괴당하거나 죽임당한 아이들의 이야기를 들을 때 평온하던 제 감정이 갑자기 폭발할 듯한 분노로 바뀌는 것을 느낍니다. 그리고 그때는 수만 가지 질문이 밀려옵니다. 어떻게 당신은 마귀가 스스로 방어할 수 없는 아이들을 아무런 제한 없이 집어삼키도록 버려두실 수 있단 말입니까? 그들을 보호해야 할 천사들은 어디에 있는 것입니까? 그 아이들이 도움을 청하며 울 때 당신은 어디에 계신 것입니까?

주님, 저를 용서해주십시오. 그러나 이 질문들은 제가 성경에 나오는 약속의 말씀을 신문 기사 제목들 옆에 놓고 볼 때마다 제 마음에 떠오르는 것들입니다.

제가 이해할 수 있도록 도와주십시오. 그리고 제가 이해할 수 없을 때는 당신을 신뢰할 수 있게 도와주십시오. 그리고 제가 신뢰할 수 없을 때는 저의 불신앙을 극복할 수 있도록 도와주십시오.

오, 선한 목자이신 주님. 모든 어린아이를 지켜주십시오. 그들은 너무나 연약한데 밤은 어둡고 또 위험으로 가득 차 있습니다.

이 시간 특별히 신체적으로 유린당하는 아이들을 위해 기도합니다.

소아 당뇨나 간질병으로 수치심을 느끼고, 때로는 생명을 위협하는 발작으로 고통당하는 아이들을 위해서도 기도합니다.

귀가 들리지 않아 아무 소리도 없는 세상에서 외롭게 살아야 하는 아이들을 위해 기도합니다.

소리를 내지 못하기 때문에 자신을 분명하게 표현할 수 없는 아이들을 위해 기도합니다.

주님, 그들에게 자비를 베풀어주십시오. 그들에게는 특별한 필요가 있습니다. 그들의 부모님들에게도 자비를 베풀어주십시오. 그들 또한 특별히 바라는 것이 있습니다.

그들에게 더욱 풍성한 은총을 내려주셔서 아이들을 돌보기 위해 해결해야 할 특별한 문제들을 잘 감당할 수 있게 도와주십시오.

그들에게 힘을 주셔서 험한 언덕길을 잘 넘을 수 있게 해주십시오.

그들에게 참을성을 주셔서 그들 뒤에서 수군대는 무감각한 사람들을 용서할 수 있게 해주십시오.

그들에게 자유를 주셔서 과거에 저지른 어떤 잘못 때문에 형벌을 받고 있다는 느낌에서 벗어날 수 있게 해주십시오.

그들에게 해방감을 주셔서 자녀를 위해 최선을 다하지 못했다는 죄책감에서 벗어나게 해주십시오.

그들에게 영적으로나 육체적으로 쉼을 주십시오. 그들이 얼마나 쉼을 원하는지는 오직 당신만이 아십니다.

당신이 특별히 마귀의 일을 멸하러 오셨음에 감사드립니다. 그가 파괴한 것을 고치시고 그가 훔쳐간 것을 되찾기 위해 오셨음에 감사드립니다.

주님, 이 시간 특별히 어린 시절을 빼앗긴 _____라고 불리는 아이를 도와주시기를 간구합니다.

간음하다 현장에서
잡힌 여인과 함께하는
친밀한
순____간

예수는 감람 산으로 가시니라. 아침에 다시 성전으로 들어오시니 백성이 다 나아오는지라. 앉으사 그들을 가르치시더니 서기관들과 바리새인들이 음행 중에 잡힌 여자를 끌고 와서 가운데 세우고 예수께 말하되 "선생이여, 이 여자가 간음하다가 현장에서 잡혔나이다. 모세는 율법에 이러한 여자를 돌로 치라 명하였거니와 선생은 어떻게 말하겠나이까?"

그들이 이렇게 말함은 고발할 조건을 얻고자 하여 예수를 시험함이러라. 예수께서 몸을 굽히사 손가락으로 땅에 쓰시니 그들이 묻기를 마지 아니하는지라. 이에 일어나 이르시되 "너희 중에 죄 없는 자가 먼저 돌로 치라" 하시고 다시 몸을 굽혀 손가락으로 땅에 쓰시니, 그들이 이 말씀을 듣고 양심에 가책을 느껴 어른으로 시작하여 젊은이까지 하나씩 하나씩 나가고 오직 예수와 그 가운데 섰는 여자만 남았더라.

예수께서 일어나사 여자 외에 아무도 없는 것을 보시고 이르시되 "여자여, 너를 고발하던 그들이 어디 있느냐? 너를 정죄한 자가 없느냐?" 대답하되 "주여, 없나이다." 예수께서 이르시되 "나도 너를 정죄하지 아니하노니 가서 다시는 죄를 범하지 말라" 하시니라.

_ 요한복음 8:1-11

> 묵상

도시의 평온한 정적을 깨뜨리는 그 요란한 소동은 2-4킬로미터 떨어진 곳에서도 들을 수 있을 정도였다. 그리고 예수의 가르침을 듣기 위해 모여든 사람들 한가운데로 한 여인이 던져진다.

여인은 맨발에 흐트러진 몸가짐이다. 그리고 몸부림을 친 탓에 땀으로 흠뻑 젖어 있다. 머리카락 뭉치가 얼굴을 덮고 있고 턱이 굳어 있다. 이는 꽉 물려 있고, 입술은 반항의 빛을 띠며 굳게 다물어져 있다. 코로는 도전적인 숨결을 내뿜고 있다.

"음란한 여자 같으니라고!" 사람들은 고소한다.

"현장에서 잡히다니!"

그러나 누구에게 잡혔단 말인가? 그리고 왜 잡혔는가?

율법 선생들이나 바리새인들은 율법에 호소하면서 사형 판결을 내린다. 그러나 어떤 사람을 사형에 처하기 위해서는 율법에 따라 적어도 둘 이상의 증인이 있어야 한다. 그리고 그들은 간음하는 현장을 목격한 자들이어야 한다.

이 장면을 상상할 수 있겠는가? 그녀의 방을 엿보기 위해 흘끔거리는 바리새인들을. 그들은 얼마나 오랫동안 훔쳐보았을까? 그들은 얼마나 많은 것을 보았을까? 그리고 그 은밀한 밀회 장소를 훔쳐보며 그들 역시 음란한 생각으로 가득 차지 않았을까? 적어도 두 명은 그 장면을 목격했다. 그러나 그렇게 훔쳐본 죄에 대해서는 조금도 미안해하지 않는다. 또 죄인에게 조금의 동정심도 느끼지 않는다.

충분히 엿보고 나자 이 도덕의 수호자들은 그녀가 벌거벗어 조금도 방어할 수 없을 때 문을 박차고 침실 안으로 뛰어든다. 제압하려는 그들의 손을 피하려고 그녀는 몸부림을 친다. 그들은 마치 시장에 내다 팔기 위해 발버둥 치며 꽥꽥거리는 돼지에게 자루를 씌우듯 그녀에게 옷을 뒤집어씌운다.

그녀는 그런 모습으로 성전에 도착한다. 은밀한 포옹의 장면이 발각 나 대중 앞에 수치스러운 몰골로 내던져진 것이다.

이것이구나, 그녀는 생각한다. '이것으로 끝이구나.' 그녀의 운명은 이제 영원히 남자들의 손아귀에 놓였다. 그들의 손에서 그녀는 빵을 받았었다. 이제는 돌을 받을 차례다.

그녀는 거기에 서 있다. 증오로 일렁이는 깊은 눈을 내리깔고. 그리고 그녀를 둘러싼 모든 눈이 불타는 증오로 답변한다. 그녀 영혼에 주홍 글씨를 아로새기면서. 모든 눈은, 다시 말해 예수의 눈을 제외한 나머지 눈은.

한편 그녀와 사랑을 나누던 남자는 어디에 있는가? 미리 짠 것처럼 창문을 통해 달아난 것일까? 이 음모의 내용 중 한 가지는 예수를 올무에 빠뜨리려는 것이다. 그들의 목적은 여인을 망신주려는 것도 아니고 율법을 옹호하려는 것도 아니다. 그들이 원하는 것은 예수다. 그녀는 단지 미끼일 뿐이다. 그리고 그들의 질문은 쥐덫의 용수철인 것이다.

예수는 여러 번 죄인들에게 연민의 정을 보여왔다. 그러나 모세 율법은 죄인을 다루는 데 타협도 없고 차별도 없다. 만일 종교 지도자들이 예수를 율법의 돌판에 대한 충성과 죄인을 향한 사랑 사이에 끼워 넣을 수만 있다면, 그때는 확실히 그의 본색을 만방에 드러낼 수 있을 것이다. 만일 예수가 그녀를 놓아준다면, 그들은 속으로 따져본다. 그가 그렇게 하리라는 것은 거의 확실한데 그것은 율법을 어기는 것이다. 그러면 예수를 산헤드린 앞으로 끌고 가 고소할 근거를 얻게 된다.

그들이 놓은 덫이 튀어 오르게 하려면 "부활 때에 그녀는 누구의 아내가 되겠습니까?" 하는 식의 이론적인 질문으로는 안 된다. 그것은 이 여자의 운명뿐 아니라 그리스도의 운명도 함께 걸려 있는 삶과 죽음을 가르는 질문인 것이다.

종교 지도자들로서는 실망스럽게도 예수는 논쟁에 가담하지 않는다. 그는 단지 몸을 굽히고 생각을 모을 뿐이다.

침묵은 귀를 먹게 한다. 이 장면은 긴장된 순간이다. 그는 손가락으로 땅에 무엇인가를 쓴다. 이 의인들은 그가 쓴 것을 읽고자 목을 길게 뺀다. 그가 쓴 것이 무엇인지는 영원히 수수께끼로 남을 것이다. 어쩌면 그것은 군중이 범한 죄의 목록인지도 모른다. 어쩌면 그것은 모세의 글귀를 인용한 것인지도 모른다. 어쩌면 그것은 거기에 모인 유명 지도자들의 이름인지도 모른다. 그가 쓴 것이 무엇이었든지 그것은 그 자리에 모인 사람들에게 보이기 위한 것이지 우리에게 보이기 위한 것은 아니었다. 그리고 그것이 무엇이었든지 일을 해결하는 데는 별로 영향을 끼치지 못한 것 같다. 그들이 계속해서 그에게 판결을 내릴 것을 요구했기 때문이다.

예수는 일어선다. 모든 눈이 그에게 고정된다.

마침내 예수는 말문을 연다.

"너희 중에 죄 없는 자가 먼저 돌로 치라."

이 말에 사람들의 마음이 무장 해제된다. 손에 들렸던 돌이 하나씩 땅으로 떨어진다. 그리고 한 사람씩 그 자리를 떠난다. 나이 많은 자부터 떠나기 시작한다. 그들이 가장 현명하기 때문이다. 아니면 가장 죄가 많기 때문인지도 모른다.

예수는 다시 몸을 굽혀 땅에 쓴다. 이번에는 오직 그녀만 읽도록 쓴다.

이제 두 사람만 남았다. 율법을 어긴 자와 율법을 주신 자 둘뿐이다. 그러나 그녀를 정죄할 수 있는 자격을 갖춘 유일한 분이 그녀를 정죄하지 않는다.

그녀는 숨을 깊게 들이쉰다. 그녀의 가슴이 그의 손안에 든 나방처럼 팔딱거린다.

구세주는 이 이름 모를 여인을 위해 나섰고 그녀를 위해 싸웠다. 그녀는 그가 승리하여 거둔 전리품이다. 그는 다시 몸을 일으킨다. 이번에는 그녀에게 자유를 주기 위해서다.

"여자여, 너를 고발하던 그들이 어디 있느냐?" 그는 묻는다.

그녀의 입술에서 희미한 음성이 새어 나온다. "주여, 없나이다."

그녀는 대답을 기다린다. 분명히 한바탕 설교가 쏟아질 것이다. 그러나 아무 설교도 들리지 않는다.

들려오는 것은 은혜의 말씀이다. "나도 너를 정죄하지 아니하노니 가서 다시는 죄를 범하지 말라." 이제부터 죄 된 삶을 버려야 한다는 진리의 말씀이다.

떨리던 몸이 점차 진정되기 시작한다. 그녀의 얼굴이 부드러워진다. 그녀의 이마에 새겨졌던 주름살도 펴지기 시작한다.

내가 더 머물러 있어야 하나? 내가 어떤 질문을 해야 하나? 그에게 감사하다고 말해야 하나? 여러 질문이 그녀의 마음을 스쳐 지나간다.

그녀는 그의 얼굴을 들여다본다. 그의 이마도 펴져 있다. 이 일은 그에게도 시련이었다. 나지막하게 웃는 그의 미소는 이렇게 말하는 듯 보인다. "가라. 너는 이제 자유다."

그녀는 입을 열어 무엇인가를 말하려고 한다. 그러나 말이 나오지 않는다. 그녀는 걸어간다. 그러나 떠나기 전에 멈춰 선다. 잠시 머뭇거리다 그에게 감사하기 위해 뒤를 돌아본다. 하지만 예수는 앉아 있다.

얼굴을 손에 묻고 아버지께 감사의 기도를 드리면서. 그녀는 다시 몸을 돌이켜 그녀의 길을 간다. 그녀의 죄악 된 삶을 뒤로한 채.

그녀는 떠날 때 눈물을 흘리지 않았다. 하지만 훗날에는 흘릴 것이다. 어느 날 생각지도 못한 순간에… 아이들이 자고 있는 모습을 볼 때, 일하러 나가는 남편이 손을 흔들며 인사할 때.

그녀가 가질 수 있으리라 결코 꿈꾸지 못했던 결혼과 가정… 다른 모든 사람이 그녀를 돌로 치려 할 때 그녀를 위해 몸을 일으켜 나서주신 주님이 아니었더라면, 그녀를 일으켜주고 용서해주며 자기의 길을 가도록 몸을 숙이셨던 주님이 아니었더라면 결코 가질 수 없었던 것을 누리면서… 그녀는 눈물을 흘리게 될 것이다.

기도

주 예수님,

저에게도 사람들 사이에서 정죄 받았던 순간이 있었음을 부끄럽지만 고백합니다. 또 다른 사람들을 정죄한 적도 있었음을 고백합니다.

제 마음이 음란으로 가득 찼던 때가 있었음을 고백합니다. 그리고 제 손에 돌을 잔뜩 들었던 때가 있었음도 고백합니다.

너무나 쉽게 방황하고 너무나 빨리 주님께 약속한 것을 잊어버리는 저를 용서해주십시오. 또한 다른 사람들의 죄를 당신께 가져오는 데는 열정적이면서도 정작 저 자신의 죄에 눈감았던 것을 용서해주십시오. 바리새인처럼 잘난 체하면서 다른 사람을 판단했던 많은 순간을 용서해주십시오. 저는 다른 사람을 판단할 자격이 없습니다. 자격을 갖추신 주님도 그들을 판단하지 않으셨습니다. 당신을 좀 더 닮을 수 있도록 도와주십시오. 은혜와 진리가 충만하신 예수님, 제가 율법의 문구에 얽매여 살지 않고 수많은 아침마다 당신이 여인에게 보여주신 연민의 마음을 따라 살게 해주십시오.

다른 사람이 넘어졌을 때 나이 많은 사람들이 보여준 지혜를 주십시오. 그래서 다른 사람들보다 먼저 제 손에서 돌을 내려놓고, 자기 의로 충만한 현장에서 다른 사람들보다 먼저 발길을 돌려 떠나게 해주십시오.

당신의 따뜻한 용서의 말씀에 감사드립니다. "나도 너를 정죄하지 아니하노라." 당신의 입에서 흘러나온 자유를 주는 그 말씀에, 제가 넘어질 때마다 듣고 또 들었던 그 말씀에 감사드립니다. 그리고 제가 결코 들을 자격이 없는 그 말씀을 통해 얻는 힘으로, 죄의 삶을 버리고 제 길을 갈 수 있도록 도와주십시오.

사랑에 대해
배우는
순____간

어떤 율법교사가 일어나 예수를 시험하여 이르되 "선생님, 내가 무엇을 하여야 영생을 얻으리이까?"

예수께서 이르시되 "율법에 무엇이라 기록되었으며 네가 어떻게 읽느냐?"

대답하여 이르되 "네 마음을 다하며 목숨을 다하며 힘을 다하며 뜻을 다하여 주 너의 하나님을 사랑하고 또한 네 이웃을 네 자신같이 사랑하라 하였나이다."

예수께서 이르시되 "네 대답이 옳도다. 이를 행하라. 그러면 살리라" 하시니 그 사람이 자기를 옳게 보이려고 예수께 여짜오되 "그러면 내 이웃이 누구니이까?"

예수께서 대답하여 이르시되 "어떤 사람이 예루살렘에서 여리고로 내려가다가 강도를 만나매 강도들이 그 옷을 벗기고 때려 거의 죽은 것을 버리고 갔더라. 마침 한 제사장이 그 길로 내려가다가 그를 보고 피하여 지나가고 또 이와 같이 한 레위인도 그곳에 이르러 그를 보고 피하여 지나가되 어떤 사마리아 사람은 여행하는 중 거기 이르러 그를 보고 불쌍히 여겨 가까이 가서 기름과 포도주를 그 상처에 붓고 싸매고 자기 짐승에 태워 주막으로 데리고 가서 돌보아주니라. 그 이튿날 그가 주막 주인에게 데나리온 둘을 내어 주며 이르되 '이 사람을 돌보아주라. 비용이 더 들면 내가 돌아올 때에 갚으리라' 하였으니 네 생각에는 이 세 사람 중에 누가 강도 만난 자의 이웃이 되겠느냐?"

이르되 "자비를 베푼 자니이다." 예수께서 이르시되 "가서 너도 이와 같이 하라" 하시니라.

_ 누가복음 10:25-37

"누가 내 이웃입니까?"

한 율법사가 논쟁을 가라앉히기보다는 먼저 자신의 불편한 양심을 달래려 이 질문을 던졌다. 그는 이 질문에 대한 답변을 예기치 않은 곳에서 찾는다. 바로 예루살렘으로 향하는 먼지가 풀풀 나는 길 위에서였다.

여리고에서 예루살렘으로 가려면 바위와 협곡, 부서지기 쉬운 석회암 돌출물이 널려 있는 광야를 지나 계속 내려가야 한다. 이 길에서 볼 수 있는 유일한 색은 떠오르는 태양이 백토질의 언덕 위로 핑크빛 붓질을 하며 그려내는 빛깔뿐이다. 이 길은 그런 언덕들을 꼬불꼬불 지나며 25킬로미터나 이어지는데, 위험할 정도로 가파른 협곡에 근접하거나 맨몸을 드러내는 바위들을 감싸며 빙 돌아가야 할 때도 있다.

이 길의 모퉁이에는 냉혹한 범죄자들이 마치 방심하고 있는 곤충이 함정에 빠지기를 기다리는 독거미처럼 몸을 숨기고 지나가는 사람들을 기다리고 있다. 바로 그런 이유로 이 길은 '피의 길'이라고 불린다.

피곤함에 지친 한 제사장이 이 길을 지나간다. 강도들은 그의 옷을 보고 그가 제사장임을 즉시 알아본다. 그래서 그에게 손을 대지 않고 내버려 둔다. 범죄자들도 성스럽게 여기는 것이 있다. 또한 이렇게도 생각한다. 어쨌든 제사장들은 값나가는 것을 몸에 지니고 있지 않으니까.

그 제사장은 8일 동안의 성전 봉사를 마치고 돌아가는 길이다. 아침부터 밤까지 곧고 좁은 율법의 길을 사람들에게 가르쳤다. 그들이 곁길로 빠질 때는 그들을 위해 중보기도를 올렸다. 향을 사르고, 기도하며, 제사를 드린다. 그는 법적인 판결 문제부터 성전의 등불 심지를 다듬는 사소한 일까지 일일이 돌보느라 피곤한 날들을 보냈다.

그러나 지금 그는 모든 일을 마치고 거룩한 도시 근교에 있는 세속적인 도시인 여리고에 있는 집으로 돌아가는 길이다.

제사장은 시편을 묵상하며 이 길을 지나가고 있다. 그러나 히브리 시의 아름다운 운율은 길옆에서 들려오는 신음으로 끊기고 만다.

거기에 벌거벗은 한 육체가 쓰러져 있다. 제사장은 곁눈질해본다. 유대인인 것 같은데 확실하지는 않다. 그는 얻어맞아 만신창이가 되어 쓰러져 있다. 그리고 그가 흘린 피는 그 밑의 흙을 검붉게 물들였다.

율법은 만일 사람이 형제의 나귀나 소가 길옆에 떨어져 있는 것을 보게 되면 모른 체하지 말고 반드시 도와주어야 한다고 말한다. 그렇다면 형제가 쓰러져 있을 때는 얼마나 더 적극적으로 도와야 하겠는가?

그러나 제사장의 마음에 떠오른 율법 구절은 그 부분이 아니다. 그는 죽은 사람의 몸에 접촉하는 자는 7일 동안 부정하게 된다고 말하는 구절을 생각한다.

제사장은 자신을 합리화한다. 이 불쌍한 사람은 거의 죽게 되었다고. 만일 자기가 그 사람을 도와주면 그는 자신의 팔에 안겨 죽게 될 것이라고. 그러면 자신은 몸을 정결하게 하기 위해 복잡한 의식 절차를 행해야 할 것이라고. 그는 지난 한 주 동안 이미 수많은 의식을 치렀던 것이다. 그 외에도 만일 제사장인 그가 부정해진다면 그는 여리고에 있는 동네 회당에서 종교적 임무도 수행할 수 없을 것이다. 더군다나 다음 주에 토라 공부를 인도해야 했다.

그래서 제사장은 자신이 부정해져 종교적 책임을 완수하지 못할까 두려워하며 그 길을 돌아 사라진다. 가르치는 것이 자신의 은사인데, 그것을 일주일 동안이나 사장하는 현명한 일이 아니니까.

그다음으로 그 길을 지나가는 사람은 레위인이다. 제사장 밑에서 일하는 그는 성전에서 드리는 예배를 돕고 있다. 그러나 그 또한 자신의 임무를 마치고 집으로 돌아가기에 급급하다.

그의 발걸음은 경쾌하다. 그는 정오까지 여리고에 도착해야 한다. 그래야 그가 개회 기도를 맡은 시의회 모임에 시간을 맞출 수 있기 때문이다. 이것은 그의 직업에서 볼 때 매우 영예스럽고 중요한 일보를 내딛는 것이다. 이로써 그는 더욱 사람들의 눈에 띌 것이고, 더 큰 영향력을 행사하는 사람들과 어울리게 될 것이다.

이것은 그에게 많은 문을 열어주는 기회며, 시의원 그리고 부유한 상인들과 교제할 수 있는 좋은 기회다. 그 상인들은 후한 기부자이다. 또한 그들은 거룩한 사람을 어떻게 대해야 하는지 안다. 일단 조금이라도 주목을 받거나 이런 사람들과 어울리기 시작하면 그것으로 된 것이다.

그렇다. 이것이야말로 그가 간절히 기다려온 기회다. 종교를 시장으로 끌어들이고 동네 중심인물들의 삶에 변화를 일으키며, 짬짬이 데나리온 한두 푼쯤 벌어들일 수 있는 기회인 것이다.

이 레위인의 마음은 여러 가능성을 놓고 바삐 움직이고 있다. 그는 그에게 쇄도할 연설 요청을 생각한다. 연회에서 상석에 앉는 것을, 지역 사회에서 가장 중요한 사업에 초대받을 일을, 호화스러운 수입품들을 원가에 구매할 수 있게 될 것을 생각한다. 아니 그의 통찰력 넘치는 가르침에 감사의 표시로 누군가 그 물건들을 거저 준다면 더욱 좋겠다.

이제 여리고로 향하는 그의 발걸음은 더욱 가벼워진다.

그러나 모퉁이를 돌며 강도들에게 맞아 쓰러져 있는 사람을 보는 순간 발걸음을 멈춘다. 그는 그를 들여다보고 태양이 기울어진 정도를 살핀다. 정오까지 여리고에 도착해야 한다. 그는 약속을 지켜야 한다. 분명히 잠시 후에 다른 사람이 이 길을 지나갈 것이다. 그는 속으로 이렇게 생각하며 길옆으로 비켜서 다시금 걸음을 내딛기 시작한다.

그 후 한 사마리아인이 나귀를 타고 먼지를 일으키며 이 길을 지나간다. 그는 사업을 위해 예루살렘에 머물다가 집으로 돌아가기 전 여리고에 들러 자신의 사업을 마무리하고자 한다.

그러나 유대의 경기는 사마리아인들에게 별로 좋지 않다. 유대인들은 그들을 경멸한다. 자신의 집에 그들을 받아들이면 자녀에게 저주가 내린다고 믿기 때문에 그들의 방문을 허락하지 않는다. 그리고 차라리 돼지의 뜨물통에 얼굴을 들이밀지언정 사마리아인의 식탁에는 결코 참여하지 않는다. 유대인이 사마리아인에게 품은 증오는 너무나 깊어 그들은 회당에서 공공연하게 사마리아인들을 저주하면서 그들을 영생에서 제외해달라고 하나님께 간구한다.

이 사마리아인은 자신의 동족도 유대인들을 이처럼 악하게 대하는 것을 보았기 때문에 자신이 무례하게 취급받은 것을 잊어버리려 한다.

그 역시 길을 도는 순간 어떤 사람이 상처를 입은 채 쓰러져 있는 것을 본다. 사마리아인의 심장은 그의 발걸음을 멈추게 한다. 그의 심장은 연민으로 가득한 나머지 질문이 떠오를 틈이 없다. 쓰러져 있는 사람은 유대인이다. 그러나 그가 어떤 민족, 어떤 종교, 또는 어떤 지역 출신인가 하는 것은 전혀 문제가 되지 않는다. 그는 지금 도움이 필요한 사람이며, 이 사마리아인에게는 오직 그것만이 문제가 될 뿐이다.

그는 나귀 등 위에 가득 쌓아 올린 짐에서 포도주 부대와 기름 항아리를 꺼낸다. 그는 그 사람 옆으로 다가가 상처를 소독하기 위해 그 위에 포도주를 붓고 고통을 덜어주기 위해 기름을 발라준다. 그리고 자신의 옷을 찢어 피를 닦아주고 생명이 흘러나가는 것을 멈추게 한다. 그리고 조심스럽게 그를 자신의 어깨로 받쳐 나귀에 태우고는 옆에서 붙들고 걷기 시작한다.

3킬로미터 정도 걸어 그들은 여관에 도착했다. 사마리아인은 그 사람을 내려놓고 여관 주인에게 하룻밤 숙박비를 낸 다음 떠날 수도 있었다. 그러나 그는 그렇게 하지 않는다. 상처 입은 사람에게는 가장 위급한 처음 24시간을 지켜보며 밤을 지새운다. 그의 상처를 해면으로 닦아주고, 붕대를 바꿔주며, 그가 의식을 차릴 때마다 몇 모금씩 입에 물을 떠 넣어주기도 하면서.

다음 날 사마리아인은 길을 떠나야 한다. 그러나 상처 입은 사람은 여행하기에 상태가 너무 위독하다. 그는 가죽 주머니를 열어 여관 주인의 손에 일꾼의 이틀분 품삯에 해당하는 은전 두 닢을 준다. 사마리아인은 그 사람을 위해 경제적인 손실을 봤을 뿐 아니라 기꺼이 빚까지 지고자 했다. 그는 자신과 아무런 상관이 없는 타인의 건강이 회복될 때까지 그를 간호해주면 그 비용을 자신이 돌아오는 길에 갚겠다고 하나님께 약속한 것이다.

우리가 아는 한 이 사마리아인은 강도 만난 사람의 영혼을 위해서는 아무것도 하지 않았다. 기도하거나, 성경 구절을 인용하거나, 전도 책자를 남겨두지 않았다. 그는 그 사람에게 필요한 육체적인 도움을 준 것뿐이다. 그러나 그것으로 충분했다. 적어도 이 이야기를 들려주신 분의 눈에는 충분했다.

좋은 이웃이 되는 것이 무엇을 의미하는지를 보여주기 위해 사마리아인은 사랑의 의미를 보여주었다. 사랑은 다른 곳을 보지 않는다. 사랑은 다른 곳을 향하지 않는다. 사랑은 기꺼이 스스로 나선다. 사랑은 기꺼이 불편을 감수한다. 사랑은 기꺼이 빚을 진다.

예수는 이 이야기를 마치면서 율법사에게 묻는다. "네 생각에는 이 세 사람 중에 누가 강도 만난 자의 이웃이 되겠느냐?" 위풍당당하던 유대인은 목이 막힌 듯 쉽게 답하지 못한다. 그는 "사마리아인입니다"라는 말을 차마 꺼내지 못하고 겨우 "자비를 베푼 자니이다"라고 대답한다.

사마리아인을 향한 유대인의 증오는 민족적이면서 동시에 종교적인 것이었다. 사마리아인들은 유대인과 앗수르인의 혼혈 종족으로서 유대인의 관점에서는 이단자다.

그들은 예루살렘 성전에서 예배드리기를 거부하고 그리심 산에 있는 성전에서 예배를 드렸다. 또 유대인들의 구약 전체가 아닌 성경의 처음 다섯 책만을 경전으로 받아들였다. 그들은 유대인과는 별도로 자신들의 제사장 제도를 만들었고, 유대 장로들의 전통을 무시했다.

사마리아인들을 향한 유대인들의 감정을 안다면, 이 유대인 율법사가 유대 율법의 중심 계명에 대한 설명을 그가 가장 경멸하는 사람의 예화를 통해 들었을 때 얼마나 힘들었을지 상상할 수 있다.

누가복음에 이 이야기가 나오는 바로 전 장에 한 사마리아 마을 전체가 예수를 배척한 사건이 기록되어 있다. "예수께서 승천하실 기약이 차가매 예루살렘을 향하여 올라가기로 굳게 결심하시고 사자들을 앞서 보내시매 그들이 가서 예수를 위하여 준비하려고 사마리아인의 한 마을에 들어갔더니 예수께서 예루살렘을 향하여 가시기 때문에 그들이 받아들이지 아니하는지라. 제자 야고보와 요한이 이를 보고 이르되 주여 우리가 불을 명하여 하늘로부터 내려 저들을 멸하라 하기를 원하시나이까? 예수께서 돌아보시며 꾸짖으시고 함께 다른 마을로 가시니라"(눅 9:51-55).

예수도 유대인이었고, 그가 최근에 사마리아인에게 배척당한 것을 알았다면, 보통은 그가 이 이야기에서 사마리아인을 강도당한 자로 등장시키거나 아니면 강도당한 자를 외면하고 지나간 사람 중 하나로 등장시켜도 이상하지 않을 것이다.

그러나 예수는 그렇게 하지 않았다. 오히려 그는 사마리아인을 이야기의 영웅으로 삼았다. 제자들이 사마리아인의 괘씸한 행동에 격분한 나머지 그들을 저주하고 싶어 했을 때 예수는 오히려 사마리아인을 좋은 이웃이 갖추어야 할 모든 자격을 갖춘 자의 보기로 묘사함으로 그들을 축복한 것이다. 저주를 내리는 대신 축복을 베푼 것이다.

이렇게 구세주는 사셨다. 그리고 죽으셨다. 그리고 어쩌면 이 비유가 가르쳐주는 가장 중요한 교훈이 바로 그것인지도 모른다.

기도

예수님,

어째서 당신은 그토록 자주 종교 지도자들을 부정적인 빛으로 조명하십니까? 저는 그 이유를 이해하고 싶습니다. 그리고 그 빛으로 조명해 볼 때 아무리 희미하더라도 제 모습을 볼 수 있기 원합니다.

제가 감당해야 할 많은 책임을 안고 인생길을 가는 동안 저 또한 도움이 필요한 이들을 피해 얼마나 자주 길을 돌아갔던가요? 그러한 필요를 보면서도 제가 관여할 일이 아니라고 얼마나 많이 외면했던 가요?

주님, 저를 용서해주십시오. 제가 다른 책임들을 돌보려는 나머지 다른 사람들에 대한 저의 책임을 돌보지 못한 것을 용서해주십시오. 저의 계획보다 그것을 흐트러뜨리는 일들에 응답할 때 진정한 사역이 더 많이 이루어진다는 것을 깨닫도록 도와주십시오.

주님, 제가 계획을 충분히 여유 있게 세워 도움이 필요한 사람을 만날 때 그 계획을 금방 수정하고 당신의 뜻에 따를 수 있도록 도와주십시오. 제게 연민의 마음을 주셔서 저도 선한 사마리아인처럼 제 이웃을 사랑하게 해주십시오. 다른 곳을 보지 않는 눈을 주시고, 방향을 돌려 다른 길로 가지 않는 발을 주십시오.

누가 제 이웃입니까? 여러 해 앓아온 관절염 때문에 스스로 움직이지 못하고 주사로 버티면서 갇혀 지내는 사람입니까? 악랄한 바이러스에 감염되어 수명이 단축된 채 말기 환자 수용소에서 생명이 저물어가는 것을 지켜보고만 있는 에이즈 환자입니까? 삶의 차가운 현실에 부딪혀 집도 빼앗기고 몇몇 친절한 사람들이 베푸는 동정에 의지해 살아가는 노숙자입니까? 알코올의 노예가 되어 인간의 존엄성을 상실한 채 굶주림을 채우려고 쓰레기통을 뒤지는 거리의 노인입니까? 처참한 결혼 생활의 악몽에서 헤어나지 못한 채 행복을 잃고 차라리 죽기를 바라며 살아가는 옆집 여인입니까? 아니면 사업에 실패하고 재산을 모두 날린 후 경제적 어려움에 봉착해 살아가는 복도 끝의 남자입니까?

주님, 제 마음 깊은 곳에서 그 답을 알고 있습니다. 사실 이 질문은 할 필요가 없는 것입니다. 이들이 모두 제 이웃입니다. 제가 그들을 사랑할 수 있게 도와주십시오.

거리에서 방황하는 그들을 보며 눈물을 흘리지만 정작 도우려는 생각은 눈곱만큼도 없는 열매 없는 감정에서 저를 구해주십시오. 주님, 큰 친절을 베풀겠다는 마음보다는 보잘것없는 친절일지라도 행동으로 옮기는 것이 더 낫다는 것을 제 마음 깊이 새겨주십시오.

제가 이 세상 모든 고통을 다 해결할 수는 없지만, 조금은 도울 수 있다는 사실을 깨닫게 해주십시오. 그리고 그 조금이 정말 작은 것이라 할지라도 다른 곳으로 시선을 돌리고 피하는 것보다는 훨씬 더 낫다는 사실도 알게 해주십시오.

마리아와 마르다와 함께하는
친밀한
순____간

그들이 길 갈 때에 예수께서 한 마을에 들어가시매 마르다라 이름 하는 한 여자가 자기 집으로 영접하더라. 그에게 마리아라 하는 동생이 있어 주의 발치에 앉아 그의 말씀을 듣더니 마르다는 준비하는 일이 많아 마음이 분주한지라. 예수께 나아가 이르되 "주여, 내 동생이 나 혼자 일하게 두는 것을 생각하지 아니하시나이까? 그를 명하사 나를 도와주라 하소서."

주께서 대답하여 이르시되 "마르다야 마르다야, 네가 많은 일로 염려하고 근심하나 몇 가지만 하든지 혹은 한 가지만이라도 족하니라. 마리아는 이 좋은 편을 택하였으니 빼앗기지 아니하리라" 하시니라.

_ 누가복음 10:38-42

예수는 방금 어떠한 열매도 없고 수용적이지도 않은 사마리아의 사막을 지나왔다. 그리고 이제는 예루살렘을 향해 올라가리라 마음을 굳게

정했다.

때는 가을이고, 바람에 날려 떠도는 낙엽들은 부스럭거리는 소리로 겨울이 멀지 않았음을 경고한다. 예수께는 이번이 마지막으로 맞는 겨울이 될 것이다. 반 년 안에 그는 죽음을 맞을 것이다. 그는 이 사실을 알고 있었다. 때문에 날카로운 겨울이 이미 찾아와 그의 가슴을 찌르고 있었다.

그는 예루살렘에서 3킬로미터 정도 떨어진 곳인 감람 산 동쪽 언덕에 자리 잡은 마을에서 멈춘다. 그 마을 이름은 베다니다.

그는 자기를 기다리고 있는 예루살렘의 차가운 현실에서 떨어져 있는 이곳을 피난처로 삼아 왔다. 그는 매서운 바람에서 몸을 가릴 수 있는 은신처를 찾아 이곳에 왔다. 따스함을 찾아 온 것이다.

그가 도착한 곳은 마리아와 마르다의 집이다. 그는 '집'이라는 개념에 익숙하지 않다. 언덕 옆 감람나무 아래나 해변의 모닥불 옆, 고기잡이배의 갑판 등이 그가 지난 3년간 머문 집이다. 여우도 굴이 있고 공중에 나는 새들도 둥지가 있지만, 인자에게는 머리 둘 곳이 없었기 때문이다.

그렇기 때문에 머리 둘 집에 머문다는 것은 그에게는 특별한 대우였다. 특별히 이 집은 더욱 그랬다. 이 집은 그가 주님으로 인정되는 곳이다. 그가 사랑을 받는 곳이다. 비록 세상은 그를 영접하지 않았지만, 이 집은 그가 문을 두드릴 때마다 두 팔 벌려 그를 환영하는 곳이다.

두 자매 중 나이가 더 많고 또 이 집주인인 마르다가 먼저 나와 인사한다. 그녀의 흥분된 목소리는 집 안 전체에 울려 퍼진다. "마리아! 마리아! 빨리 나와! 예수님이 오셨어!" 마리아는 문으로 달려가 그를 맞는다.

그들은 즉시 예수의 필요를 돌보아준다. 마르다는 시원한 물을 떠온다. 마르다는 언제나 섬기는 일에 열심이다. 에너지가 넘친다. 가장 먼저 소매를 걷어붙이고 일을 주도한다. 그리고 모든 접시를 다 닦아 선반에 정돈한 후에야 마지막으로 일어선다. 아침 일찍 일어나 가장 먼저 시장에 가고, 가장 좋은 가격에 물건을 구하려고 흥정한다. 항상 문제의 핵심을 찌르고 때로는 당돌하기도 하다. 그녀가 준비한 계란은 노른자가 터지는 법이 없다. 그녀가 나무 그릇에 담아 상 위에 내어놓는 과일은 언제나 싱싱하고 달콤하다. 요리를 태우는 것은 생각할 수도 없다. 그녀는 완벽한 안주인이다.

그렇다면 마리아는? 글쎄, 그녀는 마르다보다 30분쯤 늦게 일어난다. 언니와 함께 시장에 가기도 하지만 가지 않을 때가 더 많다. 물건 값을 흥정하는 것은 그녀의 성미에 맞지 않는다. 음식을 만드는 것은 좋아하지만 뒷정리는 싫어한다. 지각이 예민하다. 질문을 많이 하지는 않지만 그녀의 물음은 생각하게 만든다. 그녀는 잘 듣는다. 예리하고 조용하다.

마리아가 예수의 신발을 벗기고 그의 더러워진 발을 씻기는 동안 마르다는 부엌에서 바쁘게 일한다. 그가 제자들에 관해 하는 말을 둘 다 열심히 듣고 있다. 그들이 이 마을 저 마을을 찾아다니면서 하나님 나라를 선포하고, 귀신을 쫓아내며, 병든 자를 고친 일들에 대해 듣는다.

마리아는 발을 다 닦은 후 물통과 수건을 옆으로 밀어놓는다. 그녀는 예수의 발아래 자리를 잡고 앉는다. 그곳은 성경에서 세 번이나 그녀의 자리로 기록된 곳이다. 예수가 두 자매를 방문했을 때, 오라버니의 죽음 앞에서 그리고 예수의 죽음 직전 그의 발에 향유를 부었을 때 그녀는 그 자리에 있었다. 그녀가 취한 태도는 마음의 자세를 반영한다. 겸손하고 경건하며 배우려는 자세다. 그녀는 좋은 제자가 되기 위해 갖추어야 할 모든 자질을 다 갖고 있다. 그리고 지금 그녀는 예수의 발아래 앉아 있다. 그의 입에서 나오는 모든 따뜻한 말을 남김없이 마시면서.

그러나 마르다는 그들의 대화와 자기가 하고 있는 일 사이에서 주의가 흩어지고 있다. 마르다는 부엌일에 더 신경이 쓰인다. 그녀는 잔치를 준비하는 중이다. 피곤한 여행객들에게 따끈한 밥 한 그릇보다 더 좋은 것이 무엇이겠는가? 그리고 주님을 위해서라면 최상의 것을 준비해야 하지 않겠는가? 주님이 예루살렘에 올라가시는 동안 체력을 지탱해줄 훌륭한 식사를 준비해야 한다. 그녀는 그렇게 생각한다.

그래서 예수께 최상의 것을 대접하고 싶은 열심에 그녀는 찬장의 그릇을 모두 꺼내고, 특별한 때를 위해 준비해둔 음식들을 가져오고, 빵을 새로 굽기 위해 반죽한다.

그때 무엇인가 영원한 것이 만들어지고 있다. 그러나 부엌에서는 아니다. 부엌에서 만들어지고 있는 것은 한 번의 식사로 사라질 것이다. 영원히 지속될 그 무엇은 지금 다른 방에서 만들어지고 있다.

그 다른 방에서는 대화의 줄거리가 사마리아로 이어지고 있다. 별로 좋은 소식이 아니다. 주님은 유대인이었기 때문에 그곳에서 환영을 받지 못했고, 온 동네가 그를 면전에서 박대했다. 갈릴리와 유대에서도 반대의 물결이 거세게 일어나고 있다. 종교적인 사람들, 자신들의 전통을 담은 완고한 부대를 지키기에 너무나 열심인 그들은 예수가 제공하는 새 포도주를 받아들이지 않기로 결정했다. 예수는 주목받는 인물이 되었다. 이제 그의 삶의 모래시계는 뒤집혔다. 그리고 매일 더 많은 모래가 깔때기 구멍 사이로 흘러간다. 그의 시간은 빠른 속도로 흐르고 있다.

예수의 말씀은 마리아의 마음에 비수처럼 파고든다. 그러나 그녀는 그 날카로운 칼날을 피하지 않는다. 조용히 앉아 그의 말을 마음의 칼

집에 꽂는다.

마리아가 이 모든 말씀을 마음에 담아두는 동안 마르다는 부엌에서 산더미 같은 일에 짓눌려 정신이 없다. 허둥지둥하는 동안 그녀는 다른 방에서 들려오는 대화에서 멀어진다. 그녀의 몸짓은 부지런했지만 잘못된 것이었다. 예수가 원하는 것이 음식이 아니기 때문이다. 그는 교제를 원한다. 그러나 마르다는 이 사실을 깨닫지 못한다. 끈이 풀어진 목걸이처럼, 땀이 흘러 그녀의 턱에 고이고 흩어진 구슬들이 그녀의 이마에서 빛나는 동안 그녀의 손은 힘차게 반죽을 치대고 있다. 손등으로 땀을 훔치고 코끝에 매달린 한 방울은 입김으로 불어버린다.

그녀는 반죽을 하며 끝내야 할 일의 목록을 마음속으로 점검해본다. 이제 그녀의 귀에는 이야기가 아닌 목소리만 들려온다. 그리고 그 소리는 이내 그녀의 신경을 거스른다.

나는 도대체 마리아가 나를 돕지 않는 것을 이해할 수가 없어, 그녀는 생각한다. 마르다는 반죽 속에 주먹을 찔러 넣는다. 그 아이는 여기 있어야 해. 또 다른 주먹을 찔러 넣는다. 그랬다면 이 모든 일은 벌써 끝났을 텐데. 그녀는 반죽을 잡아당겼다가 누르고, 잡아당겼다가 누르면서 계속 중얼거린다. 물론 나도 주님이 하시는 말씀을 듣고 싶어. 그렇지만 누군가는 저녁을 준비해야 하잖아. 마르다는 손을 뻗어 밀가루를 한 줌 쥐어 반죽에 넣는다. 여기에서 이야기를 나누어도 되잖아. 그녀는 반죽을 뭉쳐 빵 모양으로 만든다. 주님이 마리아를 그 자리에 그냥 두시는 것을 이해할 수 없어. 또 다른 주먹을 반죽 속에 찔러 넣는다. 나는 여기에서 이렇게 땀 흘리며 뼈가 으스러지도록 일하고 있는데, 도대체 주님은 이 사실을 알고 계신 걸까?

마침내 그녀의 인내가 한계점에 다다른다. 마르다는 반죽을 집어 던지고 쿵쾅거리며 응접실로 들어간다. "주여, 내 동생이 나 혼자 일하게 두는 것을 생각하지 아니하시나이까? 그를 명하사 나를 도와주라 하소서."

마르다는 흥분했다. 그녀가 마리아에게 직접 말하지 않는다. 그녀는 너무 화가 나 있다. 그녀는 동생 이름을 부르지도 않는다. 단지 '내 동생'이라고 부를 뿐이다. 그리고 이 말을 내뱉으며 자신의 분노도 함께 내보인다. 양쪽에 날 선 분노다. 한쪽 날로는 예수가 이 상황을 모른 체하는 것을 정죄하면서 그를 벤다. 다른 쪽 날은 마리아의 게으름을 정죄하면서 그녀를 벤다.

"마르다야, 마르다야." 주님의 음성은 부드럽고 사랑에 넘쳐 있지만 구슬픈 어조다. 마치 예루살렘을 보고 "예루살렘아, 예루살렘아. 선지자들을 죽이고 네게 파송된 자들을 돌로 치는 자여, 암탉이 그 새끼를 날개 아래 모음 같이 내가 네 자녀를 모으려 한 일이 몇 번이더냐? 그러나 너희가 원하지 아니하였도다"(마 23:37)라고 통곡하셨을 때와 같다. 또는 베드로가 넘어지지 않도록 예비하시면서 "시몬아, 시몬아. 보라, 사탄이 너희를 밀 까부르듯 하려고 요구하였으나 그러나 내가 너를 위하여 네 믿음이 떨어지지 않기를 기도하였노니 너는 돌이킨 후에 네 형제를 굳게 하라"(눅 22:31)고 말씀하셨을 때와 같다. 또는 다메섹으로 가는 사울을 만나셔서 "사울아, 사울아. 네가 어찌하여 나를 박해하느냐?"(행 9:4)고 물으셨을 때와 같다.

"마르다야, 마르다야. 네가 많은 일로 염려하고 근심하나 몇 가지만 하든지 혹 한 가지만이라도 족하니라. 마리아는 이 좋은 편을 택하였으니 빼앗기지 아니하리라."

그는 부드럽게 핵심을 찌른다. 주님과의 교제야말로 다른 무엇보다 우선해야 할 문제다. 그리고 이것은 선택의 문제다. 이것은 삶이 제공하는 식사 중 가장 좋은 반찬이다. 그리고 식사의 메인 코스다.

예수는 마리아의 행동을 두고 무엇인가 비상한 점을 지적했다. 그것은 그녀의 삶에 영원한 몫으로 남을 것이다. 그것은 영원한 것이다. 이 얼마나 놀라운 약속인가?

그렇다면 마리아는 무엇을 했단 말인가? 그녀가 한 일이라곤 앉아 있던 것뿐이다. 그러나 어디에 앉아 있었는가 하는 것이 중대한 차이를 만들어낸다.

어쩌면 바로 그 자리에서 그녀는 제자들이 여태껏 깨닫지 못하던 것을 처음으로 깨달았을 것이다. 그리고 어쩌면 그 깨달음이야말로 제자들이 천국에서 누가 크냐 하는 문제로 논쟁을 벌일 때도 그녀가 주님의 발아래 앉아 있을 수 있었던 이유가 되었을 것이다. 값비싼 향유로 주님의 발을 적시면서…그리고 자신의 눈물로 그의 죽음을 예비하면서…사랑한다고 고백할 수 있었던…작별의 인사를 나눌 수 있었던…이유가 되었을 것이다.

기
도

구세주이신 주님,

당신의 발아래 지금 제가 앉아 있습니다. 당신이 제 마음의 문을 두드리실 때 당신이 구하시는 것은 무엇입니까? 당신이 원하시는 것은 무엇입니까? 제 안에 들어오셔서 당신이 저와 함께, 또 제가 당신과 함께 만찬을 나누는 것이 아닌지요? 저와의 교제를 원하시는 것이 아닌지요?

그러나 당신이 너무나 자주 저를 발견하시는 곳은 어디입니까? 당신의 발아래입니까? 아닙니다. 부엌입니다. 저는 너무나 자주 마음이 분산되어 당신을 홀로 남겨두곤 합니다. 앉아서…기다리면서…갈망하면서 기다리시게 합니다.

부엌에서 보내는 모든 분주한 시간은 결국 저를 당신에게서 멀어지게 할 뿐인데, 그것이 뭐가 그리도 중요하겠습니까? 지금 되돌아보면 하찮은 것일 뿐인데, 제가 거기에 사로잡혀 있던 동안에는 그것이 왜 그토록 급박한 일로 생각되었는지요?

제가 준비하느라 분주한 나머지 마음이 흐트러져 당신의 임재 앞으로 나아오지 못한 것을 용서해주십시오. 봉사하는 데 바빠 당신과의 교제를 소홀히 했습니다. 용서해주십시오. 너무 빨리 움직이느라 당신의 발아래 편안히 머물지 못했던 것을 용서해주십시오.

당신이 제게 원하시는 것은 친밀한 순간이지 잘 차려진 식탁이 아님을 기억하게 해주십시오

오늘 제 주의를 빼앗아가는 수많은 방해 요소에서 마음을 지켜주십시오. 그리고 제가 주님만 바라볼 수 있도록 도와주십시오. 제자들처럼 당신의 나라에서 제가 차지하게 될 지위를 바라보지 않도록, 서기관들처럼 신학의 세세한 표현 문제를 바라보지 않도록, 바리새인들처럼 다른 사람의 죄를 바라보지 않도록, 우물가의 여인처럼 예배의 장소 문제를 바라보지 않도록, 유다처럼 재정 문제를 바라보지 않도록 그래서 오직 당신만 바라볼 수 있도록 도와주십시오.

주님, 저를 부엌에서 나오게 해주십시오. 그리고 당신 발아래로 이끌어주십시오. 그곳에 앉아 주님만을 앙망할 수 있도록 도와주십시오.

기도에 대해
배우는
순____간

예수께서 한 곳에서 기도하시고 마치시매 제자 중 하나가 여짜오되 "주여, 요한이 자기 제자들에게 기도를 가르친 것과 같이 우리에게도 가르쳐 주옵소서."

예수께서 이르시되 "너희는 기도할 때에 이렇게 하라.

'아버지여 이름이 거룩히 여김을 받으시오며

나라가 임하시오며

우리에게 날마다 일용할 양식을 주시옵고

우리가 우리에게 죄 지은 모든 사람을 용서하오니

우리 죄도 사하여 주시옵고

우리를 시험에 들게 하지 마시옵소서' 하라."

또 이르시되 "너희 중에 누가 벗이 있는데 밤중에 그에게 가서 말하기를 '벗이여 떡 세 덩이를 내게 꾸어 달라. 내 벗이 여행중에 내게 왔으나 내가 먹일 것이 없노라' 하면 그가 안에서 대답하여 이르되 '나를 괴롭게 하지 말라. 문이 이미 닫혔고 아이들이 나와 함께 침실에 누웠으니 일어나 네게 줄 수가 없노라' 하겠느냐? 내가 너희에게 말하노니 비록 벗됨으로 인하여서는 일어나서 주지 아니할지라도 그 간청함을 인하여 일어나 그 요구대로 주리라. 내가 또 너희에게 이르노니 구하라 그러면 너희에게 주실 것이요, 찾으라 그러면 찾아낼 것이요, 문을 두드리라 그러면 너희에게 열릴 것이니 구하는 이마다 받을 것이요 찾는 이는 찾아낼 것이요 두드리는 이에게는 열릴 것이니라. 너희 중에 아버지 된 자로서 누가 아들이 생선을 달라 하는데 생선 대신에 뱀을 주며 알을 달라 하는데 전갈을 주겠느냐? 너희가 악할지라도 좋은 것을 자식에게 줄 줄 알거든 하물며 너희 하늘 아버지께서 구하는 자에게 성령을 주시지 않겠느냐" 하시니라.

― 누가복음 11:1-13

묵상

제자들은 정말 아이들 같다.

"나를 따라오라. 내가 너희를 사람을 낚는 어부가 되게 하리라" (마 4:19). 주님의 이 말씀 한마디에 그들은 즉시 그물을 버리고 그를 따랐다.

아이들이 아니고서야 누가 그런 엉뚱한 약속을 믿고 성인으로서 져야 할 삶의 책임을 그토록 무모하게 내팽개칠 수 있겠는가?

예수를 따르는 것은 마치 동화에 빠져드는 것처럼 보였다. 물이 포도주로 변했다. 한 아이의 도시락으로 수천 명이 배불리 먹었다. 폭풍이 몰아치던 바다가 갑자기 잔잔해졌다. 맹인이 눈을 떴다. 귀신들린 사람이 온전해졌다. 죽었던 아이가 살아났다.

제자들은 요술 나라의 아이들만큼이나 순진했다. 질문이 있을 때면 언제나 손을 높이 들고 물었다. 배우는 데 열심이었다.

"주여, 우리에게도 기도를 가르쳐 주옵소서."

제자들은 예수가 기도하는 모습을 여러 차례 보았다. 그들은 때때로 한밤중에 깨어나 모닥불 옆으로 웅크리고 잠든 사람들 사이에서 예수의 모습이 보이지 않는 것을 발견했다. 그는 어딘가 혼자 떨어져 기도하고 있었을 것이다. 그리고 이따금 밤의 정적 속에서 그들은 그의 기도 소리를 들었다.

그의 기도는 제자들이 익히 들어온 종교 지도자들의 기도처럼 미사여구로 장식된 것이 아니었다. 그렇다고 이교도들의 신전에서 들려오는 황홀경에 도취한 지껄임과도 달랐다. 주님의 기도에는 아들이 아버지에게 말하는 듯한 친밀함과 따스함이 있었다.

제자들은 하나님께 그러한 친밀감을 느끼기 원했다. 그러나 그들은 그것을 어떻게 얻을 수 있는지 몰랐다. "주여, 요한이 자기 제자들에게 기도를 가르친 것과 같이 우리에게도 가르쳐 주옵소서."

그래서 예수는 자리에 앉아 그들을 가르쳤다. 그가 가르친 내용은 신학생의 책꽂이에서는 찾기 어렵고 오히려 어린아이의 침대맡에서 찾을 수 있다. 어쩌면 수를 놓아 만든 기도문과 비슷할 것이다. 한쪽에는 천사가 수 놓여 있고, 다른 쪽에는 아이가 무릎 꿇고 기도하는 모습일 것이다.

"아버지여,
　이름이 거룩히 여김을 받으시오며
　나라가 임하시오며
　우리에게 날마다 일용할 양식을 주시옵고
　우리가 우리에게 죄 지은 모든 사람을 용서하오니
　우리 죄도 사하여 주시옵고
　우리를 시험에 들게 하지 마시옵소서."

접근하는 태도가 너무나 아이 같다. 요구하는 내용이 너무나 간단하다. 주님은 이처럼 꾸미지 않은 기도로 지금 우리가 겪고 있는 배고픔과 미래에 대한 소망을 하나님께 아뢰라고 가르쳐주신다. 내일에 대한 두려움뿐 아니라 어제의 실패도 가져오라고 가르쳐주신다.

우리가 이렇게 할 때 하나님은 우리를 절대 저버리지 않으실 것이다. 하지만 그분은 좋은 아버지답게 우리의 요청을 들어주시기 전에 주의 깊게 생각하실 것이다. 그러는 동안 우리는 기다리면서 어린아이처럼 조바심을 낸다. 인내하지 못하면 우리의 필요나 그분의 응답이 왜곡될 수 있다.

필요가 절박할 때 우리는 여행 중인 친구의 갑작스러운 방문을 받고 대접할 음식이 없어 곤란해진 비유에 나오는 사람처럼 된다. 우리는 미친 듯이 하나님께 달려간다. 그러나 그분께 간구하면서도 우리는 바깥의 추위와 어두움만을 느낀다. 우리는 하늘의 문으로 나아온다. 그러나 그 문은 안에서 빗장이 잠겨 있는 듯 보인다. 우리는 문을 두드린다. 그리고 주무시는 하나님을 깨우는 것 같은 느낌이 든다. 도와달라고 외친다. 그러나 들리는 것은 퉁명스럽게 거절하는 희미한 소리뿐이다. 그래서 우리는 문을 더 세게 두드리고 더 큰 소리로 부른다. 그리고 마침내 문이 열리면 하나님이 마지못해 우리를 도와주시는 것처럼 느낀다.

이것이야말로 하나님의 모습을 왜곡하고 우리의 기도에 대한 그분의 응답을 사실과 동떨어지게 이야기한 것이다. 비유를 다시 한 번 살펴보라.

"나를 괴롭게 하지 말라"고 안에 있는 친구는 말한다. "문이 이미 닫혔고 아이들이 나와 함께 침실에 누웠으니 일어나 네게 줄 수가 없노라"(눅 11:7).

이제 보이는가? 더 자세히 보라. 이 사람 옆에는 아이들이 자고 있다. 만약 한밤중에 아이 중 하나가 깨어 "아버지, 목말라요"라고 말했다면 그는 얼마나 다르게 반응했겠는지 상상해보라. 또는 아이들이 다음 날 아침 깨어나 "아버지, 배고파요"라고 말한다고 상상해보라. 그가 이 모든 청을 외면하고 돌아누웠겠는가? 절대 그렇지 않을 것이다. 그는 일어나 아이들이 원하는 것을 주었을 것이다.

이 비유가 가르치고자 하는 핵심은 끈기가 아니다. 하나님과 우리의 관계를 분명히 밝히려는 것이다. 우리는 바깥에 서서 문을 두드리며 울부짖는 친구가 아니다. 집 안에서 아버지 옆에 꼭 붙어 자고 있는 사랑스러운 자녀들이다. 만일 잠자던 사람이 한밤중에 찾아온 친구를 위해서도 일어나 그 요청을 들어준다면, 하물며 사랑의 아버지가 자녀들의 요구는 얼마나 더 잘 들어주시겠는가 하는 것이다.

이 사실을 알 때 우리의 기도는 달라진다.

우리는 하나님의 주의를 끌기 위해 문을 세게 두드릴 필요가 없다. 우리가 해야 할 일은 다만 속삭이는 것이다. 그분은 우리에게 그만큼 가까이 계신다.

그리고 우리는 그분께 그만큼 사랑스러운 존재다.

그러므로 제자들이 예수께 기도의 가장 기본적인 교훈을 가르쳐 달라고 했을 때 그가 '아버지여'라는 말로 그 첫 교훈을 시작하신 것이다.

기
도

주님,

제게 기도를 가르쳐주십시오.

아버지의 위로를 받고 싶어 달려가는 아이처럼 두 팔을 벌리고 당신께 나아갑니다. 이제 자녀가 부모에게서 받아야 할 모든 사랑, 모든 존중, 모든 영예로 저를 채워주십시오.

저의 실수 많은 조그만 손을 당신의 손으로 잡아주시고 저와 함께 걸어주십시오, 주님. 어두운 밤길을 걸을 때 저를 이끌어주십시오. 제가 주님과 보조를 맞출 수 있도록 도와주셔서 당신의 뜻이 하늘에서처럼 이 땅 위의 제 삶에서도 이루어지게 해주십시오.

저를 크리스마스 선물 목록처럼 유치한 물질적인 기도에서 건져주십시오. 그 대신 오늘 하루의 삶을 지탱하기 위해 필요한 것을 제게 주십시오. 제 몸에 필요한 양식과 제 영혼이 그토록 필요로 하는 용서를 둘 다 주십시오.

주님, 저는 이 사탕 가게 같은 세상에 사는 어린아이에 불과합니다. 제가 얼마나 약한지 기억하시고 당신을 떠나고 싶은 유혹을 받을 만한 골목으로는 가지 않도록 제발 저를 붙들어주십시오.

# 생명에 대해 배우는 순_____간

무리 중에 한 사람이 이르되 "선생님, 내 형을 명하여 유산을 나와 나누게 하소서" 하니 이르시되 "이 사람아, 누가 나를 너희의 재판장이나 물건 나누는 자로 세웠느냐?" 하시고

그들에게 이르시되 "삼가 모든 탐심을 물리치라. 사람의 생명이 그 소유의 넉넉한 데 있지 아니하니라" 하시고

또 비유로 그들에게 말하여 이르시되 "한 부자가 그 밭에 소출이 풍성하매 심중에 생각하여 이르되 '내가 곡식 쌓아 둘 곳이 없으니 어찌할까?' 하고 또 이르되 '내가 이렇게 하리라. 내 곳간을 헐고 더 크게 짓고 내 모든 곡식과 물건을 거기 쌓아 두리라. 또 내가 내 영혼에게 이르되 영혼아 여러 해 쓸 물건을 많이 쌓아 두었으니 평안히 쉬고 먹고 마시고 즐거워하자 하리라' 하되 하나님은 이르시되 '어리석은 자여 오늘 밤에 네 영혼을 도로 찾으리니 그러면 네 준비한 것이 누구의 것이 되겠느냐?' 하셨으니 자기를 위하여 재물을 쌓아 두고 하나님께 대하여 부요하지 못한 자가 이와 같으니라."

_ 누가복음 12:13-21

묵
상

이 상황은 관점에 따라 희극으로 보일 수도 있고 비극으로 보일 수도 있다.

예수의 입에서 떨어지는 한두 마디 주옥같은 말씀을 듣기 위해 목을 뽑고 귀에 손을 모은 수천 명의 사람이 모여 있다. 예수는 앉을 자리가 없어 서서 듣고 있는 관중을 바라보며 메시지를 전하고 있다.

설교 중간쯤에 한 사람이 불쑥 앞줄로 뛰어나와 외친다. "선생님, 내 형을 명하여 유산을 나와 나누게 하소서." 그의 얼굴은 달아올라 있고, 목소리는 간절하며 집요하다.

그는 자기 가족의 유산이라는 구유에 자기 코를 들이밀지 못할 것이 걱정된 나머지 다른 무엇도 안중에 들어오지 않는다. 사회적인 예의조차도 말이다. 그는 예수의 말씀을 듣기 위해 그곳에 모여 있는 사람들은 전혀 상관하지 않는다. 그의 관심은 오직 자기 자신뿐이다.

그러나 예수는 이 이기적인 요구를 못 들은 체하지 않는다. "이 사람아, 누가 나를 너희의 재판장이나 물건 나누는 자로 세웠느냐?" 구세주는 잠시도 지체하지 않고 이 뜻하지 않은 방해의 순간을 가르침의 기회로 삼는다. 그는 자신을 따르는 자들에게 이렇게 경고한다. "삼가 모든 탐심을 물리치라. 사람의 생명이 그 소유의 넉넉한 데 있지 아니하니라."

예수는 어떤 부자에 관한 비유로 교훈의 요점을 설명한다.

그 부자는 농부다. 그의 손은 오랜 시간 땅을 가느라 굳은살이 박여 있다. 그러나 지금 그는 부자며, 이제 다른 사람들을 고용해 자기 대신 그들 손에 굳은살이 박이게 할 수 있다. 그렇더라도 그를 보면 그 재산이 고생해서 모은 것임을 알 수 있다.

그의 두 눈은 땡볕에서 오래 일해 약간 사시가 되었다. 그의 그을린 얼굴은 오랫동안 농사를 염려하여 생긴 주름으로 수 놓여 있다. 올해는 비가 좀 일찍 오려나? 메뚜기 떼가 다시 돌아오면 어쩌나? 곡물 가격은 안정될까?

그는 젊었을 때 누구보다도 아침에 먼저 일어나 가장 늦게까지 일했다. 농기구를 점검하고, 고용인들을 관리하며, 곡식의 상태를 직접 살피기 위해 밭이랑을 밟고 다니는 일로 하루를 보냈다. 밤에는 흐린 등잔불 아래서 이익을 계산했고, 어떻게 하면 매일 조금이라도 더 곡식을 생산할 수 있을까 생각했다.

그러나 세월이 흘러 곳간이 가득 채워지자 이 부자는 더는 비에 의존하거나 메뚜기 떼와 싸우거나 오르락내리락하는 곡물 시세를 염려하지 않아도 될 날을 기다리게 되었다.

마침내 그의 곳간이 차고 넘칠 정도로 수확하는 날이 왔다. 그래서 그는 마지막으로 곳간 하나를 더 지을 계획을 세우고 은퇴 계획도 마련했다.

"내가 이렇게 하리라. 내 곳간을 헐고 더 크게 짓고 내 모든 곡식과 물건을 거기 쌓아 두리라. 또 내가 내 영혼에게 이르되 영혼아, 여러 해 쓸 물건을 많이 쌓아 두었으니 평안히 쉬고 먹고 마시고 즐거워하자 하리라."

이 부자는 모든 이웃이 부러워하는 사람이다. 그들의 눈에는 이 부자가 부지런히 일하고 지혜롭게 계획하는 사람의 표본이다. 그러나 하나님의 눈에 그는 어리석은 자다. 그는 모든 추수를 준비했지만 가장 중요한 추수를 잊고 있었다. 바로 그날 밤에 이루어질 추수다.

죽음은 어둠을 옷 입고 경고의 속삭임조차 없이 그를 찾아온다. 그는 이 갑작스럽고 엄한 추수의 낫에 베였다.

그러나 그는 정작 자신의 곡식은 한 톨도 가져갈 수 없다.

그가 자신을 위해 쌓아둔 모든 것은 상속자들에게 분배될 것이다. 마치 아버지의 유산을 놓고 형과 다투던 그 군중 속 사람처럼 그들도 이 부자의 유산을 놓고 다툴 것이다.

그런 부자가 이토록 형편없이 재산을 관리하다니! 그는 모든 것을 자신의 곳간에 모아들였지만 단 한 가지, 곧 인생의 의미가 무엇인지에 대한 깨달음은 모으지 못했다.

그는 삶이 '물질적인 것'과 거리가 먼 것임을 몰랐다. 얼마나 많이 모으는가에 관한 것이 아님을 몰랐다. 또 모은 것을 얼마나 즐기는 것인가 하는 것도 아님을 몰랐다.

그렇다면 삶이란 도대체 무엇인가?

예수는 이 비유를 끝내고 제자들에게 몸을 돌려 그 질문에 대해 답변한다.

"또 제자들에게 이르시되 그러므로 내가 너희에게 이르노니 너희 목숨을 위하여 무엇을 먹을까 몸을 위하여 무엇을 입을까 염려하지 말라. 목숨이 음식보다 중하고 몸이 의복보다 중하니라. 까마귀를 생각하라. 심지도 아니하고 거두지도 아니하며 골방도 없고 창고도 없으되 하나님이 기르시나니 너희는 새보다 얼마나 더 귀하냐? 또 너희 중에 누가 염려함으로 그 키를 한 자라도 더할 수 있느냐? 그런즉 가장 작은 일도 하지 못하면서 어찌 다른 일들을 염려하느냐?

백합화를 생각하여 보라. 실도 만들지 않고 짜지도 아니하느니라. 그러나 내가 너희에게 말하노니 솔로몬의 모든 영광으로도 입은 것이 이 꽃

하나만큼 훌륭하지 못하였느니라. 오늘 있다가 내일 아궁이에 던져지는 들풀도 하나님이 이렇게 입히시거든 하물며 너희일까 보냐? 믿음이 작은 자들아! 너희는 무엇을 먹을까 무엇을 마실까 하여 구하지 말며 근심하지도 말라. 이 모든 것은 세상 백성들이 구하는 것이라. 너희 아버지께서는 이런 것이 너희에게 있어야 할 것을 아시느니라. 다만 너희는 그의 나라를 구하라. 그리하면 이런 것을 너희에게 더하시리라.

적은 무리여, 무서워 말라. 너희 아버지께서 그 나라를 너희에게 주시기를 기뻐하시느니라. 너희 소유를 팔아 구제하여 낡아지지 아니하는 배낭을 만들라. 곧 하늘에 둔 바 다함이 없는 보물이니 거기는 도적도 가까이 하는 일이 없고 좀도 먹는 일이 없느니라. 너희 보물 있는 곳에는 너희 마음도 있으리라"(눅 12:22-34).

삶은 그것을 유지하는 데 필요한 것 그 이상이다. 그것은 우리가 신뢰를 두는 곳 그리고 우리의 보물을 쌓는 곳에 관한 것이다. 그것은 하나님께 대한 부요함에 관한 것이다.

그 부자가 무리 틈에 끼어 이 투자에 관한 강의를 듣지 못한 것은 슬픈 일이다. 그리고 아이러니한 것은 그토록 땅에 가깝게 살았던 사람이 그곳에 심어둔 하나님의 비유에는 그토록 귀가 어두웠다는 사실이다.

그 부자는 그의 밭에서 꽃을 피우고 시들어간 들꽃의 메시지를 듣지 못한 것일까? "모든 육체는 풀이요 그의 모든 아름다움은 들의 꽃과 같으니"(사 40:6)라는 메시지를. 그는 자신의 아름다움이 어떻게든 시드는 운명을 피할 수 있고, 따라서 영원히 꽃필 것으로 생각했던 것일까? 만일 그가 자신을 돌보는 일에 그토록 집착하지 않았더라면 어쩌면 그도 들의 백합화와 공중의 까마귀가 들려주는 비유의 말씀을 들었을지도 모른다. 바로 그의 발아래서 자라난 백합화의 메시지를. 바로 그의 머리 위를 날아가던 까마귀의 메시지를.

구세주가 베푸신 몇 번 안 되는 가르침의 순간은 수천 명의 사람 귀에 떨어졌다. 그러나 소수의 사람만이 그 가르침을 들었다. 그리고 그 가르침에 가장 귀를 적게 기울이는 자가 가장 많이 걱정하는 자다. 바로 예수의 설교 중간에 뛰어든 그 사람이다. 이것은 희극이다. 그러나 또 비극이다.

그는 하나님 나라가 자기에게 주어지고 있을 때 유산을 상속받는 문제로 염려하고 있었다. 너무나 값비싼 진주가 바로 그의 코밑에 있는데 그는 먹다 버린 옥수수 알갱이를 찾아 코를 킁킁거리며 미친 듯 헤매고 있다.

기도

주님,

삶이 무엇인지 가르쳐주십시오.

삶은 그것이 얼마나 많거나, 얼마나 멋있거나 하는 물질의 소유로 이루어지는 것이 아님을 배우게 해주십시오.

더 많이 이기적으로 모을수록 그것을 쌓아놓기 위해 더 많은 곳간을 지어야 함을 깨닫게 해주십시오. 또 그것을 보관하는 데 드는 비용은 당신을 향해 더 부요해질 수 있는 삶에서 취하는 것임을 깨닫게 해주십시오.

제가 제 영혼을 담보 삼아 부유해지고자 했던 삶의 영역은 어디입니까? 제가 어리석었던 일은 무엇입니까? 주님, 제게 그것을 보여주십시오. 제게 아직 그것을 바꿀 시간이 있을 동안에.

삶은 그것을 유지하는 데 필요한 것 이상임을 제게 가르쳐주십시오. 삶은 음식 이상의 것임을, 그것은 분명히 거실을 꾸미는 일보다 더 중요한 것임을 가르쳐주십시오. 삶은 옷 이상의 것임을, 그것은 옷을 걸어둘 옷장이 충분한가 하는 것보다 더 중요한 것임을 가르쳐주십시오.

주님, 제가 이런 것을 쌓아두지 않도록 지켜주십시오. 저는 제 마음이 마치 그 부자의 마음이 곳간에 보관되어 있던 것처럼 찬장이나 옷장에 보관되는 것을 원하지 않습니다. 당신이 귀하게 보시는 것을 쌓으며 당신과 함께 있기를 원합니다.

당신이 무엇을 귀하게 여기시는지 보게 해주십시오, 주님.

제 마음에서 모든 욕심을 깨끗이 제거해주십시오. 제 옷장을 비워 옷이 필요한 사람들에게 나누어주고, 제 찬장을 비워 다음 끼니를 염려해야 하는 사람들에게 나누어주십시오.

이 세상에 아무것도 가지고 오지 않았을 뿐 아니라 또한 아무것도 가지고 갈 수 없다는 것을 일깨워주십시오. 그리고 하늘에서 간직할 수 있는 유일한 재산은 저보다 앞서 보낸 것, 즉 당신의 금고에 맡기기 위해 가난한 이들의 손에 쥐여준 것뿐임을 깨닫게 해주십시오.

깨어 있어야 함에 대해
배우는
순____간

"허리에 띠를 띠고 등불을 켜고 서 있으라. 너희는 마치 그 주인이 혼인 집에서 돌아와 문을 두드리면 곧 열어 주려고 기다리는 사람과 같이 되라. 주인이 와서 깨어 있는 것을 보면 그 종들은 복이 있으리로다. 내가 진실로 너희에게 이르노니 주인이 띠를 띠고 그 종들을 자리에 앉히고 나아와 수종들리라. 주인이 혹 이경에나 혹 삼경에 이르러서도 종들이 그같이 하고 있는 것을 보면 그 종들은 복이 있으리로다. 너희도 아는 바니 집주인이 만일 도둑이 어느 때에 이를 줄 알았더라면 그 집을 뚫지 못하게 하였으리라. 그러므로 너희도 준비하고 있으라. 생각하지 않은 때에 인자가 오리라 하시니라."

_ 누가복음 12:35-40

히브리인들의 결혼식은 한 주 내내, 어떤 경우 두 주 동안이나 계속되었으며, 피로연이 다음 날 아침까지 이어지는 경우도 흔했다. 이 집주

인은 자신이 언제 돌아올지 모르겠다는 말을 남기고 결혼식 피로연에 갔다.

그런데도 이 집 종들은 늘 일복을 입은 채 등불의 심지를 돋우고 기름을 가득 채워놓았다. 그들은 깨어 주인이 돌아오기를 기다렸다. 그가 시장할 경우, 목마를 경우, 피곤할 경우를 대비해 음식과 물, 침상을 준비해놓았다.

그들은 주인이 돌아오면 그의 시중을 들기 위해 깨어 기다린다. 그들은 주인이 돌아올 때 집 안이 캄캄하고 텅 비어 있게 하지 않으려고 깨어 기다린다. 그러나 무엇보다도 그들은 주인을 사랑하기 때문에 깨어 기다리는 것이다. 주인은 좋은 사람이다. 그가 시키는 일은 쉽다. 그의 말은 친절하다. 그리고 그가 종들을 사랑으로 대하는 것은 너무나 분명하다.

거리에서 소리가 들릴 때 집 안은 조용하다. "주인님이 오신다!" 한 종이 외치자 모두 일어선다. 그러나 창문으로 보이는 것은 동네를 서성거리고 있는 주인 잃은 개 한 마리다.

얼마 후 문의 경첩이 삐꺽거리는 소리가 들린다. "주인님이 문 앞에 오셨다!" 한 종이 외친다. 그러나 문을 열어 보니 바람이 장난친 것이다.

자정이 지나고 동이 트기 전까지 등불의 기름은 타들어 간다. 그들은 낮 동안의 노동으로 지친 데다 밤에도 깨어 있느라 많이 피곤한 상태다. 그들은 주인이 돌아올 것을 안다. 단지 그때가 언제인지 모를 따름이다.

그러나 주인이 돌아오리라는 생각만으로도 그들은 생기가 돌고 새로운 힘이 솟아 자신들이 맡은 일을 하게 된다. 그들은 주인을 기쁘게 할 일을 찾느라 분주하다. 눈에 쉽게 띄지 않는 작은 일까지 열심이다.

오직 주인만이 알아볼 수 있는 일들이다.

그들은 새벽의 한기를 쫓기 위해 벽난로에 불을 지핀다. 그들은 집 안을 따스하고 편안한 느낌이 들게 하려고 최선을 다한다.

마침내 어느 종이 발소리를 듣는다. 그가 이 사실을 알리자 모두가 문 앞으로 모여든다.

문이 열린다. 주인이 돌아온 것이다. 그는 현관에서 종들의 따스한 환영을 받자 크게 감동한다.

그는 너무도 감동한 나머지 부엌으로 들어가 연회복을 벗어 벽에 걸어놓고 그 옆에 걸려 있는 일복 하나를 꺼내 몸에 걸친다. 그는 흘러내리는 옷자락을 허리띠로 묶어 거추장스러운 것을 없앤다.

그리고 그는 모든 종을 불러 식탁에 앉게 한다. 그들은 이러한 영예를 어떻게 받아들여야 할지 몰라 어색해한다. 그러나 주인이 거듭 권하자 마침내 그들은 낮은 식탁에 둘러앉고 주인은 시중을 든다.

역할이 바뀐 것에 대해 그들은 당황한다. 주인이 어떻게 종이 해야 할 일을 한다는 말인가? 그래서 주인의 시중을 받는 동안 처음에는 아무 말도 하지 않는다. 그러다 주인이 그들의 잔을 채우고 접시에 음식을 덜어주자 현기증이 일어날 지경이다. 집주인이 자기들을 시중들다니!

제자들이 스승과 함께 마지막으로 식탁에 앉은 것은 다락방에서였다. 거기서 그는 허리에 수건을 두르고 제자들의 발을 씻겨 그들을 놀라게 했다. 그가 돌아오실 때 그는 다시 한 번 일복을 입고 그를 기다리는 자들을 섬기실 것이다.

얼마나 놀라운 일인가! 얼마나 큰 영광인가! 얼마나 경이로운 구세주이신가!

그가 지상에 오신 것은 섬김을 받으려 함이 아니라 섬기기 위해서였다. 떠나실 때의 모습 그대로 다시 오실 것이다. 섬기는 주인으로.

기도

섬기시는 주님,
 약속하신 대로 언젠가 당신이 다시 오신다는 것을 잊지 않게 해주십시오. 그리고 만일 그 일이 제가 살아 있을 동안에 일어나지 않는다면 죽음을 통해 제가 주님께 가게 된다는 것을 깨닫게 해주십시오.
 당신이 오시는 것이나 제가 가는 것이 곧 일어날 수 있는 일임을 깨닫게 해주십시오. 그 일은 밤에 도둑이 들듯 갑자기 다가오리라는 것을. 그리고 그것을 기억하며 늘 깨어 살도록 도와주십시오.
 당신이 돌아오시는 것을 맞이하기 위해 깨어 있지만, 그때를 알기 위해 또는 그 일이 어떻게 이루어지는지를 알기 위해 광신적이 되지 않도록 도와주십시오. 이 세상을 어둡게 하는 어떤 일이 일어나더라도 두려워하지 않도록, 그리고 거리에서나 문에서 어떤 소리를 들을 때마다 잘못해서 다른 사람들을 깜짝 놀라게 하지 않도록 저를 지켜주십시오.
 당신의 발소리와 동네를 서성거리는 개의 소리를, 당신의 노크 소리와 문의 경첩을 흔드는 세상의 바람 소리를 구별할 수 있는 귀를 제게 주십시오.
 그러나 주님, 당신이 문을 두드리실 때 당신을 처음으로 영접하는 사람 중 하나가 제가 되기를 바랍니다. 일복을 입고, 손에 등불을 들고, 섬길 준비가 된 모습으로.

그때까지 제가 당신을 기쁘시게 할 수 있는 일을 하도록 도와주십시오. 평범한 종이 하는 조용하고 눈에 띄지 않는 일들을 하도록 도와주십시오. 그리고 제게 은혜를 베풀어주셔서 작은 일을 조용하게 하는 것을, 오직 당신만이 보시고 칭찬하실 일들을 하는 것을 즐거워하게 해주십시오.

등이 꼬부라진 여인과 함께하는
놀라운
순_____간

예수께서 안식일에 한 회당에서 가르치실 때에 열여덟 해 동안이나 귀신 들려 앓으며 꼬부라져 조금도 펴지 못하는 한 여자가 있더라.

예수께서 보시고 불러 이르시되 "여자여, 네가 네 병에서 놓였다" 하시고 안수하시니 여자가 곧 펴고 하나님께 영광을 돌리는지라.

회당장이 예수께서 안식일에 병 고치시는 것을 분 내어 무리에게 이르되 "일할 날이 엿새가 있으니 그 동안에 와서 고침을 받을 것이요 안식일에는 하지 말 것이니라" 하거늘 주께서 대답하여 이르시되 "외식하는 자들아 너희가 각각 안식일에 자기의 소나 나귀를 외양간에서 풀어내어 이끌고 가서 물을 먹이지 아니하느냐? 그러면 열여덟 해 동안 사탄에게 매인 바 된 이 아브라함의 딸을 안식일에 이 매임에서 푸는 것이 합당하지 아니하냐?"

예수께서 이 말씀을 하시매 모든 반대하는 자들은 부끄러워하고 온 무리는 그가 하시는 모든 영광스러운 일을 기뻐하니라.

_ 누가복음 13:10-17

> 묵
> 상

그녀의 등은 마치 녹슨 문에 달린 경첩처럼 직각으로 고정되어 있다. 등의 근육은 심하게 휜 몸의 무게를 지탱하기 위해 뭉쳐 있고, 신경은 어그러진 척추로 인해 꼭 끼어 있다.

거의 20년 동안 그녀는 사탄의 사자에게 붙들려 이 기형적인 자세로 고정되어 있었다. 귀신이 그녀의 등에서 악마적인 춤을 추고, 한때는 곧고 멋있게 쭉 뻗었던 것을 짓밟아 그 잔인한 뒤꿈치 자국을 남겨 놓은 것이다.

꼬부라진 여인 위로 흩어진 구름이 흘러가는 광활한 하늘이 펼쳐져 있다. 그러나 그녀의 움직임은 바람에 흔들리듯 그렇게 자유롭지 못하다. 그녀는 회당을 향해 나아가며 고통으로 주춤한다.

그녀는 파란 하늘도, 그녀의 머리 위로 펼쳐진 눈부신 하얀 파도들도 볼 수 없다. 그녀가 볼 수 있는 것은 단지 흙먼지 날리는 갈색 땅과 그 위를 날아다니는 쓰레기뿐이다.

그녀가 회당에 들어와 자리를 잡고 앉자 예수의 시선은 그가 보고 있던 성경 본문에서 노랗게 색이 바랜 책갈피가 꽂혀 있는 그녀의 삶의 페이지로 옮겨간다. 그는 지난 18년의 이야기를 훑어본다. 그는 고난을 묘사한 모든 문장을 읽고, 의문 부호가 찍힌 모든 고통을 대할 때마다 잠시 멈춘다. 그러나 그의 시선을 사로잡은 것은 다름 아닌 그 속에 금빛으로 장식된 페이지들, 즉 그녀의 믿음이다.

그녀는 진정한 아브라함의 딸이다. 그리고 그녀는 매번 안식일마다 그러는 것처럼 오늘도 아브라함의 하나님을 경배하기 위해 왔다. 고통에도 불구하고. 다른 사람들이 던지는 동정 어린 시선에도 불구하고. 그녀를 쳐다보며 낄낄거리는 아이들의 놀림에도 불구하고.

예수는 읽고 있던 두루마리를 덮고 그녀에게 회당 앞쪽으로 나아오라고 말한다. 그녀에게는 몹시 부끄러운 순간이다. 그녀가 사람들을 헤치고 어색하게 앞으로 나아오자 모든 눈이 그녀의 굽은 몸에 고정된다.

그녀는 그 앞에 멈춰 서서 상체를 움직여 그의 얼굴을 보려고 애를 쓴다. 그때 두 사람의 눈이 마주친다.

"여자여, 네가 네 병에서 놓였다."

예수는 그녀의 굽은 어깨 위에 자신의 손을 얹는다. 그러자 즉시 어깨를 꼭 쥐고 있던 근육이 그 손을 편다. 척추는 제자리로 돌아오고 꼭 끼어 있던 신경은 자유롭게 풀려난다.

마치 오래 낮잠을 자던 고양이가 몸을 일으키듯 그녀는 몸을 일으켜 세운다. 그녀가 몸을 펴자 18년 동안 쌓인 비참함이 그녀의 등에서 구세주의 발아래로 굴러떨어진다.

그녀는 손을 들고 눈을 하늘로 향한다. 오랫동안, 너무도 오랫동안 할 수 없었던 일을 하는 것이다. 그리고 아브라함과 이삭과 야곱의 하나님을, 또한 외롭고 작고 꼬부라진 여인들의 하나님도 되시는 그분을 찬양한다.

그러나 하나님께 영광을 돌리는 이 일은 회당장을 격노하게 했을 뿐이다. 그에게는 예배가 방해를 받았고 안식일이 무시되었다는 사실만이 중요하다. 그는 분노에 차 질서를 회복하고 이렇게 의식을 방해하는 일이 전례가 되지 않게 하려고 일어선다. 날이 선 그의 말은 군중을 날카롭게 찌른다.

"일할 날이 엿새가 있으니 그 동안에 와서 고침을 받을 것이요 안식일에는 하지 말 것이니라."

잠깐! 그는 지금 소리를 높일 것이 아니라 눈을 비비고 있어야 하지 않을까? 그는 이 기적을 보지 못했단 말인가?

아니다, 그도 보았다. 그러나 그의 눈은 형식과 규칙 그리고 오랜 세월 존중되어온 전통에 고정되어 있었기에 바로 그 앞에서 놀라운 능력이 나타난 감격을 놓친 것이다.

예수는 더 경건한 몇 사람의 지지를 받고 있는 이 당당한 사람을 향해 돌아선다.

"외식하는 자들아, 너희가 각각 안식일에 자기의 소나 나귀를 외양간에서 풀어내어 이끌고 가서 물을 먹이지 아니하느냐? 그러면 열여덟 해 동안 사탄에게 매인 바 된 이 아브라함의 딸을 안식일에 이 매임에서 푸는 것이 합당하지 아니하냐?"

예수의 논리는 반박할 여지가 없이 완벽하다. 모든 눈이 회당장을 향한다. 모든 귀가 그의 답변을 듣고자 한다. 그러나 그는 수치심에 휩싸인다.

이 얼마나 모순된 장면인가? 이 여인이 갑자기 누리게 된 자유로운 몸의 자세는 종교 지도자들의 경직된 영적 자세와 병렬된다.

왜 가장 종교적인 사람들이 하나님의 능력에 가장 크게 거부 반응을 보이는 것일까? 그들의 신학은 너무나 잘 포장되어 있어 기적이 들어갈 공간이 없는 것일까? 그들의 예배 순서는 너무나 잘 짜여 하나님의 초자연적인 역사를 보고도 감격할 만한 공간이 없는 것일까?

공간이 없다.

아마도 이것이 문제일 것이다. 이 때문에 그들은 초자연적인 것에 대해 문을 닫은 것이다. 그들의 마음에는 하늘로부터 기대하지 않았던 어떤 것이 탄생할 만한 공간이 없는 것이다.

기도

주 예수님,

저는 유전자의 문제나 뜻밖의 사고 또는 사탄의 사자로 인한 것이든 어떤 경로를 통해서든지 간에 몸이 꼬부라진 모든 사람을 위해 기도합니다. 그들이 땅만 보지 않고 하늘도 보게 되기를 기도합니다. 몸이 굽어 구름과 새와 무지개 대신 먼지와 쓰레기와 단조로운 회색 콘크리트만 보고 살아야 하는 사람들을 위해 기도합니다.

저는 골다공증이나 관절염, 척추측곡 등으로 몸이 굽은 사람들을 위해 기도합니다. 병원 침대의 가로대에 갇혀 살아가는 사람들을 위해 기도합니다. 휠체어에 갇혀 살아가는 사람들을 위해 기도합니다. 버팀대나 목발, 보행 보조기가 없으면 움직이지 못하는 사람들을 위해 기도합니다.

주님, 매 주일 불편한 몸을 이끌고 교회에 오지만 그들이 그토록 간구하는 치유를 받지 못하고 있는 사람들, 당신에게 기대고 있는 장애인들을 기억해주십시오.

온종일 침대에 누워 천장만 바라봐야 하는 고난 가운데서도 당신을 쳐다보기 위해 애쓰는 사람들을 기억해주십시오.

몸의 아픔으로 유년 시절을 빼앗긴 어린 친구들, 신체의 불편함으로 아름답게 늙어갈 수 없는 노인들을 기억해주십시오.

그들 모두에게 자비를 베풀어주십시오, 주님. 그들을 만져주시고, 그들의 어깨에서 고통의 짐을 벗겨주십시오. 그러나 만일 그들이 이 상태에 머무는 것이 당신 뜻이라면 그들에게 더 강한 믿음을 주셔서 그들이 자신들의 짐을 더 잘 감당할 수 있게 해주시고, 그들에게 더 강한 친구들을 주셔서 그들이 질 수 없는 짐을 대신 져줄 수 있게 해주십시오.

후회의 무게에 짓눌려 영혼이 땅에 닿도록 구부러진 사람들을 위해 기도합니다. 몸을 곧게 세우고 걷지 못하도록 만드는 죄책감에서 그들을 해방해주십시오.

그들의 등에 단단하게 매여 있는 과거의 짐들에서 그들을 풀어주십시오. 아직도 그들을 괴롭히는, 실패한 결정의 짐들에서…아직도 그들 마음속에 울리고 있는, 분노로 내뱉은 말의 짐들에서…오늘까지 후회하고 있는, 이기심으로 취한 탐욕의 짐들에서….

주님, 그들도 만져주십시오. 그들의 상심한 영혼에서 과거의 짐들을 벗겨주십시오.

특별히 저는 신체 장애로 꼬부라진 _____와 영혼의 고통으로 꼬부라진 _____(을)를 위해 기도합니다. 그들은 수고하고 무거운 짐 진 자들입니다. 주님, 그들이 당신에게 오도록 불러주십시오. 거기서 그들의 짐을 내려주시고 그들의 영혼에 쉼을 주십시오.

당신의 치유의 손길로 그들을 만지시고 자비를 베풀어주십시오. 그래서 그들이 다시 한 번 몸을 펴고 곧게 서서 하늘을 볼 수 있도록 해주십시오.

하나님 나라에 대해
배우는
순_____간

예수께서 안식일에 한 회당에서 가르치실 때에 열여덟 해 동안이나 귀신 들려 앓으며 꼬부라져 조금도 펴지 못하는 한 여자가 있더라.

예수께서 보시고 불러 이르시되 "여자여, 네가 네 병에서 놓였다" 하시고 안수하시니 여자가 곧 펴고 하나님께 영광을 돌리는지라.

회당장이 예수께서 안식일에 병 고치시는 것을 분 내어 무리에게 이르되 "일할 날이 엿새가 있으니 그 동안에 와서 고침을 받을 것이요 안식일에는 하지 말 것이니라" 하거늘 주께서 대답하여 이르시되 "외식하는 자들아 너희가 각각 안식일에 자기의 소나 나귀를 외양간에서 풀어내어 이끌고 가서 물을 먹이지 아니하느냐? 그러면 열여덟 해 동안 사탄에게 매인 바 된 이 아브라함의 딸을 안식일에 이 매임에서 푸는 것이 합당하지 아니하냐?"

예수께서 이 말씀을 하시매 모든 반대하는 자들은 부끄러워하고 온 무리는 그가 하시는 모든 영광스러운 일을 기뻐하니라.

그러므로 예수께서 이르시되 "하나님의 나라가 무엇과 같을까? 내가 무엇으로 비교할까? 마치 사람이 자기 채소밭에 갖다 심은 겨자씨 한 알 같으니 자라 나무가 되어 공중의 새들이 그 가지에 깃들었느니라." 또 이르시되 "내가 하나님의 나라를 무엇으로 비교할까? 마치 여자가 가루 서 말 속에 갖다 넣어 전부 부풀게 한 누룩과 같으니라" 하셨더라.

_ 누가복음 13:10-21

> 묵
> 상

회당에서 가르치실 때 예수는 뒷줄에 있던 꼬부라진 한 여인이 구석으로 가는 것을 본다. 예수가 그녀에게 앞으로 나아오라고 말하자 그녀는 주위를 의식하면서 어색하게 주춤주춤 앞으로 나온다.

그녀가 지난 18년 동안 짊어졌던 짐을 예수가 풀어주었을 때 그녀는 젊음의 기운이 몸을 감싸고도는 것을 느낀다. 그녀가 몸을 곧게 세우자 경직되고 메말랐던 회당이 일순간 흥분에 휩싸인다. 그러나 회당 지도자는 그녀의 감동적인 찬사가 손쓸 수 없이 번지기 전에 즉시 찬물을 끼얹는다.

예수가 위선적인 그를 신랄하게 꾸짖자 그녀는 자리에 앉고 군중은 순식간에 잠잠해진다.

예수는 이 긴장된 침묵의 순간 하나님 나라에 대한 예화를 말하기 위해 생각을 집중한다. 그는 정부, 군대, 공중생활이 제공하는 거창한 이미지를 지나친다. 그는 오히려 어린아이가 들꽃을 모으듯 천진스러운 편안함으로 사람들이 사는 집 뒤뜰에서 이미지를 찾는다. 사람이 자기 집 뜰에 겨자씨를 심는 모습이다.

겨자씨는 중동에서 자라는 흔한 풀로서 양념으로 쓰일 뿐 아니라 사람들의 일상적인 대화에서도 흔히 인용된다. "겨자씨같이 작다"는 표현은 속담이 되었다. 예수는 "만일 너희에게 믿음이 겨자씨 한 알만큼만 있어도 이 산을 명하여 여기서 저기로 옮겨지라 하면 옮겨질 것이요 또 너희가 못할 것이 없으리라"(마 17:20)고 말씀하셨을 때 이 표현을 사용했다. 그러나 겨자는 비록 그 씨는 작지만 크게 자라기 때문에 말을 타고 그 밑으로 달려갈 수 있을 정도다. 이 비유의 요점은 하나님 나라는 작고 보잘것없어 보이는 것에서 시작한다는 것이다.

예수는 높이 솟은 소나무나 가지를 활짝 펼친 참나무를 예로 들 수도 있었다. 어쩌면 그것이 하나님 나라의 장엄함을 나타내는 데 더 어울렸을 것이다. 그러나 소나무의 솔방울이나 참나무의 도토리는 크기가 너무 커 예화의 목적에 맞지 않는다. 예수가 여기서 강조하고자 하는 하나님 나라의 특성은 미래의 위대함이 아니라 현재의 미미함이기 때문이다.

그날 회당에 있던 사람들이 본 것이 바로 이것이다. 그들은 겨자씨가 그 늙은 여인의 가슴에 심어지는 것을 보았다.

그녀는 18년 동안 안식일마다 회당에 와 눈에 띄지 않는 뒷좌석에 앉았다 갔다. 회당 지도자 중 누구도 그녀에게 관심이 없다. 그녀는 헌금을 많이 내지도 않았고, 사역을 맡길 만한 사람들 명단에 올라 있지도 않았다. 그녀는 단지 꼬부라진 늙은 여자였을 뿐이다. 원대한 사업 계획에 비추어볼 때 겨자씨보다 더 나을 것이 없는 존재였다.

예수는 회당을 둘러보다 뒤쪽에 몸을 곧게 세우고 앉아 감사의 눈물로 얼굴이 젖어 있는 그 여인의 눈과 마주친다. 그때 그의 마음에 하나님 나라를 설명하기 위한 또 다른 예화가 떠오른다. "하나님의 나라를 무엇으로 비교할까? 마치 여자가 가루 서 말 속에 갖다 넣어 전부 부풀게 한 누룩과 같으니라."

그녀는 손등으로 눈물을 훔친다. 그녀는 그 예화가 자신을 위한 것임을 안다. 예수는 그녀의 세계도 중요하다는 것을 그런 방식으로 말하는 것이다. 그 세계는 예화로 가득 차 있다.

언젠가 예수는 "하나님의 나라는 너희 안에 있느니라"(눅 17:21)고 말했다.

그것은 우리 안에 감춰져 있는 작은 은혜의 덩어리에서 시작한다. 그리고 그것은 천천히 조용하게 우리의 삶으로 퍼져나가고, 삶을 일으켜 세우며, 변화시킨다.

그것은 성전 뜰에 있던 세리에게 그러한 모습으로 작용했다. 그것은 거리의 구석에 있던 창녀에게 그렇게 역사했다. 그리고 이 회당에 있는 꼬부라진 여인에게도 그렇게 역사한 것이다.

이상하게도 예수는 일세기의 세계를 오염시킨 여러 이슈에 대해 전혀 언급하지 않는다. 정부는 하나님께 불경건했지만 그는 정부에 대항하기 위해 반란을 일으키지 않았다. 대중은 무거운 세금에 억눌려 있었지만 그는 경제 개혁을 위한 모임을 주도하지 않았다. 많은 사람이 노예로 살았지만 그는 그들을 자유롭게 하기 위한 어떤 운동도 이끌지 않았다. 가난, 계급 차별, 인종주의…. 사회적 악의 목록은 추한 만큼 길기도 하다.

예수는 그러한 목록을 자신의 정치 개혁안으로 만들지 않았다. 그보다는 가장 작은 씨앗을 가장 장래가 없어 보이는 땅에 심는 것으로 만족했다. 아무도 알아주지 않는 사람들의 삶에 은혜의 덩어리를 숨겨 놓은 것이다.

사람들의 마음이 하나씩 변화될 때 하나님 나라는 자라난다. 태양을 향해 조용히 자라난다. 역사를 통해 퍼져나가 언젠가 모든 족속과 나라에서 온 사람들이 그 가지에 깃들 것이다.

하나님 나라는 아무도 모르게 확장되어간다. 마치 부풀어 오르는 반죽처럼. 그리고 갓 구운 빵 냄새로 이 세상을 가득 채울 것이다.

기도

주 예수님,

   제게 작은 시작을 경멸하지 않는 법을 가르쳐주십시오. 그것은 주님이 지상에서 삶을 시작하시려 택하신 곳이 유대 도시 중 가장 작은 베들레헴이었기 때문입니다.

   작은 것의 참 의미를 가르쳐주십시오. 그것은 당신의 이름으로 대접한 냉수 한 그릇도 영원한 중요성을 지니기 때문입니다.

   작은 것의 가치를 가르쳐주십시오. 그것은 과부의 엽전 두 닢도 하늘나라에서는 진정한 보물이기 때문입니다.

   작은 것에 충성하는 법을 가르쳐주십시오. 그것은 이 지상에서 작은 것에 충성할 때 주님 나라에서 더 큰 일을 맡게 될 것이기 때문입니다.

   작은 것이 얼마나 널리 영향을 미치게 되는지 가르쳐주십시오. 그것은 십자가에 달린 강도의 단순한 간청이 그의 영원한 운명을 바꾸어놓았기 때문입니다.

   작은 것의 힘을 가르쳐주십시오. 그것은 겨자씨가 비록 조용히 자라지만 그 영향력은 널리 퍼지기 때문입니다. 누룩은 비록 보이지 않게 작용하지만, 그 변화의 능력이 너무나 놀랍기 때문입니다.

자비에 대해 배우는 순간

안식일에 예수께서 한 바리새인 지도자의 집에 떡 잡수시러 들어가시니 그들이 엿보고 있더라. 주의 앞에 수종병든 한 사람이 있는지라.

예수께서 대답하여 율법교사들과 바리새인들에게 이르시되 "안식일에 병 고쳐 주는 것이 합당하냐, 아니하냐."

그들이 잠잠하거늘 예수께서 그 사람을 데려다가 고쳐 보내시고 또 그들에게 이르시되 "너희 중에 누가 그 아들이나 소가 우물에 빠졌으면 안식일에라도 곧 끌어내지 않겠느냐?" 하시니 그들이 이에 대하여 대답하지 못하니라.

청함을 받은 사람들이 높은 자리 택함을 보시고 그들에게 비유로 말씀하여 이르시되 "네가 누구에게나 혼인 잔치에 청함을 받았을 때에 높은 자리에 앉지 말라. 그렇지 않으면 너보다 더 높은 사람이 청함을 받은 경우에 너와 그를 청한 자가 와서 너더러 '이 사람에게 자리를 내주라' 하리니 그 때에 네가 부끄러워 끝자리로 가게 되리라. 청함을 받았을 때에 차라리 가서 끝자리에 앉으라. 그러면 너를 청한 자가 와서 너더러 '벗이여 올라 앉으라' 하리니 그 때에야 함께 앉은 모든 사람 앞에서 영광이 있으리라. 무릇 자기를 높이는 자는 낮아지고 자기를 낮추는 자는 높아지리라."

또 자기를 청한 자에게 이르시되 "네가 점심이나 저녁이나 베풀거든 벗이나 형제나 친척이나 부한 이웃을 청하지 말라. 두렵건대 그 사람들이 너를 도로 청하여 네게 갚음이 될까 하노라. 잔치를 베풀거든 차라리 가난한 자들과 몸 불편한 자들과 저는 자들과 맹인들을 청하라. 그리하면 그들이 갚을 것이 없으므로 네게 복이 되리니 이는 의인들의 부활시에 네가 갚음을 받겠음이라" 하시더라.

함께 먹는 사람 중의 하나가 이 말을 듣고 이르되 "무릇 하나님의 나라에서 떡을 먹는 자는 복되도다" 하니 이르시되 "어떤 사람이 큰 잔치를 베풀고 많은 사람을 청하였더니 잔치할 시각에 그 청하였던 자들에게 종을 보내어 이르되 '오소서, 모든 것이 준비되었나이다' 하매 다 일치하게 사양하여 한 사람은 이르되 '나는 밭을 샀으매 아무래도 나가 보아야 하겠으니 청컨대 나를 양해하도록 하라' 하고 또 한 사람은 이르되 '나는 소 다섯 겨리를 샀으매 시험하러 가니 청컨대 나를 양해하도록 하라' 하고 또 한 사람은 이르되 '나는 장가들었으니 그러므로 가지 못하겠노라' 하는지라. 종이 돌아와 주인에게 그대로 고하니 이에 집주인이 노하여 그 종에게 이르되 '빨리 시내의 거리와 골목으로 나가서 가난한 자들과 몸 불편한 자들과 맹인들과 저는 자들을 데려오라' 하니라. 종이 이르되 '주인이여 명하신 대로 하였으되 아직도 자리가 있나이다.' 주인이 종에게 이르되 '길과 산울타리 가로 나가서 사람을 강권하여 데려다가 내 집을 채우라. 내가 너희에게 말하노니 전에 청하였던 그 사람들은 하나도 내 잔치를 맛보지 못하리라' 하였다" 하시니라.

_ 누가복음 14:1-24

> 묵
> 상

　요단 강은 흰 눈으로 덮인 헤르몬 산의 고봉(高峯)에서 가느다란 줄기로 시작한다. 요단 강은 남쪽으로 약 300킬로미터를 흘러가는 동안 그 주변을 둘러싸고 있는 산들에서 흘러들어오는 수많은 지류와 합쳐져 갈릴리 바다를 채운다. 그리고 더 전진해 요단 골짜기를 적신 후 마침내 지상에서 가장 낮은 지역인 사해로 흘러들어 간다.
　이 강과 그 지류들이 아니었다면 팔레스타인은 황무지가 되었을 것이다.
　요단 강을 졸린 눈으로 쳐다보던 태양은 언덕 너머로 사라지기 전 금요일 오후의 마지막 한숨을 내쉰다. 요단 동편에 위치한 베레아의 한 도시에서는 줄지어 선 상점들이 이미 문을 닫은 상태다.
　사람들은 가족과 친구들과 함께 안식일 만찬을 갖기 위해 서둘러 집을 향해 가면서 서두르지 않는 사람들을 쳐다본다. 그들은 안식일을 지킬 만한 형편이 못 되는 사람들이다. 그들은 사회의 깨진 틈 사이로 떨어진 거리의 사람들이다. 그들의 삶은 갈수록 더 커지는 좌절과 절망의 개울이다.
　그렇게 침식되고 있는 사람들의 개울이 내려다보이는 곳에 한 유명한 바리새인의 집이 있다. 예수는 이 집의 저녁 식사에 초대받았다. 그 자리에 초대된 다른 손님으로는 바리새인 몇 명과 레위기 율법으로 철저하게 훈련받은 율법학자 한 그룹이 있다.
　'자비'라는 동방의 오랜 관습에 따라 저녁 식사가 진행되는 동안 바깥에 있는 사람들을 위해 문을 열어둔다. 방해만 하지 않는다면 그들은 연회실 주변에 둘러앉아 식탁에서 오가는 대화를 들을 수도 있고, 때로는 남은 음식을 처분하는 일에 낄 수도 있다.

그 바깥 사람 가운데 수종병에 걸린 한 사람이 있다. 심장이 제대로 박동하지 않아 다리가 부어오른 사람이다. 다리에 가득 고인 물 때문에 움직임도 둔하고 불편하다.

그 사람은 언덕을 터덜터덜 올라오느라 숨이 차 있다. 그러나 그는 예수라는 사람에 대한 소문을 들었다. 만약 소문이 조금이라도 사실이라면 숨이 찬 것은 전혀 문제 되지 않는다. 그는 그 수종병든 다리를 끌고 절름거리며 예수에게 다가간다. 그러나 얼마 못 가 그만 몸의 중심을 잃고 넘어진다.

예수는 그를 바라본다. 그리고 율법학자들을 바라본다. 그는 이들이 율법 훈련을 얼마나 잘 받았는지 알아보려고 질문을 던진다.

"안식일에 병 고쳐 주는 것이 합당하냐, 아니하냐?"

그들이 대답하지 못하고 잠잠히 있자 예수는 그를 붙들어 일으킨다. 두 발로 서자마자 그는 깨끗이 고침을 받는다. 모든 사람이 예수를 주시하는 가운데 그는 또 다른 질문을 던진다. "너희 중에 누가 그 아들이나 소가 우물에 빠졌으면 안식일에라도 곧 끌어내지 않겠느냐?"

이 질문의 답이 바로 앞 질문의 답이기도 하다. 만일 우리가 안식일에 우물에서 동물을 끌어낼 수 있다면, 사람을 그가 떨어진 고난의 골짜기에서 건져내는 것은 너무나 당연하다. 그러나 아무도 뛰어난 사람들 앞에서 바보가 되고 싶지 않다. 그래서 아무도 대답하지 않는다.

이 어색한 순간을 깨고 집주인이 모든 사람을 식탁으로 부른다. 사람들은 U자형을 그리며 몰려든다. U자형의 바깥 커브 쪽에 위치한 식탁 윗자리는 가장 존귀한 대접을 받는 손님의 자리다. 그 좌우편에는 그다음으로 존귀한 손님들이 앉고, 이런 식으로 존귀한 순서에 따라 자리가 정해진다.

예수가 지켜보는 가운데 식사에 초대받은 손님들은 가장 높은 자리를 차지하기 위해 재빨리 자리다툼을 한다. 이 장면을 애처롭게 여겨야 할지 아니면 우습게 여겨야 할지 모르겠다. 다 큰 사람들이 이토록 불안해하다니! 이토록 지위에 집착하다니! 이렇게 작은 일에 연연해하다니!

예수는 자연스럽게 남은 자리로 걸음을 옮기며 사람들에게 비유 하나를 들려준다. 그는 그들에게 가장 낮은 자리에 앉는 것이 망신당하지 않는 가장 안전한 길이고, 또 높은 자리로 올려질 수 있는 가장 확실한 길이라고 말한다. "무릇 자기를 높이는 자는 낮아지고 자기를 낮추는 자는 높아지리라."

그러나 이 하찮은 세상사에서는 줄을 바로 서야 높아질 수 있다. 그리고 줄을 바로 서려면 확실한 만찬에 참석해 확실한 자리를 확보해야 한다. 그러나 이렇게 모든 수를 바로 둔다 해도 잘못된 결과에 이를 뿐이다. 예수는 주인에게 바로 이 점을 지적한다.

그는 주인에게 가장 필요로 하는 사람들에게 만찬을 베풀라고 말한다. 거리의 사람들에게, 골목길에 버려진 자들에게. "감사합니다" 또는 마음에서 우러나 "하나님께서 복주시기를 빕니다"라는 말 외에는 인사할 수 없는 자들에게 베풀라고.

예수가 자신의 손님들을 못마땅하게 여기고 있음을 눈치챈 주인은 긴장한다. 침묵으로 균열이 생기자 손님 중 한 사람이 그 틈을 메우기 위해 화제를 돌리려 한다. "무릇 하나님의 나라에서 떡을 먹는 자는 복되도다."

예수는 상투적으로 경건한 말을 사용하는 그 사람을 향해 하나님 나라의 만찬에 초대될 사람들의 명단을 밝혀주는 비유를 말하기 시작한다. 그들은 길거리로 버려진 사람들, 인생에서 실패하고 잊힌 사람들, 사회에서 밀려나 음지에서 살아야 하는 사람들이다.

하나님 나라 잔치에 참여하는 자는 진실로 복되다. 그러나 바리새인의 식탁에 둘러앉은 사람 중에는 누구도 그 잔치에 참여하지 못할 것이다. 자세히 보라. 수종병에 걸린 사람은 바닥에 누워 있다. 낮은 자들이 어떻게 높임을 받게 될지에 대한 메시지가 지금 막 주어졌다. 낮은 자들을 만찬에 초대하라는 명령이 지금 막 떨어졌다. 하나님 나라는 사회의 가장 낮은 계층 위에 세워질 것이라는 비밀이 지금 막 밝혀졌다.

하나님 나라도 팔레스타인처럼 경사져 있어 그곳에 있는 강은 가장 낮은 골짜기를 향해 흐른다.

그 골짜기는 삶이 침식된 사람들이다.

그 강은 자비다.

그 강은 수종병든 사람을 고쳐주기 위해, 가난한 자들을 위한 만찬을 배설하기 위해, 가난한 거리 외에는 아무 데도 속할 곳 없는 이들에게 하나님 나라를 비추기 위해 값없이 흘러간다.

그리고 그 강이 아니었다면 이 세상은 황무지가 되고 말았을 것이다.

기도

주님,

머리 둘 곳도 없으셨던 주님, 머리 둘 곳이 없는 이들에게 자비를 베풀어주십시오. 집이라고는 상자로 만든 것밖에 없고, 가진 것이라고는 손수레에 끌고 다니는 것밖에 없는 사람들에게 자비를 베풀어주십시오.

광야에서 굶주림을 경험하신 주님, 그들이 굶주릴 때, 그들이 광야를 경험하고 있을 때 그들과 함께해주십시오. 무료 급식소에서 주는 음식이나 낯선 이들이 베푸는 동정 외에는 삶을 연명할 길이 없는 사람들에게 자비를 베풀어주십시오.

슬픔의 사람이셨던 주님, 그들의 슬픔을 위로해주십시오. 자신들의 삶을 회한과 후회와 슬픔으로 뒤돌아보는 이들에게 자비를 베풀어주십시오.

제가 당신의 말씀을 읽을 때 그 배경이 되고 있는 하나님 나라의 정경을 볼 수 있도록 도와주십시오. 하나님 나라는 세월이 지날수록 좌절과 절망의 개울이 커져만 가는 사람들을 향해 경사져 있음을 보게 해주십시오.

제가 사회적으로나 경제적으로, 또는 직업적으로 얼마나 높이 올라가던지 간에 그들의 고난에서 멀어지지 않도록, 결코 그들을 내려다보는 일이 없도록 저를 지켜주십시오. 주님, 제 마음을 녹여주셔서 그들의 삶을 향해 흐르는 자비의 강이 되게 해주십시오.

아버지에 대해 배우는 순간

모든 세리와 죄인들이 말씀을 들으러 가까이 나아오니 바리새인과 서기관들이 수군거려 이르되 "이 사람이 죄인을 영접하고 음식을 같이 먹는다" 하더라.

예수께서 그들에게 이 비유로 이르시되…

"어떤 사람에게 두 아들이 있는데 그 둘째가 아버지에게 말하되 '아버지여, 재산 중에서 내게 돌아올 분깃을 내게 주소서' 하는지라. 아버지가 그 살림을 각각 나눠 주었더니 그 후 며칠이 안 되어 둘째 아들이 재물을 다 모아 가지고 먼 나라에 가 거기서 허랑방탕하여 그 재산을 낭비하더니 다 없앤 후 그 나라에 크게 흉년이 들어 그가 비로소 궁핍한지라. 가서 그 나라 백성 중 한 사람에게 붙여 사니 그가 그를 들로 보내어 돼지를 치게 하였는데 그가 돼지 먹는 쥐엄 열매로 배를 채우고자 하되 주는 자가 없는지라. 이에 스스로 돌이켜 이르되 '내 아버지에게는 양식이 풍족한 품꾼이 얼마나 많은가. 나는 여기서 주려 죽는구나. 내가 일어나 아버지께 가서 이르기를 아버지 내가 하늘과 아버지께 죄를 지었사오니 지금부터는 아버지의 아들이라 일컬음을 감당하지 못하겠나이다 나를 품꾼의 하나로 보소서 하리라' 하고 이에 일어나서 아버지께로 돌아가니라. 아직도 거리가 먼데 아버지가 그를 보고 측은히 여겨 달려가 목을 안고 입을 맞추니 아들이 이르되 '아버지 내가 하늘과 아버지께 죄를 지었사오니 지금부터는 아버지의 아들이라 일컬음을 감당하지 못하겠나이다' 하나 아버지는 종들에게 이르되 '제일 좋은 옷을 내어다가 입히고 손에 가락지를 끼우고 발에 신을 신기라. 그리고 살진 송아지를 끌어다가 잡으라. 우리가 먹고 즐기자. 이 내 아들은 죽었다가 다시 살아났으며 내가 잃었다가 다시 얻었노라' 하니 그들이 즐거워하더라.

　맏아들은 밭에 있다가 돌아와 집에 가까이 왔을 때에 풍악과 춤추는 소리를 듣고 한 종을 불러 '이 무슨 일인가?' 물은대 대답하되 '당신의 동생이 돌아왔으매 당신의 아버지가 건강한 그를 다시 맞아들이게 됨으로 인하여 살진 송아지를 잡았나이다' 하니 그가 노하여 들어가고자 하지 아니하거늘 아버지가 나와서 권한대 아버지께 대답하여 이르되 '내가 여러 해 아버지를 섬겨 명을 어김이 없거늘 내게는 염소 새끼라도 주어 나와 내 벗으로 즐기게 하신 일이 없더니 아버지의 살림을 창녀들과 함께 삼켜 버린 이 아들이 돌아오매 이를 위하여 살진 송아지를 잡으셨나이다.' 아버지가 이르되 '얘 너는 항상 나와 함께 있으니 내 것이 다 네 것이로되 이 네 동생은 죽었다가 살아났으며 내가 잃었다가 얻었기로 우리가 즐거워하고 기뻐하는 것이 마땅하다' 하니라."

　_ 누가복음 15:1-3, 11-32

묵상

바리새인이란 말은 '분리된 자'라는 뜻이다. 바리새파는 이방인들이나 죄 있는 유대인들은 물론 자신들보다 열심이 부족한 종교적 유대인들에게서도 그들 자신을 분리했던 엄격하고 보수적인 분파다.

바리새인들은 순결에 대해 지독히도 집착했다. 교리적 순결, 도덕적 순결, 의식적 순결, 인종적 순결, 사회적 순결…. 순결은 그들 삶의 모든 영역에 영향을 미쳤다. 음식을 장만하는 방법에서부터 먹기 전에 손을 씻는 방법 그리고 음식을 함께 먹는 사람들에 이르기까지 모든 것이 순결과 관련되어 있었다.

그들은 죄인이나 세리와 음식을 함께 먹는 것은 자신들을 더럽히는 것일 뿐 아니라 그들의 삶의 방식을 인정하는 것으로 간주했다.

"어떻게 예수가 그런 일을 할 수 있단 말인가?" 하고 바리새인들은 중얼거렸다. "어떻게 그는 이런 사람들이 자신을 만지는 것을 용납하고, 한 술 더 떠 그들과 함께 식사할 수 있단 말인가? 그는 순결 문제를 신경 쓰지 않는단 말인가? 그는 장로들의 유전에 관심이 없단 말인가? 그는 도대체 어떤 본을 보여주려는 것인가?"

그들의 중얼거림을 들은 예수는 자신이 왜 죄인들과 함께하는 것을 즐기는지 설명하기 위해 세 가지 비유를 연속으로 들려준다. 이 비유들은 점진적으로 정점을 향해 가도록 배열되어 있다. 잃어버린 양, 잃어버린 동전, 잃어버린 아들. 마지막 비유에서 예수는 이 종교적 분리주의자들을 중요한 등장인물로 참여시킨다.

이 비유에 나오는 작은아들은 왜 집을 떠나고 싶어 할까? 우리는 모른다. 어쩌면 그는 너무나 모범생인 형에게 질렸는지도 모른다. 그의 비판적인 태도에, 그의 깔보는 듯한 태도에, 그의 독설적인 표현에 신물이 났는지도 모른다.

어쩌면 그는 도저히 형의 경쟁 상대가 될 수 없다고, 아버지 눈에 형만 한 그릇으로 인정받을 수 없다고 느꼈는지도 모른다.

어쩌면 그는 너무 많은 책임을 진 것이, 농장을 운영하기 위해 많은 일에 붙잡혀 지내야 하는 것이 부담스러웠는지도 모른다.

어쩌면 그는 끓는 피를 발산하고 싶어 안달이 났는지도 모른다. 그를 얽매고 있는 아버지의 고삐를 원망하고 있는지도 모른다. 어쩌면 그는 혈기대로 마음껏 달릴 수 있는 탁 트인 초원을 염원하고 있는지도 모른다.

무슨 이유에서건 그는 집을 나가고 싶어 한다.

"아버지여, 재산 중에서 내게 돌아올 분깃을 내게 주소서."

이 말을 듣는 아버지의 마음은 얼마나 아팠을까?

그러나 하나님이 아담과 하와를 막기 위해 금지된 나무 주위에 담장을 두르지 않으셨던 것처럼 이 아버지도 먼 나라의 큰 가지에 매달려 있는 청청한 유혹으로부터 그의 아들을 막지 않는다. 아버지는 아들을 집에서 떠나게 하는 그 길이 다시 그를 집으로 돌아오게 하는 길이 되기를 바라며 그를 가게 한다.

아들이 마지막 언덕을 넘어 더는 아버지 눈에 보이지 않게 되자 그는 감정을 억제하지 못하고 울음을 터뜨린다. 그러나 아들은 그 눈물을 보지 못한다. 그는 세상을 보기 위해 떠나간 것이다. 그는 뒤돌아보지 않는다.

그가 돈주머니를 지니고 있으므로 그 돈을 함께 탕진할 한 무리의 친구가 곧 주위에 몰려든다. 그는 먹고 싶은 대로 먹고, 마시고 싶은 대로 마시며 자신이 원하는 모든 여자와 실컷 즐긴다. 그리고 저녁이 끝날 즈음 청구서를 집어 드는 것 외에는 어떤 책임도 느끼지 않는다.

그는 삶이 제공할 수 있는 열매라면 그것이 금지된 것이든 아니든 상관하지 않고 모두 맛보기로 마음먹는다. 그리고 집과 관련된 모든 것은 지우기로 결심한다.

그러나 아들은 비록 아버지를 잊었지만 아버지는 아들을 잊지 않았다. 식사 때마다 비어 있는 자리를 보며 아버지는 집을 나간 아들을 생각한다. 비어 있는 아들의 방을 지날 때마다 그에 대한 기억이 아버지의 마음에 물밀 듯 밀려온다. 큰아들을 볼 때마다 이제는 볼 수 없는 작은아들을 생각한다. 어쩌면 영영 볼 수 없는 아들을.

작은아들은 날마다 잔치를 벌인다. 밤마다 흥청망청한다. 그러던 어느 날 아침 그는 잠에서 깨어 숙취 말고 다른 사실을 발견한다. 마침내 돈이 다 떨어진 것이다. 돈과 함께 친구들도 사라졌다. 곧 가뭄이 그 나라를 휩쓴다. 갑자기 그는 먼 외국에서 빈털터리가 된 자신을 발견한다. 그가 찾으리라고 생각했던 행복과는 거리가 먼 곳에 와 있는 자신을 본다.

그는 집집이 찾아다니며 일자리를 구걸한다. 그러나 이제 일전 한 푼 없는 뜨내기에 불과한 그가 찾을 수 있는 일이란 돼지에게 밥찌꺼기를 주는 일뿐이다.

가뭄이 얼마나 심했던지 돼지들이 그것을 치는 사람들보다 더 귀한 대접을 받았다. 그의 뺨은 축 처지고, 눈은 퀭하니 들어가고, 살갗은 들러붙어 갈비뼈가 그대로 드러난다. 그는 급기야 허기를 채우기 위해 돼지와 함께 엎드려 그 먹이를 먹어야겠다고 결심한다.

그가 제정신을 차리게 된 것은 불현듯 집 생각이 났기 때문이다. 그의 아버지는 가장 낮은 고용인에게까지 얼마나 풍족하게 채워주었던가! 그 생각이 떠오르자 그는 이 나라를 등지고 집을 향해 먼 길을 떠나기로 결심한다. 어쩌면 그는 아버지의 일꾼 중 하나로 일자리를 얻을 수 있을 것이다. 일이 힘들 것을 그는 안다. 그러나 하루 세 끼 밥만 먹을 수 있다면 적어도 그 일을 감당할 힘은 얻을 수 있을 것이다.

아들이 집을 향해 가는 동안 아버지는 무릎을 꿇고 있다. 그는 얼마나 많은 눈물을 흘렸던가? 얼마나 많은 밤을 잠 못 이루었던가? 하루 중 얼마나 많은 시간을 아들의 행방과 안전을 염려하면서 그가 무사히 돌아오기를 바라며 보냈던가? 하루가 끝날 때 얼마나 여러 번 현관 의자에 앉아 마치 애가서 구절을 읽듯 지평선을 바라보며 소망의 흔적을 찾았던가?

아버지가 지평선을 바라보던 어느 늦은 오후, 갑자기 조그만 점 하나가 나타난다. 그는 예전 같지 않은 시력 때문에 눈을 가늘게 뜨고 자세히 본다. 그러자 그 점이 점점 더 분명해진다. 그는 그 점이 언덕을 내려오는 것을 따라가다 마침내 익숙한 걸음걸이를 보게 된다. 그 모습은 그가 기억하는 것보다 지쳐 있다. 그러나 그것은 분명히 아들의 걸음걸이다! 그러자 아버지는 감정에 격한 나머지 이내 달려간다.

거리가 점점 더 가까워지면서 아버지는 오래전 집을 나간 아들의 수척해진 모습을 본다. 아들의 머리는 헝클어져 있고, 허기로 쓰러질 듯한 표정에다, 여윈 다리는 몸을 겨우 지탱해주고 있다. 그러나 남아 있는 최후의 힘을 모아 그는 다시 한 번 아버지에게 고백할 말을 연습한다.

마침내 아버지가 이르렀을 때 그는 아들에게 무릎을 꿇으라고 하지 않는다. 이제 교훈을 배웠느냐며 다그치지도 않는다. 이런 설교도 하지 않는다. "네 꼴을 보아라, 이 창피한 놈아. 돈이 떨어지면 집으로 기어들어 올 줄 내 알았다. 집에 들어오는 건 좋은데 조건이 있어."

아버지는 아무 말도 하지 않는다.

그 대신 그는 자기 팔로 아들의 목을 끌어안고 입을 맞춘다. 북받쳐 오르는 감정으로 두 눈에서 굵은 눈물이 떨어진다. 아들은 자신이 주의 깊게 준비한 말을 꺼내려 한다. 그러나 아버지는 아무 말도 들으려 하지 않는다. 아버지에게 그것은 조금도 중요하지 않다.

아들이 살아 있고 이제 집으로 돌아온 것만이 중요할 뿐이다. 아들의 잃어버린 위엄을 위해 아버지는 그에게 영예의 옷을 입혀준다. 종처럼 벗은 아들의 발을 위해 아버지는 신발을 신겨준다. 자기 몫의 유산을 전부 탕진한 손을 위해 아버지는 가업을 이끌어갈 권위를 부여하는 인장 반지를 끼워준다. 아들의 허기진 배를 위해 아버지는 왕의 잔치를 배설한다.

옷, 신발, 반지, 잔치는 용서뿐 아니라 회복을 나타내는 상징이다. 가장 받을 자격이 없는 자에게 베풀어진 은혜의 선물들이다.

비행 소년의 기질이라고는 전혀 없는 충실한 큰아들의 입장에서는 이 잔치가 마음에 들지 않는다. 그는 집안의 흥거운 분위기에 역정을 내며 집으로 들어오기를 거부한다.

이야기의 이 시점에서 바리새인들과 율법 교사들은 자기들이 큰아들의 입장에 있다는 것을 보게 된다. 그러나 그들은 자신들의 품성이 치명적인 결함을 가지고 있다는 지적을 듣지 못한다. 그들의 귀는 큰아들의 의분에 찬 소리만을 들을 뿐 아버지의 가슴에서 우러나오는 소리를 듣지 못한다.

아버지의 말은 권위적이지 않고 애정이 담겨 있다. "얘, 너는 항상 나와 함께 있으니 내 것이 다 네 것이로되 이 네 동생은 죽었다가 살아났으며 내가 잃었다가 얻었기로 우리가 즐거워하고 기뻐하는 것이 마땅하다."

이 비유는 잃어버렸던 사람이 아버지의 품으로 돌아올 때 하늘에서 얼마나 크게 기뻐하는지를 보여준다. 그러나 이 이야기는 그 이상의 것을 보여준다.

예수는 "아들과 또 아들의 소원대로 계시를 받은 자 외에는 아버지를 아는 자가 없느니라"(마 11:27)고 말했다.

이 비유에서 예수는 지상의 아버지가 갖추어야 할 본보기를 보여준다. 부드럽고, 동정심 많고, 이해심 많고, 사랑으로 행하는 모습을. 그러나 예수는 우리에게 그 이상의 것을 보여준다. 그는 하늘의 문을 아주 조금 열고 자신의 아버지를 우리에게 보여준다.

그 조금 열린 틈으로 우리는 바리새인들이 결코 이해할 수 없었던 순결이 무엇인지 본다. 아버지의 사랑의 순결이다. 그것은 편애하지 않는 사랑이다. 그것은 먼 나라로 떠나가 잃어버렸던 탕자에게뿐 아니라 문 밖에 있는 잃어버린 바리새인 같은 사람들에게까지도 미치는 사랑이다.

기도

아버지의 사랑받는 아들이신 주님,

제가 당신께 등을 돌리고 떠난다면 당신은 얼마나 괴로워하실지요. 제가 먼 나라에서 삶을 탕진하러 지평선 위로 사라진다면 당신은 얼마나 우실지요.

제가 때로 집을 떠난 적은 있었지만, 당신 마음을 떠난 적은 결코 없었던 것에 감사드립니다. 비록 제가 당신을 잊은 적은 있지만, 당신은 결코 저를 잊지 않으셨음에 감사드립니다.

경제적 위기나 가뭄, 돼지우리 등 제가 정신을 차리도록 해준 그 모든 것으로 인해 감사드립니다. 그리고 제가 집으로 돌아온 것이 양심의 고통 때문이 아니라 굶주림의 고통 때문이었음에도 저를 환영해주셔서 감사드립니다.

용서와 회복이 필요하지만 가장 받을 자격이 없는 제게 베풀어주셔서 감사드립니다.

제 안에 탕자뿐 아니라 비판적인 큰아들도 함께 있음을 고백합니다.

저는 때로 충실했지만 그것에 대해 저는 또 얼마나 교만했는지요! 저 자신에게는 관대하면서 다른 사람들은 얼마나 많이 정죄했는지 모릅니다. 비판에는 많이 참여했지만 당신의 기쁨에는 거의 참여하지 못했습니다,

제 안에 있는 탕자와 비판적인 큰아들을 모두 당신의 품 안에 품어주십시오, 주님. 그래서 그 둘이 함께 집으로 돌아오게 해주십시오.

나사로와 함께하는
놀라운
순_____간

어떤 병자가 있으니 이는 마리아와 그 자매 마르다의 마을 베다니에 사는 나사로라. 이 마리아는 향유를 주께 붓고 머리털로 주의 발을 닦던 자요 병든 나사로는 그의 오라버니더라. 이에 그 누이들이 예수께 사람을 보내어 이르되 "주여 보시옵소서, 사랑하시는 자가 병들었나이다" 하니 예수께서 들으시고 이르시되 "이 병은 죽을병이 아니라. 하나님의 영광을 위함이요 하나님의 아들이 이로 말미암아 영광을 받게 하려 함이라" 하시더라.

예수께서 본래 마르다와 그 동생과 나사로를 사랑하시더니 나사로가 병들었다 함을 들으시고 그 계시던 곳에 이틀을 더 유하시고 그 후에 제자들에게 이르시되 "유대로 다시 가자" 하시니 제자들이 말하되 "랍비여, 방금도 유대인들이 돌로 치려 하였는데 또 그리로 가시려 하나이까?"

예수께서 대답하시되 "낮이 열두 시간이 아니냐? 사람이 낮에 다니면 이 세상의 빛을 보므로 실족하지 아니하고 밤에 다니면 빛이 그 사람 안에 없는 고로 실족하느니라."

이 말씀을 하신 후에 또 이르시되 "우리 친구 나사로가 잠들었도다. 그러나 내가 깨우러 가노라."

제자들이 이르되 "주여, 잠들었으면 낫겠나이다" 하더라.

예수는 그의 죽음을 가리켜 말씀하신 것이나 그들은 잠들어 쉬는 것을 가리켜 말씀하심인 줄 생각하는지라.

이에 예수께서 밝히 이르시되 "나사로가 죽었느니라. 내가 거기 있지 아니한 것을 너희를 위하여 기뻐하노니 이는 너희로 믿게 하려 함이라. 그러나 그에게로 가자" 하시니 디두모라고도 하는 도마가 다른 제자들에게 말하되 "우리도 주와 함께 죽으러 가자" 하니라.

예수께서 와서 보시니 나사로가 무덤에 있은 지 이미 나흘이라. 베다니는 예루살렘에서 가깝기가 한 오 리쯤 되매 많은 유대인이 마르다와 마리아에게 그 오라비의 일로 위문하러 왔더니 마르다는 예수께서 오신다는 말을 듣고 곧 나가 맞이하되 마리아는 집에 앉았더라. 마르다가 예수께 여짜오되 "주께서 여기 계셨더라면 내 오라버니가 죽지 아니 하였겠나이다. 그러나 나는 이제라도 주께서 무엇이든지 하나님께 구하시는 것을 하나님이 주실 줄을 아나이다."

예수께서 이르시되 "네 오라비가 다시 살아나리라."

마르다가 이르되 "마지막 날 부활 때에는 다시 살아날 줄을 내가 아나이다."

예수께서 이르시되 "나는 부활이요 생명이니 나를 믿는 자는 죽어도 살겠고 무릇 살아서 나를 믿는 자는 영원히 죽지 아니하리니 이것을 네가 믿느냐?"

이르되 "주여 그러하외다. 주는 그리스도시요 세상에 오시는 하나님의 아들이신 줄 내가 믿나이다."

이 말을 하고 돌아가서 가만히 그 자매 마리아를 불러 말하되 "선생님이 오셔서 너를 부르신다" 하니 마리아가 이 말을 듣고 급히 일어나 예수께 나아가매 예수는 아직 마을로 들어오지 아니하시고 마르다가 맞이했던 곳에 그대로 계시더라. 마리아와 함께 집에 있어 위로하던 유대인들은 그가 급히 일어나 나가는 것을 보고 곡하러 무덤에 가는 줄로 생각하고 따라가더니 마리아가 예수 계신 곳에 가서 뵈옵고 그 발 앞에 엎드리어 이르되 "주께서 여기 계셨더라면 내 오라버니가 죽지 아니하였겠나이다" 하더라.

예수께서 그가 우는 것과 또 함께 온 유대인들이 우는 것을 보시고 심령에 비통히 여기시고 불쌍히 여기사 이르시되 "그를 어디 두었느냐?" 이르되 "주여, 와서 보옵소서" 하니 예수께서 눈물을 흘리시더라.

이에 유대인들이 말하되 "보라. 그를 얼마나 사랑하셨는가" 하며 그중 어떤 이는 말하되 "맹인의 눈을 뜨게 한 이 사람이 그 사람은 죽지 않게 할 수 없었더냐?" 하더라.

이에 예수께서 다시 속으로 비통히 여기시며 무덤에 가시니 무덤이 굴이라. 돌로 막았거늘 예수께서 이르시되 "돌을 옮겨 놓으라" 하시니 그 죽은 자의 누이 마르다가 이르되 "주여 죽은 지가 나흘이 되었으매 벌써 냄새가 나나이다."

예수께서 이르시되 "내 말이 네가 믿으면 하나님의 영광을 보리라 하지 아니하였느냐?" 하시니 돌을 옮겨 놓으니 예수께서 눈을 들어 우러러 보시고 이르시되 "아버지여 내 말을 들으신 것을 감사하나이다. 항상 내 말을 들으시는 줄을 내가 알았나이다. 그러나 이 말씀 하옵는 것은 둘러선 무리를 위함이니 곧 아버지께서 나를 보내신 것을 그들로 믿게 하려 함이니이다."

이 말씀을 하시고 큰 소리로 "나사로야 나오라" 부르시니 죽은 자가 수족을 베로 동인 채로 나오는데 그 얼굴은 수건에 싸였더라. 예수께서 이르시되 "풀어 놓아 다니게 하라" 하시니라.

_ 요한복음 11:1-44

> 묵상

죽음은 모든 육체가 가는 길이다. 싹이 나고 꽃피는 계절이 지나가면 시들어 땅에 떨어지는 계절이 온다.

그러나 우리가 계절에서 무엇인가를 배울 수 있다면, 그리고 계절이 우리에게 제공하는 한 가지 웅변적인 가르침이 있다면 그것은 죽음이 결코 끝이 아니라는 것이다. 꽃잎이 떨어지는 것은 사실이다. 그러나 씨도 함께 떨어진다. 그리고 씨는 한 계절 동안 눈으로 된 담요를 덮고 잠들었다 봄이 되면 다시 깨어난다.

그 후 그들은 아직 도착하지 않은 봄을 예고하듯 향기로운 머리를 쳐든다. 그곳에서는 꽃들이 절대 죽지 않는다. 이슬 같은 눈물이 절대 떨어지지 않는다.

그러나 지극히 복된 낙원의 들판은 베다니 동네에서 멀리 떨어져 있다. 그곳에는 때 이른 서리가 친구에게 이미 내렸다. 나사로가 갑작스럽게 죽어가고 있다. 심부름꾼이 이 소식을 듣고 예수를 찾아왔다.

"주여, 보시옵소서. 사랑하시는 자가 병들었나이다."

이상하게도 예수는 서두르지 않는다. 다른 일로 바쁘기 때문이 아니다. 그렇다고 관심이 없어서도 아니다. 아버지가 놀라운 순간을 연출하시기 위해 무대를 꾸미실 시간이 필요하기 때문이다. 그리고 죽음은 드라마가 시작되기 전에 중심 장면이 되어야 하기 때문에 예수는 자신이 등장하기 전에 나사로가 죽기를 기다려야 한다.

그러나 마리아와 마르다는 하늘에 있는 무대 뒤의 모습을 볼 수 없다. 볼 수 있는 것은 그들의 삶에 드리운 크고 검은 휘장뿐이다. 그들은 집에 앉아 낙심하고 있다. 마치 텅 빈 극장에 있는 것처럼 그들의 눈물 어린 기도는 무관심한 벽을 울리고 돌아오는 메아리 같다.

그들의 오라버니가 죽은 지 벌써 나흘이 지났다. 그러나 슬픔은 여전히 산처럼 그들에게 엄습한다. 그 산은 이 두 자매에게 너무나 가파른 절벽처럼 보여 그들은 아예 넘어갈 엄두를 내지 못한다. 예수가 동네 어귀에 도착하자 실망에 빠진 마르다는 그를 만나러 달려간다.

"주께서 여기 계셨더라면 내 오라버니가 죽지 아니하였겠나이다." 예수는 슬픔으로 무너져내리고 있는 마르다를 본다. 그는 자신이 모든 것을 주관하고 있음을 확신하게 하여 그녀를 붙들어준다. "나는 부활이요 생명이니 나를 믿는 자는 죽어도 살겠고 무릇 살아서 나를 믿는 자는 영원히 죽지 아니하리라."

이 말은 그녀가 딛고 설 받침대가 되어준다. 예수의 요청에 따라 마르다는 동생을 부르러 간다. 마리아는 울어서 붓고 충혈된 눈으로 예수에게 온다. 감정의 격류는 아직도 빠르고 혼란스럽다. 그녀는 마치 질 그릇이 땅에 떨어져 깨지듯 주님 앞에 엎드려 그녀의 깨어진 마음을 내려놓고 눈물로 그의 발을 적신다.

"주께서 여기 계셨더라면 내 오라버니가 죽지 아니하였겠나이다." 두 자매는 같은 말을 하며 예수께 온다. 그러나 마르다는 예수의 얼굴을 보며 말하는 반면 마리아는 그의 발아래서 울며 그 말을 한다. 이런 다른 모습이 한쪽은 신학적인 진리를 끌어내고, 다른 쪽은 그의 눈물을 자아냈는지도 모른다.

성경은 예수의 눈물을 두 번 언급한다. 한 번은 그가 언덕에서 예루살렘을 굽어보시며 이스라엘을 위해 우셨을 때다. 다른 한 번은 친구의 무덤을 찾아가 슬픔에 잠긴 사람들을 위해 우셨을 때다. 이 얼마나 놀라운 구세주이신가! 그분은 우리 죄를 위해 우실 뿐 아니라 우리의 고난 속에서 우리와 함께 우시는 분이다. 우리 슬픔의 짐을 덜어주시려고 몸을 굽혀 우리의 멍에를 나누어 지시는 분이다. 그러나 그가 마리아와 함께 흘리신 눈물은 마르다와 함께 나누신 신학적 진리와 어떻게 조화를 이루는 것일까? "예수께서 눈물을 흘리시더라"는 표현이 "나는 부활이요 생명이니"라는 말씀과 어떻게 조화를 이룰 수 있다는 말인가?

그토록 절대적인 권능을 가진 분이 눈물이라고 하는 그토록 작은 군대를 맞아 그토록 신속히 굴복한다는 것이 얼마나 이상한 일인가? 그러나 그는 그렇게 한다.

그리고 이 아름답고 부드러운 한 순간 우리는 성경 전체에서 신성과 인성이 가장 충격적으로 뒤섞이는 장면 하나를 엿볼 수 있는 특권을 누리고 있는 것이다.

나사로의 무덤으로 가는 길에 우리는 또 다른 질문 하나에 걸린다. 예수는 그의 친구를 죽음에서 일으킨다는 확신을 가지고 무덤을 향해 간다. 그렇다면 그는 무덤을 보고 어째서 통분히 여겼는가?

어쩌면 동산에 있는 무덤은 씨앗으로 사라진 에덴을 너무나 생생하게 상기시켰는지도 모른다. 잃어버린 낙원에 대한 추억을 그리고 그것을 되찾기 위해 그가 들어가야 할 춥고 어두운 무덤을 상기시켰는지도 모른다.

여하튼 우리가 당한 곤경으로 그의 영이 비통해했다는 것은 놀라운 일이다. 우리가 겪는 고통으로 그가 눈물을 흘렸다는 것은 놀라운 일이다.

나사로를 살리신 것은 구세주의 모든 치유 사역 중 가장 담대하고 극적인 사건이다. 그는 죽음의 아귀에서 친구를 빼 오기 위해 그를 향한 적대감으로 팽배해 있는 무덤으로 용감하게 들어간 것이다.

놀라운 순간이었다.

그것은 예수가 자신이 말한 대로 부활이요 생명이라는 것을 보여주었다. 그러나 그것은 또 다른 것도 보여주었다.

바로 하나님의 눈물이다.

죽었다가 살아난 사람과 눈물을 흘리시는 하나님 사이에서 어느 쪽이 더 놀랍다고 누가 말할 수 있겠는가?

기도

주 예수님,

"예수께서 눈물을 흘리시더라"는 성경에서 가장 짧으면서도 가장 달콤한 구절로 인해 감사드립니다. 당신이 이렇게 공공연하게 흘리신 눈물로 인해 감사드립니다. 그 눈물은 제 슬픔에 존엄성을 주었을 뿐 아니라 제 감정에 자유함을 주었습니다.

고인(故人)을 사랑했고 또 그리워할 것임을 나타내는, 아름다운 헌사인 눈물로 인해 감사드립니다.

사랑하는 사람의 죽음이 부활이요 생명이신 당신께조차 힘든 것이었다면 제가 그것을 힘들어하는 것에 대해 부끄러워하지 않아도 되는 것을 일깨워주십시오.

사랑하는 사람을 잃는 아픔이 어떠한지를 당신도 아심으로 인해 감사드립니다. 그리고 슬픔 속에서 당신께 나아올 때 당신이 저의 슬픔을 아신다는 사실을 확신하게 해주셔서 감사드립니다.

제 눈물을 보시고 함께 울어주시는 당신께 감사드립니다.

당신이 나사로의 무덤으로 가시며 남기신 눈물 자국을 저도 따라갈 수 있게 도와주십시오. 그래서 저도 우는 자와 함께 우는 법을 배울 수 있게 해주십시오.

그들이 느끼는 고통을 저도 느낄 수 있게 도와주십시오. 그들의 불확실함을…그들의 두려움을…그들의 중압감을…그들의 후회를…그들의 낙심을.

사랑하는 사람을 잃고 슬퍼하는 모든 사람을 위해 기도합니다.

부모님을 여읜 사람을 위해.

자식을 잃은 사람을 위해.

조부모님을 여읜 사람을 위해.

자매를 잃은 사람을 위해.

형제를 잃은 사람을 위해.

친구를 잃은 사람을 위해.

마르다와 마리아와 함께 "주께서 여기 계셨더라면…"이라고 외치면서 우는 사람들을 위해 기도합니다. 사랑하는 사람을 잃은 슬픔으로 혼란에 빠진 사람들이 당신이 거기에 계셨음을, 그리고 그들과 함께 울고 계심을 볼 수 있게 해주십시오.

죽음에 대해
배우는
순___간

한 부자가 있어 자색 옷과 고운 베옷을 입고 날마다 호화롭게 즐기더라. 그런데 나사로라 이름하는 한 거지가 헌데투성이로 그의 대문 앞에 버려진 채 그 부자의 상에서 떨어지는 것으로 배불리려 하매 심지어 개들이 와서 그 헌데를 핥더라. 이에 그 거지가 죽어 천사들에게 받들려 아브라함의 품에 들어가고 부자도 죽어 장사되매 그가 음부에서 고통 중에 눈을 들어 멀리 아브라함과 그의 품에 있는 나사로를 보고 불러 이르되 "아버지 아브라함이여, 나를 긍휼히 여기사 나사로를 보내어 그 손가락 끝에 물을 찍어 내 혀를 서늘하게 하소서. 내가 이 불꽃 가운데서 괴로워하나이다."

아브라함이 이르되 "얘, 너는 살았을 때에 좋은 것을 받았고 나사로는 고난을 받았으니 이것을 기억하라. 이제 그는 여기서 위로를 받고 너는 괴로움을 받느니라. 그뿐 아니라 너희와 우리 사이에 큰 구렁텅이가 놓여 있어 여기서 너희에게 건너가고자 하되 갈 수 없고 거기서 우리에게 건너올 수도 없게 하였느니라."

이르되 "그러면 아버지여 구하노니 나사로를 내 아버지의 집에 보내소서. 내 형제 다섯이 있으니 그들에게 증언하게 하여 그들로 이 고통 받는 곳에 오지 않게 하소서."

아브라함이 이르되 "그들에게 모세와 선지자들이 있으니 그들에게 들을지니라."

이르되 "그렇지 아니하니이다. 아버지 아브라함이여. 만일 죽은 자에게서 그들에게 가는 자가 있으면 회개하리이다."

이르되 "모세와 선지자들에게 듣지 아니하면 비록 죽은 자 가운데서 살아나는 자가 있을지라도 권함을 받지 아니하리라 하였다" 하시니라.

_ 누가복음 16:19-31

예수는 이 비유를 말하기 전 대부분이 바리새인인 청중에게 한 종이 두 주인을 섬길 수 없다고 말했다. 다시 말해 우리는 하나님과 돈을 동시에 섬길 수 없다는 것이다. 충성심이 나뉘면 사랑도 나뉘게 마련이며, 한쪽을 끌어안는 순간 다른 쪽에는 등을 돌릴 수밖에 없기 때문이다.

그러나 바리새인들은 돈을 사랑했기 때문에 이 말을 듣고 예수에게 등을 돌리고 코웃음을 쳤다.

예수는 그들에게 말한다. "너희는 사람 앞에서 스스로 옳다 하는 자들이나 너희 마음을 하나님께서 아시나니 사람 중에 높임을 받는 그것은 하나님 앞에 미움을 받는 것이니라"(눅 16:15).

사람 앞에 높임을 받는 것은 바리새인들을 가리킨다. 즉, 그들의 호화스러운 삶을 말하는 것이다.

이 비유에 나오는 부자는 그러한 삶을 살고 있다. 그는 좋은 옷을 입고 있다. 그의 옷은 값비싼 두로산 물감으로 염색한 자색 옷과 이집

트 산 고급 베옷이다.

그의 집은 담으로 둘러싸인 정문이 있는, 그 동네에서 가장 훌륭한 집이다. 쭉 뻗은 식물원은 정원사들이 잘 관리하고 있다. 궁전 같은 집 안은 그 지역에서 가장 훌륭한 수집품으로 인정받는 값비싼 미술품들로 장식되어 있다. 이태리산 대리석으로 된 바닥은 어찌나 반짝거리는지 그 위에 선 사람의 모습이 그대로 비칠 정도다.

이 집에 드나드는 손님들은 정부나 사업계, 예술계 등의 상류층 사람들이다. 그들은 지역 사회에서 중요한 역할을 하는 사람들, 즉 그 사회를 움직이는 엘리트들이다.

이 명사들이 수다를 떠는 동안 하인들은 굽실거리며 빈 잔에 포도주를 채우거나 맛있는 전체 요리 접시를 내민다. 이 부자의 식탁은 식도락가들이 즐겨 먹는 음식으로 가득한 뷔페식으로, 구운 양고기, 여러 종류의 새 요리, 진귀한 해산물 요리, 계절에 따른 특상품 과일과 채소, 세계에서 가장 훌륭한 포도원에서 양조한 고급 포도주, 축소판 예술품처럼 보이는 빵과 케이크들로 가득 채워져 있다.

이것이 이 부자가 살아가는 모습이다.

그런가 하면 거기에 나사로가 있다. 그는 거지다. 한 자루 쓰레기같이 부자의 문 앞에 버려져 있다.

사람들은 그를 자기 동네에서 추방하려고, 또한 그가 병들고 약해져 스스로 움직이기 어려워지자 이곳에 옮겨놓았다. 그는 마치 쓰레기더미 위에 버려진 비쩍 마른 나무로 된 꼭두각시처럼 보인다. 괴혈병에 걸린 그의 살은 절망적으로 뼈에 붙어 있다. 벌어진 헌데에서 흐르는 진물은 몸 전체로 퍼지고, 그의 피부는 마치 가루를 치는 체처럼 보인다. 체의 구멍으로 그의 삶이 흘러나가고 있다.

이토록 비참한 사람을 누가 도와주려 하겠는가? 누가 그를 먹이고,

목욕시키고, 입히고, 집 안으로 초대해 하룻밤이라도 재워줄 수 있겠는가? 누가 그의 손을 잡고 그의 인생 이야기를 들어주겠는가? 누가 그의 머리를 빗겨주고, 발톱을 깎아주며, 상처를 보살펴줄 수 있겠는가?

누가 그렇게 할 수 있겠는가?

이생에서 나사로의 유일한 소원은 손님 중 하나라도 친절한 마음으로 잘 닦인 대리석 바닥에 떨어진 음식을 긁어모아 그에게 가져다주는 것이다.

그러나 이 부자의 집에 부족한 것이 하나 있다면 친절한 마음이다. 손님 중 어느 누구도 나사로에게 가까이 가거나 그를 만지는 것은 고사하고 쳐다보려 하지도 않는다. 그의 모습이 눈에 띄기만 해도 그들은 얼굴을 돌린다. 모습이 보이지 않아도 냄새만 나면 자리를 피한다.

나사로에게 친절을 베푸는 유일한 이는 그의 주변에 모여 헌데를 핥아주는 개들이다. 그러나 그는 열에 들떠 헛소리를 하기도 하고, 얼굴은 땅에 닿아 있으며, 입가에서는 침이 줄줄 흘러 땅에 떨어져 고인다.

잘 차려입은 손님들은 서로 말하고 웃으면서, 그러나 문 옆에 누워 있는 헌데투성이인 나사로에게 시선이 가지 않도록 조심하며 그 집을 오고 간다. 그들의 떠드는 소리는 점점 줄어들다 마침내 잠잠해진다.

나사로는 그에게 코를 문지르고 있는, 개라고 판단되는 존재를 향해 천천히 얼굴을 돌린다. 그런데 개들의 혀가 천사의 손으로 변한다. "우리는 당신을 집으로 데려가기 위해 왔습니다." 그들 중 하나가 이렇게 말하면서 친절하게 미소 짓는다. 나사로가 그의 눈을 비비는 사이 천사는 그를 팔에 안고 간다.

그의 헌데는 깨끗이 치료된다. 그의 고통은 이제 영원히 사라진다.

나사로는 마치 잠에서 깨어나듯 부드럽게 비참한 자리에서 아브라함의 식탁이라는 영예로운 자리로 옮겨진다.

죽음은 부자에게도 찾아온다. 그러나 그를 안고 갈 천사는 오지 않는다. 그를 안아줄 아브라함도 없다. 친구들에게 둘러싸여 있던 그 모든 잔치에도 불구하고 그가 받는 유일한 포옹은 새로 판 땅속의 작은 구덩이가 베푸는 것이다.

나사로가 한때 부자의 문 밖에서 고통 속에 던져져 있던 것처럼 부자는 지금 하늘 문밖에서 고통 속에 누워 있다. 그는 자비를 구한다. 그러나 그를 위해 손가락 하나 꿈쩍해줄 사람이 없다. 죽음은 마치 자비조차 건널 수 없는 거대한 틈을 만드는 것 같다.

죽음. 그것은 삶에서 가장 많이 오해되는 부분이다. 그것은 큰 잠이 아니라 큰 깨어남이다. 그것은 우리가 잠에서 깨어나 눈을 비비고 마침내 하나님이 그동안 보시던 눈으로 사물을 보게 되는 순간이다.

예수가 이 비유를 마쳤을 때 바리새인들은 아무 말도 할 수 없었다. 코웃음을 치던 곳에 침묵만 흘렀다. 그가 비유를 통해 폭로하신 것은 그들의 삶이었고, 그가 드러내신 것은 그들의 마음이었으며, 그들의 자기만족에 빠진 삶이었기 때문이다.

그들은 이 세상의 나사로들이 그들의 문 밖에서 죽어가는 동안 호화스럽게 살아가는 부자들이다.

부자와 나사로. 이 이야기는 등장인물의 이름이 구체적으로 밝혀진 유일한 비유다. 그리고 나사로는 지위가 높은 고급 관리도 아니고, 부유한 상인도 아니며, 존경받는 사회적 명사나 주목받는 종교 지도자도 아니다. 그는 헌데로 가득한 가난한 거지다.

부자가 이 불쌍한 거지의 이름은 알았지만 그의 상에서 떨어진 음식 부스러기조차 주지 않은 것은 그에게 영원한 수치로 남을 것이다.

반면 비록 자기에게 주어진 삶의 몫이 그토록 처참한 것이었고, 자기에게 얼굴을 돌린 부자들이 그토록 많았을지라도, 예수가 이름을 알

앉을 뿐 아니라 모든 유대인의 시조가 되는 분의 바로 옆자리에 앉는, 그 가장 큰 영예는 이 불쌍한 거지의 몫이었다.

기도

예수님,

제가 죽음을 맞이할 때 갖게 될 눈으로 오늘을 볼 수 있도록 도와주십시오. 저는 사람들의 눈에 큰 가치가 있는 것으로 여겨지는 것들은 지금도 분명히 봅니다. 그러나 당신에게 가치 있는 것으로 여겨지는 것을 볼 수 있는 눈을 주십시오.

이 세상의 나사로들이 제 문 밖에 누워 있는 것은 아닌지요? 가난한 자들이 제 상에서 떨어지는 부스러기들을 간청하고 있는 것은 아닌지요?

주님, 제가 그들의 헌데를 멀리하지 않도록 도와주십시오. 그것을 쳐다보는 것이 아무리 어렵더라도 제가 그것을 바로 보게 해주십시오. 그리고 그렇게 할 때 제 마음을 자비로 채워주십시오.

그래서 그들이 허기질 때 커피 한 잔 값의 잔돈으로 때우지 않고 따뜻한 한 끼 식사를 대접할 수 있기를 원합니다.

그들이 목마를 때 단지 음료수만 주는 것이 아니고 인간의 정을 갈망하는 그들의 목마름을 채워줄 수 있는 몇 마디 친절한 말을 함께 건넬 수 있기를 원합니다.

그들이 집이 없어 헤맨다면 호텔에서 하룻밤 묵을 수 있게 해주거나, 무숙자를 위한 숙소까지 차편을 제공해주거나, 아니면 그들이 하룻밤 푹 쉴 수 있는 안전한 장소를 제공해줄 수 있기를 원합니다.

그들이 마땅히 입을 만한 옷이 없다면 옷 몇 가지라도 줄 수 있기를 원합니다. 그 옷들을 제가 받더라도 부끄러워하지 않고 입을 수 있는 깨끗하고 잘 맞는 옷들을 주고 싶습니다.

그들이 감옥에 갇혔다면 시간을 내어 찾아가 보고, 그들의 말을 들어주며, 그들의 소외감과 감옥에 갇힌 것을 부끄러워하는 마음을 이해해줄 수 있기를 원합니다.

주님, 제가 거리의 형제나 자매 중 지극히 작은 한 사람에게 하는 것이 곧 당신에게 하는 것임을 볼 수 있도록 저를 도와주십시오.

삶에 대해 배우는 순간

> 롯의 처를 기억하라. 무릇 자기 목숨을 보전하고자 하는 자는 잃을 것이요 잃는 자는 살리리라.
>
> _ 누가복음 17:32-33

묵상

소돔은 죄로 유명한 도시였다. 그곳은 요단 골짜기 최남단에 위치하고 있었는데, 무절제로 부글부글 끓어오르고, 방탕에 취해 있었으며, 타락으로 비틀거리고 있었다. 그러나 그 위치와 자원 그리고 급격히 늘어나는 인구 때문에 돈을 벌 수 있는 기회는 무궁무진한 곳이었다.

롯은 그곳에 거처를 마련하고 가정을 꾸렸다. 소돔 사람들은 매일 고기를 먹을 수 있을 만큼 부유했고, 가장 좋은 부위의 고기를 구입하기 위해 아낌없이 돈을 지불했다. 롯에게는 뛰어난 사업 감각이 있었기 때문에 그는 자신의 목축업을 금방 굉장한 규모로 키울 수 있었다. 그리고 오래지 않아 그는 정치로 눈을 돌려 도시의 지도자가 되었고, 성문에 앉아 도시의 여러 공적인 일을 관장하며 법적 문제를 판단했다.

롯이 사업으로 그리고 도시의 공적인 책임들로 바쁘게 지내는 동안 그의 아내는 두 딸의 결혼식을 준비하기 위해 분주했다. 그녀는 벌써 웨딩드레스에 필요한 옷감을 준비해놓았고, 하객을 위한 잔치용 예복들도 주문해놓았다. 그녀는 이제 피로연 음식 준비로 고민하는 중이다.

유명 인사를 남편으로 둔 덕에 하객 명단은 자꾸 길어진다. 그녀가 마련해야 할 것도 함께 늘어난다. 그러나 그녀는 바로 이 순간을 고대해왔기 때문에 이 책임을 즐기고 있다. 그녀는 어린 소녀 시절부터 언제나 딸을 갖는 것이 꿈이었다. 그리고 엄마가 되자 언젠가 딸들의 결혼식을 진두지휘하리라 마음먹게 되었다.

그러던 어느 날 밤 정체를 알 수 없는 두 방문객이 찾아와 그녀의 꿈을 산산조각 낸다. 이 도시에 곧 재앙이 내릴 것이라고 경고한 것이다.

"뭐라고요? 도시를 떠나라고요? 이 집을, 이 생활을 떠나라고요? 그러면 결혼식은 어떻게 되는 겁니까? 제 모든 계획은요?"

그러나 그녀는 이런 걱정을 속으로만 생각한다. 동트기 전 희뿌연 순간에 그녀의 가족은 아무도 모르게 도시를 빠져나간다. 롯의 아내는 뒤에 두고 온 집, 그녀가 두 딸을 키우며 행복을 가꾸었던 집, 그녀의 추억이 찬장의 많은 접시처럼 차곡차곡 쌓여 있는 집을 마지막으로 다시 한 번 쳐다본다.

두 천사는 그들의 길을 인도한다. 롯이 그 뒤를 따르고 아내와 두 딸이 그 뒤를 따른다. 딸들의 약혼자들은 이 모든 이야기를 광신적인 어리석음으로 여기고 뒤에 남는다. 깊은 잠에 빠져 있는 이웃집들을 지나면서 롯의 아내도 이것이 어리석은 일이라고 생각하기 시작한다.

그들이 소알이라는 작은 동네에 숨이 차서 도착했을 때 아침이 밝아온다. 얇은 태양 한 조각이 요단 골짜기 위로 떠오르면서 불길한 검은 구름의 파도가 저지대를 향해 밀려가는 것을 보여준다.

> "여호와께서 하늘 곧 여호와께로부터 유황과 불을 소돔과 고모라에 비같이 내리사 그 성들과 온 들과 성에 거주하는 모든 백성과 땅에 난 것을 다 엎어 멸하셨더라. 롯의 아내는 뒤를 돌아보았으므로 소금 기둥이 되었더라"(창 19:24-26).

구약에 나오는 이 구절은 우리가 롯의 아내에 대해 알고 있는 모든 것을 설명해주는 말이다. 신약에는 그 뒤에 다음의 말이 연이어 나온다.
"롯의 처를 기억하라."

소금 기둥 속에 갇힌 채 그녀의 삶은 경고 메시지를 전하는 기념탑으로 서 있다. "무릇 자기 목숨을 보전하고자 하는 자는 잃을 것이요 잃는 자는 살리리라"(눅 17:33).

롯의 아내는 두고 온 삶에 대한 미련 때문에 뒤를 돌아본 나머지 산 자의 세계에서 비유의 세계로 옮겨졌다. 비록 그녀는 죽었지만 그녀의 삶이 남긴 메시지는 계속 살아 전해지고 있다.

롯의 아내와 같은 사람들의 이야기는 이론을 실제로 만든다. 그 이야기는 뼈와 같은 이론들에 살과 피를 입힌다. 그것들은 말씀을 육신이 되게 함으로 우리 가운데 거하게 한다. 우리가 듣고 볼 수 있도록. 우리가 만지고 이해할 수 있도록.

영적 여행이라는 불확실한 길에서는 다른 사람들의 삶이 표지판이 되어 우리가 가야 할 길과 피해야 할 길을 보여준다.

부자와 나사로의 이야기가 그렇다. 세리와 바리새인의 이야기도 마찬가지다. 바리새인과 창녀의 이야기도 있다.

각각의 이야기는 우리가 택해야 할 방향과 택해서는 안 될 방향을 가리킨다.

자신의 삶이 비유가 된 사람 가운데서도 구세주의 삶처럼 우리에게 많은 것을 가르쳐주고 깊은 깨달음을 주는 것도 없다.

그가 어린아이들을 자신에게 오도록 부르셨을 때 그는 우리 마음에 부드러움의 이미지를 새기셨다. 그가 나인성 과부의 아들을 살리셨을 때 그는 우리에게 연민의 그림을 보여주셨다. 그가 바리새인의 위선을 질책하셨을 때 그는 용기가 무엇인지를 실루엣으로 나타내셨다. 그가 나귀 새끼를 타고 예루살렘에 입성하셨을 때 그는 온유함의 벽화를 스케치하셨다. 그가 제자들의 발을 씻기셨을 때 그는 종의 모습을 조각하셨다. 그가 자기 생명을 우리를 위해 바치셨을 때 그는 친구의 초상을 그리셨다. 그가 로마식 십자가 위에서 죽어가시며 아버지에게 자신을 못 박은 자들을 용서해달라고 간구하셨을 때 그는 원수를 사랑하는 것이 어떤 의미인지를 사실적인 필치로 우리에게 보여주셨다.

그는 걸어 다니는 비유였다. 어떻게 사랑해야 하는지, 어떻게 살아야 하는지, 어떻게 죽어야 하는지를 우리에게 보여주신 것이다. 그 길을 가리키는 그림을 우리에게 주신 것이다.

그를 기억하라.

롯의 처를 기억하라.

그리고 언젠가 당신도 기억되리라는 것을 기억하라. 삶의 여정에서 몸부림치는 누군가에 의해. 길을 더듬어 찾는 누군가에 의해. 당신의 삶을 비유로 보게 될 그 누군가에 의해.

기도

주 예수님,

　제 삶에서 일어나는 크고 작은 일들에 대해 감사드립니다. 또 당신이 그 일들을 비유로 삼아 제게 말씀해주셔서 감사드립니다. 그중 어떤 것은 너무나 큰 소리로 들리기 때문에 제가 그것을 듣지 못한다면 저는 아마 귀머거리일 것입니다. 또 어떤 것은 속삭임과 같아서 당신이 무엇을 말씀하시고자 하는지 이해하는 데 어려움을 느낄 때도 있습니다.

　들에 핀 꽃들과 공중에 나는 새들로 인해 감사드립니다. 제 마음에 따스한 기억으로 남은 사람들로 인해, 부엌 냉장고 문에 사랑의 사진으로 붙어 있는 사람들로 인해 감사드립니다.

　오, 구세주여, 당신과 함께 보내는 모든 순간이 어떤 면으로든지 배우는 순간이 되기를 원합니다.

　당신 말씀의 가장 작은 씨앗이라도 제 삶에 뿌리를 내릴 수 있도록 그렇게 말씀을 듣는 법을 가르쳐주십시오.

　선한 사마리아인이 그의 이웃을 사랑했던 것처럼 저도 제 이웃을 사랑하도록 가르쳐주십시오.

　삶에 대해 그리고 삶에서 진정 중요한 것이 무엇인지에 대해 가르쳐주십시오.

　성전에서 기도하던 세리처럼 겸손해지는 법을 가르쳐주십시오.

　당신의 발을 눈물로 씻던 창녀처럼 저도 당신의 용서의 깊이를 깨닫도록 가르쳐주십시오.

당신 아버지의 편 팔에 대해, 탕자가 돌아왔을 때 그토록 기뻐하시던 그분에 대해 가르쳐주십시오.

기도하는 법을 가르쳐주십시오.

죽음에 대해 그리고 언젠가 저 또한 모든 육체가 가는 그 길을 갈 것이라는 사실을 깨달음으로써 지혜를 얻도록 가르쳐주십시오.

겨자씨의 능력과 사람들의 삶 속에서 역사하는 은혜의 작은 덩어리들이 갖고 있는 능력에 대해 가르쳐주십시오.

가난과 비참으로 깊이 골이 파인 골짜기에서 살아가는 이들에게 새로운 활력을 불어넣을 수 있도록 제게 자비의 강이 되는 법을 가르쳐주십시오.

당신의 다시 오심을 기다리며 깨어 있는 법을 가르쳐주십시오.

당신이 계시지 않을 때 더욱 충성할 수 있도록 가르쳐주십시오.

비록 아버지는 오래 참는 분이지만 거기에도 제한이 있다는 것을 이해하도록 가르쳐주십시오.

잘 살아낸 삶의 가치를 가르쳐주십시오.

주님, 이러한 비유들을 통해 당신이 가르쳐주신 교훈들을 기억할 수 있도록 도와주십시오. 그리고 언젠가 저의 삶 또한 하나의 비유가 될 것이라는 사실을 기억하게 해주십시오.

제가 죽을 때 주변 사람들은 저를 어떻게 기억할까요? 그들 마음에 떠오르는 그림은 어떤 것일까요? 제 삶의 의미를 간단히 표현하기 위해 그들은 어떤 어휘들을 사용하게 될까요?

주님, 그들이 저를 생각할 때 좋은 기억을 떠올릴 수 있도록 제가 그렇게 살게 도와주십시오. 그들의 인생길에 놓인 거친 지점들을 지날 때 어떻게든 그들을 도울 수 있도록 그리고 그들이 주님께 더 가까이 나아가는 것을 도울 수 있도록 제가 그렇게 살게 도와주십시오.

겸손에 대해
배우는
순____간

또 자기를 의롭다고 믿고 다른 사람을 멸시하는 자들에게 이 비유로 말씀하시되 "두 사람이 기도하러 성전에 올라가니 하나는 바리새인이요 하나는 세리라.

바리새인은 서서 따로 기도하여 이르되 '하나님이여 나는 다른 사람들 곧 토색, 불의, 간음을 하는 자들과 같지 아니하고 이 세리와도 같지 아니함을 감사하나이다. 나는 이레에 두 번씩 금식하고 또 소득의 십일조를 드리나이다' 하고

세리는 멀리 서서 감히 눈을 들어 하늘을 쳐다보지도 못하고 다만 가슴을 치며 이르되 '하나님이여 불쌍히 여기소서. 나는 죄인이로소이다' 하였느니라.

내가 너희에게 이르노니 이에 저 바리새인이 아니고 이 사람이 의롭다 하심을 받고 그의 집으로 내려갔느니라. 무릇 자기를 높이는 자는 낮아지고 자기를 낮추는 자는 높아지리라" 하시니라.

_ 누가복음 18:9-14

> 묵상

세리들은 유대인 사회에서는 신발에 묻은 똥 같은 존재다. 그들은 같은 동족이었기 때문에 유대인들의 코에는 그 냄새가 더없이 역겨웠다.

로마 정부의 면허증을 받은 그들은 도로 사용에 대한 세금, 수입 물품에 대한 세금 등을 비롯해 그들이 받아낼 수 있는 것이면 무엇이든 세금을 징수한다. 고개를 돌릴 때마다 그들은 사람들의 호주머니에 손을 집어넣는다. 거부하기라도 하면 그들은 폭력을 사용하거나 로마 정부에 고발하겠다고 으름장을 놓는다.

이런 정황을 볼 때 유대인들이 그들과의 접촉을 왜 그토록 싫어하는지 이해할 만하다. 또한 예수가 이 똥 무더기에서 그의 제자 중 하나를 만들어내고자 했을 때 그들이 이마를 찌푸린 것도 이해할 만하다.

> "그 후에 예수께서 나가사 레위라 하는 세리가 세관에 앉아 있는 것을 보시고 나를 따르라 하시니 그가 모든 것을 버리고 일어나 따르니라. 레위가 예수를 위하여 자기 집에서 큰 잔치를 하니 세리와 다른 사람이 많이 함께 앉아 있는지라. 바리새인과 그들의 서기관들이 그 제자들을 비방하여 이르되 너희가 어찌하여 세리와 죄인과 함께 먹고 마시느냐?"(눅 5:27-30)

예수는 돼지우리를 지나면서 돼지똥을 신발에 묻히지 않을 수 없다는 것을 모른단 말인가? 그는 이 사람들을 발에서 떨어버렸어야 했다. 그러나 그는 도리어 식탁에서 그들 곁에 앉아 먹고 마시면서 그들과 함께 있는 것을 즐겼다. 왜 그랬을까? 그는 인간쓰레기들의 그 무엇에 끌린 것일까?

"건강한 자에게는 의사가 쓸 데 없고 병든 자에게라야 쓸 데 있느니라. 나는 의인을 부르러 온 것이 아니요 죄인을 부르러 왔노라"(막 2:17)고 예수는 설명했다.

레위의 식탁에 앉았던 세리 중 한 사람이 그 부르심을 들었다. 그 말씀은 밤새 그를 괴롭혔고, 다음 날 아침까지도 계속 그를 괴롭혔다. 정오쯤 되어 더는 견딜 수 없게 되었을 때 그는 드디어 그 부르심에 응답했다.

그 시간은 마침 모든 경건한 유대인이 기도하러 성전에 올라가기 위해 정해놓은 시간 중 하나였다. 간구하러 줄을 이어 올라오는 사람들의 행렬은 성전 문을 지나고 이방인들을 위한 바깥뜰을 지나 이스라엘인들을 위한 안뜰로 들어간다. 세리는 그 행렬의 틈에 끼어 그들과 함께 휩쓸려간다.

일단 성전 안에 들어서자 그의 발걸음에 힘이 빠진다. 이곳은 그에게 낯선 곳이다. 이곳은 거룩한 곳이다. 정오의 태양은 그를 더욱 자의식에 빠지게 하고, 그는 성전 뜰을 둘러싸고 있는 대리석 기둥의 그림자 속으로 기어든다.

그 그늘이 주는 안정감 속에서 그의 눈에 눈물이 고인다. 그의 머리는 앞으로 수그러지고, 후회감이 그의 영혼에서 흘러나와 발밑에 있는 돌바닥에 얼룩을 만든다.

한 바리새인도 이 시간에 기도하러 온다. 그는 매일 네 번씩 정해진 기도 시간마다 이곳에 온다. 그는 늘 하던 대로 성전 뜰 중앙에 자리를 잡고 선다.

그는 기도할 때 예배드리기 위해 위를 쳐다보지도 않고 후회의 심정으로 아래를 내려다보지도 않는다. 그는 그곳에 모인 다른 사람들과 비교하기 위해 옆을 바라본다. 그의 눈은 그들의 얼굴에 너무나 분명하게 쓰여 있는 죄의 목록을 훑어본다. 그는 비교의 결과에 적이 만족한다.

"하나님이여, 나는 다른 사람들 곧 토색, 불의, 간음을 하는 자들과 같지 아니하고 이 세리와도 같지 아니함을 감사하나이다. 나는 이레에 두 번씩 금식하고 또 소득의 십일조를 드리나이다."

바리새인의 자세는 꼿꼿하다. 그는 자기보다 못한 사람들을 넘어뜨린 시험에 꿈쩍도 하지 않고 버틴 자신이 자랑스럽다. 그리고 자신이 다른 사람들에게 본이 되었다는 사실에 자부심을 느낀다. 그는 일주일에 이틀씩 금식하는데 이것은 율법이 요구하는 것보다 더 많이 하는 것이다. 또 모든 수입의 십일조를 드리는데 이것 역시 동료들보다 더 많이 하는 것이다.

자신의 공로로 쌓은 재고를 살펴본 뒤 이 바리새인은 삶의 계좌에 만족한다. 하지만 세리는 그렇지 못하다.

"하나님이여, 불쌍히 여기소서. 나는 죄인이로소이다."

그는 멀리 떨어져서 흐느낀다. 그는 자신에게 부과된 죄의 목록에 고통스러워하고 있다. 그러나 그는 너무나 부끄러워 그것들을 차마 열거하지 못한다. 그는 자신의 욕심을 안다. 그는 자신이 속이는 자임을 안다. 그는 지신의 구좌에 들어가 있는 불의의 장부를 안다.

그렇기 때문에 그는 눈을 아래로 향하고 있는 것이다. 그렇기 때문에 그는 주먹으로 자신의 가슴을 치는 것이다. 그리고 성전 뜰의 구석에 서 있는 것이다. 차갑고 무관심한 돌기둥이 만들어내는 그의 유일한 동료인 그림자와 함께.

그러나 하나님은 그 그림자 속에 파묻혀 있는 세리를 보신다. 그분 마음은 그를 향한 자비로 흘러넘치고, 그의 눈은 긍정의 빛으로 반짝인다.

두 세대 후 같은 도시에서 살던 존경받는 랍비 엘리에셀 벤 힐카누스(Eliezer ben Hyrcanus)가 침상에서 죽음을 맞이할 때 제자들은 그에게 삶의 바른 길에 대해 질문했다. 이 질문에 대한 답이 그가 제자들에게 남긴 마지막 말이었다. "너희가 기도할 때 어느 분 앞에 서 있는지를 기억해라."

그 기도 시간에 그 성전 뜰에서 바리새인과 세리는 둘 다 자신이 어디에 서 있는지를 알았다.

그러나 그중 한 사람만이 어느 분 앞에 서 있는지를 알았다. 이 사실이 세리를 겸손하게 만들었다. 그리고 이 때문에 그가 신발에 묻은 똥과 같은 자리에서 전능하신 분의 기뻐하심을 입는 자리에 오르게 된 것이다.

기도

하나님이여,
　불쌍히 여기소서. 나는 죄인이로소이다.

맹인과 함께하는
놀라운
순____간

여리고에 가까이 가셨을 때에 한 맹인이 길 가에 앉아 구걸하다가 무리가 지나감을 듣고 "이 무슨 일이냐?"고 물은대 그들이 나사렛 예수께서 지나가신다 하니 맹인이 외쳐 이르되 "다윗의 자손 예수여, 나를 불쌍히 여기소서" 하거늘 앞서 가는 자들이 그를 꾸짖어 "잠잠하라" 하되 그가 더욱 크게 소리 질러 "다윗의 자손이여, 나를 불쌍히 여기소서" 하는지라.

예수께서 머물러 서서 명하여 데려오라 하셨더니 그가 가까이 오매 물어 이르시되 "네게 무엇을 하여 주기를 원하느냐?" 이르되 "주여 보기를 원하나이다."

예수께서 그에게 이르시되 "보라, 네 믿음이 너를 구원하였느니라" 하시매 곧 보게 되어 하나님께 영광을 돌리며 예수를 따르니 백성이 다 이를 보고 하나님을 찬양하니라.

_ 누가복음 18:35-43

묵상

마가는 그의 이름이 바디매오라고 우리에게 알려준다. 그는 앞을 보지 못하는 거다. 길옆에 있는 작은 공간이 그의 집이다. 그의 침대는 사람들이 밟고 다니는 흙이고 그의 베개는 돌이다.

도랑에 걸린 쓰레기처럼 그는 날이면 날마다 길옆에 구겨진 채로 앉아 있다. 그의 친구들은 흘러가는 삶을 미처 따라가지 못하고 버려진 사람들이다. 더는 쓸모가 없어 버려진 사람들, 자신들에게만 속한 장소에서 자신들만 겪는 고통을 안고 살아가는 사람들이다.

그들은 모두 자신의 이야기를 갖고 있다. 그러나 아무도 듣고 싶어 하지 않는다.

그들은 누군가의 손길과 친절한 한 마디 말과 짧은 대화를 갈구하며 절규한다. 그러나 세상은 그들을 지나친다.

바디매오는 어둠 속을 더듬거리며 사람들에게 다가간다. "한 푼 줍쇼! 불쌍한 사람에게 한 푼 줍쇼! 불쌍한 맹인입니다." 그렇게 해서 그는 매일 양식을 더듬어 찾는다.

누군가가 중얼거리면서 동정을 베푼다. 마지못해 던져주는 동전이 딸그락 소리를 내며 그릇에 떨어진다. 종교적인 사람들이 던지는 날카로운 신학적 비판도 있다. 그런 말은 퉁명스럽게 그를 길옆으로 밀쳐낸다.

바디매오는 이렇게 살았다.

그에게 길은 여러 목소리의 물결이 흘러가는 어두운 개울이다. 그는 길 저쪽에서 물방울처럼 똑똑 떨어지는 대화 소리를 듣는다. 그러나 사람들은 그에게 가까이 오는가 싶으면 어느 새 몸을 비켜 그를 지나쳐 사라진다. 그는 그 목소리 중 하나를 붙잡아 먹을 것이라도 조금 얻기를 소원하며 어두운 개울 속을 더듬는다. 그러나 그것은 물고기를 잡는 것과 같아 대부분 그의 손가락 사이로 빠져 달아난다.

그는 길옆에서 살면서 자기 앞으로 지나가는 것을 취한다. 그릇에 떨어지는 동전 한 닢, 그의 손에 가해지는 구타, 축복, 저주 등. 오늘 그의 앞을 지나가는 것은 중얼거리는 소리다. "예수…나사렛 사람… 예수가 지나간다!"

그는 그 이름을 알고 있다. 예수라는 사람에 대해 들은 적이 있다. 많은 사람이 그가 장차 왕이 될 것이며 다윗의 보좌에 앉을 사람이라고 말한다. 그들은 그가 이사야가 예언한 종이라고도 말한다.

> "너를 세워 백성의 언약과
> 이방의 빛이 되게 하리니,
> 네가 눈먼 자들의 눈을 밝히며
> 갇힌 자를 감옥에서 이끌어 내며
> 흑암에 앉은 자를 감방에서 나오게 하리라"(사 42:6-7).

바디매오가 그토록 오래 갇혀 있으면서 사람들의 기억에서 사라져 간 그 옥, 그 어둠, 그 외로움, 그 잘그랑거리는 족쇄 소리. 그는 개울 옆에 외따로 있는 바위처럼 홀로 생각에 빠진다.

'나는 그를 만나야 한다. 나는 이 예수라는 사람에게 말해야 한다.' 그렇게 생각하자 그는 큰 소리로 외치기 시작한다. "다윗의 자손 예수여, 나를 불쌍히 여기소서!"

사람들은 그를 그 자리에 머물러 있게 하려고 몇 마디 말로 꾸짖는다. 그러나 그럴수록 바디매오는 더욱 힘을 내어 외친다. 큰 소리로 외치는 그의 목에 핏줄이 선다. "다윗의 자손 예수여, 나를 불쌍히 여기소서!"

예수는 멈춰 서서 그를 데려오라고 명한다. 바디매오는 겉옷을 길옆에 팽개치고 벌떡 일어선다. 이 맹인이 다가오는 동안 경멸의 속삭임이 잠잠해진다. 그는 이제 다윗의 보좌뿐 아니라 하늘의 보좌까지도 상속받게 될 분 앞에 서 있다. 그리고 이 순간 맹인 거지는 하나님의 시선을 한몸에 받는다.

"네게 무엇을 하여 주기를 원하느냐?"

지금 당신의 귀를 믿을 수 있겠는가? 한 맹인이 하늘의 왕 앞에 서 있는 것이다. 해와 달 그리고 별들에게 빛을 주신 그분 앞에 서 있는 것이다. 그리고 그분은 높은 자리에 앉으신 왕으로서가 아니라 낮은 위치에 선 종으로서 이 말씀을 하시는 것이다. "네게 무엇을 하여 주기를 원하느냐?"

조금도 주저함 없이 바디매오는 즉시 대답한다. "주여, 보기를 원하나이다."

저는 이 감옥에서, 이 어둠에서 나가고 싶습니다. 저는 이 보이지 않는 눈의 족쇄에서 풀려나고 싶습니다. 저는 자유롭고 싶습니다. "주여, 보기를 원하나이다."

저는 길옆에서 떠나고 싶습니다. 저도 벽에 부딪히지 않고 길을 걷고 싶습니다. 저도 상점 안을 들여다보고 싶고, 회당으로 가는 길도 찾아보고 싶습니다. "주여, 보기를 원하나이다."

저는 이 손으로 어둠 속을 더듬는 것 말고 다른 일을 해보고 싶습니다. 저도 무엇인가를 만들어보고 싶습니다. 저도 제가 먹을 식사를 준비해보고 싶습니다. "주여, 보기를 원하나이다."

저도 친구의 눈을 들여다보고 싶습니다. 저도 길 저쪽에 있는 사람에게 손을 흔들어주고 싶습니다. 저도 아이들을 바라보며 미소 짓고 싶고, 그들의 머리를 만지며 축복해주고 싶습니다. 저도 사랑하고 싶습니다. 저도 웃고 싶습니다. 저도 살고 싶습니다. "주여, 보기를 원하나이다."

예수는 그 짧은 세 마디 말에서 그가 전하려는 모든 것을 파악했다. 그리고 왕은 그의 소원을 들어주신다. "보라, 네 믿음이 너를 구원하였느니라."

눈 깜짝할 사이 바디매오는 어둠을 빠져나와 빛으로 들어갔다.

햇빛이 그의 눈으로 물밀듯 밀려온다. 그는 담청색 하늘을 본다. 구름의 함대가 돛을 올리고 진행하는 것을, 비둘기 한 쌍이 지붕 위로 날개를 펄럭이며 날아가는 것을 본다. 그는 줄지어 선 건물과 군중의 놀란 얼굴을 본다. 그리고 몸을 돌려 예수를 본다. 그는 부드러움을 본다. 그는 사랑을 본다. 그는 왕의 눈을 본다.

그의 믿음이 그를 낫게 했다. 고함을 지르고 사람들의 발을 멈춰 세우는 부끄러움을 감수할 수 있었던 믿음이다. 예수에게 나아올 수 있었던 믿음이다. 하나님만이 하실 수 있는 일을 간청했던 믿음이다. 그는 맹인임에도 불구하고 꽤 많은 것을 보았다.

하나님 나라의 새 시민이 된 그는 조금도 망설이지 않고 여리고 길을 내려가는 왕의 행렬에 동참한다. 그에게 은혜를 베풀어주신 왕을 따라가는 것이다. 한때 눈먼 거지였던 그의 삶의 자리를 영원히 뒤로 하고 떠나는 것이다.

기도

다윗의 자손이신 주님,

길옆으로 밀려난 사람들을 제 마음에 담기 원합니다. 삶의 주류에 끼지 못한 사람들, 삶이 구겨진 채 옆으로 내팽개쳐진 사람들, 잊히고 무시당하는 사람들, 어떤 모습으로든 풍성한 삶을 볼 수 없도록 시력을 잃은 사람들을 향한 마음을 갖고 싶습니다.

그들이 절규할 때 제가 못 들은 체하지 않도록 도와주십시오. 당신이 하셨던 것처럼 저도 저 자신을 그들에게 주기 원합니다. 그들을 불쌍히 여기고 제가 그들을 위해 할 수 있는 일을 하고 싶습니다. 그리고 비록 제가 그들을 족쇄에서 풀어줄 수 없고, 또 그들만의 감옥에서 그들을 자유롭게 해줄 수 없다 해도 그들을 부지런히 찾아감으로 누군가가 그들을 돌보고 있다는 것을 알려주게 해주십시오. 그리고 그들에게 음식을 가져다주어 그들이 영양을 공급받게 해주고, 그들을 부드럽게 만져주어 그들이 위로받게 해주고, 그들에게 담요를 주어 그들이 따스함을 느끼게 해주고, 그들에게 베개를 주어 그들이 머리를 고일 부드러운 자리를 갖게 해주고, 그들에게 귀 기울여주어 그들의 이야기를 들어주게 해주십시오.

저는 언제, 어디에서, 어떤 방법으로든지 어둠 속에 있는 자에게 빛을 가져다주는 사람이 되고 싶습니다. 그리고 비록 제가 그들의 눈에 시력을 줄 수 없다 해도, 그들의 삶이 조금이라도 더 밝아질 수 있도록 저를 도와주셔서 그들을 덮고 있는 그림자를 쫓아낼 수 있게 해주십시오.

특별히 _____(을)를 위해 기도합니다.

삭개오와 함께하는
친밀한
순_____간

예수께서 여리고로 들어가 지나가시더라. 삭개오라 이름하는 자가 있으니 세리장이요 또한 부자라. 그가 예수께서 어떠한 사람인가 하여 보고자 하되 키가 작고 사람이 많아 할 수 없어 앞으로 달려가서 보기 위하여 돌무화과나무에 올라가니 이는 예수께서 그리로 지나가시게 됨이러라.

예수께서 그 곳에 이르사 쳐다 보시고 이르시되 "삭개오야, 속히 내려오라. 내가 오늘 네 집에 유하여야 하겠다" 하시니 급히 내려와 즐거워하며 영접하거늘 뭇 사람이 보고 수군거려 이르되 "저가 죄인의 집에 유하러 들어갔도다" 하더라.

삭개오가 서서 주께 여짜오되 "주여, 보시옵소서. 내 소유의 절반을 가난한 자들에게 주겠사오며 만일 누구의 것을 속여 빼앗은 일이 있으면 네 갑절이나 갚겠나이다."

예수께서 이르시되 "오늘 구원이 이 집에 이르렀으니 이 사람도 아브라함의 자손임이로다."

_ 누가복음 19:1-9

묵상

여리고는 종려나무와 발삼 숲의 향기로 둘러싸인 도시다. 대추와 종려나무 꿀, 몰약과 향유 등은 카라반들이 이곳에서 동방으로 끊임없이 가져가는 수출품들이다. 따라서 이 도시는 로마 정부가 세금을 넉넉히 거둬들이기에 안성맞춤인 곳이다. 포동포동 살지고 잘 익어 세금의 향기가 진동하는 곳이다.

이 추수의 현장에서 발 벗고 뛰는 사람들이 바로 세리들이다. 그들은 가이사에게 바쳐야 할 세금이 제대로 징수되고 있는지 살피면서, 그 과정에서 한두 데나리온 정도는 자신들의 호주머니에 챙기는 사람들이다.

지금 여리고는 이른 봄이다. 도시 전체를 덮고 있는 그림자가 하품을 하며 깨어나려고 하는 아직 으슬으슬한 이른 아침이다. 많은 사람에게 동쪽에서 떠오르는 태양은 마치 새로 제조한 동전 같은 기회를 알리는 신호다. 사람들은 저마다의 방법으로 돈을 벌 수 있으리라는 기대에 부푼다. 밤의 그림자에서 채 벗어나지 못한 이 새벽에 누군가 다가오고 있다.

예수가 여리고에 온 것이다.

군중이 모여든다. 기대감의 소용돌이가 몰아치고 있다. 꾸역꾸역 모여드는 사람들의 붐비는 틈으로 호기심이 더 많은 사람은 자리를 잡기 위해 몸싸움을 벌인다.

그러나 몸싸움으로 버틸 수 없는 사람이 있다. 그는 삭개오다. 그는 키가 작다. 군중의 어깨너머를 볼 수 없을 정도로 작다. 어떻게든 메시아를 한번 흘낏 보려면 나무 위에 올라가야 한다.

이 작은 사람이 이 큰 세상에서 살아남기 위해 몸부림을 쳤다. 그는 늘 사람들의 시선을 의식했다. 그것은 사람들이 그를 늘 이리저리 밀치고, 놀림감으로 여겼기 때문이다.

그는 이 사람 저 사람에게 떠밀리며 유년 시절을 짓밟혔다. 그 결과 그의 마음속 부드러운 부분이 죽고 말았다. 키 큰 사람들의 냉담하고 잔인한 발에 짓이겨진 것이다. 그래서 그는 그 짓밟힌 부분을 어디에나 가지고 다닌다. 심지어 튼튼한 뽕나무 위에까지 말이다.

그러나 성인으로 자라는 어디쯤에선가 삭개오는 보상받는 법을 배웠다. 먼저는 조롱을 웃어넘기는 법을 배웠고, 그 후 대항하는 법을 배웠다. 그리고 전문 직업이라는 사다리를 오르기 시작하면서 그는 자기 길을 막는 사람은 누구나, 한 칸 위에 있는 사람은 누구나 짓밟는 법을 배웠다. 그는 모두에게 보여주고 싶었다. 언젠가 그들이 자신을 올려다보게 되리라는 것을.

마침내 그는 정상에 도달했다. 세리장이 된 것이다. 이 도시의 상권을 주무르는 언덕 위의 왕. 상인들의 이마에 흐르는 땀으로 자신의 작지만 욕심 많은 손바닥을 적시는 언덕 위의 왕. 여리고를 내려다보는 언덕 위의 왕.

그러나 그가 다스리는 언덕은 똥 무더기다. 적어도 사람들 눈에는 그렇게 비친다. 그것은 세리들은 부패한 정부를 위해 가차 없이 돈을 착취해가는 사람들과 다름없다는 경멸을 받았기 때문이다. 탈무드 또한 유대인이 거짓말을 해도 되는 대상으로 살인자, 도둑과 함께 세리를 명시해 그들이 세리를 얼마나 경멸하는지 보여준다.

삭개오가 권력을 가진 것은 사실이다. 게다가 재산도 있다. 그러나 그가 다른 사람들 사이에서 획득하기 원했던 위압적인 체구는 그를 피해 달아났다. 우정도 마찬가지였다.

그런 삭개오가 세리들의 친구라고 알려진 이 예수에 대한 이야기를 들었다. 그는 그들과 함께 먹고 마시고, 그들 집에 머문 사람이라고. 그는 가버나움의 세리였던 레위의 삶을 바꿔놓은 사람이라고. 그는 레위로 하여금 돈 잘 버는 직업을 포함해, 모든 것을 버리고 그를 따르게 한 사람이라고. 월급을 더 많이 주기는커녕 한 푼도 주지 않으면서 그렇게 한 사람이라고. 이 예수는 특별한 사람임이 틀림없다. 심지어 사람들은 그를 메시아라고까지 한다. 그 생각은 삭개오를 사로잡았다. 세리의 친구인 메시아. 그래서 그는 초등학교 학생의 치기 어린 열심으로 그를 보기 위해 뽕나무 위로 올라간 것이다.

삭개오는 더 잘 보기 위해 가지 끝으로 기어간다. 그는 예수 주변에 위엄을 갖춘 의식이 전혀 없는 사실에 놀란다. 조금도 왕처럼 보이지 않는다. 그런데도 그의 모든 것이 왕 같다.

사람들은 빨랫줄에 걸어놓은 빨래처럼 창가에 늘어서 그를 보고 있다. 지붕 위에는 사람들이 첩첩이 올라가 아래를 내려다본다. 거리에는 호기심에 찬 군중이 인산인해를 이루고 있다. 종교인, 가정주부, 상점 주인, 선생, 무역업자, 사업가, 빵 굽는 사람들이 몸을 부대끼며 모여 있다.

갑자기 예수는 멈춰 선다. 그는 삭개오를 올려다본다. 구세주가 보내는 사랑의 눈빛이 가지 사이를 뚫고 비쳐온다. 이 경멸받던 세리에게 오래 기다려온 새벽이 밝아온다. 그리고 그 따스함은 얼어붙었던 영혼의 어둠을 휘젓기 시작한다.

예수가 사람들 틈을 비집고 뽕나무로 다가올 때 모두의 눈도 그를 따라온다. 삭개오는 그의 영혼의 어둠이 다시 움츠러드는 것을 느낀다. 그는 가이사에게 자신의 세금 장부에 대해 오랫동안 보고해왔다.

이제는 그리스도에게 보고해야 한다.

그는 그 보고서 내용이 좋지 않다는 것을 안다. 그의 장부는 속여 빼앗은 돈, 상 밑으로 몰래 받은 돈, 슬쩍 깎아 보고한 돈…돈, 돈, 돈으로 가득 차 있다. 이것이 삭개오의 실체다. 그리고 그 실체는 부도난 삶이다.

그러나 구세주는 감사를 요구하지 않는다. 그는 다른 것을 찾는다. 그는 삭개오의 눈을 들여다보며 그의 삶에서 짓밟힌 부분을 찾는다. 그리고 그는 거기에서 모든 발자국, 모든 구둣발의 흔적을 본다. 예수는 큰 사람들의 세상에서 자라야 했던 작은 아이에 대한 연민으로 마음이 움직인다. "삭개오야." 그는 이름을 부르며 그의 집에서 유숙할 수 있는지 묻는다.

영혼의 훨씬 깊은 곳을 들여다보는 예수의 눈동자에 삭개오의 시선이 고정된다. 그 눈은 왕의 눈인 동시에 친구의 눈이다.

사람들 사이에서 경멸의 파문이 일기 시작한다. "어디에서 묵는다고? 세리의 집에서? 죄인과 함께 먹겠다고?"

그러나 그러한 의혹의 중얼거림은 이 친밀한 순간을 방해하지 못한다.

그리고 우리가 오랫동안, 아주 오랫동안 간절히 보고 싶었던 친구를 환영하듯 삭개오는 나무에서 뛰어 내려와 예수를 자기 집으로 맞아들인다.

그의 발이 땅에 닿는 순간 회개의 감정이 홍수처럼 솟구쳐오른다. 오랫동안 막혔던 감정이다. 그리고 그가 평생 축적한 재산이 한 문장의 헌신으로 청산되기 시작한다. 단지 십 분의 일이 아니다. 절반을 가난한 자들에게 주는 것이다. 토색한 것에 대해서는 네 배를 갚겠다는 것이다.

자세히 보라. 약대가 바늘구멍으로 들어가는 이 기적을 똑똑히 보라.

수십 세기 전 또 다른 새벽에 여리고의 성벽이 여호수아의 군인들이 지르는 함성에 무너졌다. 오늘 여리고에서 또 다른 벽이 무너지고 있다. 이번에는 친구가 되자는 왕의 제안 때문이다. 이번에는 한 부자의 마음의 벽이 무너져내리고 있다.

그리고 그 무너진 틈새로 짓이겨지고 짓밟혔던 그의 삶이 되살아난다. 그리고 후에 가난한 자들에게 베푸는 모든 은혜의 선물과 함께, 토색한 자들에게 갚는 모든 보상과 함께 이 작은 사람의 키가 자라기 시작한다. 먼저는 예수의 눈에 그리고 모든 여리고 사람의 눈에 그것이 보일 것이다.

기도

예수님,

저는 영적으로 작은 사람임을 고백합니다. 당신을 보려면 저는 언제나 무엇인가를 딛고 올라서야 합니다.

그래도 저는 당신을 보기 원합니다. 당신이 진정 어떤 분인지 보고 싶습니다. 제 눈으로 직접 보고 싶습니다. 목사님의 눈이나 선생님의 눈을 통해서가 아니라 저의 눈으로 보고 싶습니다.

당신에 대한 많은 이야기를 들었습니다. 그중 사람들의 의견은 얼마나 되는지요? 떠도는 소문은 얼마나 되는지요? 진실은 얼마나 되는지요? 알고 싶습니다. 책이나 텔레비전, 라디오를 통해서가 아니라 제가 직접 체험하여 알고 싶습니다.

저는 다른 사람을 통해 경험하는 것에 식상했습니다. 저는 제 가슴으로 직접 느끼고 싶습니다.

그러기 위해 나무 위를 어색하게 올라가야 한다면 그리고 그것이 품위를 잃는 일이라 해도 저는 기쁘게 그렇게 하겠습니다. 주님, 부디 제게 가까이 오십시오. 저는 가지 끝으로 가 주님을 기다리겠습니다.

제가 더딘 발육을 보상받기 위해 오랫동안 잘못된 일을 했습니다. 용서해주십시오. 저는 높은 위치에 오르면 제 키가 자랄 것이라 기대했습니다. 또 재산에도 기대를 걸었습니다. 마치 운동장에서 노는 어린아이가 반짝이는 동전을 찾듯이 그것을 갈망해왔습니다.

그러나 반짝이는 동전은 당신 나라에서 별 가치가 없는 것입니다. 삭개오가 본 것처럼 저도 보기를 원합니다. 진정한 부는 주는 것이고 갚는 것임을. 제가 빼앗았던 사람들에게 돌려주는 것임을. 그리고 가난한 이들에게 그들이 한 번도 받아보지 못한 것을 주는 것임을. 제가 이렇게 당신 나라에 제 삶을 투자하기 시작할 때, 오직 그때에만 제 키가 진정 자랄 것입니다. 주님, 제가 그것을 볼 수 있게 도와주십시오. 그리고 그렇게 제 삶을 투자할 수 있도록 은혜를 베풀어주십시오.

가장 신실한 친구이신 주님, 제가 거리에서 주님을 찾는 것이 아니라 주님이 뽕나무 위에 있는 저를 찾으신다는 놀라운 진리에 눈뜨고 그 사실에 감격할 수 있게 해주십시오.

충성에 대해 배우는 순___간

그들이 이 말씀을 듣고 있을 때에 비유를 더하여 말씀하시니 이는 자기가 예루살렘에 가까이 오셨고 그들은 하나님의 나라가 당장에 나타날 줄로 생각함이더라.

이르시되 어떤 귀인이 왕위를 받아가지고 오려고 먼 나라로 갈 때에 그 종 열을 불러 은화 열 므나를 주며 이르되 "내가 돌아올 때까지 장사하라" 하니라. 그런데 그 백성이 그를 미워하여 사자를 뒤로 보내어 이르되 "우리는 이 사람이 우리의 왕 됨을 원하지 아니하나이다" 하였더라.

귀인이 왕위를 받아가지고 돌아와서 은화를 준 종들이 각각 어떻게 장사하였는지를 알고자 하여 그들을 부르니

그 첫째가 나아와 이르되 "주인이여 당신의 한 므나로 열 므나를 남겼나이다."

주인이 이르되 "잘하였다. 착한 종이여, 네가 지극히 작은 것에 충성하였으니 열 고을 권세를 차지하라" 하고

그 둘째가 와서 이르되 "주인이여, 당신의 한 므나로 다섯 므나를 만들었나이다."

주인이 그에게도 이르되 "너도 다섯 고을을 차지하라" 하고 또 한 사람이 와서 이르되 "주인이여 보소서, 당신의 한 므나가 여기 있나이다. 내가 수건으로 싸 두었었나이다. 이는 당신이 엄한 사람인 것을 내가 무서워함이라. 당신은 두지 않은 것을 취하고 심지

않은 것을 거두나이다."

주인이 이르되 "악한 종아. 내가 네 말로 너를 심판하노니 너는 내가 두지 않은 것을 취하고 심지 않은 것을 거두는 엄한 사람인 줄로 알았느냐? 그러면 어찌하여 내 돈을 은행에 맡기지 아니하였느냐? 그리하였으면 내가 와서 그 이자와 함께 그 돈을 찾았으리라" 하고 곁에 섰는 자들에게 이르되 "그 한 므나를 빼앗아 열 므나 있는 자에게 주라" 하니

그들이 이르되 "주여, 그에게 이미 열 므나가 있나이다."

주인이 이르되 "내가 너희에게 말하노니 무릇 있는 자는 받겠고 없는 자는 그 있는 것도 빼앗기리라. 그리고 내가 왕 됨을 원하지 아니하던 저 원수들을 이리로 끌어다가 내 앞에서 죽이라" 하였느니라.

_ 누가복음 19:11-27

묵상

이스라엘 역사 초기에 물방울이 떨어지는 것처럼 하나님 나라에 대한 계시가 주어졌다.

"그러므로 이제 내 종 다윗에게 이와 같이 말하라. 만군의 여호와께서 이와 같이 말씀하시기를…네 집과 네 나라가 내 앞에서 영원히 보전되고 네 왕위가 영원히 견고하리라 하셨다 하라"(삼하 7:8, 7:16).

이 물방울은 나중에 전례가 없던 평화의 통치를 약속하는 개울로 커진다.

"무리가 그 칼을 쳐서 보습을 만들고 창을 쳐서 낫을 만들 것이며 이 나라와 저 나라가 다시는 칼을 들고 서로 치지 아니하며 다시는 전쟁을 연습하지 아니하고"(미 4:3).

"그때에 이리가 어린 양과 함께 살며 표범이 어린 염소와 함께 누우며 송아지와 어린 사자와 살진 짐승이 함께 있어 어린아이에게 끌리며" (사 11:6).

"내 거룩한 산 모든 곳에서 해 됨도 없고 상함도 없을 것이니 이는 물이 바다를 덮음같이 여호와를 아는 지식이 세상에 충만할 것임이니라" (사 11:9).

그리고 마침내 약속된 보좌에 앉으실 분이 선포되었을 때 이 개울들이 모여 분수령을 이루었다.

"마리아여, 무서워하지 말라. 네가 하나님께 은혜를 입었느니라. 보라, 네가 잉태하여 아들을 낳으리니 그 이름을 예수라 하라. 그가 큰 자가 되고 지극히 높으신 이의 아들이라 일컬어질 것이요, 주 하나님께서 그 조상 다윗의 왕위를 그에게 주시리니 영원히 야곱의 집을 왕으로 다스리실 것이며 그 나라가 무궁하리라"(눅 1:30-33).

왕에 대한 소문은 이스라엘 전역에 파문을 일으키며 퍼져갔다. 예수가 설교할 때마다, 기적을 행할 때마다 그의 인기는 높아만 갔다. 그러나 물밑으로는 언제나 반대의 흐름이 뒤따랐다.

예루살렘으로 가던 예수가 그 행로의 마지막 기착지인 여리고에 이르렀을 때 그의 인기는 절정에 달해 있었다. 그가 이 부유한 상업 중심지에 가까이 이르자 한 맹인 거지가 길옆에서 그를 애타게 불렀다.

"네게 무엇을 하여 주기를 원하느냐?" 예수는 생기 잃은 눈이 움푹 꺼진 이 사람에게 묻는다.

"주여, 보기를 원하나이다."

"보라." 예수는 그에게 말한다. "네 믿음이 너를 구원하였느니라." 그러자 즉시 그의 죽은 눈이 살아난다.

이 치유 소식을 가지고 달려가는 사람들이 뿜어내는 기대감으로 거리는 가득 찬다.

그 거리에 늘어서 있는 나무 중 하나에 이 도시의 세리장인 삭개오라고 하는 키가 작은 사람이 올라가 있다. 그도 이 기적을 행하는 사람을, 왕이 될 것이라고 하는 이 사람을 보고 싶어 한다.

예수가 나무 밑으로 다가와 삭개오의 집에 머물겠다고 했을 때 그의 죽은 가슴이 살아난다. 그리고 사람들은 또 다른 기적을 목격하게 된다. "주여, 보시옵소서." 삭개오는 외친다. "내 소유의 절반을 가난한 자들에게 주겠사오며 만일 누구의 것을 속여 빼앗은 일이 있으면 네 갑절이나 갚겠나이다."

맹인은 즉시 시력을 회복했다. 지금 여기서 삭개오는 구원받았다. 한순간에 두 사람의 삶이 바뀌었다. 이 모든 것을 지켜보던 사람들이 예수가 예루살렘에 올라가면 약속된 왕국이 시작될 것이라 생각하는 것은 자연스러운 것이다. 그가 행한 기적들은 그 왕국을 미리 맛보여 준 것이었으니까.

그러나 이 비유에 나오는 적대적인 백성처럼 종교 지도자들은 예수가 그들의 왕이 되는 것을 원하지 않았다. 그리고 그들이 내린 결정으로 앞으로 일어날 수많은 세대가 계속해서 고통의 내리막길로 나아가는 역사의 방향이 정해졌다.

지상에 평화가 임하는 대신 사람들은 계속 그들의 보습을 쳐서 칼로 만들 것이다. 세상에 조화가 이루어지는 대신 이리는 계속 어린 양을 약탈할 것이다. 이 땅에 의가 충만한 대신 하나님을 아는 지식이 계속 희귀해질 것이다.

그리고 인간의 절규가 끝없이 들려올 것이다. 전쟁터에서 들려오는 죽어가는 신음으로. 병원 침대에서 들려오는 절망의 흐느낌으로. 정신병동에서 들려오는 고통스러운 비명으로. 뒷골목에서 들려오는 외로운 한숨 소리로. 집단 수용소에서 들려오는 고문당하는 자의 울부짖음으로. 그리고 가뭄으로 황폐해진 땅에서 들려오는 절망적인 애원의 소리로.

한 주가 지나기 전 이 거룩한 도시에서도 울부짖는 소리가 들릴 것이다. 그것은 예수가 예루살렘으로 올라가면 이 승리의 입성은 대관식이 아닌 십자가로 이어질 것이기 때문이다. 사람들은 예수의 얼굴에 증오의 주먹을 내리칠 것이다. 그의 손에 조롱의 홀을 쥐여줄 것이다. 그의 머리에는 가시로 만든 면류관을 씌워줄 것이다.

그때 이 귀인은 자기 종들에게 그의 일을 계속해나가도록 지시하고 지상을 떠날 것이다. 하나님의 용서의 선물을 믿음의 사람들에게 나누어주라고 지시하고. 하나님의 사랑을 이 세상의 고통에 투자하라고 지시하고.

종은 웅변술이 뛰어나거나 교육을 많이 받았거나 특별한 은사를 가지고 있어야 할 필요가 없다. 그들에게 요구되는 것은 오직 한 가지다.

주인이 신뢰할 수 있는 자여야 한다. 주인이 없어도 열심히 일할 것이라고 믿을 수 있는 사람이어야 한다.

가슴 아픈 일과 눈물로 가득한 세상에서 사람들은 "이 모든 고통 가운데 하나님은 어디에 계시는 것인가?"라고 묻지 않을 수 없다.

하나님은 고통과 눈물로 가득한 세상에 오시려고 인간이 되셨다. 그는 고통의 한가운데에 오셔서 깨어진 가슴뿐 아니라 보지 못하는 눈을 고쳐주셨다.

그러나 세상은 그를 보냈다.

이 비유는 그가 지금 어디에 계시는지를 설명해준다. 따라서 이제 우리는 질문을 고쳐야 한다. "그의 종들은 어디에 있습니까?"

구세주가 자신이 없는 동안에 그의 일을 맡긴 자들은 어디에 있는가? 그가 사셨던 것처럼 살아야 하는 사람들, 그가 사랑하셨던 것처럼 사랑해야 하는 사람들은 어디에 있는가? 그가 자신의 손이 되고, 목소리가 되고, 발이 되라고 부르신 자들은 어디에 있는가? 길옆에 나앉은 배 고픈 이에게 다가갈 사람들, 나무에 올라가 있는 세리를 불러줄 사람들, 십자가를 향해 언덕길을 올라갈 사람은 어디에 있는가?

신체적, 정서적, 영적으로 많은 고통을 받으며 충성스럽게 일해야 하는 종들로서는 고통이 제기하는 질문을 심각하게 생각하지 않을 수 없다. 그러나 종이 할 수 있는 질문은 단 하나다.

"먼 나라에 가신 장차 왕이 되실 그분은 내가 신뢰할 만한 분인가?"가 아니다. 우리는 이렇게 물어야 한다. "나는 그분이 신뢰할 만한 사람인가?"

기도

주 예수님,

당신이 제게 맡겨주신 일로 인해 감사드립니다. 저는 주님의 신뢰에 합한 사람이 되고 싶습니다.

제가 작은 일에 충성할 수 있도록 도와주십시오. 바로 거기에서 제가 주님이 더 큰 일을 맡기실 수 있도록 신뢰를 쌓아가야 한다는 것을 깨닫게 해주십시오.

당신이 제게 맡기신 위대한 보배인 복음에 충실할 수 있도록 도와주십시오. 그 메시지가 얼마나 놀라운 것인지를 계속 일깨워주셔서 제가 다른 사람들에게 그들의 죄를 용서와 바꾸도록, 그들의 염려를 평화와 바꾸도록, 그들의 절망을 소망과 바꾸도록 용기를 불어 넣어줄 수 있게 해주십시오.

주님, 얼마나 많은 일이 저를 기다리고 있는지 깨닫게 해주십시오. 그래서 아침에 일어날 때는 주님을 섬기기 위해 일어나고, 밤에 자리에 누울 때는 그 일을 잘 마친 후 휴식을 취하기 위해 눕게 해주십시오.

주님, 제가 일을 제대로 마치지 못한 모든 순간에 대해 주님의 용서를 구합니다. 미지근한 마음으로 주님을 섬겼던 일들을, 두려움으로 당신을 섬길 수 있는 기회를 제 옷자락에 감추었던 순간들을 용서해주십시오.

주님, 기도합니다.

제가 두려움으로 용기를 잃을 때 함께해주셔서

제가 충성을 다하게 해주십시오.

제가 충성스러울 때 함께해주셔서
풍성한 열매를 거두게 해주십시오.
제게 열매가 풍성할 때 함께해주셔서
저를 겸손의 자리로 인도해주십시오.
제가 당신을 섬기도록 택함 받은 것은
오직 당신의 은혜이기 때문입니다.
제가 당신을 섬길 수 있는 것은
오직 당신이 주시는 능력으로만 가능하기 때문입니다.
제가 오늘도 당신을 섬기고 있는 것은
오직 당신의 신실하심으로 말미암은 것이기 때문입니다.

하나님의 인내에 대해
배우는
순____간

그가 또 이 비유로 백성에게 말씀하시기 시작하시니라. "한 사람이 포도원을 만들어 농부들에게 세로 주고 타국에 가서 오래 있다가 때가 이르매 포도원 소출 얼마를 바치게 하려고 한 종을 농부들에게 보내니 농부들이 종을 몹시 때리고 거저 보내었거늘 다시 다른 종을 보내니 그도 몹시 때리고 능욕하고 거저 보내었거늘 다시 세 번째 종을 보내니 이 종도 상하게 하고 내쫓은지라. 포도원 주인이 이르되 '어찌할까? 내 사랑하는 아들을 보내리니 그들이 혹 그는 존대하리라' 하였더니 농부들이 그를 보고 서로 의논하여 이르되 '이는 상속자니 죽이고 그 유산을 우리의 것으로 만들자' 하고 포도원 밖에 내쫓아 죽였느니라. 그런즉 포도원 주인이 이 사람들을 어떻게 하겠느냐? '와서 그 농부들을 진멸하고 포도원을 다른 사람들에게 주리라' 하시니 사람들이 듣고 이르되 '그렇게 되지 말아지이다' 하거늘 그들을 보시며 이르시되 '그러면 기록된 바 건축자들의 버린 돌이 모퉁이의 머릿돌이 되었느니라' 함이 어찜이냐? 무릇 이 돌 위에 떨어지는 자는 깨어지겠고 이 돌이 사람 위에 떨어지면 그를 가루로 만들어 흩으리라 하시니라."

서기관들과 대제사장들이 예수의 이 비유는 자기들을 가리켜 말씀하심인 줄 알고 즉시 잡고자 하되 백성을 두려워하더라.

_ 누가복음 20:9-19

묵상

　유월절을 일주일 앞두고 예수는 성전 뜰로 들어가 돈 바꾸는 자들이 차려놓은 탁자와 온갖 기물로 이루어진 노점을 보았다. 끊임없이 몰려드는 순례자들은 이 거룩한 도시의 수입원이었다. 돈을 벌 수 있는 기회는 도처에 깔려 있었다. 물론 종교도 마찬가지다. 아니 특별히 종교가 더 그랬다.

　예수의 사역 초기와 마찬가지로 돈 바꾸는 자들은 기도하는 집을 돈 버는 집으로 바꾸었다. 그리고 예수는 이번에도 그것을 참을 수 없었다. 분노에 찬 그는 그들의 상을 발로 차 뒤엎고 임시로 만들어진 노점을 허물었다.

　이 사건은 종교 지도자들 사이에 순식간에 퍼졌다. 소동은 가라앉았지만, 닫힌 문 뒤에서는 불꽃 튀는 논쟁이 벌어졌다. 분노 섞인 밀담이 오고 간 후 그들은 이렇게 결정했다. "예수를 제지해야 한다."

　그러나 그를 제지하기란 쉬운 일이 아니었다. 다른 때라면 모르지만 지금은 유월절 기간이고, 도시는 외부에서 온 사람들로 가득했기 때문이다. 그들 중 예수를 지지하는 사람이 얼마나 될지 누가 알겠는가? 그들은 그것을 알 수 없었고, 또한 자신들과 의견이 다른 사람들의 심지에 불을 댕기고 싶지 않았다.

　다음 날 종교 지도자 한 무리가 몇 가지 질문을 들고 예수를 괴롭히러 모였을 때, 그는 소동을 일으킨 바로 그 자리에서 사람들을 가르치고 있었다.

　"당신이 무슨 권위로 이런 일을 하는지, 이 권위를 준 이가 누구인지 우리에게 말하라."

그러나 예수는 그들의 질문에 대답하기를 거부한다. 그 대신 그는 사람들에게로 돌아서서 이야기를 하나 들려준다. 그것은 지금 이 종교 지도자들이야말로 여러 세기 동안 하나님의 권세에 도전해온 반역자들의 긴 대열 끝에 서 있는 자들임을 보여주는 것이다.

예수가 묘사하는 그림은 하나님의 포도원인 이스라엘에 관한 것이다. 이스라엘의 종교 지도자들은 하나님의 포도원을 돌보는 책임을 진 농부들인데 그들은 어둡게 명암 처리가 되어 있다. 이 상황을 가리키는, 선지자 이사야 때부터 내려오는 친숙한 묘사가 있다.

> "나는 내가 사랑하는 자를 위하여 노래하되
> 내가 사랑하는 자의 포도원을 노래하리라.
> 내가 사랑하는 자에게 포도원이 있음이여,
> 심히 기름진 산에로다.
> 땅을 파서 돌을 제하고
> 극상품 포도나무를 심었도다.
> 그중에 망대를 세웠고,
> 또 그 안에 술틀을 팠도다"(사 5:1-2).

포도원 주인은 이제 막 자라나는 싹을 헤치는 여우와 멧돼지들로부터 포도원을 지키기 위해 산울타리를 둘렀다. 그는 몰래 들어와 포도를 훔쳐가는 도둑을 방지하기 위해 망대를 세웠다. 그뿐 아니라 그는 열매를 보전하기 위해 술틀까지 팠다.

하나님은 이스라엘이 풍성한 열매를 맺도록 최선을 다하셨다. 그분은 아브라함의 씨를 가지고 나라를 심는 기적을 행하셨다. 씨처럼 작은 그 민족이 자라나는 동안 하나님은 축복과 보호의 약속으로 그들을 둘러 산울타리를 치셨다. 그리고 오랜 세월 애굽에서 다듬으신 후 그분은 온 세계를 먹일 수 있을 만큼 풍성한 영적 수확을 거두시려고 이스라엘을 비옥한 가나안 땅으로 옮겨 심으셨다.

그러나 이스라엘은 자신들의 소명에 태만하여 잠언이 묘사하고 있는 게으른 자의 포도원처럼 되고 말았다. "내가 게으른 자의 밭과 지혜 없는 자의 포도원을 지나며 본즉 가시덤불이 그 전부에 퍼졌으며 그 지면이 거친 풀로 덮였고 돌담이 무너져 있기로 내가 보고 생각이 깊었고 내가 보고 훈계를 받았노라"(잠 24:30-32).

하나님은 이스라엘에 선지자들을 보내셔서 그들의 영적인 성벽에 구멍 뚫린 부분과 그들 마음에 잡초가 우거진 부분을 지적하셨다. 그러나 이스라엘은 선지자들의 말을 듣지 않았다.

엘리야는 아합과 이세벨의 냉혹한 추적을 받아야 했고, 스가랴는 요아스 왕의 통치 기간 중 성전에서 죽임을 당했다. 예레미야는 감옥에 갇혔고 후에 돌에 맞아 죽었다. 이사야는 조롱을 받았고 후에 므낫세의 명령을 따라 톱으로 몸이 두 동강이 나 죽었다. 아모스는 몽둥이로 얻어맞아 죽었다.

한 세대가 가고 또 다음 세대가 오는 동안 하나님은 계속해서 당신의 종들을 포도원에 보내셨다. 그러나 세대가 바뀌어도 그 종들은 얻어맞고, 수치를 당하고, 상처 입고, 버림받았다.

자기 종들을 이렇게 대하는 농부들을 하나님이 얼마나 더 참으셔야 하는가? 얼마나 더 그들의 거부를, 그들의 잔인함을, 그들의 게으름을, 그들의 절도 행각을, 그들의 자기만족을 참으셔야 하는가? 하나님은 부서진 성벽과 허물어지는 망대를 손으로 감싸시면서 포도원을 보호해오셨다. 그분이 그렇게 하시는 동안 로마 정부라는 여우들과 군대라는 멧돼지들은 항구에 머물 수밖에 없었다. 그러나 마침내 이사야의 때에도 그렇게 하셨듯이 하나님이 손을 거두시는 때가 왔다.

"내가 내 포도원을 위하여 행한 것 외에 무엇을 더할 것이 있으랴?
내가 좋은 포도 맺기를 기다렸거늘 들포도를 맺음은 어찌 됨인고?
이제 내가 내 포도원에 어떻게 행할지를 너희에게 이르리라.
내가 그 울타리를 걷어 먹힘을 당하게 하며
그 담을 헐어 짓밟히게 할 것이요
내가 그것을 황폐하게 하리니
다시는 가지를 자름이나 북을 돋우지 못하여 찔레와 가시가 날 것이며
내가 또 구름에게 명하여 그 위에 비를 내리지 못하게 하리라 하셨으니
무릇 만군의 여호와의 포도원은 이스라엘 족속이요
그의 기뻐하시는 나무는 유다 사람이라.
그들에게 정의를 바라셨더니 도리어 포학이요
그들에게 공의를 바라셨더니 도리어 부르짖음이었도다"(사 5:4-7).

예수가 말한 비유는 이사야가 예언한 심판을 생각나게 한다. 심판의 메시지를 떠올리는 것이 얼마나 끔찍했던지 사람들은 입을 딱 벌리고 "그렇게 되지 말아지이다!"라고 외쳤다.

그러나 그들의 호소는 때늦은 것이다. 이미 판결은 났고 형량은 정해졌다.

이 비유는 우리에게 하나님의 인내에 대해 두 가지 진리를 가르쳐 준다. 첫째, 하나님은 오래 참는 분이라는 것이다. 둘째, 그러나 그 오래 참으심에는 한계가 있다는 것이다. 하나님은 여러 세대에, 여러 나라를 거치는 동안 인내를 보이신 후 심판을 내리신다. 그분은 이스라

엘에 계속해서 선지자를 보내셨고, 마지막에는 그들과 변론하기 위해 당신의 사랑하는 아들을 보내셨다. 예루살렘에서 보내신 마지막 유월절 후 그분의 인내는 마침내 그 끝에 다다랐다.

이 비유는 예수가 말씀한 다른 비유들과 다르다. 이것은 예수 자신의 죽음을 언급한 유일한 비유다. 그가 자신을 따르는 자들에게 지신의 운명에 대해 말씀하시면서 어떻게 느끼셨을지 상상해보라. 얼마나 깊은 비탄이었겠는가? 자기를 거부한 이스라엘에 대한 연민으로 얼마나 큰 고통을 느꼈겠는가?

그러나 그의 내면에서 요동하는 이 격한 감정에도 불구하고 구세주는 아침 일찍 성전 뜰로 와 자기에게 나아오는 몇 송이의 포도를 따신다. 그들의 삶을 뒤덮었던 잡초를 제거해주시고, 땅속으로 더 깊이 들어가기 위해 몸부림치는 뿌리에 영양분을 주시며, 믿음의 가지에서 이제 막 꽃망울을 맺기 시작한 열매들을 격려하신다.

이제 며칠 안에 악한 농부들에게 성 밖으로 끌려나가 잔인한 죽임을 당하실 것을 모두 아시면서 구세주는 이 모든 일을 하신다. 이것이 아버지의 포도원에 대한 그의 충성심이다. 그리고 그 안에서 열심히 자라나려 하는 자들을 향한 그의 신실하심이다.

기도

주님,
제 삶이 풍성하게 열매 맺을 수 있도록 당신이 행하신 모든 일에 대해 감사드립니다. 저를 보호하기 위해 두르신 산울타리와 저를 지키기 위해 세우신 망대 그리고 제가 당신의 말씀을 더욱 민감하게 받아들일 수 있게 하시려고 제 마음에 기경하신 밭이랑들로 인해 감사드립니다.

제가 당신이 맡기신 삶의 작은 포도원에 좋은 농부가 되도록 도와주십시오. 주님, 그 포도원에서 열심히 일하기 원합니다. 쟁기를 잡는 굳센 손과 추수를 기다리는 인내의 마음을 제게 허락해주십시오. 저의 뿌리 깊은 죄에 대해 당신이 오래 참으시는 것을 결코 가볍게 여기지 않도록 도와주십시오. 당신의 인내가 아무리 오래간다 하더라도 반드시 끝이 있음을 기억하게 해주십시오. 주님, 제가 자라나도록 도와주셔서 그 끝이 어디인지 배우지 않아도 되게 해주십시오.

선지자의 옷을 입고 제게 찾아오는 당신의 모든 비유로 인해 감사드립니다. 그 메시지들을 듣는 것이 아무리 어렵다 할지라도 저의 유익을 위해 주신 것임을 깨닫게 해주십시오. 그 메시지들로 제가 눈이 멀어 보지 못하는 제 성품의 구멍 난 부분을 지적해주시고, 그것이 그토록 가리고 싶어 하는 제 마음의 잡초들을 제거해주시는 유익한 말씀임을 깨닫게 해주십시오.

마리아와 함께하는
친밀한
순____간

이틀이 지나면 유월절과 무교절이라. 대제사장들과 서기관들이 예수를 흉계로 잡아 죽일 방도를 구하며 이르되 "민란이 날까 하노니 명절에는 하지 말자" 하더라.

예수께서 베다니 나병환자 시몬의 집에서 식사하실 때에 한 여자가 매우 값진 향유 곧 순전한 나드 한 옥합을 가지고 와서 그 옥합을 깨뜨려 예수의 머리에 부으니 어떤 사람들이 화를 내어 서로 말하되 "어찌하여 이 향유를 허비하는가? 이 향유를 삼백 데나리온 이상에 팔아 가난한 자들에게 줄 수 있었겠도다" 하며 그 여자를 책망하는지라.

예수께서 이르시되 "가만 두라. 너희가 어찌하여 그를 괴롭게 하느냐? 그가 내게 좋은 일을 하였느니라. 가난한 자들은 항상 너희와 함께 있으니 아무 때라도 원하는 대로 도울 수 있거니와 나는 너희와 항상 함께 있지 아니하리라. 그는 힘을 다하여 내 몸에 향유를 부어 내 장례를 미리 준비하였느니라. 내가 진실로 너희에게 이르노니 온 천하에 어디서든지 복음이 전파되는 곳에는 이 여자가 행한 일도 말하여 그를 기억하리라" 하시니라.

열둘 중의 하나인 가룟 유다가 예수를 넘겨주려고 대제사장들에게 가매 그들이 듣고 기뻐하여 돈을 주기로 약속하니 유다가 예수를 어떻게 넘겨줄까 하고 그 기회를 찾더라.

_ 마가복음 14:1-11

> 묵상

예수를 함정에 빠뜨리려는 음모의 바람은 갈수록 거세졌다. 그러나 점점 더해가는 이 적대감의 한가운데에 평안한 폭풍의 눈이 있다. 그것은 베다니에 있는 한 가정으로, 그를 존중하는 가까운 친구들이 제공하는 은신처다.

성경의 여러 구절은 이곳에 참석한 사람들이 누구인지 보여준다. 그들은 예수가 고쳐준 문둥병자 시몬과 예수가 죽음에서 다시 살린 나사로, 예수를 섬겼던 마르다, 예수의 발아래 앉았던 마리아 그리고 모든 것을 버리고 그를 좇아온 제자들이었다.

그러나 친구들로 가득한 이 따스한 공간에 바깥바람이 새어들어 왔다. 그리고 배신의 분위기가 공기 중에 뒤섞였다. 그 바깥바람은 '유다'다. 그러나 오직 그리스도만이 한기를 느낀다. 그리고 또 한 사람, 마리아가 있다.

그녀는 향유를 가져왔다. 비싼 향유다. 그녀가 향유를 예수에게 붓자 진한 향기가 방 안에 가득 찬다. 너무나 순수한 향기다. 너무나 사랑스러운 향기다. 마리아의 기슴, 구세주의 임박한 죽음이라는 차가운 현실을 앞에 두고 깨어진 그 가슴에 매단 앨러배스터 옥합에서 흘러나온 향기다.

그녀의 행동은 이 장면에 전혀 어울리지 않는다. 예절에 어긋날 뿐 아니라 이 당시 문화에서 여성의 위치에도 맞지 않는다. 그렇지만 그녀의 행동은 이 상황에 가장 적절한 것이 아닐까? 오히려 남자들이야 말로 사리에 어긋난 행동을 하고 있는 것이 아닐까?

그들은 주님을 앗아가기 위한 십자가의 그림자가 길게 드리운 것을 보지 못했단 말인가? 그들은 그의 시간이 마구 빠져나가고 있음을 모른단 말인가?

예수는 여러 차례 반복해 그들에게 경고했다. 주인의 아들을 죽인 농부들의 비유에서도 경고했고, 또 평이한 말로도 일러주었다.

"보라. 우리가 예루살렘에 올라가노니 인자가 대제사장들과 서기관들에게 넘겨지매 그들이 죽이기로 결의하고 이방인들에게 넘겨 주겠고 그들은 능욕하며 침 뱉으며 채찍질하고 죽일 것이나 그는 삼 일 만에 살아나리라"(막 10:33-34).

그가 이보다 어떻게 더 분명하게 말할 수 있겠는가? 이 사람들은 도대체 무슨 생각을 하고 있는 것일까? 그들은 예수의 말을 무시한 것인가? 가볍게 취급한 것인가? 잊어버린 것인가? 자신들이 듣고 싶은 것만 들은 것인가? 예수의 말이 너무 고통스러워 의식의 밑바닥으로 억눌러버린 것인가? 아니면 그들이 하나님 나라의 일에 너무 열중한 나머지 정작 그 나라의 왕을 시야에서 놓친 것인가?

제자들은 그들의 사역을 주님을 섬기는 것에서 예산을 계산해야 하는 사업으로 너무나 빨리 바꿨다.

이 모든 일이 그들이 존중하는 스승의 가슴을 비수처럼 얼마나 날카롭게 찔렀겠는가? 그들은 지금 인간적인 이해라는 빵 한 조각에 굶주려 있는 사람 앞에서 가난한 자들의 문제를 논하고 있는 것이다. 그들은 예수에게 가장 내밀한 친구들이다. 그러나 어느 누구도 그를 갉아먹고 있는 배고픔이 무엇인지 감조차 잡지 못한다. 베드로도 모른다. 야고보도 모른다. 요한도 모른다.

그러나 마리아, 그녀는 안다. 그녀는 그리스도의 눈에서 감정의 기름이 타들어가고 있는 것을 본다. 그리고 공기 속에 배신의 한기가 서려 있음을 느낀다.

너무나 아름다운 불꽃이다. 너무나 연약한 심지다. 그러나 그것을 꺼야 하는 손은 철저하게 이권만 추구하고 있다.

이 얼마 남지 않은 초를 보면서 그녀는 운다. 울면서 그의 장사를 예비하는 향유를 그에게 붓는다.

향유는 눈물과 섞이면서도 하늘의 신비스러운 화학 작용을 거쳐 희석되는 것이 아니라 더욱 농축된다. 그녀의 놀라운 사랑을 일깨워주는 향기가 오늘날까지 풍길 수 있도록, 여러 세기 여러 사람을 통해 전해질 만큼 더욱 진해진다.

이제 곧 인류를 위한 앨러배스터 옥합인 예수의 몸은 깨어질 것이다. 채찍에 맞고, 가시에 찔리고, 못에 박히고 그리고 최후로 그의 옆구리를 찌르는 창에 맞아 피가 흘러내릴 것이다.

그것은 나드보다 더 귀한 향유다.

그것은 십자가 주위에서 재잘거리며 조롱하는 자들의 악취를 덮어줄 것이다. 그것은 이 세상을 그 향기로 가득 채우도록 계속해서 흐를 것이다. 그것은 마침내 하늘로 올라가 하나님의 코에까지 닿을 것이다.

너무나 순수한 향기다. 너무나 사랑스러운 향기다. 너무나 놀라운 향기다.

구세주는 인류를 위해 앨러배스터 옥합을 깨뜨리려고 이 세상에 오셨다. 그리고 마리아는 그를 위해 자기의 옥합을 깨뜨리려고 그 밤에 온 것이다.

그녀는 옥합을 깨뜨린 것을 결코 후회하지 않았다.

구세주도 마찬가지였다.

기도

아름다우신 주 예수님,

제 마음이 당신을 위한 베다니가 되기를 원합니다. 당신을 존귀한 손님으로 모시는 고요한 우정의 벤치가 되기를 원합니다.

저는 제자들의 신중함이 아니라 마리아의 사치스러움으로 당신을 대하고 싶습니다. 가난한 자들을 위해 향유를 팔아야 할 때도 있지만, 그것을 당신께 부어야 할 때도 있음을 깨닫게 해주십시오.

공기 중에 배신의 한기가 서려 있을 때 제가 당신을 위한 아름다운 말이나 행동으로 그 방을 채울 수 있게 해주십시오. 비용을 계산하지 않고, 다른 사람들은 어떻게 생각할지 신경 쓰지 않고서 말입니다.

세상의 빛이신 주님, 저를 도와주셔서 당신의 임재의 빛 아래서 제 모든 소유를 볼 수 있게 해주십시오. 그리고 제가 당신을 얼마나 존귀히 여기는가에 비례해 그것의 가치가 결정된다는 것을 기억하게 해주십시오. 이 세상을 살아가는 짧은 삶에서 당신이 제게 맡기신 모든 것을 소중히 여기도록 가르쳐주십시오.

제가 만일 주저하면서 앨러배스터 옥합에 집착한다면 저를 위해 깨뜨리신 당신의 고귀한 옥합이 기억나게 해주십시오. 그리고 마리아가 그랬던 것처럼 저 또한 당신의 발아래 무릎 꿇고 제가 가장 소중히 여기는 것뿐 아니라 저의 눈물까지도 당신께 쏟아붓기를 원합니다.

예루살렘에 입성하는 긴장된 순___간

예수께서 이 말씀을 하시고 예루살렘을 향하여 앞서서 가시더라. 감람원이라 불리는 산쪽에 있는 벳바게와 베다니에 가까이 가셨을 때에 제자 중 둘을 보내시며 이르시되 "너희는 맞은편 마을로 가라. 그리로 들어가면 아직 아무도 타 보지 않은 나귀 새끼가 매여 있는 것을 보리니 풀어 끌고 오라. 만일 누가 너희에게 어찌하여 푸느냐 묻거든 말하기를 '주가 쓰시겠다' 하라" 하시매 보내심을 받은 자들이 가서 그 말씀하신 대로 만난지라. 나귀 새끼를 풀 때에 그 임자들이 이르되 "어찌하여 나귀 새끼를 푸느냐?" 대답하되 "주께서 쓰시겠다" 하고 그것을 예수께로 끌고 와서 자기들의 겉옷을 나귀 새끼 위에 걸쳐 놓고 예수를 태우니 가실 때에 그들이 자기의 겉옷을 길에 펴더라.

이미 감람 산 내리막길에 가까이 오시매 제자의 온 무리가 자기들이 본 바 모든 능한 일로 인하여 기뻐하며 큰 소리로 하나님을 찬양하여 이르되 "찬송하리로다. 주의 이름으로 오시는 왕이여. 하늘에는 평화요 가장 높은 곳에는 영광이로다" 하니 무리 중 어떤 바리새인들이 말하되 "선생이여, 당신의 제자들을 책망하소서" 하거늘 대답하여 이르시되 "내가 너희에게 말하노니 만일 이 사람들이 침묵하면 돌들이 소리 지르리라" 하시니라.

가까이 오사 성을 보시고 우시며 이르시되 "너도 오늘 평화에 관한 일을 알았더라면 좋을 뻔하였거니와 지금 네 눈에 숨겨졌도다. 날이 이를지라. 네 원수들이 토둔을 쌓고 너를 둘러 사면으로 가두고 또 너와 및 그 가운데 있는 네 자식들을 땅에 메어치며 돌 하나도 돌 위에 남기지 아니하리니 이는 네가 보살핌 받는 날을 알지 못함을 인함이니라" 하시니라.

_ 누가복음 19:28-44

"주께서 쓰시겠다 하라." 그러자 주인은 별로 눈살도 찌푸리지 않고 제자들이 나귀를 끌고 가는 것을 허락했다.

여기 예수가 빌린 나귀 새끼가 있다.

먼젓번에는 배였고, 그전에는 아이의 점심이었다. 하나는 설교를 하기 위해 강단으로 사용했고, 다른 하나는 기적을 베풀기 위한 음식으로 사용했다.

이제 한 주 안에 그는 무덤을 빌릴 것이다. 과연 인자는 죽음을 맞는 순간에도 머리 둘 곳이 없었다.

얼마나 모순된 일인가? 만물이 자신으로 말미암아 존재하게 된 분이 정작 자신은 아무것도 가진 것이 없다. 나귀 한 마리도 갖지 못한 왕이다. 그것을 빌리기 위해 지불할 데나리온 한 푼조차 없는 왕이다.

그런 왕이 이제 나귀를 타고 예루살렘에 입성하신다. 당당한 아라비아산 말이 아니라 빌려온 작은 나귀 새끼를 타셨다. 나귀의 양 옆에 두 다리를 걸치고 두 발은 땅에 닿을 정도다.

전혀 왕 같은 모습이 아니다. 희극적이기까지 하다. 그러나 그는 이런 모습으로 온다. 온유하고 겸손하게, 뽐내지 않고, 화려한 의식도 없이, 외모에 대해서는 조금도 개의치 않고.

그는 예루살렘 서쪽의 험한 길을 택해 올라온다. 길에는 행렬을 보려고 발돋움하는 아이들처럼 사람들이 줄지어 기다리고 있다.

기다리고 있는 사람들 가운데 어떤 이는 흥분한 나머지 아이들이나 할 법한 일을 한다. 달려가 자신의 겉옷을 벗어 나귀 새끼 앞에 펼쳐놓는 것이다.

그가 원래 자리로 돌아가자 또 다른 사람이 자기 옷을 벗어 땅바닥에 펼쳐놓는다.

그리고 또 다른 사람이 그렇게 한다.

아이들 같은 흥분이 고조되면서 사람들이 쏟아져나와 길을 가득 메운다. 남자들은 겉옷을 벗고 여자들은 숄을 펼친다. 젊은 남자들은 나무 위로 올라가 종려나무 잎과 올리브 나뭇가지 그리고 향기로운 발삼 나뭇가지 등을 꺾는다. 아이들은 봄꽃들을 한 움큼 따 구세주가 가는 길 위에 뿌린다.

그들이 이렇게 하는 동안 나귀는 주춤거리면서 한 걸음씩 그 위를 밟으며 앞으로 나아간다. 익숙하지 않은 무게를 지탱하기 위해 낑낑거리면서. 예수 역시 그가 지고 가는 무게 때문에 힘들어한다. 그리고 거룩한 도시가 가까워질수록 그 무게는 점점 더 예수를 짓누른다.

그는 이제 예루살렘을 목전에 두고 있다. 그러나 또 다른 면에서 예루살렘은 그에게 너무나 멀다. 그리고 그 생각이 유발하는 고통은 감당할 수 없을 정도다.

그렇지만 길 위에서 예수를 기다리다가 갈급해 하는 손을 내미는 사람들을 보면서 예수의 짐은 가벼워진다. 사람들은 그가 일으키는 기적을 보았다. 그들은 하늘에서 내려오는 것을 맛보았다. 그것은 왕의 식탁에서 가져온 것이다. 그것은 따뜻하고 달콤하고 좋은 것이다. 그들은 배고픈 아이처럼, 그가 주는 빵 외에 다른 것으로는 결코 만족할 수 없는 아이처럼 그에게 손을 내민다.

그들이 길에 옷을 펼치고 찬양의 화환을 던진 것은 바로 그 까닭이다. 그의 오심은 왕의 행차다. 그들의 옷은 왕의 행렬을 맞이하는 환영의 표시다.

지금까지 예수는 자기를 왕으로 만들고자 하는 어떤 시도도 거부했다. 5천 명을 먹인 사건을 보고 사람들이 그를 왕으로 삼고자 했을 때 그는 조용한 언덕으로 피했다. 어느 유월절에는 그의 가족이 예루살렘으로 가 왕위에 오르라고 도전했지만 그는 응하지 않았다.

그러나 이번에는 다르다. 이번 유월절에 그는 자신을 나타내기 위해 예루살렘에 왔다. 그리고 자신이 스가랴가 예언한 왕임을 예루살렘이 분명히 이해하도록 하려고 병거가 아닌 나귀를 택했다.

"시온의 딸아, 크게 기뻐할지어다.
예루살렘의 딸아, 즐거이 부를지어다.
보라, 네 왕이 네게 임하시나니
그는 공의로우시며 구원을 베푸시며
겸손하여서 나귀를 타시나니
나귀의 작은 것, 곧 나귀 새끼니라"(슥 9:9).

이런 모습을 통해 예수는 종교 지도자들의 행동을 종용한다. 이 일 후 그들은 본격적으로 그리고 공개적으로 예수에 대한 투표를 할 것이다. 이제 더는 비밀 회합은 없다. 이제 더는 숨어서 음모를 꾸미는 일은 없다. 그들이 군중 앞으로 나서야 할 때가 온 것이다. 그들은 예수를 고백하거나 저주해야 할 것이다. 그에게 왕관을 씌우거나 죽여야 할 것이다.

나귀가 힘을 다해 언덕을 오르자 도시의 작은 구석이 눈에 들어온다. 언덕 저편 아래에서 기다리고 있던 사람들에게는 예수가 산 정상에서 솟아난 것처럼 보인다. "저기 오신다!" 누군가가 외친다. 그러자 군중은 예수를 향해 찬양의 소나기를 퍼붓는다.

"찬송하리로다. 주의 이름으로 오시는 왕이여! 하늘에는 평화요 가장 높은 곳에는 영광이로다."

어떤 이들에게는 이 순간이 찬양이 자발적으로 터져나오는 순간이다. 지도자들의 권면이나 의식의 순서를 따른 것이 아니다. 그들의 사랑이 이끈 것이다. 그들의 기쁨이 인도자가 된 것이다. 그러나 어떤 이들에게는 의미심장한 것이 다른 이들에게는 무례한 것이 된다.

바리새인들은 이 뜻하지 않은 감정의 돌풍 앞에 당황한다. 그들은 이 고조된 분위기가 예루살렘의 문들을 휩쓸 때 발생할지도 모를 사태를 염려한다. 이러한 감정의 폭발은 어쩌면 엄숙한 유월절 의식을 방해할지도 모른다. 어쩌면 이 장면에 충격을 받은 순례자들은 그들의 종교적 뿌리가 흔들릴지도 모른다.

그들이 이 종교적 배신자의 위험성에 대해 경고할 때 표면에 떠오른 문제가 이런 것들이다. 그러나 그들이 정말 걱정한 것은 예수가 그들의 동기와 정직성에 문제를 제기함으로써 그들의 이미지가 손상되고, 백성에게 행사하던 그들의 권위가 실추되며, 그들의 직업적 안정을 잃는 것이었다.

이런 이유들로 군중이 느끼는 환희가 바라새인들에게까지 미치지 못한다. 그들의 마음은 기쁨이 아니라 심판으로 채워져 있다. 그리고 마음에 가득한 것이 입으로 나올 수밖에 없기에 그들의 입은 예배가 아닌 책망으로 채워져 있는 것이다.

그들 입장에서 군중이 알고 있는 사실은 잘못된 것이다. 그들의 감정은 오도된 것이고, 그들의 찬양은 실수를 범하는 것이다.

그들이 예수에게 바로잡으라고 강요하는 실수다. 그러나 예수가 바로잡고자 하는 것은 군중이 아니라 신학적으로 머리카락까지도 쪼갤 듯이 머리를 쓰는 바리새인들이다.

이러한 찬양의 격한 흐름에 묻혀 있으면서도 싸늘한 표정으로 서 있는 그들의 마음은 얼마나 강퍅한 것인지. 또 얼마나 비극적인 것인지. 그토록 많은 교육을 받았어도 그들은 아무것도 이해하지 못하고 있다. 그토록 많이 배웠지만 그들의 삶은 너무나 변하지 않는다.

겸손한 나귀 새끼는 이 모든 상황을 전혀 이해하지 못한다. 그가 아는 것은 단지 이제 내리막길로 접어들자 등의 무게가 가벼워져 한결 수월해졌다는 것뿐이다. 그러나 그 수월함은 짧게 끝났다. 곧 굽이진 가파른 오르막길이 시작되었기 때문이다. 마침내 길이 평평해지자 도시 전경이 한눈에 들어왔다.

군데군데 파수대가 서 있는 성벽으로 둘러싸인 도시는 고대의 왕관처럼 시온산을 아름답게 만든다. 도시는 햇빛을 받아 반짝인다. 금과 동이 서로 겹치면서 왕관에 달린 보석의 여러 면처럼 햇빛을 반사한다.

성벽 뒤에는 푸른 동산과 화려한 궁전들이 있다. 돌기둥들이 보초처럼 서 있는 헤롯 궁전도 있고, 군대가 주둔하고 있는 안토니아 요새도 있다. 그리고 예루살렘이라는 왕관의 한가운데 박힌 보석처럼 대칭의 모습을 갖추고 반짝이는 대리석 조각들로 이루어진 성전이 보인다.

언덕을 올라온 모든 유대인의 눈에 이 모습은 숨이 막힐 듯한 장관이다. 그러나 예수에게는 고통의 파노라마다.

그가 운다.

그가 얼마나 오래 울었는지, 얼마나 격렬하게 울었는지 우리는 모른다. 그러나 누가가 사용한 단어는 발작적인 흐느낌을 나타내는 데 사용한 강한 표현이었다. 이 눈물에 대해 누가는 더는 설명을 붙이지 않는다. 그는 담담하게 이 장면을 기록한다. 그러나 거기에는 많은 것이 담겨 있다.

그 안에는 영원히 지속되는 슬픔이 흐르고 있다.

우리는 그 눈물이 솟아나는 깊은 근원에 대해서는 아무것도 알지 못한다. 그의 마음 깊숙이 눈물에 젖어 있는 고통에 대해, 비탄에 대해, 슬픔에 대해 우리는 아무것도 모른다.

어떤 어두운 생각이 예수 안에 소용돌이치면서 이 감정을 분출시킨 것일까? 어떤 으스스한 장면이 그의 감정을 눈물로 농축시킨 것일까? 누가 그것을 분명히 알겠는가? 그리고 누가 그를 비난할 수 있겠는가? 그는 죽음을 향해 가고 있다. 너무나 끔찍하고 수치스러우며 굴욕적인 죽음이다. 그는 그 고통이 참기 어려운 것임을 알고 있다.

그는 사람들이 길에 깔았던 영예의 겉옷이 불명예의 겉옷이 될 것을 안다. 성문 밖에서의 축복이 그 안에서의 저주가 될 것을 안다. 찬양을 드리려고 들어 올렸던 손이 그를 치는 주먹이 될 것을 안다. 경건하게 사용된 화환이 조롱하는 갈대 홀이 될 것을 안다.

그러나 이 모든 것을 알고 있음에도 예수는 자신을 위해 울지 않았다. 예루살렘을 위해 울었다.

"너도 오늘 평화에 관한 일을 알았더라면 좋을 뻔하였거니와 지금 네 눈에 숨겨졌도다. 날이 이를지라. 네 원수들이 토둔을 쌓고 너를 둘러 사면으로 가두고 또 너와 및 그 가운데 있는 네 자식들을 땅에 메어치며 돌 하나도 돌 위에 남기지 아니하리니 이는 네가 보살핌 받는 날을 알지 못함을 인함이니라."

연민의 눈물 사이로 예수는 예루살렘의 장래를 본다. 그는 이 도시를 둘러쌀 엄청난 수의 군대를 본다. 그들의 칼이 뽑힌 것을, 성벽을 부수는 해머와 성벽을 향해 쏘아 올릴 돌덩어리들이 담긴 쇠뇌가 준비된 것을 본다.

그는 피 흘리는 사람들을 본다. 고통으로 부르짖는 소리를 듣는다. 살아남은 자들의 손목을 파고들 쇠고랑의 아픔을 느낀다.

유대인 역사가 요세푸스에 의하면 디도는 주후 70년 예루살렘이 유월절 방문객들로 가득 찼을 때 이 도시를 포위했다. 로마 군대는 이 도시를 둘러싸고 한 사람도 성안으로 들어가거나 성 밖으로 나오지 못하게 했다. 식량 공급이 끊기자 많은 유대인은 자신들의 허리에 맸던 가죽띠와 신었던 가죽 샌들을 먹었다. 많은 사람이 굶어 죽었다. 8월이 되자 그들은 도시 안으로 뚫고 들어가 성전을 허물었다. 칼을 피한 자들은 더 높은 지대로 달아났다. 하지만 9월에 그들마저 패했고 도시는 완전히 파괴되고 말았다. 백만 명이 넘는 유대인이 죽었다. 그리고 살아남은 자들은 노예가 되었다.

그날 예루살렘을 향해 내리막길을 타박타박 걷는 작은 나귀 새끼의 낮은 등 위에서 예수는 얼마나 먼 미래를 본 것일까? 40년 후의 일을? 아니면 더 먼 미래까지 본 것일까?

성경에는 구세주의 눈물에 대한 기록이 별로 없다. 그나마도 지나가는 식으로 기록한 것뿐이다. 그는 죽은 친구를 위해 울었다. 그리고 죽은 도시를 위해 울었다.

그는 그 두 무덤 앞에서 불렀다. 나사로는 앞으로 나왔다. 그러나 예루살렘은 그렇게 하지 않았다. 그리고 바로 이 때문에 세상의 고통을 기록하는 무덤들이 계속되고 있는 것이다.

기
도

주 예수님,

　당신이 예루살렘을 향해 지고 가신 그 무게를 이해하기 원합니다. 당신은 성전의 벽돌을 뛰어넘어 얼마나 많은 파괴의 장면을 보셨는지요? 얼마나 많은 나라가 보습을 쳐서 칼을 만들고 낫을 쳐서 창을 만드는 것을 보셨는지요? 얼마나 많은 스탈린과 히틀러가 정치적 지평 위로 어둡게 몰려드는 것을 보셨는지요?

　나라와 나라 사이에 평화가 없어 일어난 대량 학살을 얼마나 많이 보셨는지요? 이웃 사이에 평화가 없어 발생한 살인 행위를 얼마나 많이 보셨는지요? 자기 마음속에 평화가 없어 일어난 자살을 얼마나 많이 보셨는지요?

　얼마나 많은 인종 간의 증오심을 당신은 그 눈물 젖은 눈으로 보셨는지요? 종교의 이름 아래 자행된 싸움 또한 얼마나 많이 보셨는지요? 얼마나 많은 불의를 보셨는지요?

　주님, 이 모든 것을 얼마나 많이 보셨는지요? 얼마나 많이 아프셨는지요? 그리고 당신은 얼마나 많은 눈물을 흘리셨는지요?

　저를 도우셔서 때로 제가 눈먼 애국심의 열정에 휩싸일 때 당신은 온 세상을 향한 아버지의 사랑 때문에 오셨다는 것을 보게 해주십시오. 온 세상을 보게 해주십시오. 당신의 눈물은 단지 예루살렘을 위한 것일 뿐 아니라 로마도 위한 것임을. 게티스버그뿐 아니라 애틀랜타도 위한 것임을. 트레블링카뿐 아니라 히로시마도 위한 것임을.

　저는 당신의 아버지가 그토록 가슴에 꼭 안고 기르시는 세계를 위해 기도합니다. 쪼개져 나가기 직전의 세계입니다. 전쟁으로 찢기고 피곤해진 세계입니다. 당신이 제공하신 평화를 너무도 모르는 세계입니다.

주님, 제가 평화를 알게 해주십시오. 특별히 고통 가운데 있을 때 더 깊이 깨닫게 해주십시오. 제가 사랑의 어두운 비밀을 이해하도록, 오직 고통만이 드러낼 수 있는 그 비밀을 이해하도록 도와주십시오. 제가 참으로 오래 그리고 깊이 사랑한다면 결국 제 가슴은 찢어지고 말 것이라는 그 비밀을.

당신의 가슴이 찢어지신 것처럼 그렇게 된다는 것을.

이사야는 당신이 우리 가운데 찢어진 가슴을 안고 사실 것을, 슬픔의 사람, 질고를 아는 사람이 되실 것을 예언했습니다.

저를 도우셔서 이사야의 예언이 성취된 것처럼 오직 고난을 통해서만 이루어질 수 있는 일들이 있음을 깨닫게 해주십시오. 우리의 성품이 그중 하나인 것을 저는 압니다. 그리고 연민의 마음도 그중 하나임을 압니다. 또 다른 것은 무엇입니까? 주님, 제게 그것을 보여주셔서 제가 고난을 잘 이겨나가게 해주십시오.

저를 도우셔서 눈물의 성례를 통해서만 당신과 나눌 수 있는 영적 교제가 있다는 것을 이해하게 해주십시오. 그리고 그 성례에 필요한 모든 요소는 부서지는 삶의 경험에서만 나온다는 것을 이해하게 해주십시오.

이 시간 이 진리를 이해하기 위해 무릎을 꿇고 간구합니다. 저를 더 가까이 끌어주시고, 더 꼭 안아주시며, 제게 평화를 주옵소서.

성전 뜰에서
깨닫는
순___간

그들이 예루살렘에 들어가니라. 예수께서 성전에 들어가사 성전 안에서 매매하는 자들을 내쫓으시며 돈 바꾸는 자들의 상과 비둘기 파는 자들의 의자를 둘러엎으시며 아무나 물건을 가지고 성전 안으로 지나다님을 허락하지 아니하시고 이에 가르쳐 이르시되 "기록된 바 내 집은 만민이 기도하는 집이라 칭함을 받으리라고 하지 아니하였느냐? 너희는 강도의 소굴을 만들었도다" 하시매 대제사장들과 서기관들이 듣고 예수를 어떻게 죽일까 하고 꾀하니 이는 무리가 다 그의 교훈을 놀랍게 여기므로 그를 두려워함일러라.

_ 마가복음 11:15-18

예수는 그의 사역을 시작한 것과 같은 방법으로 사역을 끝냈다. 성전을 깨끗하게 한 것이다. 그는 3년 반 전에 했던 것처럼 물건을 매매하는 상들을 발로 걷어찼다. 돈 바꾸는 자들을 쫓아냈다.

3년 반 동안 반대를 받으면서도 그는 바뀌지 않았다. 그때 그를 화나게 한 것은 지금도 그를 화나게 한다. 반대에 부딪힐 때 가장 큰 유혹은 무엇인가? 타협이다. 밖에서 가해지는 압력 때문에 안에 있는 신념이 바뀌도록 허락하는 것이다.

그러나 어제나 오늘이나 영원토록 동일하신 그는 외부의 상황이 자신의 성품이나 신념을 바꾸도록 허락하지 않았다. 종교 집단이 그에게 가하는 압력에도 불구하고 그는 자신의 메시지나 방법을 바꾸지 않았다.

그의 삶의 키는 사역을 처음 출항하게 하신 아버지께서 정해주신 방향으로 계속 가도록 고정되어 있다. 바람이 아무리 거셀지라도 예수는 폭풍 속으로 전속력을 내어 배를 몰고가는 것을 두려워하지 않는다. 그 폭풍은 예수가 피할 수도 있는 것이다. 그가 잠잠하기만 하면 된다. 다른 쪽을 보고 있으면 된다. 자신이 맡은 사업에만 신경 쓰면 된다.

그러나 바로 그가 맡은 사업 때문에 그는 잠잠히 있을 수도, 다른 쪽을 볼 수도 없다. 그의 사업은 아버지의 뜻을 행하는 것이다. 그리고 아버지의 뜻은 유대인뿐 아니라 모든 사람이 당신과 인격적인 관계를 맺는 것이다. 성전 안에는 모든 종족의 사람들이 하나님이 이스라엘과 맺으신 언약의 축복 속으로 들어올 수 있도록 한 장소가 마련되어 있다. 바로 성전 바깥뜰이다.

그러나 예수가 그 뜰에 들어갔을 때 그곳에서 벌어지고 있는 일은 이방인들을 향해 하나님의 사랑의 손길을 펼치는 것이 아니었다. 거기서 벌어지고 있는 일은 매매하고 돈을 바꾸며, 절기를 이용해 최대한 돈을 버는 것뿐이었다.

예수는 이 모습을 보자 가구를 재배치함으로 자기 아버지의 집을 질서 있게 정리하기 시작한다. 어떤 의자들은 밖으로 내가고, 상 몇 개는 치운다. 어질러져 있는 것들은 빗자루로 쓸어버린다. 그리고 아버지의 사업이 어떤 것인지를 잊은 듯한 종업원들에게 일깨워준다.

"기록된 바 내 집은 만민이 기도하는 집이라 칭함을 받으리라고 하지 아니하였느냐?"

지금 그의 모습은 나귀 새끼를 타고 예루살렘에 입성할 때의 모습과 얼마나 다른지. 그때 그는 얼마나 부드럽게 말을 했던가? 그런데 지금은 얼마나 거침없이 말하고 있는지. 그는 양의 온순함을 가지고 이 도시에 입성했다. 그는 사자의 사나움을 가지고 성전에 들어온다. 이빨을 드러내고 발톱을 곤두세우고 으르렁거리며 책망한다.

"너희는 강도의 소굴을 만들었도다."

만약 산헤드린 회원 중 누군가가 예수를 제지해야 할 필요성에 대해 더 확신이 필요했다면 이 사건이야말로 그 확신을 주는 것이었다. 그들은 이제 누군가가 제지할 때까지 예수가 멈추지 않을 것을 알게 되었다.

그들은 자신들의 계획을 살인으로 생각하지 않았다. 그들은 그것을 양 떼를 보호하기 위해 이리를 죽이는 것으로, 포도원을 보호하기 위해 여우를 없애는 것으로 보았다. 살인보다는 거부감이 덜 드는 표현을 사용한 것이다. 더러운 일을 그 위에 붙이는 라벨로 위생 처리하는 것이다. 이렇게 하는 것이 그들의 의무다. 그들의 신성한 의무다.

사람이 종교적인 신념으로 행할 때만큼 철저히 열심을 다해 악을 행하는 때가 없다고 누군가가 말했다. 예수를 죽이려고 음모를 꾸몄던 사람들에게 이 말은 너무나 잘 들어맞는다.

예수가 태어나기 두 세기 전 플라톤은 이렇게 썼다. "만일 누군가가 사람들 앞에 온전히 의로운 자로 나타난다면 그는 결박당하고 채찍질

당하고 고문당하고 마침내 모든 악한 행동을 겪은 후 찔려 죽게 될 것이다."

그의 말은 그대로 이루어졌다.

그러나 반드시 그래야 했던 것은 아니었다. 만일 예수가 조금만 양보했다면 그는 성전 뜰에서 노점 한 자리쯤 차지할 수 있었을 것이다. 만일 조금만 협조적이었다면 그는 산헤드린 회원이 될 수도 있었을 것이다. 만일 체제에 정면충돌하지 않고 적당히 타협했더라면, 그는 랍비 힐렐(Hillel)이나 샤마이(Shammai)처럼 충성스러운 지지 기반을 닦을 수 있었을 것이다. 그는 유명해질 수도 있었고 돈도 만질 수 있었을 것이다.

그러나 예수는 자신을 위한 사업에 뛰어든 것이 아니다. 그가 뛰어든 것은 아버지의 사업이다. 그러므로 다른 모든 것은 그에게 절대 관심사가 될 수 없었다. 그러므로 그는 자기 아버지와 그토록 좋은 동업자가 되었다. 그러므로 아버지가 그를 그토록 철저하게 신뢰할 수 있었다. 그는 결코 자신을 위한 사업을 하지 않았다.

기도

주님,

나이가 들어가니 한때 저를 그토록 괴롭혔던 일들 때문에 이제 더는 괴롭지 않습니다. 한때 강하게 믿었던 것을 저는 이제 그렇게 강하게 붙들지 않습니다. 왜 그럴까요?

주님, 제 마음 한구석에서는 어느 정도 거리를 두는 이러한 모습을 성숙의 과정이라고 느낍니다. 하지만 또 다른 구석에서는 죄책감이 싹트는 것을 느낍니다. 아무도 모르게 타협하고 있는 것에 대한 죄책감입니다. 옳은 일을 위해 일어서지 않기로 한 것입니다. 그릇된 것에 대해 말하지 않기로 한 것입니다. 다른 쪽을 보기로 한 것입니다. 반대하는 대신 눈썹만 치켜뜨기로 한 것입니다. 더 쉬운 길, 더 안전한 길, 직업적으로 더 편리한 길을 택하기로 한 것입니다.

주님, 자세를 가다듬는 것은 너무나 힘이 듭니다. 나이가 들수록 더 쉽게 피곤함을 느낍니다. 저도 이런 모습이 싫습니다. 이러고 싶지 않습니다. 모든 일에 좀 더 열정을 가지고 싶습니다. 저도 성전 뜰에서 있었던 일처럼 당신을 화나게 하는 일에 화가 날 수 있기를 바랍니다. 하지만 저는 작은 일에, 조그마한 불편에, 하찮은 차이에, 일상적인 일에 화를 내고 있는 자신을 봅니다.

주님, 저는 때때로 너무나 하찮은 일들에 지나치게 감정적으로 반응하며 살고 있습니다. 특히 혈압이 올라갈 일들에 대해 더욱 그렇습니다. 자명종이 꺼지지 않고 계속 울릴 때, 음식이 제대로 만들어지지 않을 때, 열쇠를 찾을 수 없을 때, 얼룩이 질 때, 무엇인가가 샐 때 또는 무엇인가를 흘렸을 때 그렇습니다.

제 작은 집에서 벌어지는 그런 하찮은 일들 때문에 저는 당신의 집에서 벌어지는 중요한 일을 보지 못하고 있습니다. 주님, 저를 용서해 주십시오.

헌금함 앞에서
깨닫는
순___간

예수께서 헌금함을 대하여 앉으사 무리가 어떻게 헌금함에 돈 넣는가를 보실새 여러 부자는 많이 넣는데 한 가난한 과부는 와서 두 렙돈 곧 한 고드란트를 넣는지라.

예수께서 제자들을 불러다가 이르시되 "내가 진실로 너희에게 이르노니 이 가난한 과부는 헌금함에 넣는 모든 사람보다 많이 넣었도다. 그들은 다 그 풍족한 중에서 넣었거니와 이 과부는 그 가난한 중에서 자기의 모든 소유 곧 생활비 전부를 넣었느니라" 하시니라.

_ 마가복음 12:41-44

묵상

유월절 전의 한 주간은 하루하루가 슬픔의 심포니를 담은 악보에서 떨어지는 페이지 조각 같았다.

일요일. 슬픔의 주제가 표면으로 부상한다. 군중이 호산나를 외치는 동안 그리스도는 깨어진 가슴을 안고 울며 나귀를 타고 가셨다.

월요일. 아침부터 불협화음이 들린다. 예수가 열매 없는 무화과나무를 저주하는 소리다. 열매 없는 이스라엘에 닥칠 심판을 상징적으로 보여주는 것이다. 오후에는 큰 나팔 소리가 들린다. 예수는 성전을 깨끗하게 함으로 종교적 체제가 가할 심판을 자초했다.

화요일. 사람들의 질문은 연속해서 울리는 드럼 소리를 낸다. 첫 음은 대제사장들과 서기관들, 장로들이 낸 것이다. "무슨 권위로 이런 일을 하느냐?" 다음에는 바리새인들과 헤롯 당원들의 질문이다. "가이사에게 세금을 바치는 것이 옳으니이까, 옳지 않으니이까?" 그리고 마지막으로 사두개인들이 소리를 낸다. "부활 때 곧 그들이 살아날 때에 그중의 누구의 아내가 되리이까?"

이 질문 후 예수의 어조는 심문하는 투에서 고발하는 투로 바뀐다. 그다음에 나오는 말들은 심벌즈처럼 쨍하고 모든 사람의 귀에 심판의 소리를 울린다.

"화 있을진저, 외식하는 서기관들과 바리새인들이여! 너희는 천국 문을 사람들 앞에서 닫고 너희도 들어가지 않고 들어가려 하는 자도 들어가지 못하게 하는도다…맹인 된 인도자여! 하루살이는 걸러내고 낙타는 삼키는도다…외식하는 서기관들과 바리새인들이여! 회칠한 무덤 같으니 겉으로는 아름답게 보이나 그 안에는 죽은 사람의 뼈와 모든 더러운 것이 가득하도다. 이와 같이 너희도 겉으로는 사람에게 옳게 보이되 안으로는 외식과 불법이 가득하도다…뱀들아, 독사의 새끼들아!"(마 23:13-24, 27-28, 33).

예수는 한숨을 쉰다. 다시 어조가 바뀌어 이번에는 고발이 아니라 애가가 된다.

"예루살렘아, 예루살렘아! 선지자들을 죽이고 네게 파송된 자들을 돌로 치는 자여! 암탉이 그 새끼를 날개 아래에 모음 같이 내가 네 자녀를 모으려 한 일이 몇 번이더냐? 그러나 너희가 원하지 아니하였도다. 보라. 너희 집이 황폐하여 버려진 바 되리라. 내가 너희에게 이르노니 이제부터 너희는 찬송하리로다. 주의 이름으로 오시는 이여 할 때까지 나를 보지 못하리라"(마 23:37-39).

바로 그 음에서 그의 공적 사역은 끝났다. 그리고 그 후에는 침묵이 흐른다. 쉼표가 된 것이다.

구세주도 쉼이 필요하시다는 것은 이해할 만하다. 그는 신체적, 정신적, 정서적으로 탈진했다. 그는 유월절 군중 틈에 휩쓸렸다가 성전 헌금함 맞은편에 있는 조용한 벤치를 발견한다. 누구도 그에게 시선을 주지 않는다. 그 대신 그들의 눈은 사람들이 헌금을 내기 위해 줄 서 있는 열두 나팔 모양의 헌금함으로 쏠린다.

그 가운데 한 과부가 서 있다.

고대 유대인 사회에는 과부들에게 주어지는 자리가 있었다. 그러나 그 자리는 제사장들의 자리처럼 중요하지 않다. 상인들의 자리처럼 영향력이 있는 것도 아니다. 고아와 나그네도 그 자리에 속한다. 누군가를 의존해야 하는 자리다. 당신은 언젠가 새벽에 과수원에서 무화과 몇 개를 따기 위해 서 있는 그녀를 보았을 것이다. 또는 해질녘 밀려오는 그림자에 섞여 밀밭 귀퉁이에서 추수 때 떨어진 이삭을 줍고 있는 그녀를 보았을 것이다.

추수가 끝난 후 당신은 또 다른 곳에서 그녀를 보았을 것이다. 청소하는 사람이 필요한 곳이나 절기 음식을 장만해야 하는 곳, 또는 결혼식을 위해 바느질하는 사람이 필요한 곳에서다. 그녀가 여기저기에서 이렇게 일을 하기는 하지만 그것으로 생계를 해결하지 못한다. 겨우 지탱만 할 뿐이다. 그녀는 이렇게 살아왔다. 하루하루 산다. 한 끼 한 끼 해결한다. 그때마다 기도하면서.

지금 그녀는 조금 남은 수입을 손바닥에 꼭 쥐고 헌금함 앞에 줄을 서 있다. 동전 두 닢이다. 성전에서 받아주는 가장 작은 액수의 헌금이다. 그녀는 말없이 자기 차례가 오기를 기다리며 거기에 그렇게 서 있는 것이다.

줄에 서 있는 그 누구도 그녀에게 관심을 두지 않는다. 어쩌면 그들은 과부가 자신들을 쳐다보는 것조차 원하지 않을 것이다. 미천한 과부의 관심 대상이 된다는 것 자체가 불쾌한 일이기 때문이다. 어쩌면 그들은 마음이 분주했는지도 모른다. 유월절에 필요한 것을 준비하기 위해. 외부에서 찾아오는 손님들을 생각하며. 절기를 지키려는 사람들로 길이 막히기 때문에 시간이 더 걸릴 것을 계산하면서.

어떤 이유에서건 사람들은 그녀를 보지 않는다.

주님 외에는. 그는 그녀가 거기에 서 있는 것을 본다. 여러 해 바느질감을 들여다보느라 주름진 얼굴과 한때는 괜찮았던 시절이 있었음을 알려주는 꿰맨 옷을. 그는 제자들에게 손짓해 모두 그녀를 보게 한다.

그녀가 손에 쥐고 있는 동전은 너무 작고 얇아 헌금함에 넣을 때 소리도 잘 들리지 않는다. 그 들리지 않는 소리가 하늘에서는 아름다운 선율로 울려 퍼진다. 그러나 지상에서는 그 소리가 너무도 가냘프다. 제자의 귀에도 마찬가지다. 과거에 그들은 한 번도 이런 소리를 듣지 못했다. 그렇지만 오늘 예수가 그 소리를 분명히 듣게 해준다. "내가 진실로 너희에게 이르노니 이 가난한 과부는 헌금함에 넣는 모든 사람보다 많이 넣었도다. 그들은 다 그 풍족한 중에서 넣었거니 와 이 과부는 그 가난한 중에서 자기의 모든 소유 곧 생활비 전부를 넣었느니라."

이 장면을 잠시 주의해보면 참으로 놀랍다. 예수가 멈춰 섰다는 것. 그가 주목했다는 것. 그가 아주 작은 몸짓 하나에도 그토록 기쁨을 느꼈다는 것. 이것은 마치 가장 위대한 작곡가가 자신이 작곡한 가장 위대한 교향곡의 절정 직전에 멈추는 것과 같다. 오케스트라를 잠시 멈추게 하고 손을 귀에 모아 청중 맨 뒤에 앉은 아이의 콧노래를 듣는다. 그리고 박수를 보낸다.

이 음이 예수에게는 얼마나 아름답게 들렸는지 모른다. 음악은 이런 것이어야 한다. 그가 듣고 싶었던 음악이 바로 이런 것이다. 그러나 그것을 들었던 적은 별로 없다. 자기 하인을 고쳐달라고 예수께 간청했던 백부장이 그런 음을 냈다.

"주여, 내 집에 들어오심을 나는 감당하지 못하겠사오니 다만 말씀으로만 하옵소서. 그러면 내 하인이 낫겠사옵나이다. 나도 남의 수하에 있는 사람이요 내 아래도 군사가 있으니 이더러 가라 하면 가고 저더러 오라 하면 오고 내 종더러 이것을 하라 하면 하나이다"(마 8:8-9). 예수는 이 말을 듣고 놀라면서 자기를 따르는 자들에게 이렇게 말씀하셨다. "내가 진실로 너희에게 이르노니 이스라엘 중 아무에게서도 이만한 믿음을 보지 못하였노라"(마 8:10)

이런 음들은 예수를 멈춰 세운다. 그는 이런 음들에 주의를 기울일 뿐 아니라 박수까지 친다. 이것이 그날 성전 헌금함에서 있었던 일이다. 그러나 이 아름다운 음이 위선자들의 귀에 거슬리는 음이나 예루살렘을 향한 슬픈 음, 또는 장차 일어날 전쟁과 난리 소문에 대한 엄숙한 음과 더불어 나란히 나타난다는 것이 얼마나 부조화인지. 마치 장례식에 앉아 바로 앞에 앉은 아이가 부르는 콧노래를 듣는 것과 같다. 슬픈 것은 사실이지만 어떻게 미소 짓지 않을 수 있겠는가? 그 음이 구세주의 귀에 얼마나 큰 기쁨을 가져다주었는지. 슬픔의 긴 곡조에서 잠시 해방되는 순간이다.

당신은 주님이 들으신 그 음을 들을 수 있는가? 당신은 그분 마음에 울려 퍼진 그 음의 청아함을 모두 들을 수 있는가?

과부는 그렇게 하지 말아야 할 모든 이유에도 불구하고 자신이 가진 모든 것을 드렸다. 이때는 유월절이었고, 따라서 헌금이 가장 많이 들어오는 시기였기 때문에 그녀의 헌금이 무슨 도움이 되겠는가 하고 생각할 수도 있는 상황이었기 때문이다. 예수 자신도 지적했듯이 부패하고 위선적인 종교 지도자들을 위해 누가 힘들게 번 돈을 내어놓겠는가? 또 성전 뜰에서는 환차익을 챙기는 판이므로 성전에서 사용되는 동전의 환율이 떨어질 때까지 기다리는 편이 낫지 않을까? 그렇게 하는 것이 청지기직을 감당하는 입장에서도 낫지 않을까? 또 이토록 화려한 건물의 외형을 볼 때 그녀의 돈이 바르게 쓰이리라고 어떻게 확신할 수 있겠는가? 마지막으로, 그러나 가장 중요한 이유는 그녀야말로 누구보다도 그 돈이 필요한 사람이라는 것이다. 적어도 성전보다는 그녀가 그 돈을 더 필요로 하는 것이 사실이다. 그녀는 자신을 돌보아줄 친척도 없고 의지할 재산도 없다. 그 돈이 그녀가 가진 전부다. 그녀가 그것을 간직한다고 해서 그녀를 비난할 사람이 누가 있겠는가?

그러나 그녀는 그렇게 하지 않았다. 그것을 전부 드렸다. 가지고 있는 모든 것을 드린 것이다. 그녀는 보상을 기대하지 않았다. 그것이 어떻게 쓰여야 한다고 간섭하지도 않았다. 누군가의 감사는 고사하고 주의를 끌고자 하는 생각도 전혀 없었다.

그녀의 헌금은 어쩌면 사역에는 큰 의미가 없었을지도 모른다. 그러나 하나님께는 큰 의미가 있다. 그것은 그 작은 동전이 하나님의 일을 지원하고자 하는 그녀의 신실함뿐 아니라 하나님이 그녀를 지원해주실 것을 믿는 그녀의 믿음을 보여주는 것이기 때문이다. 하루하루 사는 믿음, 한 끼 한 끼 해결하는 믿음 그리고 그때마다 기도하는 믿음을.

이 일의 의미가 바로 여기에 있다.

그리고 바로 그 이유 때문에 구세주가 가장 값비싼 제물인 자신을 바치러 가는 길에 한 푼보다도 더 가치가 작은 그 헌금을 칭찬하시려고 멈추어 서신 것이다.

기도

주님,

당신이 지니셨던 영혼의 고요함을 제게 주셔서 가장 시끄러운 시간에도 당신의 귀에 기쁨을 가져다준 그 음을 저도 듣게 해주십시오.

그 가난한 과부의 헌금으로 인해 감사드립니다. 그리고 그것을 지켜보아 주셔서 감사드립니다.

당신이 주의를 기울이셔서 그녀의 헌신을 고귀한 것으로 평가해주신 것에 감사드립니다. 당신이 보시기에도, 또 제자들이 보기에도 영예스러운 자리를 그녀에게 주셔서 감사드립니다. 또한 당신의 말씀을 읽고 그녀가 거기에 그토록 조용하게, 그토록 참을성 있게 서 있는 것을 깨닫게 된 세상 모든 사람이 보기에도 영예스러운 그 자리를.

오, 주님, 저를 도와주셔서 그녀가 주는 교훈을 배우게 해주십시오. 그래서 아무리 제가 가진 돈이 적어도, 또 그 돈이 제 손에 없어 앞날이 불확실해 보인다 해도 믿음으로 주님께 드리도록 그리고 저의 앞날을 주님께 온전히 맡길 수 있도록.

유다와 함께하는 친밀한 순___간

"내가 너희 모두를 가리켜 말하는 것이 아니니라 나는 내가 택한 자들이 누구인지 앎이라. 그러나 내 떡을 먹는 자가 내게 발꿈치를 들었다 한 성경을 응하게 하려는 것이니라. 지금부터 일이 일어나기 전에 미리 너희에게 일러둠은 일이 일어날 때에 내가 그인 줄 너희가 믿게 하려 함이로라. 내가 진실로 진실로 너희에게 이르노니 내가 보낸 자를 영접하는 자는 나를 영접하는 것이요 나를 영접하는 자는 나를 보내신 이를 영접하는 것이니라."

예수께서 이 말씀을 하시고 심령이 괴로워 증언하여 이르시되 "내가 진실로 진실로 너희에게 이르노니 너희 중 하나가 나를 팔리라" 하시니 제자들이 서로 보며 누구에 대하여 말씀하시는지 의심하더라.

예수의 제자 중 하나 곧 그가 사랑하시는 자가 예수의 품에 의지하여 누웠는지라. 시몬 베드로가 머릿짓을 하여 말하되 "말씀하신 자가 누구인지 말하라" 하니 그가 예수의 가슴에 그대로 의지하여 말하되 "주여 누구니이까?"

예수께서 대답하시되 "내가 떡 한 조각을 적셔다 주는 자가 그니라" 하시고 곧 한 조각을 적셔서 가룟 시몬의 아들 유다에게 주시니 조각을 받은 후 곧 사탄이 그 속에 들어간지라. 이에 예수께서 유다에게 이르시되 "네가 하는 일을 속히 하라" 하시니 이 말씀을 무슨 뜻으로 하셨는지 그 앉은 자 중에 아는 자가 없고 어

> 떤 이들은 유다가 돈궤를 맡았으므로 명절에 우리가 쓸 물건을
> 사라 하시는지 혹은 가난한 자들에게 무엇을 주라 하시는 줄로
> 생각하더라. 유다가 그 조각을 받고 곧 나가니 밤이러라.
>
> _ 요한복음 13:18-30

가룟 유다. 단지 그의 이름을 입에 올리기만 해도 씁쓸한 뒷맛이 남는다. 그 이름이 가장 심한 배신과 동의어이기 때문이다. 친구를 팔아넘긴 배신.

그는 3년 반 동안 예수를 따라다닌 열두 제자 중 하나로 선택되었다. 그러나 그가 들은 모든 것, 그가 본 모든 것, 심지어는 그가 좇은 사람이 예수였음에도 불구하고 유다는 천국의 문턱까지만 따라갔다. 그 이상 가지 않았다. 그는 믿음으로 그 안에 발을 들여놓을 수 없었다.

이 얼마나 큰 비극인가? 발로는 예수를 그렇게 가깝게 따라다녔지만 가슴으로는 그토록 멀리 뒤처져 있었다니?

상상하기 어려운 일이다. 그러나 유다를 알면 이 모든 것이 이해가 된다.

유다는 실제적인 사람이었다.

그는 제자 중 사업적인 두뇌가 가장 뛰어난 사람이었다. 예산 감각이 탁월하고 실용적이며 공리적인 사람이었다. 그래서 사역에 필요한 돈주머니를 그가 맡았던 것이다. 마리아가 값비싼 향유를 주님께 부었

을 때 그가 그녀의 사치스러움을 책망했던 것도 이러한 이유에서다. 물론 겉으로는 가난한 자들을 위한다는 명분을 내세웠다. 그러나 사실은 그 자신 때문이었다. 그는 자신이 맡은 돈주머니에서 슬쩍슬쩍 돈을 훔쳐왔기 때문에 그의 눈에는 자기 돈이 낭비되는 것으로 보인 것이다.

예수에 대한 인기가 사그라지고 오히려 반감이 퍼지기 시작하자 유다는 장래를 염두에 두고 자신을 보호하기 위한 조치를 취하기 시작했다. 여기저기서 조금씩 돈을 떼기 시작했다. 만일의 경우를 대비해서 말이다. 유다는 실제적인 사람이었다.

더 곤란한 것은 예수가 종교적으로 높은 지위에 있는 사람들, 영향력 있는 사람들, 세력을 가진 사람들을 향해 비난의 화살을 쏘기 시작한 것이다. 지금껏 예루살렘에서 그러한 행동을 한 사람은 아무도 없었다.

권세가들 사이에서 이 거침없는 젊은 설교가에 대한 증오가 끓어올랐다. 질투와 망상증이 결합한 감정에 자극되어 그들은 음모를 꾸미기 시작했고 곧 구체화하였다. 예수는 죽어야 한다. 유다가 이 음모의 낌새를 눈치챈 순간 그의 계산적인 두뇌는 결국 마지막에 닥칠 일이 무엇인지를 금방 파악해낸다. 만일 그들이 예수를 죽인다면 그다음에는 열두 제자 차례가 될 것이다.

그는 충성의 대상을 바꾸는 것을 배신으로 보지 않았다. 만일 예수가 스스로 무덤을 판다면 자신은 단지 그 일을 도와 한 삽 떠주는 것뿐이다. 이것이 전부다. 유다는 이렇게 생각했다. 그가 하려는 일은 어차피 당할 일을 좀 더 앞당기고 자신을 위해 앞날을 계획하는 실제적인 행동인 것이다. 침몰해가는 배에서 뛰어내리는 것이 수치스러운 일인가? 그러면 은 30냥은 어떻게 되는 것인가? 글쎄, 그것은 구명대 같은 것이라고 볼 수 있지 않을까? 그가 종교적으로 높은 지위에 있는 사람들 틈에서 편안하게 몸을 말릴 수 있는 장소를 찾을 때까지 잠시 그가 물 위에 떠 있도록 돕는 구명대 말이다.

유다는 그들 일행이 예루살렘에 입성할 때 마음속에 이러한 생각을 숨겨두었다. 그는 다른 제자들에게 자신의 참 모습을 감출 수 있었다. 오늘 밤까지는 그랬다. 그러나 그 가면은 곧 벗겨지게 된다. 제자들이 유월절 만찬을 준비할 때 예루살렘은 절기를 지키고자 이 거룩한 도시를 찾은 순례객들로 북적이고 있다. 이 시기는 유대인들에게는 신성한 기간이다. 이 기간은 4백 년에 걸친 애굽의 노예 생활에서 민족이 해방된 일을 되돌아보는 때다. 이 기간은 또한 장차 메시아가 오셔서 유례가 없던 복된 시대를 여실 것을 대망하는 때다.

이 유월절에 예수와 열두 제자는 복잡한 도시의 분위기에서 물러나 다락방에 모인다. 오늘 밤 밀려드는 군중과 내일 맞이할 사나운 폭풍에서 벗어난 한적한 시간이다.

예수는 영혼 깊숙이 그 폭풍을 예감하는 매서운 바람을 느낀다. 그는 배신과 버려짐, 부인당함이 몰고 올 한기를 느낀다.

예수와 제자들은 절기를 축하하기 위해 낮은 식탁에 둘러앉는다. 요한은 예수의 오른편에 기대앉는다. 유다는 영예로운 자리인 왼편에 기대앉는다. 그들은 깔개가 깔린 바닥에 왼팔로 몸을 받치고 비스듬히 누워 오른손으로 음식을 먹는다.

그들이 먹는 각 음식은 이 민족의 첫 번째 유월절을 반복하는 설교와 같다. 한 그릇의 쓴 나물, 식초 그리고 소금은 노예 생활의 비참함을 상기시킨다. 누룩을 넣지 않은 납작한 빵은 급하게 애굽을 빠져나온 것을 상기시킨다. 그리고 마지막으로 해방의 상징인 구운 양고기가 있다.

그 첫 번째 유월절에 바로의 완고한 주먹을 마침내 펴게 한 것은 최후의 그리고 가장 극적인 재앙으로, 죽음의 사자가 애굽의 모든 장자를 치기 위해 온 것이다. 하나님은 유대인들을 그 재앙에서 보호하시려고 양을 잡아 그 피를 그들 집의 좌우 인방과 문설주에 바르라고 지시하셨다. 죽음의 사자는 이 믿음의 증거를 보고 그 집을 건너 그다음 집으로 옮겨갔다.

오늘 밤 하늘은 또 다른 유월절 양을 준비할 것이다. 흠 없고 점 없는 무죄한 양, 도살장으로 끌려가는 양, 털 깎는 자 앞에서 잠잠한 양, 우리 죄로 찔리고 상하게 될 양이다.

그의 피는 성 밖에서 십자로 엮은 나무 위에 뿌려질 것이다. 그리고 예루살렘에 있는 모든 사람은 세상 죄를 지고 가는 하나님의 어린양을 보게 될 것이다.

다락방을 비추는 몇 개의 기름 등불은 벽 위에 그림자의 화랑을 만든다. 사탄도 그 틈에 끼어 흡족한 마음으로 지켜보며 그 그림자에서 튀어나가기에 좋은 기회를 기다리고 있다.

조금 전 예수는 이 방에서 제자들의 발을 씻기며 섬김에 대한 마지막 가르침을 주었다. 그중 두 발은 유다의 것이었다. 그의 발뒤꿈치는 너무나 단단했다. 그러나 물은 참으로 따뜻했고, 수건은 참으로 부드러웠으며, 발을 씻기는 손은 참으로 섬세했다. 유다는 이 모든 것으로 인해 마음이 괴로웠을 것이다. 그리고 예수께는 가슴이 찢어지는 듯한 아픔이었을 것이다.

식탁에 앉은 예수의 이마에는 주름이 잡히고, 얼굴은 굳어졌으며, 눈에는 긴장감이 서려 있다. 그가 제자들에게 하고 싶은 말은 너무 많지만 시간이 너무 적다. 그가 "내 떡을 먹는 자가 내게 발꿈치를 들었다"고 말하자 침묵이 방 안을 무겁게 짓누른다. 제비꽃은 자기를 짓누른 발꿈치를 향해 향기를 뿜는다고 누군가가 말했다. 이 세상에 자기를 짓이기려고 하는 자의 발꿈치를 씻어주는 예수의 향기보다 더한 향기가 있을까?

예수를 대적하는 많은 말이 있었다. 그러나 바리새인들도 설교한 대로 살지 않는다고 예수를 정죄하지 않았다. 자기를 파는 자와 함께하는 이 마지막 순간에 구세주는 산상 수훈에서 "또 네 이웃을 사랑하고 네 원수를 미워하라 하였다는 것을 너희가 들었으나 나는 너희에게 이르노니 너희 원수를 사랑하며 너희를 박해하는 자를 위하여 기도하라"(마 5:43-44)고 권면한 대로 스스로 본을 보인다. 구세주의 영혼은 안타까움으로 떨고 있다. 그는 배신자가 누구인지를 밝혀야 한다. 그가 결코 하고 싶어 하지 않는 미해결의 문제다. 그러나 이제 예수는 비유로만 말하지 않는다.

"내가 진실로 진실로 너희에게 이르노니 너희 중 하나가 나를 팔리라."

자기들 가운데 배신자가 있다는 말을 듣자 제자들은 움찔한다. 벽에 있는 그림자들도 말없이 그들을 흉내낸다. 처음에는 긴장된 분위기 속에 숨소리조차 없는 침묵이 흐른다. 그 후 배신자의 정체를 놓고 수군거리는 소리가 식탁에 퍼진다.

"내가 떡 한 조각을 적셔다 주는 자가 그니라."

만찬에서 주인이 양고기를 무교병에 넣어 쓴 나물로 만든 소스에 찍어 손님들에게 주는 것은 당시 관습이었다. 그리고 가장 존귀한 손님에게 첫 번째 조각을 주는 것 또한 관습이었다.

그는 빵 조각을 유다에게 준다. 그가 받아먹도록.

이 극적인 순간은 배신자의 정체를 밝히는 것뿐 아니라 마지막으로 구원의 길을 제공하는 것이다. 유다의 맥박은 빨라지고 그의 얼굴은 붉게 달아오른다. 어색하지만 부드러운 한 순간, 배신자와 배신을 당하는 자의 눈이 마주친다. 후회의 심정이 칼날처럼 유다의 영혼을 가른다. 그 안이 열린다. 그는 머뭇거리며 빵 조각을 받아든다. 그러나 그는 차마 그것을 입으로 가져가지 못한다. 그의 머리카락 사이로 땀이 고인다. 그는 입술을 깨문다.

그림자 사이로 사탄은 떨리는 손을 쳐다본다. 그는 그의 인질이 위태로운 상태에 있음을 깨닫는다. 어둠의 왕자는 즉시 전략적인 움직임으로 맞서며 유다 속으로 들어간다.

유다는 빵을 내려놓고 자신의 돈주머니로 손을 뻗친다. 열린 부분이 닫히고 인질은 안전해진다.

"네가 하는 일을 속히 하라."

이 말로 예수는 자신의 운명에 인을 친다. 더불어 유다의 운명에도. 이제 그들은 각기 제 길로 가게 되었다. 다른 나무들로. 다른 운명으로.

"네가 하는 일을 속히 하라."

이 말은 유다가 복종한 마지막 명령이 될 것이다. 그리고 그가 구세주와 함께하는 마지막 친밀한 순간이 될 것이다.

마지막.

이 순간은 유다가 실제적인 사람이기 때문에 이루어졌다.

기
도

슬픔의 사람이신 주님,

당신께서는 마지막 만찬이 너무나 괴로운 순간이었을 것입니다. 가슴은 얼마나 마음이 아프셨나요?

 하나님의 어린양이시여, 당신 자신을 속죄 제물로 내어주셔서 감사드립니다. 당신의 피를 십자가의 가름대에 흘리셔서 저의 죄를 덮어주시니 감사드립니다. 그리고 제게 해방을 가져다주셔서, 한때 노예로 살았던 험한 땅에서 저를 구출해주셔서 감사드립니다.

 주님, 저는 유다에 관해 읽을 때 그의 모습에서 저를 보았습니다. 돈주머니에서 손을 떼지 못하는 저를. 모든 것을 버리고 온전히 당신만을 좇지 못하는 저를. 실제적인 것에 집착하는 저를.

 제 안에 있는 배신자의 모습을 보시면서도 여전히 저를 사랑해주셔서 감사합니다. 여전히 당신을 대항해 드는 발꿈치를 씻어주셔서, 여전히 입맞춤으로 당신을 팔아넘길 입술에 빵 조각을 내밀어주셔서 감사합니다.

 저는 그러한 사랑을 받을 자격이 없습니다.

 사랑하는 주 예수님, 그토록 순수한 사랑으로 제 삶을 변화시켜주십시오. 물질적인 것들을 꼭 쥐고 있는 제 손을 풀어주십시오. 두 주인을 섬기는 삶에서 저를 해방시켜주십시오. 오직 당신만을 섬기도록…사랑하도록…저를 도와주십시오.

 오, 주님, 제가 원수를 사랑하고 저를 핍박하는 자, 저를 배신하는 자를 위해 기도할 수 있도록 도와주십시오. 모욕을 모욕으로 갚고 상해를 상해로 갚지 않도록, 오히려 축복으로 갚을 수 있도록 저를 도와주십시오. 당신이 최후의 만찬에서 행하셨던 것처럼, 저도 비록 사랑이 거부당한다 하더라도, 끝까지 사랑하는 친구가 되게 해주십시오.

다락방에서
깨닫는
순_____간

"너희는 마음에 근심하지 말라 하나님을 믿으니 또 나를 믿으라. 내 아버지 집에 거할 곳이 많도다. 그렇지 않으면 너희에게 일렀으리라. 내가 너희를 위하여 거처를 예비하러 가노니 가서 너희를 위하여 거처를 예비하면 내가 다시 와서 너희를 내게로 영접하여 나 있는 곳에 너희도 있게 하리라."

_ 요한복음 14:1-3

묵상

요한은 다락방에서 예수 옆에 앉아 심장 박동 소리를 들을 수 있을 만큼 예수께 가까이 머리를 대고 있었다. 그날 밤 구세주의 마음에는 너무나 많은 것이 있었지만, 제자들이 받아들일 수 있는 것은 너무나 적었다. 그들이 받아들일 수 있는 것들은, 유월절 식사가 제공되는 방식처럼 아주 적은 분량으로 그들에게 주어졌다. 그중 어떤 부분은 나물처럼 쓴 것이었다. 유다의 배신이 그중 하나였다. 베드로의 부인도 마찬가지다. 다른 부분들은 양고기처럼 감질나는 것이었다. 특히 아버지의 집에 관한 부분이 그렇다.

낙원, 왕국, 우주적 도시 등 천국을 묘사하기 위해 동원된 이미지 가운데 어느 것도 가정보다 더 강렬하게 우리 마음에 다가오는 것은 없다.

가정에 대한 생각은 우리 모두에게 추억을 불러일으킨다. 땅거미가 질 때면 풍겨오는 저녁 식사를 준비하는 냄새, 겨울날 벽난로에서 장작이 타 들어가는 소리, 봄에 침실 창문으로 들어오는 라일락 향기, 여름이면 바람에 흔들리며 삐걱거리는 소리를 내는 베란다의 그네, 침대 한편에 가지런히 놓여 있는 가을철의 누비이불, 푹 꺼진 소파 위에 깔아놓은 수 놓인 담요, 좋은 책 속에 빠져 있는 오후, 한 사람이 웃으면 모두가 따라 웃게 되는 옛 친구들의 웃음소리, 한없이 후한 인심, 식탁 주위에 팔꿈치를 맞대고 앉는 의자가 주는 친밀감, 창문의 개방성, 커튼의 은밀함, 그 안에 가득한 사랑, 나눠 먹는 음식, 주고받는 선물, 아플 때 먹는 닭고기 수프와 추울 때 덮는 덮개, 온몸이 푹 잠기는 목욕탕 그리고 푹신한 침대. 가정은 식탁에 우리 자리가 있는 곳이다. 우리가 없을 때는 텅 빈 것 같은 곳이다. 그리고 가족 모두가 그 빈자리를 느끼는 곳이다.

그러나 좋은 가정이라고 좋은 추억 거리만 있는 것은 아니다. 마찬가지로 나쁜 가정이라고 나쁜 추억만 있는 것은 아니다. 그곳에도 잔디가 보도의 틈을 뚫고 싹을 내듯 좋은 추억이 남아 있는 법이다. 그곳에도 가정에 대한 그리움은 어떤 모습으로든지 남아 있다. 그것은 우리가 가져보지 못한 가정에 대한 그리움일 수 있다. 또는 한때 우리 것이었지만 어느 날 사라진 가정에 대한 그리움일 수 있다.

가정에 대한 우리의 그리움은, 우리가 자라난 가정에 대한 추억으로 어떤 영향을 받았든지 간에, 그것을 넘어 또 다른 집을 향한다. 하늘 아버지의 집이다. 그 집에 대해 우리는 아무 기억도 없다.

오직 꿈만 있을 뿐이다.

그 집은 어떤 곳일지 우리는 단지 상상할 뿐이다. 그곳은 로마식 궁전 같을까? 아니면 세계 대전이 일어나기 전 건축된 영국식 대저택 같을까? 방은 평범한 가정집 스타일일까, 아니면 호텔 스위트룸 같을까? 의자들은 다리가 가늘고 긴 것일까, 아니면 두터운 것일까? 침대는 어떤 것일까? 창문은 있을까? 벽에는 어떤 그림들이 걸려 있을까? 다음 방에는, 복도 건너편 방이나 복도 끝 방에는 누가 있을까? 음식은 어떨까? 거기서는 무엇을 하고, 누구를 만나고, 무엇을 기억하게 될까? 우리 몸은 어떤 모습일까? 아이의 모습일까, 20대일까, 아니면 중년일까? 지금 우리가 키가 크다면 그때는 더 작아질까, 아니면 지금 우리가 뚱뚱한 편이라면 그때는 날씬해질까? 몸에 있는 흉터가 그때에도 있을까? 우리가 키웠던 애완동물은 어떻게 되는 것일까? 그곳에는 어떤 음악이 있을까? 또 우리가 그 음악에 맞춰 춤을 추게 될까? 그곳에서도 우리는 웃을 수 있을까? 그렇다면 무엇 때문에 웃을까?

그곳은 어떤 곳일지, 그곳에서 사는 것은 어떠할지 상상해보라. 청구서도 없고 염려도 없다. 직업이나 건강을 잃는 두려움도 없다. 세금에 대한 걱정도 없고 은퇴에 대한 의문도 없다. 아이들이 어디에서 놀고 있는지 또는 그들이 안전한지에 대해서도 더는 걱정하지 않는다. 범죄나 전쟁에 대한 두려움도 없다. 공해도, 부패도, 죽음도, 질병도, 슬픔도, 눈물도 없다. 두려워해야 할 것은 하나도 없으며, 우리가 고대하는 것은 모두 다 있을 것이다.

그런 집을 누가 그리워하지 않겠는가?

가정에 대한 그리움을 채우기 위해 헤매는 동안 우리는 엉뚱한 곳으로 이끌려가기도 한다. 그중 하나는 지리적인 곳이다. 다른 하나는 직업과 관련된 곳이다. 또 다른 하나는 인간관계와 관련된 곳이다. 그 중 많은 곳이 꽤 편안한 곳이다. 어떤 곳은 안락하기까지 하다. 그러나 가장 좋은 곳을 찾았다 해도 잠시 후면 우리는 다른 곳을 그리워하게 마련이다.

그리움은 우리에게서 마음의 안정을 빼앗아간다. 우리의 그리움이 안정을 찾기 원하는 곳은 이 땅이 아니기 때문이다. 우리가 이 땅에 있는 동안 관계에서 원했던 모든 것, 우리가 사랑에 빠지거나 아니면 성적인 행위를 통해 만족할 수 있으리라고 생각했던 모든 것은 결국 그곳, 즉 천국에서만 채울 수 있다. 우리가 일에서 얻고자 했던 모든 것, 놀이에서 기대했던 모든 것도 그곳에서만 얻을 수 있다. 우리가 이웃에게서 찾았던 모든 것, 이 땅의 가정에서 원했던 모든 것도 그곳에서만 얻을 수 있다. 천국이야말로 우리 마음이 갈구한 모든 것, 갈망한 모든 것, 목마르게 탄식한 모든 것이기 때문이다.

그리고 그 이상이기 때문이다.

천국을 흘낏 엿보고 나서 그곳을 묘사할 말을 숨 가쁘게 찾았던 바울은 그곳을 이렇게 묘사했다. "하나님이 자기를 사랑하는 자들을 위하여 예비하신 모든 것은 눈으로 보지 못하고 귀로 듣지 못하고 사람의 마음으로 생각하지도 못하였다"(고전 2:9).

천국이 어떤 곳이든지 간에 그곳은 우리의 상상을 초월하는 곳임이 틀림없다. 그러나 비록 그곳에서 우리를 기다리고 있을 모든 것을 알지 못한다 해도 그가 우리를 기다리고 계심을 우리는 안다. 우리를 맞아주시려고. 그래서 그가 계신 곳에 우리도 함께 있게 하려고. 천국이 어떤 곳이든지 간에, 천국은 바로 그런 곳이다.

우리가 예수와 함께 있는 곳. 영원히 함께 있는 곳.

그를 사랑하는 자들에게는 그것이면 족하다.

그리고 그를 사랑하는 자들에게는, 상상하기 어렵지만, 그 이상의 것이 기다리고 있다.

기도

주 예수님,

비록 짧은 순간이기는 해도 여기저기서 제게 천국을 보여주셔서 감사드립니다. 비록 희미하기는 해도 이곳저곳에서 제게 천국의 메아리를 들려주셔서 감사드립니다. 그리고 비록 아주 살짝이기는 해도 가끔 제게 천국을 만져볼 수 있게 해주셔서 감사드립니다. 그러한 일별(一瞥), 그러한 메아리, 그러한 터치는 제게 영원한 집에 대한 갈망을 일깨워줍니다. 그리고 그렇게 저를 일깨워주시는 당신께 감사드립니다.

아버지의 집에 제 방이 있다는 사실에 감사드립니다. 그곳은 바로 저를 위한 처소입니다. 제가 도착할 때까지 그 처소를 예비하시려고 주님이 하시는 모든 일에 감사드립니다. 저를 그곳으로 이끌어주는 모든 그리움으로 인해, 이곳이 우리 집이 아님을 상기시켜주는 모든 것으로 인해 주님, 당신께 감사드립니다. 이 세상에서 가장 좋은 집도 천국에서 저를 기다리고 있는 집의 그림자에 불과하다는 것을 제게 늘 일깨워주십시오. 저는 그것을 너무나 쉽게 잊어버립니다.

이곳이 성탄절 전야라면 그곳은 성탄절 아침입니다.

한때는 텅 비었던 양말이 지금은 불룩합니다.

한때는 감춰져 있던 선물들이 지금은 크리스마스트리 밑에서 개봉되기만을 기다리고 있습니다.

한때는 조리되기를 기다리던 성탄절 음식들이 지금은 곧 먹을 수 있도록 식탁 위에 차려져 있습니다.

이곳에서는 사탕에 대한 꿈만 꾸었지만 그곳에서는 당신이 우리를 위해 예비하신 모든 것이 우리 눈앞에 활짝 펼쳐져 있습니다.

겟세마네에서 맞이하는 긴장된 순간

그들이 겟세마네라 하는 곳에 이르매 예수께서 제자들에게 이르시되 "내가 기도할 동안에 너희는 여기 앉아 있으라" 하시고 베드로와 야고보와 요한을 데리고 가실새 심히 놀라시며 슬퍼하사 말씀하시되 "내 마음이 심히 고민하여 죽게 되었으니 너희는 여기 머물러 깨어 있으라" 하시고 조금 나아가사 땅에 엎드리어 될 수 있는 대로 이때가 자기에게서 지나가기를 구하여 이르시되 "아빠 아버지여, 아버지께는 모든 것이 가능하오니 이 잔을 내게서 옮기시옵소서. 그러나 나의 원대로 마시옵고 아버지의 원대로 하옵소서" 하시고 돌아오사 제자들이 자는 것을 보시고 베드로에게 말씀하시되 "시몬아 자느냐? 네가 한 시간도 깨어 있을 수 없더냐? 시험에 들지 않게 깨어 있어 기도하라. 마음에는 원이로되 육신이 약하도다" 하시고 다시 나아가 동일한 말씀으로 기도하시고 다시 오사 보신즉 그들이 자니 이는 그들의 눈이 심히 피곤함이라. 그들이 예수께 무엇으로 대답할 줄을 알지 못하더라. 세 번째 오사 그들에게 이르시되 "이제는 자고 쉬라. 그만 되었다. 때가 왔도다. 보라, 인자가 죄인의 손에 팔리느니라. 일어나라. 함께 가자. 보라, 나를 파는 자가 가까이 왔느니라."

_ 마가복음 14:32-42

묵
상

겟세마네는 우리가 하나님 외에는 찾아갈 곳이 없을 때 가는 곳이다. 그곳은 예수가 배신당하신 밤에 찾아간 곳이다. 그가 자주 간 곳이기에 배신자 유다는 그를 찾으려고 제일 먼저 거기로 갔다. 예수는 이렇게 될 것을 이미 알고 있었다. 그리고 어쩌면 바로 그 이유 때문에 거기로 갔을 것이다.

예수는 제자들을 이끌고 따스하고 친밀한 분위기가 감돌고 있는 다락방을 떠나 기드론 골짜기로 향하는 언덕 아래로 내려간다. 그들이 내려가는 동안 이슬에 젖은 한기가 그들을 덮쳐온다. 머리 위에서는 빛을 담은 둥그런 접시 같은 달이 성전 벽을 비추고 있다. 그 창백한 우윳빛은 아래로 내려와 길을 비추고 저 아래로 소리를 내며 흘러가는 개울 위에 고여 든다.

그들이 개울가에 몸을 드러내고 있는 흰 바위들을 지나간 것은 자정 무렵이다. 개울을 건넌 후 그들은 신발에서 물을 털어내고 로마 파수병이 신호하자 멈춘다.

제자들에게 그 소리는 단지 정적을 깨는 것에 지나지 않았지만, 예수에게는 그의 가슴을 깨는 소리요 시간이 다 됐다는 신호다. 제자들은 예수가 그들보다 몇 발자국 앞서가는 것을 쳐다본다. 그는 겟세마네 밑에 있는 감람나무 숲에서 멈춰 선다. 나무에 꽃이 피려면 5월이 되어야 하지만 지난가을 추수 때 감람유를 짜던 돌틀에서는 아직도 기름 향기가 난다.

그들에게 이 향기를 전해주던 미풍은 이제 침묵 속으로 사라진다.

몸을 비비 꼬는 가지들은 여전히 자라고 있다. 이 동산에 있는 어떤 나무들은 이 순간을 위해 천 년이 넘게 인내의 뿌리를 내리고 기다려왔다. 그리고 그전부터 에덴동산 이후의 모든 나무가 이 순간을 기다려 왔다. 각 가지는 약속의 꽃봉오리에 매달려 있었다. 그들의 생애에 메시아가 오셔서 모든 피조물을 낙원으로 회복시켜주시기를 바라는 그 소망에 그렇게 줄곧 매달려 있었다.

그런데 오늘 밤 그가 온 것이다.

그는 자신의 가장 가까운 제자들을 데리고 온다. 다른 제자들은 피곤에 지쳐 있다. 그가 데리고 온 세 제자는 그가 밤을 보내기 위해 준비한 외투와 같다. 예수는 그들이 자기를 옆에서 지켜보며 기도하도록 배치한다.

그가 동산의 중심부를 향해 갈 때 운명의 무게가 그를 짓눌러 온다. 그는 멈춰 서서 그의 팔뚝을 큰 가지 위에 올려놓는다. 올리브 가지는 오랜 세월 평화의 상징으로 여겨졌다. 그러나 오늘 밤은 아니다. 적어도 예수에게는 그렇지 않다.

그러나 제자들에게 이 동산은 쉴 만한 조용한 장소를 제공해준다. 그들은 모여 앉아 잠을 이기고자 애쓴다. 그러나 그날은 피곤한 하루였고, 저녁 식사 때 먹은 음식이 서서히 소화되면서 한 사람씩 잠에 곯아떨어지고 만다.

숲속에 혼자 남은 예수는 무릎을 꿇고 땅에 엎드린다. 나뭇잎 사이로 비치는 어둡게 채색된 이 초상화는 긴장감을 자아낸다. 그리고 인간적인 분위기도 풍긴다. 지금보다 예수가 더 인간적이었던 때는 없었다. 이보다 더 약했던 때도, 더 슬펐던 때도 없었다.

그리고 물론 더 두려웠던 때도 없었다.

그는 달아나고 싶은 공포감을 붙잡기라도 하듯 바닥의 흙을 움켜

쥔다.

땅 위에서 몸부림치는 예수를 옆에서 바라보는 나무들의 뒤틀린 줄기는 그의 고뇌를 반영한다. 그는 땅이 껴안아주기를 바라는 듯 땅에 몸을 밀착한다.

그러나 그러한 포옹은 없다.

오직 침묵과 어둠 그리고 차고 딱딱한 땅만이 있을 뿐이다.

천사들은 이 모든 광경을 보고 있지만, 그림자 안에 머물러 있어야 한다. 그들 군단은 돕고 싶은 마음에 가슴을 졸이며 예수가 그의 영혼 위에 임한 어두운 밤을 지나는 동안 몸부림치는 것을 지켜보고 있다.

그는 기도하면서 몸부림친다. 그의 기도는 잘 다듬어지고 침착하게 낭독되는 소네트가 결코 아니다. 그의 말들은 깨어진 심령이 쏟아놓는 파편들이다. 그리고 그 말들은 위로 올라가면서 그의 영혼을 갈가리 찢어놓는다.

그가 어둠 속으로 기도를 뱉어내는 동안 그의 주름 잡힌 이마에서는 땀이 흘러 얼굴을 타고 내려온다. 그리고 그의 그러한 모습은 피조물들을 낙원으로 회복시키는 자의 모습과는 너무나 거리가 멀다.

한때 레바논의 백향목들처럼 대적들을 굽어보던 그가 지금은 꺾인 갈대 같은 인간의 모습으로 땅에 웅크리고 있다. 에덴의 유일한 희망이신 분이 꺾인 가지들 틈에서 먼지를 뒤집어쓰고 있다.

그러나 예수는 일어난다. 그리고 땀에 젖은 모래를 얼굴에서 털어내고 제자들에게 돌아온다. 그들이 곁에 있어 주기를 바라면서. 그들의 격려와 기도를 너무도 절실히 필요로 하면서.

그러나 제자들은 깊은 잠에 빠져 있다.

예수는 그들을 나무라기 시작한다. 그러나 그는 영의 소원뿐 아니라 육신의 연약함도 잘 알고 있다. 그래서 그는 그들을 너무 엄격하게 대하지 못한다.

그는 숲속으로 돌아오며 결국 이곳이 그가 홀로 씨름해야 하는 숙명적인 곳임을 깨닫는다. 그가 홀로 땀 흘려야 하는 곳임을. 그가 홀로 기도해야 하는 곳임을.

"아빠, 아버지."

그는 흐느낀다. "당신께는 모든 것이 가능합니다." 그런 다음 잠깐의 침묵이 흐른다.

"이 잔을 내게서 옮기시옵소서."

이 모습을 보시는, 이 말을 들으시는 아버지의 심장은 산산이 부서진다. 그분의 아들이 땅에 뒹굴고 있다. 그분의 유일한 아들이 마치 길을 잃어버린 미아처럼 울고 있다.

"아빠!"

어떤 아버지가 이러한 간청에 응답하지 않겠는가?

"너희 중에 누가 아들이 떡을 달라 하는데 돌을 주며 생선을 달라 하는데 뱀을 줄 사람이 있겠느냐? 너희가 악한 자라도 좋은 것으로 자식에게 줄 줄 알거든 하물며 하늘에 계신 너희 아버지께서 구하는 자에게 좋은 것으로 주시지 않겠느냐?"(마 7:9-11)

그러나 오늘 밤, 하늘에서는 어떤 대답도 내려오지 않는다.

그에게 주어지는 유일한 답변은 그날 밤과 그다음 날 일어난 사건들을 통해 들려온다. 아들은 배신당하고, 버림받고, 체포되고, 부인당하고, 매 맞고, 재판받고, 조롱당하고, 십자가에 못 박히게 된다. 아들이 간구한 떡 대신 돌이 주어지고 있다. 생선 대신 뱀이 주어지고 있다.

"아빠!" 이제 울부짖는 음성은 약해진다.

짧은 순간이지만 보이지 않는 문이 열리고 천사가 그림자에서 나올 수 있도록 허락받는다. 그는 예수를 고난에서 구해내기 위해서가 아니라 그것을 견딜 수 있도록 돕기 위해 이 장면에 등장한다. 예수는 땅에서 몸을 일으키고 눈을 들어 하늘을 우러러본다.

"그러나 나의 원대로 마시옵고 아버지의 원대로 하옵소서."

그의 손은 더는 절망감에 사로잡혀 풀을 움켜쥐지 않는다. 더 기도하기 위해 손을 마주 잡지도 않는다.

예수는 하늘을 향해 손을 든다.

떡이나 생선이나 어떤 좋은 것을 위해서가 아니다. 답변을 듣기 위해서도 아니다.

그것이 아니라 아버지의 손에서 잔을 받기 위해서다.

그리고 그것은 비록 끔찍한 잔이지만, 오랜 세월 쌓인 과거의 죄와 미래의 죄가 발효되어 하나님의 진노가 부글부글 끓어 넘치는 잔이지만, 그리고 그것은 그가 두려워하는 잔이지만…그는 그것을 받아들인다.

그는 그 잔에 대한 두려움이 아닌 그 잔을 주시는 분에 대한 사랑으로 그렇게 한다.

기도

슬픔의 사람이신 주님,

겟세마네로 인해 감사드립니다. 하나님 외에는 찾아갈 곳이 없을 때 갈 수 있는 곳이 있음에 감사드립니다. 겟세마네는 기도할 수 있는 곳, 울 수 있는 곳 그리고 수사학적인 표현 밑에 깔린 자신의 진정한 모습을 발견할 수 있는 곳입니다.

언젠가, 어느 곳에선가, 어떤 모습으로든지 겟세마네가 저를 기다리고 있음을 압니다. 마치 당신에게 그랬던 것처럼. 저는 어느 날 어두운 밤이 저의 영혼에 덮쳐오리라는 것을 압니다. 당신에게도 그랬던 것처럼. 그것을 생각할 때, 그 어둠과 외로움과 절망을 생각할 때 저는 떨립니다.

주님, 그 밤을 위해 저를 준비시켜주십시오. 비록 겟세마네는 가장 끔찍한 곳이지만 그곳은 또한 가장 고요한 곳임을 제가 깨닫도록 도와주셔서 제 마음이 준비되게 해주십시오.

제 삶이나 제가 사랑하는 사람들의 삶을 제 마음대로 할 수 없다는 사실을 깨달을 때 공포감이 엄습해옵니다. 그러나 당신이 그 모든 것을 주관하심을 깨달을 때 저는 마음의 평정을 찾습니다.

어두울 때, 제가 홀로 있고 또 두려워할 때 저를 도와주십시오. 저의 떨리는 손을 당신 손에 맡길 수 있도록, 당신께 저의 생명을 의탁할 수 있도록 도와주십시오. 그리고 제가 사랑하는 사람들의 생명도 맡길 수 있도록.

어느 날 제가 제 힘으로 아무것도 할 수 없는 상황과 씨름해야 할 때가 오리라는 것을 압니다. 어떤 종류의 고난이 저를 차갑고 딱딱한 땅에 고정할 때가 오리라는 것을 압니다.

그때 주님, 하늘의 승리는 인간 영혼의 패배를 통해 성취된다는 것을 깨닫게 해주십시오. 제 힘은 제가 얼마나 용감하게 몸부림치느냐에 있지 않고, 오히려 제가 얼마나 온전히 주님께 저를 드리느냐에 있다는 것을 깨닫게 해주십시오.

감람나무 숲에서 맞는
놀라운
순___간

예수께서 이 말씀을 하시고 제자들과 함께 기드론 시내 건너편으로 나가시니 그 곳에 동산이 있는데 제자들과 함께 들어가시니라. 그 곳은 가끔 예수께서 제자들과 모이시는 곳이므로 예수를 파는 유다도 그 곳을 알더라. 유다가 군대와 대제사장들과 바리새인들에게서 얻은 아랫사람들을 데리고 등과 횃불과 무기를 가지고 그리로 오는지라.

예수께서 그 당할 일을 다 아시고 나아가 이르시되 "너희가 누구를 찾느냐?" 대답하되 "나사렛 예수라" 하거늘 이르시되 "내가 그니라" 하시니라. 그를 파는 유다도 그들과 함께 섰더라. 예수께서 그들에게 내가 그니라 하실 때에 그들이 물러가서 땅에 엎드러지는지라. 이에 다시 "누구를 찾느냐?"고 물으신대 그들이 말하되 "나사렛 예수라" 하거늘 예수께서 대답하시되 "너희에게 내가 그니라 하였으니 나를 찾거든 이 사람들이 가는 것은 용납하라" 하시니 이는 '아버지께서 내게 주신 자 중에서 하나도 잃지 아니하였사옵나이다' 하신 말씀을 응하게 하려 함이러라.

이에 시몬 베드로가 칼을 가졌는데 그것을 빼어 대제사장의 종을 쳐서 오른편 귀를 베어버리니 그 종의 이름은 말고라. 예수께서 베드로더러 이르시되 "칼을 칼집에 꽂으라. 아버지께서 주신 잔을 내가 마시지 아니하겠느냐" 하시니라…

그 귀를 만져 낫게 하시더라.

_ 요한복음 18:1-11, 누가복음 22:51

> 묵
> 상

예수는 고뇌에 찬 기도의 몸부림 끝에 땀에 젖어 겟세마네를 내려온다. 그러나 그토록 격정적으로 쏟아부었던 그의 마음은 이제 자기 앞에 놓인 잔을 마시려는 결의로 차 있다. 그 잔이 아무리 쓰다 하더라도. 그 잔을 마시는 것이 아무리 어렵다 하더라도.

예수와 졸음에 겨워하는 그의 제자들은 기드론 골짜기로 내려간다. 건너편에서 구세주를 기다리고 있는 것은 골짜기에 길고 어두운 그림자를 드리우고 있는, 그를 향해 다가오고 있는 운명이다. 골짜기에서 올라오면서 예수는 감람나무 숲으로 들어간다. 그는 제자들과 함께 종종 그곳을 찾곤 했다.

이번이 그의 마지막 방문이 될 것이다.

숲속에는 관절염에 걸린 듯한 나무들이 마치 땅속 깊숙이 자리 잡고 있는 침묵의 고통에서 자라난 듯한 모습을 하고 있다. 그것들은 고목으로 자라기까지 수없이 많은 불의를 목격해왔다. 오늘 밤 그 나무들은 가장 악한 불의를 목격하게 된다.

숲에서 잠시 휴식을 취하고 있는 동안 예수는 이제 곧 일어날 일들을 모두 알고 있다. 그는 자기가 언제, 어디로, 누구의 손에 이끌려 끌려가게 될 것을 안다. 하지만 그는 운명의 시간을 미루기 위해 아무 행동도 취하지 않는다.

그의 시간이 온 것이다.

숲 사이로 떼를 지어 오는 사람들의 웅성거림이 들려온다. 군중의 머리 위에서 흔들리고 있는 횃불은 널름거리는 검은 연기를 밤하늘로 날려 보낸다. 제자들은 나무들의 실루엣 사이로 그 광경을 내다보다가 무리 가운데 병사들이 섞여 있는 것을 발견한다.

그들은 성전을 내려다보고 있는 안토니아 요새에 본부를 둔 평화유지군에서 파견된 병사들이다. 파견되는 병사의 단위는 약 6백 명으로 그들은 반란의 조짐이 보이는 자는 즉각 체포해 분쇄하는 솜씨를 발휘하는 자들이다.

이 얼마나 풍자적인 장면인가? 몇 마디 속삭이는 기도로도 자신을 지켜줄 군단급의 천사들을 당장 불러올 수 있는 분을 잡으려고 병사들이 파견된 것이다. 얼마나 웃기는 일인가? 세상의 빛이신 분을 잡으려고 횃불과 등불을 들고 찾아온 것이다. 별들을 만들어내시는 분을 잡으려고 손으로 만든 칼과 몽둥이를 들고 찾아온 것이다.

그들은 반항을 최소한으로 줄이려고 전략적으로 밤에 왔다. 지금 예루살렘은 유월절을 지키기 위해 각지에서 온 순례객으로 차고 넘치고 있으므로 이 무모한 젊은 설교자에게 충성을 바치고자 하는 자들이 얼마나 될지는 아무도 알 수 없다. 만약 그를 낮에 체포한다면 폭동까지는 아니더라도 절대 달갑지 않은 장면이 연출될 것은 뻔한 일이다.

제자들은 다른 병사들이 더 없는지 관목 숲 너머로 시선을 던지면서 한편으로는 도망갈 길을 살핀다. 그러나 그들이 미처 깨닫기도 전에 병사들은 그들 앞에 나타난다.

베드로의 손은 최근 사들인 칼의 손잡이에 가 있다. 그러나 그는 아직 그것을 뽑아 들지는 않는다. 잠깐만! 칼이라고? 고기 잡는 어부의 손에? 베드로가 어떻게 된 것인가? 그는 예수의 왕국이 이 세상에 속한 것이 아님을 깨닫지 못한 것인가? 그는 자기 손을 칼자루를 쥐기 위해 사용할 것이 아니라 기도하기 위해 모아야 한다는 것을 모르는가?

깜빡거리는 횃불은 군중을 점점이 비치면서 땅 위에 너풀거리는 그림자의 원을 만들어낸다.

예수는 앞으로 나선다. 용감하게. 단호하게. 아무 무장도 하지 않은 사람이 작은 군대를 상대로 맞선 것이다. 그가 먼저 입을 연다.

"너희가 누구를 찾느냐?"

대답은 밤공기처럼 똑똑하게 들려온다.

"나사렛 예수라."

예수는 조금의 주저함이나 자신의 정체를 숨기려는 시도 없이 분명히 대답한다.

"내가 그니라."

그의 대답은 문자적으로 "나는…자니라"이다. 하나님이 불타는 떨기나무에서 모세에게 말씀하셨을 때 자신의 정체를 밝히기 위해 사용하셨던 바로 그 표현이다.

> "모세가 하나님께 아뢰되 내가 이스라엘 자손에게 가서 이르기를 너희의 조상의 하나님이 나를 너희에게 보내셨다 하면 그들이 내게 묻기를 그의 이름이 무엇이냐 하리니 내가 무엇이라고 그들에게 말하리이까? 하나님이 모세에게 이르시되 나는 스스로 있는 자이니라. 또 이르시되 너는 이스라엘 자손에게 이같이 이르기를 스스로 있는 자가 나를 너희에게 보내셨다 하라"(출 3:13-14).

예수는 사역 초기에 "아브라함이 나기 전부터 내가 있느니라"(요 8:58)고 말씀하심으로 자신이 하나님과 동등하다고 주장했다.

그 말을 들은 종교 지도자들은 그를 돌로 치려 했다. 그들은 그의 주장을 신성 모독으로 이해했기 때문이다.

"내가 그니라" 하는 말을 듣고 병사들은 뒤로 물러가 땅에 엎드러진다. 예수가 자신의 신성을 드러낸 이 짧지만 놀라운 순간에 그는 대적들을 꼼짝 못 하게 만든 것이다.

그들은 '레슬링 선수가 상대방을 메다꽂듯' 땅에 던져진다. 그러나 이러한 능력은 순간적으로 나타난 것이다. 이 능력은 상대방을 물리치기 위한 것이 아니라 단지 그의 주장을 뒷받침하기 위한 것이다.

그리고 예수는 구석에 몰린 짐승이 생존 본능에 따라 반항하는 것처럼 하지 않고, 도살장에 끌려가는 양처럼 묵묵히 순종하는 것을 중요하게 생각했다.

예수는 다시 한 번 그들이 누구를 찾는지 묻는다. 그리고 그들도 다시 한 번 대답한다. 예수는 다시 한 번 자신의 정체를 밝힌다. 그러나 이번에는 제자들을 위해 간청하는 말을 덧붙인다.

"너희에게 내가 그니라 하였으니 나를 찾거든 이 사람들이 가는 것은 용납하라."

그때 유다는 예수를 체포하러 온 자들에게 그가 누구인지를 확실히 보여주기 위해 뒤편 그늘에서 나타난다. 그리고 그는 예수에게 입 맞추는 행동으로 그 일을 교묘하게 한다.

"친구여, 네가 무엇을 하려고 왔는지 행하라."

이 말에는 미움이 담겨 있지 않다. 단지 멸망을 향해 잘못 가고 있는 친구에 대한 연민이 있을 뿐이다.

대제사장의 종 하나가 예수를 붙잡으려고 앞으로 나선다. 그때 베드로가 칼을 뽑아 그를 향해 내려친다. 그 종은 순간 머리를 옆으로 비킨다. 그러나 칼은 그의 귀를 자르고 만다.

예수는 그들 사이로 다가가 베드로에게 말한다.

"네 칼을 도로 칼집에 꽂으라. 칼을 가지는 자는 다 칼로 망하느니라. 너는 내가 내 아버지께 구하여 지금 열두 군단 더 되는 천사를 보내시게 할 수 없는 줄로 아느냐? 내가 만일 그렇게 하면 이런 일이 있으리라 한 성경이 어떻게 이루어지겠느냐 하시더라"(마 26:52-54).

예수는 귀를 감싸 쥐고 있는 그 종에게 몸을 돌이킨다. 그리고 상처를 만져준다. 즉시 그 귀는 온전해진다.

예수는 자신을 방어하기 위해 상대방의 귀를 잃게 하는 것조차 용납하지 않는다. 그의 입장은 분명하다. 피를 흘리는 것은 자신뿐이어야 한다는 것이다.

의사였던 누가는 그 종의 상처를 묘사한다. 실제로 잘린 것은 작은 부분이었다는 것을 밝히기 위해 '귀'라는 단어의 축소형을 사용한다. 어쩌면 귓불 정도가 잘렸을 가능성도 있다. 누가는 또 치료에 관해 기술한 유일한 복음서 저자다. 어쩌면 다른 복음서 저자들에게는 그들 앞에 전개되고 있는 비극적 상황에 비해 이 기적이 하찮은 것이었는지도 모른다. 결국, 세상을 구원하실 주님의 목숨이 걸려 있는 이 상황에서 한 종의 귓불이 무슨 대단한 것이겠는가?

이것은 예수가 죽기 전에 행한 마지막 기적이었다.

그리고 가장 작은 기적이었다.

분명 그 종은 비록 귀의 한 부분이 없어도 자신의 삶을 온전히 살 수 있었을 것이다. 그의 청력에도 아무 문제가 없었을 것이다. 사태가 최악으로 전개된다 해도 피해는 외모에 관한 것으로 그쳤을 것이다. 그러나 "네 원수를 사랑하라"고 가르치셨던 분은 마지막까지 그가 가르치신 대로 사셨고 행하셨다. 그것은 구세주의 마지막 기적이 요청받지 않으셨는데도 원수에게 베푸신 친절한 행위였기 때문이다.

그것은 어쩌면 그렇게 작은 기적이 아니었는지도 모른다.

구세주가 여러 군단의 천사를 자기 마음대로 움직일 수 있었다는 것과 그 힘을 그가 원하는 대로 사용할 수 있었다는 것을 생각해볼 때, 어쩌면 그것은 가장 위대한 기적이었는지도 모른다.

기도

귀하신 주 예수님,

당신은 얼마나 용감하게 배신의 순간을 맞으셨는지요. 죽음을 향해 끌려가는 순간조차 어떻게 당신을 내어주실 수 있었는지요.

당신은 아버지께 순종을 드리셨습니다.

당신은 제자들에게 그들이 무사히 위기를 넘기도록 길을 내어주셨습니다.

당신은 배신자에게 친절한 말을 해주셨습니다.

당신은 원수를 치료해주셨습니다.

당신은 당신을 체포하러 온 자들에게 목숨을 내어주셨습니다.

주님, 당신이 배반당하신 그 밤에 감람나무 숲에서 행하셨던 것처럼 저도 제 삶을 그렇게 맞이할 수 있도록 은혜를 베풀어주십시오.

누군가가 저를 배신할 때 그 교활한 입맞춤에 친절한 말로 답할 수 있도록 용서하는 마음을 주십시오.

위험이 저를 엄습할 때 저 자신의 안전보다 친구들의 안전을 먼저 생각할 수 있는 신실함을 주십시오.

사람들이 저를 대적하여 일어설 때 홀로 굳게 설 수 있는 용기를 주십시오.

주님, 세상을 구하기 위해 가시는 길 위에서도 종의 귀처럼 보잘것 없는 것까지도 소홀히 여기지 않으심에 감사드립니다. 그 작은 친절의 행위가 가르쳐주는 모든 교훈에 감사드립니다.

저를 대적하는 사람들 편에 섰던, 제가 삶에서 만난 모든 말고를 위해 기도합니다. 특별히 저를 보호하고자 제 친구가 했던 날카로운 말이나 행동으로 상처받은 사람들을 위해 기도합니다.

제가 그 사람에게 아무리 작은 것일지라도 친절을 베풀 수 있도록 도와주십시오. 그리고 그 작은 친절이 그의 상처를 치유할 수 있기를 당신의 능력 있는 이름을 의지하여 기도드립니다.

감사합니다, 주님. 당신이 가나의 혼인 잔치에서 보여주신 영광에서부터 겟세마네 동산에서 보여주신 영광에 이르기까지 제게 당신의 영광을 보여주심에 감사드립니다. 제 눈을 열어주셔서 제가 분명히 볼 수 있게 해주십시오. 그리고 제 마음을 열어주셔서 그것을 보고 진정으로 놀라우신 구세주를 경배할 수 있게 해주십시오.

베드로와 함께하는 또 다른
친밀한
순_____간

"시몬아, 시몬아. 보라, 사탄이 너희를 밀 까부르듯 하려고 요구하였으나 그러나 내가 너를 위하여 네 믿음이 떨어지지 않기를 기도하였노니 너는 돌이킨 후에 네 형제를 굳게 하라."

그가 말하되 "주여 내가 주와 함께 옥에도, 죽는 데에도 가기를 각오하였나이다."

이르시되 "베드로야, 내가 네게 말하노니 오늘 닭 울기 전에 네가 세 번 나를 모른다고 부인하리라" 하시니라.

예수를 잡아끌고 대제사장의 집으로 들어갈새 베드로가 멀찍이 따라가니라. 사람들이 뜰 가운데 불을 피우고 함께 앉았는지라. 베드로도 그 가운데 앉았더니 한 여종이 베드로의 불빛을 향하여 앉은 것을 보고 주목하여 이르되 "이 사람도 그와 함께 있었느니라" 하니 베드로가 부인하여 이르되 "이 여자여, 내가 그를 알지 못하노라" 하더라. 조금 후에 다른 사람이 보고 이르되 "너도 그 도당이라" 하거늘 베드로가 이르되 "이 사람아, 나는 아니로라" 하더라.

한 시간쯤 있다가 또 한 사람이 장담하여 이르되 "이는 갈릴리 사람이니 참으로 그와 함께 있었느니라."

베드로가 이르되 "이 사람아, 나는 네가 하는 말을 알지 못하노라"고 아직 말하고 있을 때에 닭이 곧 울더라.

주께서 돌이켜 베드로를 보시니 베드로가 주의 말씀 곧 오늘 닭 울기 전에 '네가 세 번 나를 부인하리라' 하심이 생각나서 밖에 나가서 심히 통곡하니라.

_ 누가복음 22:31-34, 54-62

묵상

제자들은 저녁 내내 천국에서 누가 더 큰 자인지를 두고 논쟁하다가 오히려 그들의 왕을 버리는 데까지 나아간다. 예수는 그런 일이 있으리라고 이미 경고했다. "오늘 밤에 너희가 다 나를 버리리라. 기록된 바 내가 목자를 치니 양의 떼가 흩어지리라 하였느니라"(마 26:31).

그리고 그가 말씀한 대로 되었다. 피에 굶주린 한 무리의 이리 떼가 찾아와 이빨을 드러내고 그를 죽이고자 한다. 그들은 양 떼를 위해 자기 목숨을 내어놓는 주홍빛 사랑을 가진 선한 목자를 데려갔다. 한편 양 떼는 추위와 두려움에 떨며 두셋씩 자기들끼리 뭉쳤다. 단지 두 제자만이 예수의 뒤를 쫓아 그가 끌려간 곳으로 따라갔다. 한 사람은 예수가 사랑했던 요한이었고, 다른 한 사람은 베드로였다.

베드로, 제자들 사이에서 견고한 요새 같았던 그였다. 오늘 밤 이 바위는 부서지게 된다. 오늘 밤 그는 연약한 인간인 자갈로 전락하게 된다.

그는 이 밤을 다락방에서 결연한 자세로 시작했다. "주여, 내가 주와 함께 옥에도, 죽는 데에도 가기를 각오하였나이다. 내가 주와 함께 죽을지언정 주를 부인하지 않겠나이다." 그는 그 밤늦은 시각에 횃불로 환한 겟세마네 동산에서 칼을 휘두르며 로마 병정들의 무리에 홀로 대항하고자 한다. 그러나 새벽이 되기 전 그는 어린 여종의 눈길조차 견디지 못하는 신세가 된다.

그토록 헌신되어 있던 제자의 급작스러운 변절을 무엇으로 설명할 수 있을까?

그 대답은 구슬프면서도 부드러운 예수의 말에 조심스럽게 둘러싸여 있다. "시몬아, 시몬아. 보라, 사단이 너희를 밀 까부르듯 하려고 요구하였으나…." 예수와 사탄 사이에 오갔으리라고 추측되는 대화는 사탄이 욥을 시험하려고 하나님께 허락을 받아내는 장면을 연상시킨다.

"사탄이 여호와께 대답하여 이르되 욥이 어찌 까닭 없이 하나님을 경외하리이까? 주께서 그와 그의 집과 그의 모든 소유물을 울타리로 두르심 때문이 아니니이까? 주께서 그의 손으로 하는 바를 복되게 하사 그 소유물이 땅에 넘치게 하셨음이니이다. 이제 주의 손을 펴서 그의 모든 소유물을 치소서. 그리하시면 틀림없이 주를 향하여 욕하지 않겠나이까. 여호와께서 사탄에게 이르시되 내가 그의 소유물을 다 네 손에 맡기노라. 다만 그의 몸에는 네 손을 대지 말지니라"(욥 1:9-12).

오늘 밤 사탄은 베드로의 허점을 청구했다. 사탄은 그의 믿음을 키질해 껍질이 벗겨질 때까지 흔들고자 한다. 그렇게 되면 그는 베드로의 마음속에 있는 것이 진정 무엇인지를 세상에 보여줄 수 있게 될 것이다. 그리고 다른 제자들도 이것을 보게 된다면 혁명의 등뼈는 이미 부러진 것이나 진배없을 것이다.

늦은 시각이다. 어둡고 춥다. 베드로는 예수를 따라 성전 뜰 안에까지 들어섰다. 거기서 구세주는 삼엄한 경계 속에 재판을 기다리고 계신다. 그는 예수가 그의 주님이시기 때문에 온다. 그는 만일 사태가 정반대로 벌어졌다면 예수도 자신을 구하기 위해 오셨을 것이라고 믿는다. 그래서 예수를 돕고자 온다. 그러나 그는 무엇을, 언제, 어떻게 해야 할지 알지 못하고 있다. 천 가지 시나리오가 마음속을 오간다. 그의 마음이 혼란스럽게 갈리고 있다. 칼을 빼서 싸워야 하나? 아니지, 주님은 동산에서 그 일을 책망하셨지. 그렇다면 주님을 위해 증언을 해야 하나? 그렇게 되면 여러 면에서 도움이 될 거야. 아니면 그냥 지켜보고 있다가 내일 아침에 동료들을 모아볼까?

베드로는 다른 사람들이 자신이 누구인지 모르리라 생각하고 주님을 체포한 사람들이 쬐고 있는 모닥불 곁으로 다가선다. 불을 쬐면서 다음 행동을 구상하려는 것이다.

그는 손을 비비며 불 앞에 쭈그리고 앉는다. 불에서 온기를 취하고 또 저녁 시간의 무료함을 달래기 위해 잡담을 나누고 있는 낯선 자들과 함께 그는 잠시나마 한가로움을 맛본다.

불 옆에서 사람들은 탁탁 장작 튀는 소리를 들으며 나사렛 사람의 체포에 대해 이야기한다. 그들은 말하면서 예수를 가리킨다. 그리고 고개를 끄덕이기도 하고 그의 운명을 저울질해보기도 한다. 불꽃은 널름거리는 혀로 쉿 소리를 내며 밤공기를 핥고 있다. 이 불꽃들이 가져다주는 엷은 빛이야말로 사탄이 자기 일을 하려고 사용하는 도구다. 어떤 여종 하나가 희미한 불빛 사이로 베드로를 흘깃 본다. "이 사람도 그와 함께 있었어요."

베드로는 자신을 고발하는 듯한 불꽃의 열기를 느끼며 단호하게 부인한다. 그는 땀을 흘리기 시작한다. 내 정체가 드러나면 어떻게 예수를 도울 수 있겠는가? 그렇게 되면 사태가 더 악화할 뿐이야. 그리고 내가 여기서 하는 말을 누가 다른 제자들에게 전하겠어?

잠시 후 두 번째 고발이 들린다. 그리고 베드로는 또 한 번 부인한다. 이번에는 좀 더 강력한 어조다. 그러나 숨길 수 없는 사투리 억양이 마침내 그의 정체를 드러내고 만다.

"당신은 갈릴리 사람이오. 당신의 사투리를 보면 알 수 있소. 당신은 그의 제자가 분명하오."

그는 이 위기를 벗어나기 위해 급히 생각했을 것이다. 결국, 그는 예수를 저주하고 욕하면서 자신의 정체를 덮을 충분한 흙을 모으듯 여러 폭언을 서슴지 않는다. 분명한 단어들을 사용해가며 그는 예수와의 모든 관계를 부인한다. 그 전략은 주효했던 것 같다. 모닥불 주위에 있는 사람들은 그의 설명을 수긍한 듯하다.

그러나 이 밤 어디에선가 수탉 한 마리가 목을 길게 뽑고 부르르 깃털을 흔들며 소리 높여 그를 고소한다.

이 제자는 순간적으로 예수가 자기를 바라보고 있다는 사실을 깨닫는다. 그것은 친밀함을 느끼기에는 너무나 짧은 순간이다. 그러나 이런 때만큼은 시간이 한없이 늘어져 사람의 마음속에 자신을 각인시키는 법이다.

구세주는 아무 말씀이 없다. 실망에 찬 눈빛으로 고개를 설레설레 젓지도 않으신다. 또는 경멸감을 비추면서 고개를 숙이지도 않으신다. 그의 시선에는 "내가 이렇게 될 거라고 했지?" 하는 불평이 서려 있지 않다. 그 표정은 오히려 사탄의 키질에 빠져드는 것이 무엇인지를 아시는 분이 지으시는 동정 어린 것이다. 예수도 그 경험을 했다. 황량한 광야에서 40일 동안 경험했다. 그는 사탄의 키질이 얼마나 견디기 힘든지, 그 열쇠를 쥐고 있는 원수의 손이 얼마나 냉혹한지를 안다. 그의 표정에는 어떠한 원망의 빛도 없다. 그것은 모든 것을 이해하는 친구의 표정이다.

그 표정을 보면서 베드로의 억눌렀던 모든 감정이 순식간에 무너져 내린다. 그는 비통에 찬 눈물을 흘리며 성전 뜰에서 달아난다. 그리고 바깥 어디에선가 멈춰 서서 주먹으로 가슴을 친다. 머리를 쥐어뜯고 얼굴을 찡그린다. 죄책감이 너무 무겁게 짓누른 나머지 견디기 어려운 지경이다. 그는 통곡하며 주저앉고 만다. 흘릴 눈물이 없을 때까지 울고 또 운다. 그러나 또 눈물이 솟구친다.

그는 자신이 이토록 처참하게 실망시킨 구세주를 위해 통곡한다. 그리고 자신을 위해 통곡한다. 오, 하나님, 아닙니다, 아닙니다, 아닙니다. 제가 무슨 짓을 했나요? 제가 무슨 짓을 했나요? 하나님, 이 캄캄한 시간을 거두어주십시오. 밤을 거꾸로 돌려주십시오. 다시 한 번 제게 기회를 주십시오. 제발, 오, 하나님. 밤을 거꾸로 돌려주십시오.

그러나 밤은 거꾸로 돌려지지 않는다. 그리고 이 캄캄한 시간도 그에게서 거두어지지 않는다.

마침내 베드로의 눈물이 멈췄을 때 밤은 서서히 회색을 띠기 시작한다. 이제 곧 새벽이 될 것이다.

키질은 끝났다. 이제 남은 것은 껍질이 벗겨진 믿음의 알갱이뿐이다. 그것은 작은 낱알이다. 그러나 사탄이 건드릴 수 없는 낱알이다. 사탄은 자기가 원했던 모든 쭉정이를 날려버렸다. 그러나 알곡은 예수에게 속한 것이다.

베드로는 이제 한때 그의 삶을 감싸고 있던 두꺼운 껍질을 벗고 더 작은 사람이 되었다. 그는 깨졌고 벌거벗겨졌다.

당신이 원한다면 그를 비난하라. 그가 얼마나 자신만만한 사람이었는지 말하라. 그가 얼마나 충동적인 사람이었는지 말하라. 그가 얼마나 경솔하게 입방아를 찧던 사람이었는지 말하라. 그리고 그가 얼마나 변화가 필요했던 사람이었는지 말하라. 그렇게 하라. 그러나 그전에 다른 제자들은 이미 예수를 버렸다는 사실을 기억하라. 베드로와 요한만이 그 두렵던 밤에 예수를 좇았다. 물론 베드로가 멀찍이 따라갔던 것은 사실이다. 그가 동산에서 무모하게 칼을 뽑았던 것도 사실이다. 그것은 실수였다. 그러나 그는 거의 가능성 없는 상황임에도 불구하고, 자기 목숨을 내어놓다시피 하고 그렇게 했다. 그가 예수를 실망시킨 것도 사실이다. 그러나 그는 다른 제자들이 발을 들여놓기를 거부했던 성전 뜰에서 그렇게 했다. 게다가 정상적인 상황도 아니었다. 사탄의 무거운 키질을 당하면서 그렇게 한 것이다. 좋다. 그를 비난하라. 그를 엄격하게 대하라. 그러나 키질을 한 것은 예수가 아니라 사탄이었다는 사실을 잊지 마라. 예수는 기도하는 자의 친구였다.

기도

주 예수님,

    베드로로 인해 감사드립니다. 그는 위대한 사람이었습니다. 그는 당신을 너무나 사랑했습니다. 그는 모든 것을 버리고 당신을 따랐습니다. 그는 당신의 이름으로 병자를 고쳤고, 귀신을 내쫓았으며, 하나님의 나라를 선포했습니다. 3년 반이란 시간 동안 그는 충성스럽게 당신 곁에 서 있었습니다. 그리고 군사들이 당신을 잡으려고 왔을 때 그는 당신을 위해 일어섰습니다. 모두가 당신을 버렸을 때 그는 성전 뜰까지 당신을 따라갔습니다.

    저는 베드로처럼 하지 못했을 것이라고 고백할 수밖에 없습니다.

제가 그를 정죄하지 않도록 도와주십시오, 주님. 오히려 당신을 향한 그의 위대하고 뜨거운 사랑에 비추어 제 신앙을 점검할 수 있게 해주십시오.

오늘 하루의 삶에서도 너무나 많은 영역에서, 너무나 많은 방법으로, 너무나 많은 순간 제가 당신을 부인했던 것을 똑똑히 볼 수 있도록 도와주십시오.

제가 너무 바빠 기도하지 못할 때 저는 당신이 제 삶의 중심이심을 부인하는 것입니다.

제가 당신의 말씀을 소홀히 여길 때 저는 당신이 제 삶을 인도하실 수 있는 능력 있는 분임을 부인하는 것입니다.

제가 염려할 때 저는 당신이 제 모든 상황을 주관하는 분임을 부인하는 것입니다.

제가 굶주린 자들과 집 없는 자들을 외면할 때 저는 당신이 자신의 손과 발이 되라고 저를 이곳에 두신 자비의 하나님이심을 부인하는 것입니다.

제가 제 삶을 부요하게 하려고 다른 사람의 것을 가로채고자 할 때 그리고 그것이 물질적인 것이든 또는 다른 사람이 받아야 할 인정이든 간에 저는 당신이 모든 복의 근원이심을 부인하는 것입니다.

예수님, 제가 아무도 모르게, 그러나 당신에게는 감출 수 없는 여러 은밀한 방법으로 당신을 부인해온 것을 용서해주십시오.

당신이 베드로에게 하신 것처럼 저도 다른 사람들을 위해 기도하고 그들을 격려할 수 있기 원합니다. 그들이 어떤 모습으로든, 저에 대한 우정을 부인하는 경우라 할지라도, 아니 특별히 그런 경우 더욱 그렇게 할 수 있게 해주십시오.

당신이 제 믿음이 떨어지지 않도록 기도해주신 그 모든 순간에 대해 감사드립니다. 당신이 제 곁에 서서 저를 붙들어주셨기 때문에 제가 사탄의 손에서 벗어날 수 있었던 때가 얼마나 많았는지 말로 다 표현할 수 없습니다. 그리고 제가 당신을 형편없이 실망시킨다 해도 언제나 당신의 눈을 들여다보고 그곳에서 용서를 발견할 수 있으므로 인해 당신께, 가장 신실한 친구이신 당신께 진심으로 감사드립니다.

종교인들의 손에서 맞이하는
깨달음의
순____간

이에 군대와 천부장과 유대인의 아랫사람들이 예수를 잡아 결박하여 먼저 안나스에게로 끌고 가니 안나스는 그 해의 대제사장인 가야바의 장인이라. 가야바는 유대인들에게 한 사람이 백성을 위하여 죽는 것이 유익하다고 권고하던 자러라…

대제사장이 예수에게 그의 제자들과 그의 교훈에 대하여 물으니 예수께서 대답하시되 "내가 드러내 놓고 세상에 말하였노라. 모든 유대인들이 모이는 회당과 성전에서 항상 가르쳤고 은밀하게는 아무것도 말하지 아니하였거늘 어찌하여 내게 묻느냐? 내가 무슨 말을 하였는지 들은 자들에게 물어보라. 그들이 내가 하던 말을 아느니라."

이 말씀을 하시매 곁에 섰던 아랫사람 하나가 손으로 예수를 쳐 이르되 "네가 대제사장에게 이같이 대답하느냐?" 하니 예수께서 대답하시되 "내가 말을 잘못하였으면 그 잘못한 것을 증언하라. 바른 말을 하였으면 네가 어찌하여 나를 치느냐?" 하시더라.

_ 요한복음 18:12-14, 19-23

묵상

구세주를 제일 먼저 친 손은 종교인의 손이었다.

기도

하나님,

　제게 통찰력을 주셔서 예수님이 배반당하신 그 밤에 끌려가셨던 방 안의 장면을 들여다볼 수 있게 해주십시오. 너무도 종교적인 그 방들을. 당신의 아들이 그토록 뻔뻔스럽게 다루어지던 그곳을.

　어느 누가 그 신성한 방에서 그런 위선이, 그런 적의가, 그런 반역이 존재한다고 생각했겠습니까? 어느 누가 당신이 기름 부으신 자를 당신이 직책을 맡기신 자, 곧 제사장들과 성전 군관들이 대적하리라고 생각했겠습니까?

　그들이 읽었던 경전, 그들이 드렸던 제사, 그들이 지켰던 거룩한 절기, 그들이 행했던 의식, 그 모든 것은 그분의 오심을 준비하기 위한 것이었습니다. 그토록 종교적인 사람들이, 그토록 성경에 깊이 뿌리내리고 신학적 훈련을 받았던 그들이 어떻게 그분을 몰라볼 수 있었을까요? 진리가 그들 바로 앞에 서서 그들을 마주 보고 있는데도 어떻게 그들은 그 진리를 알아보지 못했을까요?

그리고 저 또한 진리가 제 앞에 있었을 때 얼마나 많은 순간 그 진리를 알아보지 못했던가요? 얼마나 많은 순간 가난한 자들의 얼굴에서 당신 아들의 눈을 보지 못했던가요? 성경의 각 장에서 성령의 음성을 듣지 못했던가요? 주님, 얼마나 많은 순간, 하늘의 소리를 듣지 못하고, 영적인 것들을 보지 못하고, 당신이 제 안에서 그리고 제 주위에서 행하시는 일들에 무지했던가요?

하나님, 제가 다른 사람의 평판을 떨어뜨리는 것만이 유일한 목적인 그러한 판단의 자리에 앉지 않도록 도와주십시오. 다른 사람을 판단하기 위한 목적으로 질문을 던지지 않도록 도와주십시오. 다른 사람을 상하게 하려는 목적으로 제 손을 들지 않도록 도와주십시오.

제가 모든 것에 대해 질문해야 하고, 모든 것을 판단해야 하며, 어떤 면에서든지 제 방법과 다른 모든 것을 정죄해야 한다고 생각하는 그러한 대제사장의 역할을 하지 않도록 도와주십시오. 제가 변호해야 할 직책과 보호해야 할 사람이 있다고 생각하는 성전의 군관이 되지 않도록 도와주십시오.

제가 신학적인 질문을 갖고 온다면 니고데모가 가졌던 겸손함으로 그 질문을 하게 해주십시오. 제가 다른 의견을 갖고 온다면 우물가의 여인처럼 존경심을 가지고 그것을 표현하게 해주십시오. 그리고 제가 판단해야 하는 경우에는 예수님이 예루살렘을 위해 우시면서 심판을 내리셨던 것처럼, 그렇게 조심스럽게 많은 슬픔과 눈물로 그 일을 할 수 있게 해주십시오.

제가 누구라고 다른 사람을 판단하겠습니까? 오, 하나님, 세례 요한처럼 이상하고 당혹스러운 방법으로 심판을 외치는 것을 당신이 기뻐하실 수 있으리라고 누가 생각했겠습니까? 광야에서 홀로 거하는 은자. 낙타의 가죽으로 옷을 입고 곤충을 먹으며 살았던 그 사람. 예수님과는 너무나 대조적이었던 그 사람. 두 사람이 사용한 방법은 서로 달랐지만 그들의 메시지는 같았습니다. 그리고 당신은 그들 모두를 사랑하셨고, 그들 모두를 인정하셨습니다.

제가 이해할 수 있도록 도와주시고, 제가 이해할 수 없을 때는 적어도 그리스도의 몸 안에 있는 위대한 다양성을 존중할 수 있게 해주십시오. 남자나 여자, 헬라인이나 유대인, 종이나 자유자가 모두 그리스도 안에서 하나라면 복음주의자나 은사주의자, 침례교인이나 루터교인도 마찬가지가 아니겠습니까?

우리의 차이점은 긴 예복을 입느냐, 아니면 세 조각으로 된 양복을 입느냐 하는 것입니다. 우리의 차이점은 예배 의식을 갖추느냐, 아니면 없애느냐 하는 것입니다. 우리의 차이점은 찬양의 형태와 사용하는 악기가 다르다는 것입니다. 우리가 당신을 사랑한다면, 참으로 당신을 우리 마음과 목숨과 뜻을 다해 사랑한다면 우리의 차이점은 과연 무엇이겠습니까?

사람들이 그 방에서 읽던 성경은 예수님이 읽으셨던 성경과 같았음을 기억하게 해주십시오. 그들은 예수님과 같은 신학을 가지고 있었고, 같은 성전에서 경배했으며, 같은 의식을 지켰던 사람들입니다. 그러나 그들의 손이야말로 주님을 가장 먼저 친 손이었습니다.

제가 그러한 일에 절대 가담하지 않도록, 그 방에서 벌어진 일들에 절대 참여하지 않도록 저를 붙들어주십시오. 너무도 종교적인 그 방들에서 벌어진 일들에. 당신의 아들을 그토록 뻔뻔스럽게 다루던 그곳에서 벌어진 일들에.

로마인들의 손에서 맞이하는
긴장된
순_____간

그들이 예수를 가야바에게서 관정으로 끌고 가니 새벽이라. 그들은 더럽힘을 받지 아니하고 유월절 잔치를 먹고자 하여 관정에 들어가지 아니하더라. 그러므로 빌라도가 밖으로 나가서 그들에게 말하되 "너희가 무슨 일로 이 사람을 고발하느냐?" 대답하여 이르되 "이 사람이 행악자가 아니었더라면 우리가 당신에게 넘기지 아니하였겠나이다." 빌라도가 이르되 "너희가 그를 데려다가 너희 법대로 재판하라." 유대인들이 이르되 "우리에게는 사람을 죽이는 권한이 없나이다" 하니 이는 예수께서 자기가 어떠한 죽음으로 죽을 것을 가리켜 하신 말씀을 응하게 하려 함이러라.

이에 빌라도가 다시 관정에 들어가 예수를 불러 이르되 "네가 유대인의 왕이냐?"

예수께서 대답하시되 "이는 네가 스스로 하는 말이냐? 다른 사람들이 나에 대하여 네게 한 말이냐?"

빌라도가 대답하되 "내가 유대인이냐? 네 나라 사람과 대제사장들이 너를 내게 넘겼으니 네가 무엇을 하였느냐?"

예수께서 대답하시되 "내 나라는 이 세상에 속한 것이 아니니라. 만일 내 나라가 이 세상에 속한 것이었더라면 내 종들이 싸워 나로 유대인들에게 넘겨지지 않게 하였으리라. 이제 내 나라는 여기에 속한 것이 아니니라."

빌라도가 이르되 "그러면 네가 왕이 아니냐?"

예수께서 대답하시되 "네 말과 같이 내가 왕이니라. 내가 이를 위하여 태어났으며 이를 위하여 세상에 왔나니 곧 진리에 대하여 증언하려 함이로라. 무릇 진리에 속한 자는 내 음성을 듣느니라" 하신대

빌라도가 이르되 "진리가 무엇이냐?" 하더라. 이 말을 하고 다시 유대인들에게 나가서 이르되 "나는 그에게서 아무 죄도 찾지 못하였노라. 유월절이면 내가 너희에게 한 사람을 놓아 주는 전례가 있으니 그러면 너희는 내가 유대인의 왕을 너희에게 놓아 주기를 원하느냐?" 하니 그들이 또 소리 질러 이르되 "이 사람이 아니라. 바라바라" 하니 바라바는 강도였더라.

이에 빌라도가 예수를 데려다가 채찍질하더라. 군인들이 가시 나무로 관을 엮어 그의 머리에 씌우고 자색 옷을 입히고 앞에 가서 이르되 "유대인의 왕이여 평안할지어다" 하며 손으로 때리더라. 빌라도가 다시 밖에 나가 말하되 "보라, 이 사람을 데리고 너희에게 나오나니 이는 내가 그에게서 아무 죄도 찾지 못한 것을 너희로 알게 하려 함이로라" 하더라.

이에 예수께서 가시관을 쓰고 자색 옷을 입고 나오시니 빌라도가 그들에게 말하되 "보라 이 사람이로다" 하매 대제사장들과 아랫사람들이 예수를 보고 소리 질러 이르되 "십자가에 못 박으소서. 십자가에 못 박으소서" 하는지라. 빌라도가 이르되 "너희가 친히 데려다가 십자가에 못 박으라. 나는 그에게서 죄를 찾지 못하였노라." 유대인들이 대답하되 "우리에게 법이 있으니 그 법대로 하면 그가 당연히 죽을 것은 그가 자기를 하나님의 아들이라 함이니이다." 빌라도가 이 말을 듣고 더욱 두려워하여 다시 관정에 들어가서 예수께 말하되 "너는 어디로부터냐?" 하되 예수께서 대답하여 주지 아니하시는지라.

빌라도가 이르되 "내게 말하지 아니하느냐? 내가 너를 놓을 권한도 있고 십자가에 못 박을 권한도 있는 줄 알지 못하느냐?"

예수께서 대답하시되 "위에서 주지 아니하셨더라면 나를 해할 권한이 없었으리니 그러므로 나를 네게 넘겨 준 자의 죄는 더 크다" 하시니라. 이러하므로 빌라도가 예수를 놓으려고 힘썼으나 유대인들이 소리 질러 이르되 "이 사람을 놓으면 가이사의 충신이 아니니이다. 무릇 자기를 왕이라 하는 자는 가이사를 반역하는 것이니이다."

빌라도가 이 말을 듣고 예수를 끌고 나가서 돌을 깐 뜰(히브리 말로 가바다)에 있는 재판석에 앉아 있더라. 이 날은 유월절의 준비일이요 때는 제육시라. 빌라도가 유대인들에게 이르되 "보라, 너희 왕이로다." 그들이 소리 지르되 "없이 하소서. 없이 하소서. 그를 십자가에 못 박게 하소서." 빌라도가 이르되 "내가 너희 왕을 십자가에 못 박으랴?" 대제사장들이 대답하되 "가이사 외에는 우리에게 왕이 없나이다" 하니 이에 예수를 십자가에 못 박도록 그들에게 넘겨 주니라.

_ 요한복음 18:28-19:16

로마의 식민 통치 아래서 산헤드린은 처형권을 갖지 못했다. 이 때문에 종교 지도자들은 예수를 빌라도에게 끌고 왔다. 로마법에 의해 유죄인 것이 증명되면 그는 처형당할 수 있다. 그리고 또 하나 좋은 점은 그 더러운 일이 자신들의 손을 거치지 않고 군대의 소관으로 넘어가게 된다는 것이다.

그 당시 군대는 험악한 시대에 태어난 험악한 사람들로 이루어져 있었다. 그들은 격투사들이 목숨을 걸고 싸우거나 문제를 일으키는 사람들이 사자의 먹이로 던졌던 원형 경기장의 잔인함에 익숙해 있던 사람들이다. 그들의 잔인함은 말로 다할 수 없을 지경이었다. 그 처참함은 말로 표현할 수 없을 정도로 끔찍했다. 그들은 고문을 오락으로 여겼고, 다른 사람에게 고통을 가하는 것을 스포츠로 삼았다.

빌라도는 잔인한 사람이었지만 또한 신중한 사람이었다. 언제나 다음에 취할 행동을 계산해두는 자였다. 어떤 일이든 자신의 지위에 미칠 영향을 늘 저울질하는 사람이었다. 지금 그의 지위는 유대 총독이다. 그것은 그가 경멸하는 자리다. 그는 자신이 다스리는 유대인들에 대한 존중심이라고는 추호도 없다. 그들의 믿음에 대해서도 마찬가지고, 그들의 확신에 대해서도 마찬가지다. 그는 필요할 때만 그것들에 경의를 표할 뿐이다.

그러한 예로 그가 거룩한 도시 안에 황제의 신상들을 세웠던 적이 있다. 그 일로 유대인들은 닷새 동안 격렬히 저항했다. 그는 유대인들을 죽이겠다고 위협했지만 그들의 입장은 단호했다. 결국, 엿새째 되는 날 그는 정치적인 영향을 두려워한 나머지 자신의 고집을 꺾고 그 신상들을 치웠다.

또 한 번은 그가 물의 공급을 개선하기 위해 수로를 만들 것을 제안했다. 그러나 그가 공사 자금을 성전 궤에서 끌어오려 했던 것이 밝혀지자 유대인들은 반란을 일으켰다. 비록 소요는 로마 병력에 의해 진압되었지만, 빌라도는 유대인들의 심기를 건드리지 않도록 조심해야 한다는 것을 배웠다.

바로 이런 이유로 지금 그는 그 앞에 수수께끼처럼 서 있는 예수의 재판에 신중한 태도를 취하고 있는 것이다. 예수는 자신에 대한 고소 사실을 인정한다. 즉 그가 왕이라는 것을 시인한다. 그 시인이 만들어 낸 침묵을 깨며 빌라도는 예수의 주위를 돌며 그를 살펴본다.

그는 조금도 왕 같지 않다. 하지만 무엇인가 그에게서 풍기는 것이…그의 눈빛에 담긴 그 무엇이…그 표정이, 그 표정이 빌라도를 괴롭힌다. 무엇이라고 설명할 수 없는 표정이다. 그가 두려워하는 표정이다.

예수는 그의 눈을 들여다보고, 그의 눈을 넘어 그의 두려움을 보고, 그의 두려움을 넘어 그의 영혼 깊은 곳을 본다. "내 나라는 이 세상에 속한 것이 아니니라. 만일 내 나라가 이 세상에 속한 것이었더라면 내 종들이 싸워 나로 유대인들에게 넘겨지지 않게 하였으리라. 이제 내 나라는 여기에 속한 것이 아니니라."

"아하, 이제 시인을 하시는군. 네가 왕이 아니냐?"

"네 말과 같이 내가 왕이니라. 내가 이를 위하여 태어났으며 이를 위하여 세상에 왔나니 곧 진리에 대하여 증언하려 함이로라. 무릇 진리에 속한 자는 내 음성을 듣느니라."

빌라도의 생각은 사방으로 달린다. 로마로, 예루살렘으로 그리고 다시 로마로. 마침내 그 생각들은 그의 양심의 자리에 와서 멈춘다. 그러나 그곳에서 그것들은 쉼을 얻지 못한다. 오직 의문이 있을 뿐이다. "진리가 무엇이냐?"

빌라도의 질문은 침묵의 답변을 맞는다. 그 질문은 빙빙 돌아 마치 손잡이같이 올라갈 수 없는 그의 마음의 절벽에 달라붙는다. 그는 예수에게서 돌아서서 군중에게 말하고자 연단으로 간다. 자신의 양심과 군중의 강요 사이를 조심스럽게 지나면서.

명절의 전통에 따라 그는 죄수 한 사람을 풀어주려고 한다. 그리고 그는 마음속으로 백성이 예수를 택하기 바란다.

그러나 기대는 어긋났다. 다시 한 번 두려운 선택이 그의 몫으로 떨어진다.

그는 군중에게서 돌아선다. 선택의 복잡한 기로에서 조심스럽게 자신의 길을 택하며 그는 예수를 채찍질하기로 결정한다. 그는 생각한다. 어쩌면 이것으로 백성을 만족시킬 수 있을지도 몰라. 어쩌면 이것으로 그들이 물러설 수도 있을 거야. 그래서 그는 명령을 내리고 그의 양심에 쉼을 주기 위해 내실로 들어간다.

예수는 끌려가 옷이 벗겨지고 양쪽에 쇠고리가 달린 1미터 높이의 기둥 앞에서 무릎이 꿇린다. 호위병들은 그의 손목을 끌어다 밧줄로 묶고 그 고리들에 단단히 비끄러맨다.

채찍은 형벌을 가하기 위해 사용된다. 나무로 된 손잡이로부터 아홉 개의 가죽끈이 물결치듯 흘러내린다. 그 끈들에는 뼛조각, 작은 철고리 그리고 다른 날카로운 물체들이 달려 있다.

형 집행인은 채찍을 들고 죄수 뒤로 2미터가량 떨어져 선다. 그가 손목을 움직이자 아홉 마리 가죽 뱀이 바닥 위로 주르르 미끄러져 내린다. 그 후 그는 힘을 주기 위해 다리를 벌리고 서서 위치를 잡는다.

그는 손목을 가볍게 퉁기며 가죽을 들어 올린다. 그리고 채찍을 뒤로 제쳤다가 오른팔로 그것을 앞으로 갈긴다. 채찍은 예수의 몸을 치면서 그 이빨을 그의 갈비뼈 사이에 집어넣는다. 억센 팔이 채찍을 뒤로 잡아채자 살점이 떨어지고 달걀 모양의 핏방울들이 바닥 위로 튄다.

채찍이 그의 몸에 떨어질 때마다 고통의 떨림은 예수의 몸에 있는 모든 신경을 타고 흘러간다. 고통은 흘러 그의 입술의 신경에까지 닿는다. 그러나 그 입술은 떨면서도 소리를 지르지 않는다.

다시 한 번 채찍이 가해지고 도리깨질하는 그 끈은 예수의 등뿐 아니라 팔과 목과 머리까지도 감싼다.

고통의 실개천들이 예수의 눈에 모여든다.

또 채찍이 가해지자 그의 어깨 피부가 벗겨지면서 울퉁불퉁한 근육의 골짜기가 그대로 드러난다. 그리고 그 골짜기 밑으로 하얀 뼈가 반짝거린다.

소리 없는 눈물이 예수의 얼굴을 타고 흘러내린다.

채찍질이 끝났을 즈음 구세주의 등가죽이 거의 벗겨지고 없다. 피로 범벅이 된 채찍 자국들이 그의 온몸에 잔인함의 증거를 새겨놓았다. 두 호위병이 그를 일으켜 세워 빌라도 앞으로 다시 끌고 간다.

그러나 빌라도는 헤롯이 그에게 인가를 요청해온 칙령과 허락해주기를 원하는 예산 문제 등 다른 업무들로 여유가 없다. 그래서 예수는 대기실로 끌려간다.

이곳은 시위대 안에 있는 널찍한 방으로 수백 명의 사람이 모여 있다. 군인들. 짧은 수염과 얽은 자국이 있는 얼굴, 전쟁의 상흔으로 얼룩진 피부를 가진 사람들이다. 주변 지방의 영혼 없는 돌들에서 거칠게 채석해온 사람들이다. 유대인을 싫어하는 지방에서 온 자들이다.

이 고독한 유대인이 지금 끌려간 방은 영혼 없는 사람들로 가득 차 있다. 공기는 그들의 땀과 거친 말 그리고 고약한 냄새가 나는 숨결로 탁해져 있다.

예수의 손. 한때 문둥병자를 만져주고 어린아이들의 머리를 쓰다듬기 위해 뻗었던 그 손이 지금 밧줄에 묶여 있다. 호위병들은 그를 병사들이 둘러서 있는 곳으로 데려간다.

병사들은 예수가 어떤 종류의 왕이라고 주장했다는 것 외에는 그에 대해 아는 것이 거의 없다. 소문으로 듣던 왕을 보자 문득 게임을 즐기고 싶은 충동이 거역할 수 없을 정도로 강하게 그들에게 몰려온다. 먹이를 노리는 맹수처럼 그들은 예수에게 다가온다. 한 떼의 늑대처럼 그들은 새로운 피를 맛보기 위해 침을 흘린다.

호위병 하나가 죄수의 손목에서 밧줄을 풀어준다. 수면 부족으로 인한 피곤함과 과다 출혈이 초래한 어지러움을 느끼면서 예수는 쓰러진다. 한 목소리가 울부짖는다. "그의 옷을 벗겨!" 그러자 병사 몇 명이 달려들어 예수를 일으켜 세우고 피에 젖은 그의 옷을 등에서 벗겨낸다.

그는 이빨을 드러낸 채 털을 곤두세우고 있는 원수들 앞에 벌거벗은 채로 선다. 그들은 약탈 본능을 따라 그를 비웃고 찌르고 야유를 퍼붓는다.

그는 털 깎는 자 앞에 벌거벗은 채 잠잠히 서 있을 뿐 아니라 홀로 서 있다. 그를 변호해줄 사람은 아무도 없다. 그들의 따가운 눈총에서 그를 막아줄 사람은 아무도 없다. 그들의 야수성에서 그를 보호해줄 사람은 아무도 없다.

어떤 병사가 그에게 의자를 던진다. "당신의 보좌입니다. 왕이시여, 앉으시죠." 의식이 가물가물한 상태에서 예수가 겨우 몸을 움직이자 그에게 욕을 퍼부으며 외친다. "앉으라고 했잖아!"

예수가 앉으려고 하자 그는 뒤에서 의자를 잡아챈다. 방 안에는 웃음이 터져 나온다.

그 병사는 예수에게 손을 내민다. 그가 그 손을 잡으려고 힘없이 팔을 내밀자 그는 다른 손으로 주먹을 만들어 그를 친다. 귀에 거슬리는 웃음소리 한가운데서, 코에서 흘러내리는 흥건한 피 가운데서 예수는 움직임 없이 누워 있다. 예수는 얼굴을 바닥으로 향한 채 눈을 감는다. 잠시 그의 부은 얼굴은 돌바닥의 차가움 속에서 자비를 구하는 듯하다.

그러나 그것도 잠깐.

또 다른 병사가 발로 그를 찌르고 손을 내민다. 붓고 찢어진 눈꺼풀

사이로 예수는 그를 올려다본다. 그가 그 손을 잡자 병사는 주먹으로 치는 시늉을 한다. 예수는 몸을 움찔한다. 그러자 또 다른 웃음소리가 한바탕 울려 퍼진다.

두 명의 병사가 구타당한 죄수를 일으켜 의자에 앉힌다. 그들 중 한 사람이 그 앞에 몸을 숙인다. "충성스러운 신하가 드리는 선물입니다"라고 말한 후 그는 몸을 일으키며 예수를 올려친다. 예수의 턱 인대는 찢어지고, 그가 넘어지면서 의자도 소리를 내며 뒤로 넘어져 뒹군다.

그들이 붉은 망토를 가져다가 예수의 어깨 위에 드리우자 그 천은 흐르는 피를 흡수하면서 칙칙한 빛깔로 변한다. 그들은 예수를 다시 의자에 앉히고 긴 갈대를 그의 손에 쥐여준다. "당신의 홀입니다, 전하."

또 다른 병사가 부싯깃 통에서 가시로 된 가지를 가져다가 화관을 만든다. "왕이라면 왕관이 있어야지요." 그는 기다란 가시들이 달린 관을 예수의 머리에 눌러 씌운다. 예수는 에덴에 내렸던 하나님의 저주가 자신을 저주하기 위해 되돌아올 때 얼굴을 찡그린다.

또 다른 사람이 예수의 손에서 갈대를 빼앗아 그것으로 그의 머리를 쳐서 가시가 더 깊이 박히게 한다. 가시가 찌른 곳마다 핏줄기가 흘러내린다. 맥박이 뛸 때마다 구세주의 생명은 방울방울 떨어져 그의 얼굴을 타고 빠져나간다.

"유대인의 왕, 만세!" 지휘 장교가 소리를 치자 전 보병대가 함께 무릎을 꿇는다. 그러나 왕에게 찬양의 화환을 던지는 대신 병사들은 목 깊은 곳에서 그르렁거리는 가래를 토해 올려 왕에게 뱉는다.

왕은 그들이 내뱉는 침으로 난타를 당한다. 한 사람이 지나가면 또 다른 사람이 지나가고, 마침내 그들의 경멸 섞인 침으로 온몸이 흠뻑 젖을 때까지 그 일을 당한다.

빌라도가 죄수를 만날 준비가 되었다는 말이 호위병들에게 전해지자 그들은 예수를 이끌고 재판석으로 간다. 빌라도가 내리기를 주저하는 판결이다. 그는 예수의 무죄를 믿는다. 그러나 그는 군중을 설득할 자신이 없다.

빌라도는 군중이 예수의 처참한 모습을 보면 연민의 마음을 갖게 될지도 모른다는 기대 속에 모두가 그를 볼 수 있는 위치로 데려간다. "보라. 이 사람이로다." 빌라도는 외친다. 너희가 십자가에 못 박기 원하는 사람이다. 이제 그를 보라.

그의 얼굴을 보라.

그의 등을 보라.

그가 흘린 피와 상처와 깨어진 가슴을 보라.

육신이 되셔서 이 모든 일을 당하신 하나님을 보라.

"여기에 너희 왕이 있다." 그리고 이 말을 함으로써 빌라도는 자신이 알고 있는 것보다 더 많은 것을 말한 것이다. 그가 진리를 알았다면 그는 예수의 발아래 무릎을 꿇고 자신의 왕관과 직업, 생명까지 모두 바쳤을 것이다.

그러나 예수는 왕의 슬픈 캐리커처다. 이성적인 사람이라면 누가 왕권이 이러한 모습으로 나타나리라고 믿을 수 있겠는가?

따라서 왕관은 바쳐지지 않는다. 직업도, 생명도 마찬가지다. 그리고 자신들의 왕께 굴복하기를 거부하는 것은 물론 실낱같은 자비를 보이는 것조차 거부하는 이 이성적인 군중도 마찬가지다.

"십자가에 못 박으소서!"

"십자가에 못 박으소서!"

"십자가에 못 박으소서!"

이 외침들은 증오의 파도처럼 몰려온다. 하나가 지나가면 또 다른 것이 밀려오면서 점점 더 커져 마침내는 절정을 이루고 무너져 내리는 파도처럼. 빌라도는 전에도 이러한 파도를 경험한 적이 있다. 그는 그들의 분노를 느껴본 적이 있다. 그리고 그것에 맞서는 것이 현명하지 않다는 정도는 알고 있다. 그렇지만 그는 한번 물살을 바꿔보려고 시도해본다.

"내가 너희 왕을 십자가에 못 박으랴?"

"가이사 외에는 우리에게 왕이 없나이다." 맨 앞줄에 있던 대제사장들이 대답한다. 그들은 그 대답으로 빌라도를 정치적으로 코너에 몰아넣는다. 그리고 그 코너에서는 뒤로 물러설 수가 없다. 만일 그가 황제를 대항하고자 하는 자를 놓아주었다는 말이 로마에 전해진다면…. 생각만으로도 그의 등골은 오싹해진다.

이것은 로마가 관여할 일이 아니야, 그는 자신에게 말한다. 그리고 이 일은 민란의 위험을 감수해야 할 만큼 가치 있는 일도 아니지. 물론 내 직업도 마찬가지고.

그래서 그는 대야를 가져다가 물에 손을 담근다. 손을 씻는 이 몸짓으로 그는 자신의 양심을 달래려 한다. "이 사람의 피에 대해 나는 무죄하니라." 그리고 손의 물기를 닦는 다른 몸짓으로 그는 군중을 달래려 한다. "이제 이 일은 너희의 책임이다." 그러나 군중은 양심의 가책을 느끼지 못한다. "이 사람의 피를 우리와 우리 자손에게 돌리시오!"

이 말은 빌라도가 잠시 멈춰 서 있는 동안 그의 귀에 울린다. 그는 그리스도를 쳐다본다. 그리고 군중을 바라본다.

천천히, 아주 천천히 그는 수건을 세면대에 걸어놓는다.

그리고 그 자리에서 걸어나간다.

기
도

왕이시여,

　당신은 그토록 조용하고 겸손하게, 누구도 기대하지 않았던 모습으로 자기 백성에게 오셨지만, 그들은 당신을 영접하지 않았습니다. 당신의 가슴은 그 일로 얼마나 아프셨는지요.

　그리고 그 가슴은 여러 번 반복해서 깨졌습니다. 바로 오늘도, 제가 기도하는 바로 이 순간에도. 당신은 수없이 오셨지만 수없이 거절당하셨습니다. 경배를 받으시기는커녕, 사랑을 받으시기는커녕, 섬김을 받으시기는커녕 당신이 누구신지조차도 제대로 인식되지 못했습니다.

　예수님, 제가 당신을 영접하지 않았던 그 모든 순간을 용서해주십시오. 당신을 거부했던 그 모든 순간을 용서해주십시오. 당신의 가슴을 깨뜨렸던 그 모든 순간을 용서해주십시오.

　제 마음을 어루만져주십시오. 한때 상처받으셨고 지금도 상처받으신 마음의 주님. 그래서 당신이 제게 오시는 그 많은 모습에 제가 민감해질 수 있게. 당신이 조용히 오실 때는 그 소리를 들을 수 있도록 저도 저 자신을 조용히 할 수 있게. 당신이 겸손하게 오실 때는 그 모습을 볼 수 있도록 저도 저 자신을 겸손히 할 수 있게. 당신이 제가 기대하지 않았던 모습으로 오실 때는 제가 당신을 영접할 수 있도록 그러한 모습까지 기대하고 준비할 수 있게.

　가장 이해할 수 없는 예복 밑에 감추어진 왕권을 볼 수 있는 눈을 주십시오. 가난한 자들의 얼굴에서 당신의 굶주림을 보게 하시고, 병든 자들의 몸에서 당신의 상처를 보게 하시며, 집 없는 자들의 발에서 당신의 지친 피부를 보게 하시고, 어린아이들의 입에서 당신의 말을 듣게 해주십시오.

저로 하여금 빌라도가 깨닫지 못한 것을 깨닫게 해주십시오. 당신이 진리이심을. 아니, 진리 이상이심을. 당신이 왕이심을.

예수님, 당신이 그토록 깊이 사랑하셨던 자들의 손에서 당신이 받으셔야 했던 그 모든 고통을 생각하면 가슴이 아픕니다.

당신이 당하신 고통 가운데 제가 가담했던 부분에 대해 저를 용서해주십시오. 당신을 아프게 했던 그 손들에 제 지문이 찍혀 있기 때문입니다. 당신에게 말할 수조차 없는 만행을 저지른 자들 가운데 제가 있었습니다. 지금도 그렇습니다.

제가 당신을 떠나 있을 때 어떤 존재인지를 깨닫게 해주십시오. 그리고 제가 당신 때문에 어떤 존재인지도 깨닫게 해주십시오. 주 예수님, 나의 왕이시여.

골고다에서 맞이하는
긴장된
순___간

또 다른 두 행악자도 사형을 받게 되어 예수와 함께 끌려 가니라. 해골이라 하는 곳에 이르러 거기서 예수를 십자가에 못 박고 두 행악자도 그렇게 하니 하나는 우편에, 하나는 좌편에 있더라.

이에 예수께서 이르시되 "아버지 저들을 사하여 주옵소서. 자기들이 하는 것을 알지 못함이니이다" 하시더라. 그들이 그의 옷을 나눠 제비 뽑을새 백성은 서서 구경하는데 관리들은 비웃어 이르되 "저가 남을 구원하였으니 만일 하나님이 택하신 자 그리스도이면 자신도 구원할지어다" 하고 군인들도 희롱하면서 나아와 신 포도주를 주며 이르되 "네가 만일 유대인의 왕이면 네가 너를 구원하라" 하더라. 그의 위에 이는 유대인의 왕이라 쓴 패가 있더라. 달린 행악자 중 하나는 비방하여 이르되 "네가 그리스도가 아니냐? 너와 우리를 구원하라" 하되.

_ 누가복음 23:32-39

묵상

이것은 예수의 마지막 시험이 될 것이다.

그리고 가장 큰 시험이 될 것이다.

첫 번째 시험을 묘사한 누가의 이야기는 불길한 전조를 띤 문장으로 끝을 맺는다. "마귀가 모든 시험을 다 한 후에 얼마 동안("적당한 때까지"-NIV) 떠나니라"(눅 4:13).

이 말은 광야에서의 위대한 격전을 뒤잇는 사건이 있으리라는 예고다. 그러나 예수의 영혼을 포획하기 위한 두 번째 시도는 첫 번째 것보다 더 전략적이어야 할 것이다. 사탄은 이것을 안다. 환경부터 달라야 한다. 보다 더 가혹하고, 보다 더 황량해야 한다. 그리고 시기도 달라야 할 것이다.

누가에 의하면 그것은 보다 더 적당한 때여야 한다. 그가 사용한 단어는 성경의 다른 곳에서 열매가 익어 가지에 무겁게 달려 있는 때를 가리키기 위해 쓰였다. 열매를 따기에 알맞은 때. 즉 추수 때인 것이다.

사탄의 처음 시험은 예수의 사역이 막 꽃피기 시작할 때, 모든 것이 희망차 보일 때였다. 다음 시험은 꽃이 가지에서 떨어질 때, 모든 희망이 사라질 때여야 한다는 것을 그는 안다.

지금이 그때다.

사역은 죽었다. 예수도 거의 그렇다. 그는 잠도 잃었고, 피도 잃었고, 친구들도 잃었다. 그가 지금보다 더 피곤했던 때는 없었다. 더 약했던 때도. 더 외로웠던 때도.

사탄은 적당한 때가 되었다는 것을 안다. 그는 다락방의 구석에서 지켜보았고, 겟세마네의 그늘에서 기다렸다. 그는 배신과 재판, 조롱과 구타를 보았다. 그는 안다. 그리스도의 영혼이 지금보다 더 따기에 좋을 만큼 무르익은 때가 없었다는 것을. 지금보다 더 자신의 손아귀에 있었던 때가 없었다는 것을.

그래서 그는 지금 이 마지막 한 번의 기회를 찾아온다. 마지막으로 한 번 더 시도해보기 위해 손을 비비며 온다. 그는 나무의 한가운데로 온다. 무르익은 열매로 무거워진 가지를 향해 손을 뻗으면서. 이것이 아버지의 손에 떨어지기 전에 낚아채려 애쓰면서.

이 마지막 시험을 위한 무대는 예루살렘의 북쪽 벽 바깥에 있는 석회암으로 된 작은 언덕이다. 얕은 동굴들이 여기저기 움푹 패인 이 둥근 언덕은 으스스하고 불길한 느낌을 주는, 그 이름에 어울리는 곳이다. 골고다. '해골'이라 하는 곳.

이 해골은 도시에서 멀리 떨어진 곳을 바라보고 있다. 그 바위의 시선은 독수리나 까마귀 그리고 죽은 자들의 시체 주위를 돌며 다른 날짐승들이 주위를 어른거려도 전혀 움직이지 않고 고정되어 있다.

세 개의 기둥이 언덕 꼭대기에 수직으로 높이 박혀 아침 태양 아래 밝게 드러나 있다. 기상나팔이 울린 후의 병사들처럼 부동자세로 그날 주어질 업무를 기다리고 있는 모습이다.

오늘 업무는 두 명의 강도와 한 명의 종교적 열심당원이다. 이 어울리지 않는 세 사람은 자신들이 매달리게 될 수평목을 어깨에 메고 자갈길 위를 비틀거리면서 도시의 좁은 길을 지나 아무 형식도 없는 시가 행진을 했다.

그러나 도중에 예수는 넘어졌고 일어나지 못했다. 그는 욕을 먹고 발로 차였지만 그래도 일어나지 못했다. 한 낯선 사람이 이 모습을 멍하니 보고 있다가 예수의 나무를 강제로 지고 남은 길을 가도록 강요

당한다.

골고다 꼭대기에 겨우 다다르자 그들은 수평목을 땅에 떨어뜨린다. 깃털을 곤두세운 몇 종류의 새가 몇 미터 밖에서 날개를 퍼덕거리며 이 침입을 못마땅하게 여긴다. 죄수들은 지쳤다. 그들의 피부는 땀으로 번질거리고, 상처에서는 새로운 피가 배어 나온다. 그리고 시끄러운 새들이 그들을 보려는 호기심에 작은 무리를 짓는다.

죄수들은 한 사람씩 차례로 땅에 쓰러뜨려지고, 그들의 수평목에 팔을 벌리고 눕혀진다. 첫 번째 강도는 몸부림을 치지만 몇 명의 병사가 제압한 뒤 그를 타고 앉아 못을 박는 사람이 일을 끝낼 수 있게 한다. 그는 못이 그의 손목에 박힐 때 비명을 지른다. 한쪽 팔에 두 번 망치질이 가해진다. 다른 쪽에도 두 번 가해진다.

이 광경을 보고 이 소리를 듣던 다른 죄수는 더 심하게 몸부림을 친다. 그러나 이번에도 호위병들이 그를 제압한다. 두 번의 못질. 그리고 두 번 더. 이제 반항은 줄어든다.

그들은 예수를 마지막을 위해 남겨두었다. 병사들은 그의 팔을 거칠게 깎은 나무 위에 편다. 한 병사가 예수의 가슴을 발로 누른다. 다른 두 병사는 그의 팔을 누르고, 또 다른 둘은 그의 다리를 누른다. 그들은 처형당하는 자들의 마지막 발악에 익숙하다. 그러나 이 죄수는 아무런 발악도, 아무 반항도 하지 않는다.

못을 박는 사람은 무릎을 꿇고 앉는다. 가죽 앞치마의 주머니는 그 안에 담긴 못으로 불룩해 있고, 그의 손에는 쇠머리가 달린 망치가 들려 있다. 그는 못 하나를 예수의 손목 바로 밑에 갖다 놓는다. 날카로운 금속 소리가 돌벽에 부딪혀 메아리를 만든다. 한 번 치면 못이 팔을 뚫고 들어가고, 두 번 치면 나무를 뚫고 들어간다. 다른 팔에도 한 번, 또 한 번 친다. 이제 못 박는 일은 끝났다.

수평목은 하나씩 차례로 제 위치를 향해 올려진다. 네 명의 병사가 예수의 수평목을 들어 올리고 두 명은 그의 발을 고정시킨다. 또 다른 두 명은 곧게 서 있는 나무의 홈을 타고 내려온 밧줄로 그 수평목을 묶는다. 못은 손목의 뼈를 비벼대고 몸이 들리면서 그 무게로 팔의 피부와 근육이 찢어진다. 그러나 그는 소리를 지르지 않는다. 그 대신 신음 소리를 가슴 깊이 묻어둔다.

한 병사가 사다리를 타고 올라가 수평목을 수직목의 패인 홈에 고정한다. 나무들이 서로 고정되면서 예수의 등에 있는 벌어진 상처들을 거칠게 비벼댄다. 너무도 극렬한 고통을 느끼지만 그것을 감소시키는 유일한 길은 이를 악무는 것이다.

각 나무에 뚫린 구멍들이 서로 나란히 놓이자 그 사이에 쐐기를 박아 두 나무를 고정한다. 일단 수평목이 고정되자 예수의 오른쪽 다리는 왼쪽 다리 위에 포개지고, 못을 박는 사람이 못 하나로 두 발을 관통시킨다. 예수의 일그러진 얼굴은 고통이 얼마나 멀리, 얼마나 깊게 지나가고 있는지를 보여준다. 예수는 아래서 움직이고 있는 몇 명의 병사와 못 박는 사람을 본다.

"아버지, 저들을 사하여 주옵소서."

이 네 마디 말은 그들이 예수를 못 박기 위해 사용한 못만큼이나 그들의 마음을 강하게 찌른다. 그들은 모두 눈을 들어 그를 주목한다.

"자기들이 하는 것을 알지 못함이니이다."

예수는 아버지께 그들을 용서해달라고 간구할 뿐 아니라 그들의 행동을 설명하면서 그들을 위해 친절한 말을 덧붙이고 있다.

이 병사들의 굳은 귀는 지금껏 이런 말을 들어본 적이 없다. 절대. 단 한 번도.

무거운 침묵이 병사들의 마음을 잠잠하게 한다. 큰 소리와 거친 언어에 익숙한 남자들에게 잠시 어색한 순간이 지나간다. 그 순간의 고요함 속에서 예수는 눈을 감는다.

그의 밑에서 흐르던 침묵이 만든 간격은 얄팍한 널빤지 다리 같은 몇 마디 대화로 다시 이어진다. "저 자의 옷은 어떻게 하지?" 한 병사가 묻는다. "자르는 건 별 도움이 안 돼." 다른 병사가 말한다. "한 조각으로 그냥 쓰는 게 훨씬 낫지."

그 옷은 아마도 어머니가 짜주셨을 것이다. 어머니가 아니라면 누군가 그를 사랑했던 사람이 해주었을 것이다. 병사들은 그 옷이 그의 것이어서, 아니면 그를 향한 누군가의 사랑의 수고가 담긴 것이기 때문이 아니라 이음새 없이 통으로 짜인 것이기에 탐내는 것이다.

그들은 주머니에서 주사위를 꺼낸다. "이긴 사람이 다 갖는 거야." 그들은 둥그렇게 서서 주사위를 던진다. 주사위를 몇 번 굴린 그들은 벌써 옛 자아로 돌아간 듯 보인다. 진 자들은 욕을 내뱉고 이긴 자는 자랑한다.

병사들이 그들의 진으로 돌아가자 사탄은 자기 자리로 돌아간다.

그는 이번에는 더 교활하다. 밖으로 드러나지 않고 십자가 옆을 지나가는 구경꾼들의 소란스러움을 통해 유혹의 말을 속삭인다. 그들은 그의 입과 같다. 3년 반 전 바람이 몹시 불던 광야에서 들려오던 메아리와 거의 같은 소리를 낸다.

사탄의 전략에는 분명 정신 분열증적인 요소가 담겨 있다. 옛 뱀은 공격하기 위해 몸을 도사린다. 하지만 그는 조심하지 않으면 자신이 공격하려 하는 발뒤꿈치가 오히려 자신을 뭉갤 수 있다는 것을 안다. 그는 하나님의 아들이 고통당하는 것을 보며 즐거워하지만 동시에 그 고통이 성취할 수 있는 것을 두려워한다. 따라서 마지막으로 한 번 더 이 냉혈의 대적자는 하나님의 아들을 향해 뱀처럼 쉿쉿하는 경멸의 소리를 내며 미끄러져 간다.

첫 번째 시험은 종교 지도자들을 통해 온다. 자신들의 승리가 가까운 것을 느끼면서 그들은 마치 먹잇감을 구석에 몰아넣는 들개 떼처럼 십자가 주위를 둘러싼다. 그들의 비웃는 입술 사이로 야수의 이빨이 드러난다. 그들의 물어뜯는 말들은 피에 굶주려 있음을 보여준다.

"저가 남을 구원하였으니 만일 하나님이 택하신 자 그리스도이면 자신도 구원할지어다."

예수는 그렇게 할 수 있었다. 자신을 구하고 종교 지도자들에게 자신이 참 메시아임을 보일 수 있었다. 자신이 하나님의 택하신 자임을. 자신이야말로 에덴의 저주를 뒤바꿀 하와의 약속된 씨임을. 자신이야말로 땅의 온 족속에게 복을 전해주는 통로가 될 아브라함의 약속의 씨임을. 자신이야말로 하나님 나라를 임하게 할 다윗의 약속된 상속자임을.

너무나 많은 약속이 이 십자가에서 하나로 모인다. 그리고 어쩌면 지금 이 마지막 순간에 그 모든 약속이 성취될 기회가 남아 있을지도 모른다.

만일 예수가 자신을 구원하고자 한다면.

그러나 그들의 조롱에 예수는 오직 침묵으로 답할 뿐이다. 그리고 지도자들은 피 맛을 보고자 했던 그 자리를 떠난다.

잠시 후 순찰을 돌던 병사들이 그리스도의 십자가 앞에 선다. 그들은 신 포도주 한 통을 땅에 내려놓고 그 안에 스펀지를 담근다. 그들은 그 스펀지를 우슬초 나뭇가지에 꿰어 그의 상처를 닦는다. 그는 알코올이 상처에 닿을 때마다 쓰라림으로 몸부림친다.

병사들은 스펀지를 바닥에 내려놓으며 한바탕 웃는다. 그리고 이 거룩한 사람이 자신의 신을, 아니 신이 아니라면 자신의 생일이라도 저주할지를 놓고 내기를 건다.

그러나 그는 어느 쪽도 저주하지 않는다.

그들은 스펀지를 그의 입에 갖다 댄다. 그러나 그는 얼굴을 돌린다. 그러자 입이 더러운 자 중 한 사람이 예수를 저주하고 두 번째 시험으로 그를 조롱한다.

"네가 만일 유대인의 왕이면 네가 너를 구원하라."

예수는 부은 눈을 들어 밑에 있는 사람들의 뿌연 형체를 내려다본다. 만일 그가 정말로 십자가에서 내려가 자신을 구한다면 이 목격자들은 그들의 상관에게 무엇이라 말하겠는가. 그들은 어떤 전도자가 되겠는가. 로마에는 어떤 부흥이 시작되겠는가. 기독교가 정부의 비호 아래 얼마나 번성하겠는가. 그리스도인들의 영향력 아래 어떻게 법이 바뀌겠는가. 어쩌면 이것은 두 번 다시 올 수 없는 절호의 기회인지도 모른다.

만일 예수가 자신을 구원하고자 한다면.

그러나 예수는 자신을 구원하지 않는다. 그는 자신의 위엄조차도 지키려고 하지 않는다. 그는 변명도 하지 않고, 대답도 하지 않는다. 그의 침묵에 별로 재미를 느끼지 못하게 된 병사들은 옆에 있는 십자가로 발을 옮긴다.

그러나 사탄은 그들과 함께 가지 않는다. 그는 계속 남아 또 다른 전략을 사용한다.

종교 지도자들이나 로마 병사들을 통해 그리스도를 유혹하는 데 실패한 그는 강도 한 사람을 이용해 다시 시도한다. 그리스도가 옆에 있는 강도들이 어떤 고통을 당하고 있는지 알고 있으므로 그 죽어가는 사람의 고통을 사용하면 그의 마음을 녹일 수 있을 것이다. "네가 그리스도가 아니냐? 너와 우리를 구원하라."

예수는 천천히 머리를 돌려 자신을 모욕한 그 사람을 바라본다. 분노에 타고 있는 그의 눈을 본다. 그를 이곳까지 몰아온 삶에 대한 분노다. 그를 이곳에 올려놓은 로마에 대한 분노다. 그를 이곳에 그대로 놓아두고 있는 예수에 대한 분노다.

이 사람의 눈을 이글거리게 하고 있는 영혼의 불을 끄는 것은 예수에게는 너무나 쉬운 일이다. 그는 전에도 그런 일을 여러 번 행했다. 그는 거라사인 지방의 귀신들린 자를 생각한다. 그의 영혼의 사막에서 귀신을 쫓아내어 불을 꺼주었던 일을 기억한다. 그는 또 우물가의 여인을 생각한다. 그가 그녀 영혼의 절박한 갈증을 해결해주기 위해 그녀에게 제공했던 생수를 기억한다.

그는 이 사람의 영혼의 불도 꺼줄 수 있다. 그의 상처가 내뿜는 열기도. 그리고 그 옆에 있는 또 다른 사람의 불까지도.

만일 예수가 자신을 구원하고자 한다면.

그리고 우리를.

그러나 예수는 강도가 모르는 것을 안다. 예수는 자신이 둘 중 하나를 택해야 하는 것을 안다. 예수는 자신을 구할 수 있다. 또한 우리를 구할 수 있다. 그러나 둘 다 구할 수는 없다. 그가 겪고 있는 고통이 너무나 크지만, 그가 느끼는 피곤이 극심하지만 그의 약함, 그의 외로움에도 불구하고 그에게는 우리를 택할 수 있는 힘이 있었다.

이 십자가 고통을 견딜 수 있도록 예수를 준비시킨 것은 다름 아닌 광야에서의 싸움이었다. 그 시험을 통해 예수는 절대 굴복하지 않는 힘을 얻었다. 십자가에서 내려오지 않을 수 있는 용기. 자신보다는 우리를 구할 수 있는 그 무욕(無慾)을.

기도

나사렛의 예수님,

당신은 유대인의 왕이실 뿐 아니라 제 삶의 모든 생각과 충동의 왕이십니다.

제 생각과 충동을 다스려주십시오, 주님. 아무 때나 반항하려 하는 그 충동을. 유혹에 쉽게 넘어가는 그 약한 충동을.

제가 시험당할 때, 특별히 고난 속에서 시험당할 때 저를 강하게 해주십시오. 그 시험들은 너무나 큰 유혹입니다. 그리고 저는 그 유혹에 너무나 약합니다.

제가 다른 사람의 입을 통해 호소하는 원수의 책략을 분별할 수 있도록 도와주십시오. 그 말들은 너무나 교묘해 때때로 저는 전혀 알아차리지 못합니다.

고통당할 때 저 자신을 보호하고자 하는 유혹에서 저를 건져주십시오. 그리고 고통을 가하는 자들에게 갚고자 하는 유혹에서도 건져주십시오. 자신을 구하고 싶어 하는 이기적인 마음에서건 져주시고 다른 사람을 비난하고 싶어 하는 쓴 마음에서 건져주십시오.

당신이 고난 속에서 보여주신 모습에서 제가 배울 수 있도록 도와주십시오. 용서는 쓴 마음을 이기는 힘이라는 것을. 그리고 복종은 이기심을 이기는 능력이라는 것을.

제가 날마다 십자가를 질 수 있도록 도와주십시오. 그 나무를 어깨에 멜 수 있도록, 그 못을 견딜 수 있도록 그리고 욕설 앞에서 침묵할 수 있도록 제게 힘을 주십시오.

제가 분노하지 않고 적대감을 견딜 수 있도록, 의분에 몸을 떨지 않고 모욕을 참을 수 있도록 그리고 보복하지 않고 조롱을 견딜 수 있도록 도와주십시오.

고통의 본성과 목적을 가르쳐주십시오. 고통은 성품을 다듬는 끌과 같다는 것을, 당신의 형상이 우리 안에 새겨질 때까지 조각해내는 끌과 같다는 것을. 그리고 그 고통을 피할 때 저는 아버지께서 원하시는 사람이 될 수 없다는 것을 가르쳐주십시오.

주님, 제가 언젠가 그러한 사람이 되도록 도와주십시오. 지금은 가장 고통스럽게 보이지만 끝내는 제 영혼을 가장 아름답게 만들어줄 그것들을 꼭 붙들 수 있는 힘을 주십시오.

제가 고난의 무게를 더는 감당하지 못할 때 주님, 저를 일깨워주십시오. 야곱이 어둠 속에서 씨름했던 그 두려운 분이 먼동이 트자 천사로 드러났음을, 그리고 그분은 야곱을 축복할 수 있는 분이었음을.

강도와 함께하는 친밀한 순간

또 다른 두 행악자도 사형을 받게 되어 예수와 함께 끌려 가니라. 해골이라 하는 곳에 이르러 거기서 예수를 십자가에 못 박고 두 행악자도 그렇게 하니 하나는 우편에, 하나는 좌편에 있더라.

이에 예수께서 이르시되 "아버지 저들을 사하여 주옵소서. 자기들이 하는 것을 알지 못함이니이다" 하시더라. 그들이 그의 옷을 나눠 제비 뽑을새 백성은 서서 구경하는데 관리들은 비웃어 이르되 "저가 남을 구원하였으니 만일 하나님이 택하신 자 그리스도이면 자신도 구원할지어다" 하고 군인들도 희롱하면서 나아와 신 포도주를 주며 이르되 "네가 만일 유대인의 왕이면 네가 너를 구원하라" 하더라. 그의 위에 이는 유대인의 왕이라 쓴 패가 있더라. 달린 행악자 중 하나는 비방하여 이르되 "네가 그리스도가 아니냐? 너와 우리를 구원하라" 하되 하나는 그 사람을 꾸짖어 이르되 "네가 동일한 정죄를 받고서도 하나님을 두려워하지 아니하느냐? 우리는 우리가 행한 일에 상당한 보응을 받는 것이니 이에 당연하거니와 이 사람이 행한 것은 옳지 않은 것이 없느니라" 하고 이르되 "예수여, 당신의 나라에 임하실 때에 나를 기억하소서" 하니 예수께서 이르시되 "내가 진실로 네게 이르노니 오늘 네가 나와 함께 낙원에 있으리라" 하시니라.

_ 누가복음 23:32-43

묵
상

십자가는 마치 예루살렘의 하늘을 배경으로 천칭처럼 서 있다. 수직으로 서 있는 기둥은 사랑과 공의가 마주치는 가로지른 막대기의 균형을 잡아준다. 마치 저울처럼.

거기서 예수는 두 팔을 벌리고 매달린 채 집 나간 탕자 같은 세상이 돌아오기를 기다리며 고통당하고 있다.

그의 좌우편에는 두 강도가 매달려 삶과 죽음 사이를, 천국과 지옥 사이를 오가고 있다. 그 시소 타기는 마침내 한쪽 사람이 예수에 대한 믿음을 고백할 때까지 계속된다. "예수여, 당신의 나라에 임하실 때에 나를 기억하소서."

그것은 예수가 죽기 전 마지막으로 들은 친절한 말이었다. 그 말을 한 사람은 종교 지도자들도 아니고, 예수가 사랑했던 제자들도 아니며, 심지어 그의 발아래 서 있던 예수의 어머니도 아니고, 흔한 강도 중 한 사람이었다.

"내가 진실로 네게 이르노니 오늘 네가 나와 함께 낙원에 있으리라"는 말과 함께 그 강도는 그 무거운 저울에서 들어 올려져 구세주의 팔 안으로 옮겨졌다.

우리는 그리스도의 옆에서 십자가에 달린 강도에 대해 아무것도 아는 바가 없다. 우리는 그가 얼마나 많이, 얼마나 자주 무엇을 훔쳤는지 알지 못한다. 누구의 것을, 또 왜 훔쳤는지 모른다. 우리가 아는 것은 그가 강도라는 것, 그가 어느 어머니의 가슴을 무너뜨리고, 어느 아버지의 희망을 산산이 부순, 방황하던 아들이었다는 것뿐이다. 그러나 우리는 한 가지 사실을 더 안다.

마태의 기록에 의하면 그는 다른 군중과 함께 예수를 조롱하는 일에 가담했었다.

"그가 남은 구원하였으되 자기는 구원할 수 없도다. 그가 이스라엘의 왕이로다. 지금 십자가에서 내려올지어다. 그리하면 우리가 믿겠노라. 그가 하나님을 신뢰하니 하나님이 원하시면 이제 구원하실지라. 그의 말이 나는 하나님의 아들이라 하였도다 하며 함께 십자가에 못 박힌 강도들도 이와 같이 욕하더라"(마 27:42-44).

"강도들도 이와 같이"라는 복수 표현으로 볼 때 그들도 예수를 비웃고 조롱했다. 그런데 무슨 일로 한 강도가 예수를 위해 일어설 수 있는 영웅적인 모습으로, 그에게 순복하는 겸손한 모습으로 바뀐 것일까? 그는 베드로가 표현한 예수님의 모습을 지척에서 목격한 것이다.

"욕을 당하시되 맞대어 욕하지 아니하시고 고난을 당하시되 위협하지 아니하시고 오직 공의로 심판하시는 이에게 부탁하시며"(벧전 2:23).

예수의 옆구리를 찌르던 무수한 모욕의 창들 속에서 이 강도는 그가 가이사의 재판정보다 더 높은 재판정에 호소하는 소리를 듣는다. 그 호소는 정의를 구하는 것이 아니라 자비를 구하는 것이다. 그리고 그 자비는 자신을 위한 것이 아니라 그를 고소하는 자들을 위한 것이다. 예수를 겨누고 있는 창들은 날카롭고 무자비하다. 그러나 그는 그 창을 그들에게 되돌리지 않는다. 오히려 자신의 마음으로 받아들인다. 한 무법자가 이 모든 소리를 듣고 자신의 힘없는 머리를 들어 이 부드러운 말이 나오는 입술의 주인을 쳐다본다. 그리고 그의 눈이 구세주의 눈과 마주친 그 짧은 순간 모든 시간이 멈춰 선다. 그 눈에서 그는 아무런 미움도, 경멸도, 심판도 보지 못한다. 보이는 것은 오직 한 가지, 바로 용서다.

그때 그는 알게 된다. 자신이 지금 죽어가시는 하나님과 얼굴을 맞대고 있다는 것을.

그 강도는 신학에 대해 거의 알지 못했다. 단지 예수가 왕이셨다는 것과 그의 나라가 이 세상에 속하지 않았다는 것 그리고 이 왕은 가장 자격이 없는 사람도 그의 나라에 받아들일 수 있는 능력을 갖춘 분이라는 것을 알았다.

그것이면 충분하다. 그리고 구세주와 함께하는 그 친밀한 한순간, 그가 일생 쌓아온 빚이 모두 청산되었다.

이것은 놀라운 일이다. 군중의 모욕과 욕설 속에서도 그리고 십자가의 극렬한 고통 속에서도 예수는 아버지가 맡기신 일을 행하고 있는 것이다. 그의 눈이 죽음의 열기로 가득한 지평 너머로 가라앉는 그 순간에도 그는 흔하디흔한 강도에게 절대 흔하지 않은 하늘의 부요를 알려주고 있는 것이다.

기도

예수님,

제가 십자가에 달린 그 강도의 눈으로 당신을 보게 해주십시오. 그리고 당신의 눈에서 그가 보았던 용서를 저도 볼 수 있도록 은혜를 내려주십시오.

저 역시 많은 것을 훔쳤습니다. 제가 다른 사람을 험담했을 때 저는 그의 평판을 훔친 것입니다. 제가 화가 나서 소리를 높였을 때 저는 평화로부터 무언가를 훔친 것입니다. 제가 부정한 생각을 품었을 때 저는 다른 사람의 위엄을 훔친 것입니다. 저는 그를 당신이 사랑하는 신성한 대상에서 저의 정욕을 채울 흔한 대상으로 전락시킨 것입니다. 제가 다른 사람의 감정을 상하게 했을 때 저는 그 사람의 인격적 가치로부터 무언가를 훔친 것입니다. 결코 되돌려줄 수 없는 무엇을, 결코 갚을 수 없는 무엇을 훔친 것입니다. 제가 진리를 말하면서도 사랑으로 하지 않았을 때, 한 영혼을 당신 나라 가까이 이끈 것이 아니라 낙원의 울타리에서 더 멀어지게 해 당신 나라에서 그를 훔친 것입니다.

오, 주님, 흔한 강도 중 하나인 저를 기억해주십시오.

저는 삶을 헛되이 낭비한 수치 속에 당신 앞에 벌거벗은 채 서 있습니다. 그러니 저를 옷 입혀주십시오. 저는 제 영혼을 갉아먹는 굶주림을 가지고 당신 앞에 서 있습니다. 그러니 저를 먹여주십시오. 저는 용서에 목말라 당신 앞에 서 있습니다. 그러니 당신의 부드러운 자비 한 방울을 제 마른 입술에 떨어뜨려 주십시오.

오, 주님, 제게 은혜를 베푸셔서 당신이 저를 보실 때 미소 지으실 수 있는 삶을 살게 해주십시오. 그리고 저는 당신과 함께 낙원에 있을 그날을 바라며 살게 해주십시오.

구세주의 어머니와 함께하는 친밀한 순___간

예수의 십자가 곁에는 그 어머니와 이모와 글로바의 아내 마리아와 막달라 마리아가 섰는지라. 예수께서 자기의 어머니와 사랑하시는 제자가 곁에 서 있는 것을 보시고 자기 어머니께 말씀하시되 "여자여 보소서, 아들이니이다" 하시고 또 그 제자에게 이르시되 "보라, 네 어머니라" 하신대 그 때부터 그 제자가 자기 집에 모시니라.

_ 요한복음 19:25-27

십자가를 바라보는 마리아의 눈에 그것은 마치 땅의 심장에 꽂힌 칼의 손잡이처럼 보인다. 예수의 탄생 때 들었던 수수께끼 같은 시므온의 말이 되살아난다.

"이는 이스라엘 중 많은 사람을 패하거나 흥하게 하며 비방을 받는 표적이 되기 위하여 세움을 받았고, 또 칼이 네 마음을 찌르듯 하리라"(눅 2:34-35).

십자가에 다시 초점에 맞춰지자 그녀는 분명히 깨닫게 된다. 그렇구나, 이것이 칼이었구나.

아이를 잃어버리는 것은 모든 어머니의 두려움이다. 그 두려움은 불길한 예감이 드는 시므온의 말을 들었을 때부터 그녀를 따라다녔다. 그리고 아기를 죽이려 했던 헤롯으로 인한 공포가 있었다. 게다가 이사야서에 나오는 고난받는 종에 대한 예언도 언제나 그녀를 불안하게 했다. 마치 죽음이 언젠가 이 아이를 자기 것으로 만들 것을 상기시키는 듯 예수의 몇 발자국 뒤에서 긴 그림자를 드리우고 있는 느낌이다.

마리아는 예수가 죽기 위해 태어난 아이라는 것을 알고 있었다. 그는 자라서 의사도, 변호사도, 랍비도 되지 않을 것이 분명했다. 그가 결혼하거나, 그녀 가슴에 손주들을 안겨주지 않을 것이 분명했다. 그녀는 이것을 오래전부터 알고 있었고, 가슴 깊이 품고 있었다.

그녀의 눈물이 고인 웅덩이에는 몇 가지 다정한 추억이 헤엄치고 있다. 춥고 어두운 베들레헴의 마구간에서 그녀가 그를 처음 안았을 때 너무나 작고 무력한 그 아기는 얼마나 떨고 있었던가. 그녀의 가슴이 그를 얼마나 조심스럽고 따뜻하게 품었었던가. 그녀의 자장가를 들으며 그는 잠이 들었었다. 그리고 그녀가 이마에 입 맞추었을 때 그는 얼마나 천사처럼 보였던가.

다시 십자가로 초점이 맞춰진다. 그녀는 거친 남자들이 몸을 굽히고 앉아 예수의 옷을 제비 뽑으며 자신들의 영혼을 걸고 도박하는 모습을 본다. 그녀는 아들을 올려다보며 아픔을 느낀다. 벌거벗은 그를 따뜻하게 해줄 수 있는 사람은 아무도 없다. 목마른 그의 입술을 적셔줄 사람은 아무도 없다. 피곤한 그를 잠들게 하려고 노래를 불러줄 사람은 아무도 없다. 고뇌로 주름 잡힌 그 이마에 입 맞춰줄 사람은 아무도 없다.

내 아들이 무엇을 했기에 이런 일을 당해야 하는가?

그녀의 눈이 흐릿해진다. 그리고 또 다른 추억이 떠오른다. 그녀는 그가 처음 말하던 순간을 기억한다. 그가 처음 두 발로 걸었던 것을 기억한다. 그녀가 빵 굽는 것을 그가 얼마나 즐겨 도왔는지, 그리고 그녀가 갓 구운 빵 조각을 꿀에 찍어 그의 입에 넣어주었던 것을 기억한다. 그녀는 그때 그녀의 작은 아이가 어떤 미소를 지었는지, 그의 눈이 어떻게 빛났는지를 기억한다.

내 아들이 무엇을 했기에 이 일을 당해야 하는가?

그녀는 그가 열두 살이 되었을 때 예루살렘 성전에서 하늘 아버지가 맡기신 일을 행했던 것을 기억한다. 그녀는 그때 '이 아이는 내 품에서만 머물 어린아이가 아니구나'라고 생각했던 것을 분명히 기억한다.

어머니의 사랑, 바로 그것 때문에 그녀는 거기에 있다.

구세주의 사랑, 바로 그것 때문에 그는 거기에 있다.

그러나 사랑이 이런 식으로 표현되었던 적은 없다. 핏방울이 구슬처럼 십자가 밑으로 떨어져 흙을 적신다. 두꺼운 못이 두 발을 관통한다. 갈비뼈는 살갗을 밀고 불거져 나온다. 찢어진 상처 주위에 파리들이 모여든다. 눈은 열기로 부어 있다. 머리카락은 이 아침의 가시로 인해 엉클어져 있다. 손은 쪼개진 나무 위에서 하나님을 향해 들려 있다. 기괴한 장식물처럼 못에 찔린 손목에 매달려 있는 구부정한 토르소다.

이것이 그의 어머니가 잔인한 로마의 칼자루에 자신의 심정을 토하면서 보고 있는 것이다. 이 상황은 어머니가 견딜 수 있는 한계를 넘어선 것이다. 그러나 그녀는 어떻게든 견뎌내고 있다. 사실 그녀를 옆에서 붙잡아주고 있는 한 남자가 아니면 그녀는 서 있을 수 없다. 그 남자는 예수가 사랑하는 제자 요한이다.

예수가 가장 사랑했던 두 사람이 서로 팔을 붙들고 있다. 바로 이 때문에 그들이 거기에 있는 것이다. 사랑이 그들을 그 자리에 있게 한 것이다.

그들은 예수가 자기 머리를 들어 올리며 내는 신음 소리를 듣는다. 그는 마지막 작별 인사를 바짝 마른 혀와 갈라진 입술을 움직여 만들어낸다. 요한은 예수의 고통을 조금이라도 덜어주기 위해 마리아를 더 가까이 다가서게 한다. 이것은 그녀의 아들이 할 말이 너무나 많기 때문이다. 모든 것에 대해 감사합니다. 나는 당신께 너무나 많은 빚을 졌습니다. 당신은 더 기대할 수 없을 만큼 다정한 어머니였습니다.

그러나 폐의 경련이 더 격렬해져 그의 감정들은 말로 나오지 못한다. 예수는 못을 밀어 몸을 일으키며 허파에 공기를 채우기 위해 몸부림친다. 극렬한 고통이 엄습해온다. 그의 말은 많은 수고를 거쳐 나온다.

"어머니, 이 사람이 어머니의 아들입니다."

그녀는 요한을 바라보고 그의 팔을 붙잡으며 눈물을 흘린다. 그녀는 입술을 떨며 희미한 미소를 짓는다.

"보라, 네 어머니라."

제자는 입술을 깨물면서 감정을 억누르고 고개를 끄덕인다. 이것이 그가 말한 전부다. 이 짧은 친밀한 순간 그들은 그토록 사랑하는 사람을 쳐다본다. 그러나 예수는 다시 몸을 구부리고 무거운 눈을 감는다.

순간 마리아는 깨닫는다. 그는 아버지가 맡기신 일을 행하고 있구나.

그녀는 그 아버지께 기도한다. 죽음이 그녀의 아들에게 속히 오게 해 달라고. 아니, 그들의 아들에게. 그들은 모두 오늘 아들을 잃을 것이기 때문이다. 칼이 가슴을 찌르는 것을 그들 모두 느낄 것이기 때문이다.

그러나 그녀의 슬픔에도 불구하고, 그녀의 가슴에 묻어둔 차가운 쇠붙이에도 불구하고 그녀는 십자가에 가까이 서 있다. 그녀는 차마 바라보지 못한다. 그렇다고 몸을 돌릴 수도 없다. 그녀는 거기에 있다. 그녀의 아들 옆에.

그녀는 그가 이 세상에 태어날 때도 그 옆에 있었다. 그가 세상을 떠나는 지금 이 순간에도 그 옆에 있다. 그녀는 그가 어둡고 꼭 조이는 출생의 통로를 통해 이 세상에 나와 그녀의 팔에 안길 때도 그 옆에 있었다. 그녀는 그가 또 다른 고통스러운 통로를 통해 아버지의 팔로 돌아가고자 애쓰고 있는 지금도 그 옆에 있는 것이다.

기도

슬픔의 사람이신 주님,

당신은 자신의 손과 발에 박힌 못들을 잡아당기는 몸의 무게와 영혼을 잡아당기는 세상 죄의 무게를 지니고서도 당신의 슬픔보다 다른 사람의 슬픔을 생각하셨습니다.

당신은 친히 약속 있는 유일한 계명에 대한 너무나 감동적인 주석이 되셨습니다. 그것도 그 약속이 당신에게는 결코 이루어질 수 없는 것임을 처음부터 아셨으면서도.

당신은 모든 것을 빼앗기시고도 줄 것을 찾으셨습니다. 당신을 처형한 자들에게는 용서를, 강도에게는 낙원을 그리고 어머니에게는 아들을.

잔인한 로마의 십자가가 가하는 고통조차도 어머니를 배려하시는 당신을 방해하지 못했습니다. 당신은 자신의 고통에도 불구하고 여전히 다른 사람을 돌보셨고, 베푸셨으며, 그들의 필요를 당신의 필요보다 먼저 생각하셨습니다.

오, 주님. 제게 은혜를 베푸셔서 제가 십자가에서 결코 잊을 수 없는 사랑의 그림을 보게 해주십시오. 그래서 당신이 어떻게 버림받은 자리에서 일어나 당신의 어머니가 버림받지 않도록, 따뜻하게 돌보는 손길이 있는 곳에서 그녀가 남은 생애를 지낼 수 있도록 배려하셨는지 제가 잊지 않게 해주십시오.

주님, 제가 바로 여기에 있어야 한다는 것을, 십자가에 가까이 있어야 한다는 것을, 거기서 나의 구세주를 바라보아야 한다는 것을 잊지 않게 해주십시오. 이곳이야말로 가장 순수한 사랑이 샘솟는 곳이기 때문입니다. 이곳이야말로 제가 저 자신의 죄에서뿐 아니라 속 좁은 마음에서도 깨끗해질 수 있는 곳입니다. 이곳이야말로 제가 당신께 가장 가까이 있을 수 있는 곳입니다. 이곳이야말로 제가 당신을 사랑하는 사람들과 가장 가까이 있을 수 있는 곳이기 때문입니다. 저를 매일 이곳으로 이끌어주십시오, 주님. 이곳에는 사랑이 있습니다. 그리고 이곳이야말로 제가 있어야 할 곳입니다.

요셉과 니고데모와 함께하는 친밀한 순___간

아리마대 사람 요셉은 예수의 제자이나 유대인이 두려워 그것을 숨기더니 이 일 후에 빌라도에게 예수의 시체를 가져가기를 구하매 빌라도가 허락하는지라. 이에 가서 예수의 시체를 가져가니라. 일찍이 예수께 밤에 찾아왔던 니고데모도 몰약과 침향 섞은 것을 백 리트라쯤 가지고 온지라. 이에 예수의 시체를 가져다가 유대인의 장례법대로 그 향품과 함께 세마포로 쌌더라.

예수께서 십자가에 못 박히신 곳에 동산이 있고 동산 안에 아직 사람을 장사한 일이 없는 새 무덤이 있는지라. 이 날은 유대인의 준비일이요 또 무덤이 가까운 고로 예수를 거기 두니라.

_ 요한복음 19:38-42

묵상

어두움이 예루살렘을 덮고 있다. 큰 빛이 세상에서 사라졌다.

예수는 죽었다.

일반적으로는 독수리나 들개의 먹이가 되도록 죽은 자를 십자가에 그대로 남겨둔다. 제국에 대항하는 범죄는 이러한 종말을 맞게 된다는 교훈을 확실히 보여주기 위해서다.

그러나 종교 지도자들은 해가 지기 전에 시체들을 십자가에서 내려 달라고 요청한다. 그들의 거룩한 날이 시작되기 전에. 특별히 이번 안식일은 그들에게는 가장 거룩한 날인 유월절이다. 얼마나 모순인가? 자신들의 구세주를 죽이는 일에는 이토록 무감각하면서 안식일을 지키는 일에는 이토록 민감하다니.

또 모순된 일은 이 종교 지도자 중 두 사람이 예수를 장사 지내러 온 것이다. 십자가 처형 계획에 동조하지 않은 두 사람으로, 그들은 이스라엘에서 대단한 영향력이 있었다. 그들은 유대인 공의회의 부유하고 뛰어난 회원이었던 아리마대 요셉과 역시 이 공의회의 회원이면서 바리새인이고 이스라엘의 뛰어난 선생이었던 니고데모였다.

그들은 착하고 곧은 사람들로서 하나님 나라를 기다리는 자들이다. 그들은 진리를 찾는 자들이며, 그렇기 때문에 예수를 찾으러 온 것이다. 니고데모는 질문을 가지고 밤에 예수를 찾아왔었고, 요셉은 예수의 제자가 되었지만 유대인들을 두려워하여 몰래 그를 따랐다.

둘 다 그늘 속에서 예수와의 관계를 유지했다. 그들은 자신들의 신앙을 공적으로 표현할 경우 뒤따를 논쟁과 결과를 두려워했다. 그러나 예수가 죽자 그들에게는 담대함이 생겼다. 요셉은 빌라도를 직접 찾아가 예수를 적합하게 장사 지내는 것을 허락해달라고 요청한다. 예수를 십자가로 보낸 바로 그 장본인에게 간 것이다.

허가가 나자 요셉은 세마포를 가져온다. 니모데모는 향품을 가져온다. 그들은 안식일이 시작되는 것을 알리는 나팔이 불기 전에 예수를 장사 지내기 위해 서두른다.

십자가에 가까이 왔을 때, 그들은 한때 그토록 생기에 찼던 구세주가 지금은 생명 없이 찢긴 살덩어리로 변해 있는 처참한 광경을 보고 경악을 금치 못한다. 급작스러운 감정의 격류가 그들 마음을 스치고 지나가고, 그들은 무릎을 꿇는다. 그들은 예수를 위해 운다. 이런 일을 행한 세상을 위해 운다. 그리고 자신들을 위해 운다. 그들이 말하지 않았던 모든 것 때문에. 그들이 하지 않았던 모든 것 때문에. 그들이 그늘 속에 숨어 있었던 그 모든 시간 때문에.

요셉은 십자가 밑에 사다리를 받치고 조심스럽게 올라간다. 주저함이 가득한 동작이다. 이런 일은 부자인 그에게 생소하기 때문이다. 그는 예수의 손목에 박힌 고집스러운 못과 씨름한다.

니고데모는 밑에서 이 모습을 지켜본다. 그의 옷이 갑작스러운 바람으로 펄럭일 때, 바람 불던 그 밤에 예수가 그에게 했던 말이 마음을 울린다. "모세가 광야에서 뱀을 든 것같이 인자도 들려야 하리니"(요 3:14).

"들려야 하리니." 그의 백과사전 같은 머리가 이 말을 찾아 펼쳐지다가 순식간에 이사야서에서 멈춘다. 고난받는 종에 관한 예언이다. "보라 내 종이 형통하리니 받들어 높이 들려서"(사 52:13).

요셉은 기다리고 있는 니고데모의 팔에 예수의 몸을 힘겹게 내려놓는다. 니고데모는 그 무게를 감당하기 위해 몸을 추스른다. 그는 떨리는 두 팔로 처참히 찢긴 채 피로 미끈거리는 예수의 몸을 안는다.

그들은 시신을 땅에 내려놓고 감정을 추스르기 위해 잠시 물러선다. 그들은 로마인들이 파괴한 것을 살펴본다. 시신은 뒤틀린 모양으로 끔찍하게 놓여 있다. 그의 머리는 예루살렘의 가시에 찔려 있다. 그의 얼굴은 로마인들의 주먹에 맞아 부어올랐고 피부색이 변해 있다. 그의 어깨는 6시간 동안 매달려 있던 몸의 무게를 이기지 못해 탈골되었다. 20센티미터나 되는 못에 찔려 찢겨 있는 그의 손과 발은 거친 근육과 하얀 뼈를 드러내고 있다. 그의 등과 갈비뼈는 9개의 끈이 달려 있는 채찍에 맞아 할퀴어 있다.

니고데모는 자기 눈으로 이사야의 표현 그대로 성육신하신 분을 본다.

"전에는 그의 모양이 타인보다 상하였고 그의 모습이 사람들보다 상하였으므로 많은 사람이 그에 대하여 놀랐거니와"(사 52:14).

니고데모는 자기 손과 옷에 묻은 피를 보면서 예언의 한 구절을 곰곰이 생각한다.

"그가 열방에 피를 뿌릴 것이며"("그가 나라들을 놀라게 할 것이며"–한글개역개정).

두 사람은 이토록 큰 고난을 당하신 종 옆에 무릎을 꿇는다. 그리고 피에 젖은 그의 몸 위에 자신들의 젖은 옷을 신중하게 덮는다. 니고데모는 계속 성경을 묵상한다.

"그는 멸시를 받아 사람들에게 버림 받았으며 간고를 많이 겪었으며 질고를 아는 자라. 마치 사람들이 그에게서 얼굴을 가리는 것 같이 멸시를 당하였고 우리도 그를 귀히 여기지 아니하였도다"(사 53:3).

마음의 조용한 법정에서 그들은 예수를 숨어서 사랑하는 것이 또 다른 방법으로 그를 경멸하는 것이며, 그를 진정 존중하는 것이 아님을 깨닫는다. 그리고 그들의 마음은 해야 할 일을 하지 못한 죄로 아픔을 느낀다.

스펀지로 예수의 갈비뼈를 닦아내며 요셉의 손은 창에 찔린 구멍을 만져본다. 그 역시 이사야의 말을 떠올리며 니고데모를 엄숙하게 쳐다본다.

"그가 찔림은 우리의 허물 때문이요"(사 53:5).

해가 지고 있으므로 그들은 서두른다. 그들은 예수의 몸을 세마포로 감싸고 그 사이사이로 향품을 집어넣는다. 두 사람 모두 이 끔찍한 비극을 막기 위해 더 노력하지 못한 것을 부끄러워한다. 그들에게는 영향력이 있었다. 그들의 말은 무게가 있었다. 그들은 더 강하게 반대할 수 있었다. 그들은 제자들에게 경고할 수도 있었다. 그들은 어떤 일도 할 수 있었다. 그러나 그들은 자신들의 이력을 염려하여 아무 일도 하지 않았다.

그들은 죄책감을 느끼며 예수의 몸을 들어 올려 요셉의 무덤으로 가져간다. 문득 니고데모에게 이사야서의 한 구절이 떠오른다.

"그는…그의 무덤이 악인들과 함께 있었으며 그가 죽은 후에 부자와 함께 있었도다"(사 53:9).

마치 예수가 은혜스럽게 그 구절을 그들에게 주신 것 같다. 니고데모가 이 구절을 인용하면서 요셉을 보았을 때, 그들은 자신들이 무언가를 해냈음을 깨달았기 때문이다. 그들은 구세주를 범법자의 죽음이라는 수치에서 건져낸 것이다.

예수에 대한 사람들의 증오가 극에 달한 순간, 예수의 친구라는 사실이 가장 위험한 순간에 그들은 자신들의 삶에서 가장 영웅적인 순간을 연출해냈다. 늦게 꽃핀 그들의 사랑이 그들을 그늘에서 나오게 한 것이다. 아무것도 두려워하지 않고 그들의 구세주를 친구로 시인한 것이다.

기도

고난의 종이신 주님,

　그들은 당신을 어떻게 그토록 해하고 손상할 수 있었을까요. 그들은 당신을 어떻게 그토록 경멸하고 거부할 수 있었을까요. 그리고 당신은 그 모든 것을 어떻게 그렇게 견뎌내셨나요?

　십자가에 달리신 당신을 볼 때 저는 제가 서 있는 곳이 거룩한 땅임을 깨닫고 무릎을 꿇습니다. 감사합니다. 세상 죄를 지시고 도살장으로 끌려가신 하나님의 어린양이신 주님. 당신은 우리 죄를 위해 찔리시고 우리 허물을 위해 상하셨습니다. 당신이 흘리신 그 피 안에 우리의 정결함이 있고, 당신의 그 상처 안에 우리의 치료가 있음에 감사드립니다.

　당신의 십자가 밑에 설 때 저도 요셉과 니고데모처럼 경험하기 원합니다. 당신의 사랑으로 저를 온전히 감싸시고, 저를 당신께로 당겨주시길 원합니다. 다른 사람이 뭐라고 말하든, 제가 겪어야 할 결과가 무엇이든 상관없습니다. 결과가 무엇이든 그것은 당신이 저를 위해 겪으신 것에 비하면 아무것도 아니기 때문입니다.

　저는 그 사랑을 이해할 수 없습니다. 당신에게는 그토록 엄청난 대가를 요구하면서도 제게는 거저 주어지는 그 사랑을. 너무나 겁이 많은 저는, 너무나 오랜 세월 그늘 속에 숨어 있던 저는 그 사랑을 이해하기 어렵습니다. 그러나 겁쟁이들을 끌어내 영웅으로 만드는 십자가의 능력으로 인해 감사드립니다.

늦게 피는 사랑이라도 전혀 꽃피지 않는 사랑보다는 훨씬 낫다는 것을 깨닫게 해주십시오. 그리고 늦게 피는 사랑도, 그것이 십자가에 달린 강도의 것이든, 공의회에 소속된 종교 지도자의 것이든 간에 당신은 향기롭고 아름다운 것으로 여겨주신다는 것을.

막달라 마리아와 함께하는
친밀한
순_____간

안식 후 첫날 일찍이 아직 어두울 때에 막달라 마리아가 무덤에 와서 돌이 무덤에서 옮겨진 것을 보고 시몬 베드로와 예수께서 사랑하시던 그 다른 제자에게 달려가서 말하되 "사람들이 주님을 무덤에서 가져다가 어디 두었는지 우리가 알지 못하겠다" 하니 베드로와 그 다른 제자가 나가서 무덤으로 갈새 둘이 같이 달음질하더니 그 다른 제자가 베드로보다 더 빨리 달려가서 먼저 무덤에 이르러 구부려 세마포 놓인 것을 보았으나 들어가지는 아니하였더니 시몬 베드로는 따라와서 무덤에 들어가 보니 세마포가 놓였고 또 머리를 쌌던 수건은 세마포와 함께 놓이지 않고 딴 곳에 쌌던 대로 놓여 있더라. 그 때에야 무덤에 먼저 갔던 그 다른 제자도 들어가 보고 믿더라(그들은 성경에 그가 죽은 자 가운데서 다시 살아나야 하리라 하신 말씀을 아직 알지 못하더라). 이에 두 제자가 자기들의 집으로 돌아가니라.

마리아는 무덤 밖에 서서 울고 있더니 울면서 구부려 무덤 안을 들여다보니 흰 옷 입은 두 천사가 예수의 시체 뉘었던 곳에 하나는 머리 편에, 하나는 발 편에 앉았더라. 천사들이 이르되 "여자여, 어찌하여 우느냐?" 이르되 "사람들이 내 주님을 옮겨다가 어디 두었는지 내가 알지 못함이니이다." 이 말을 하고 뒤로 돌이켜 예수께서 서 계신 것을 보았으나 예수이신 줄은 알지 못하더라. 예수께서 이르시되 "여자여, 어찌하여 울며 누구를 찾느냐?" 하시니 마리아는 그가 동산지기인 줄 알고 이르되 "주여 당신이 옮겼거든 어디 두었는지 내게 이르소서. 그리하면 내가 가져가리이다."

예수께서 "마리아야" 하시거늘 마리아가 돌이켜 히브리말로 "랍오니" 하니(이는 선생님이라는 말이라) 예수께서 이르시되 "나를 붙들지 말라. 내가 아직 아버지께로 올라가지 아니하였노라. 너는 내 형제들에게 가서 이르되 '내가 내 아버지 곧 너희 아버지, 내 하나님 곧 너희 하나님께로 올라간다' 하라" 하시니 막달라 마리아가 가서 제자들에게 "내가 주를 보았다" 하고 또 "주께서 자기에게 이렇게 말씀하셨다" 이르니라.

_ 요한복음 20:1-18

묵상

그 옛날 낙원이 상실된 것은 동산에서 일어난 일이었다. 그런데 이제 그 낙원이 회복되는 것도 동산에서다. 그러나 막달라 마리아는 그 사실을 모른다. 그녀가 아는 것은 로마 제국이 그녀의 소망을 구둣발로 짓밟았고, 쇠로 된 발뒤꿈치로 땅에 짓이겼다는 것뿐이다.

그녀의 소망은 예수였다. 그는 그녀의 삶을 바꾸었고, 그 후 그녀는 그를 따랐다. 그는 일곱 귀신을 내쫓아 그녀를 말로 다할 수 없는 고통에서 자유롭게 해주었다. 그는 그녀에게 삶을 주었고, 삶의 이유를 주었으며, 그의 나라에 그녀의 자리를 허락해주었다. 그는 그녀에게 가치와 위엄을, 이해를, 연민을, 사랑을 그리고 소명을 주었다. 지금 그 소망은 그녀의 마음 밑바닥에 납작하게 생명을 잃고 쓰러져 있다.

그러나 무언가가 그녀를 그 잔인한 구둣발에서 건져주었다. 짓밟혀도 다시 일어나는 풀처럼 탄력 있는 무언가가.

그것은 사랑이었다.

사랑이 마리아를 십자가로 이끌고 갔다. 그리고 사랑이 지금 그녀를 그의 무덤으로 이끌고 온 것이다.

그러나 그녀는 어두운 동산 길을 올라가다 가슴이 서늘해지는 광경을 보고 넘어진다. 돌문이 열린 것이다. 누군가가 무덤을 훼손한 것이다.

그녀는 삶이 더 나빠질 수 없다고 생각했는데, 지금 최악의 순간을 맞은 것이다. 어둠이 더 깊어진다. 그녀의 소망은 더 희미해진다. 이제는 가느다란 별빛조차도 그녀를 위해 비치지 않는다.

그녀가 제자들에게 알리려고 뛰어가는 동안 수많은 질문이 그녀를 괴롭힌다. 누가 주님의 시신을 치웠을까? 로마 정부일까? 종교 지도자들일까? 그렇다면 왜? 그들이 무엇 때문에 주님의 몸을 원한단 말인가? 그들이 범법자에게 해당하는 장례법을 따르기 위해 주님의 몸을 성 밖에 있는 게헨나 골짜기의 쓰레기 태우는 불에 던진 것은 아닌지? 그들이 주님을 더 조롱하려고 시신을 전시하려는 것은 아닌지?

그녀는 베드로와 요한을 만나 그녀가 목격한 것을 숨을 헐떡이며 보고한다. 그들은 맨발로 무덤을 향해 어둠을 가로지르며 질주한다. 마리아는 그들을 뒤따르려고 애쓴다. 그러나 그들은 그녀보다 앞으로 달려나간다. 그녀는 숨을 고르며 그들을 따라잡게 될 것이라고 자신을 타이른다.

베드로는 타는 듯한 가슴을 진정시키면서 동굴 입구를 들여다보려고 몸을 숙인다. 회색빛의 새벽 날개가 동굴 안으로 부드러운 날갯짓을 하며 빛을 비춘다. 그의 눈이 어둠에 익숙해지자 그는 향품의 진으로 딱딱해진, 시신을 감쌌던 세마포를 주의 깊게 살펴본다. 세마포 고치는 돌판 위에 누구도 건드린 흔적 없이 그대로 놓여 있다. 누구도 건드린 흔적 없이. 그러나 텅 빈 채로.

의심과 믿음이 교차되며 그들은 천천히 동굴 밖으로 나온다. 마리아는 뒤에 남는다. 눈물만이 그녀의 유일한 벗이다. 그녀는 눈물을 흘리며 자기 눈으로 직접 확인하려고 동굴 안으로 들어간다. 그러자 갑자기 한때 귀신들렸던 여자가 자신이 천사 앞에 있는 것을 깨닫는다.

한 천사는 돌판의 머리맡에 앉아 있고, 다른 천사는 발치에 앉아 있다. 마치 지성소 안의 언약궤가 양쪽 끝에 날개를 가진 것처럼. 그것은 이곳 역시 가장 거룩한 곳이기 때문이다.

마리아는 그들에게 자기가 눈물을 흘리는 이유를 말하며 의기소침해한다. 그때 그녀의 뒤에서 또 다른 목소리가 들려온다. "여자여, 어찌하여 우느냐?"

그녀는 뒤를 돌아본다. 어쩌면 아침 안개인지도 모른다. 어쩌면 눈물이 그녀의 시력을 흐리게 했는지도 모른다. 예수는 이 자리에 나타나리라고 전혀 기대할 수 없는 분이기 때문이다. 어떤 이유였든지 간에 그녀는 그를 알아보지 못한다. 그가 그녀를 부르기까지는.

"마리아야."

그녀는 눈을 깜박거려 눈물을 거두고 자세히 본다. 자기 눈앞에 펼쳐진 광경에 입을 다물지 못한다.

"랍오니."

그녀는 너무나 감격한 나머지 그토록 사랑했던 주님을 안으려 한다. 그녀는 예수가 십자가에서 고난을 당하던 자리에 있었다. 그런데 그녀가 고난을 당하는 이곳에 예수가 있다. 그녀는 그가 가장 어두운 시간 속에 있을 때 그 옆에 있었다. 지금 그는 그녀가 고난당하는 순간에 함께 있다. 그는 그녀의 눈물을 보았다. 그는 그 눈물을 닦아주기 위해 지금 여기에 있다. 예수는 그녀의 포옹을 제지하면서 그녀에게 위대한 명령을 내린다. 가서 제자들에게 이 좋은 소식을 전하라는 것이다.

"그는 살아나셨다! 나는 그를 보았다! 나는 그를 만져보았다! 그는 살아계시다!"

그리고 그와 함께 그녀의 소망도 살아났다.

승리하신 예수는 예루살렘 거리를 행진할 수 있었다.

빌라도의 궁궐 문을 두드릴 수도 있었다. 대제사장을 대면할 수도 있었다. 그러나 부활하신 주님이 처음 만난 사람은 소망을 잃은 한 여인이었다. 그리고 그가 처음 하신 말은 이것이었다.

"어찌하여 우느냐?"

우리가 섬기는 구세주는 어떤 분인가. 아니, 우리를 섬기는 구세주는 어떤 분인가. 가장 위대한 승리의 순간에도 그는 지붕 위에서 자신의 승리를 외치지 않는다. 오히려 그는 슬퍼하고 있는 여인에게 조용히 찾아오신다. 너무도 절실하게 그의 음성을 듣기 원하는 여인에게. 그의 얼굴을 보기 원하는 여인에게. 감싸주시는 그분을 기다리는 여인에게.

기도

부활하신 주님,
　모든 것이 무너져내리는 것 같은 상황이 슬픔의 무덤처럼 저를 덮칠 때, 그래서 제 눈에 눈물이 흘러넘칠 때 사물을 똑똑하게 본다는 것이 얼마나 어려운 일인지요.

모든 것이 뿌옇게 보일 때. 당신조차도 희미하게 보일 때. 그리고 당신의 목소리가 낯설게 들릴 때.

제가 그 눈물을 떨어버리고 당신이 제 곁에 계신 것을 보게 해주십시오. 당신이 제가 왜 우는지를 알고 싶어 하시고, 제 상처가 무엇인지도 알고 싶어 하시며, 제 눈에서 눈물을 닦아주고 싶어 하신다는 것을 보게 해주십시오.

감사합니다, 예수님. 거기에 계셔서 감사합니다. 절대 저를 떠나거나 버리지 않고, 제 삶의 가장 어둡고 추운 때에도 함께해주셔서 감사합니다.

무거운 돌이 제 마음을 뒤덮어 저를 매장하려 할 때 그 돌을 굴려주시기를 기도합니다. 그 무거운 돌을 옮기기에 저는 너무 약합니다.

의심이 있는 곳에는 돌을 굴려주셔서 믿음이 부활하게 해주십시오.

침체가 있는 곳에는 장례복을 벗겨주시고 기쁨을 입혀주십시오.

절망이 있는 곳에는 밤을 쫓으시고 떠오르는 태양이 소망을 비추게 해주십시오.

그러나 의심 중에도, 침체 중에도, 절망 중에도 제가 계속 당신을 사랑할 수 있도록 도와주십시오. 비록 제가 당신을 다 이해하지 못한다 하더라도.

금요일이 아무리 어둡고, 무덤이 아무리 춥다 해도, 부활하신 구세와 함께 있기에 제게는 언제나 부활절 아침의 소망이 있음을 기뻐하며 감사드립니다.

엠마오로 가는 길에서 맞이하는
긴장된
순_____간

　그날에 그들 중 둘이 예루살렘에서 이십오 리 되는 엠마오라 하는 마을로 가면서 이 모든 된 일을 서로 이야기하더라. 그들이 서로 이야기하며 문의할 때에 예수께서 가까이 이르러 그들과 동행하시나 그들의 눈이 가리어져서 그인 줄 알아보지 못하거늘 예수께서 이르시되 "너희가 길 가면서 서로 주고받고 하는 이야기가 무엇이냐?" 하시니 두 사람이 슬픈 빛을 띠고 머물러 서더라.
　그 한 사람인 글로바라 하는 자가 대답하여 이르되 "당신이 예루살렘에 체류하면서도 요즘 거기서 된 일을 혼자만 알지 못하느냐?"
　이르시되 "무슨 일이냐?" 이르되 "나사렛 예수의 일이니 그는 하나님과 모든 백성 앞에서 말과 일에 능하신 선지자이거늘 우리 대제사장들과 관리들이 사형 판결에 넘겨주어 십자가에 못 박았느니라. 우리는 이 사람이 이스라엘을 속량할 자라고 바랐노라. 이뿐 아니라 이 일이 일어난 지가 사흘째요. 또한 우리 중에 어떤 여자들이 우리로 놀라게 하였으니 이는 그들이 새벽에 무덤에 갔다가 그의 시체는 보지 못하고 와서 그가 살아나셨다 하는 천사들의 나타남을 보았다 함이라. 또 우리와 함께 한 자 중에 두어 사람이 무덤에 가 과연 여자들이 말한 바와 같음을 보았으나 예수는 보지 못하였느니라" 하거늘 이르시되 "미련하고 선지자들이 말한 모든 것을 마음에 더디 믿는 자들이여 그리스도가 이런 고난을 받고 자기의 영광에 들어가야 할 것이 아니냐" 하시고 이에 모세와 모든 선지자의 글로 시작하여 모든 성경에 쓴 바 자기에 관한 것을 자세히 설명하시니라.

그들이 가는 마을에 가까이 가매 예수는 더 가려 하는 것 같이 하시니 그들이 강권하여 이르되 "우리와 함께 유하사이다. 때가 저물어 가고 날이 이미 기울었나이다" 하니 이에 그들과 함께 유하러 들어가시니라. 그들과 함께 음식 잡수실 때에 떡을 가지사 축사하시고 떼어 그들에게 주시니 그들의 눈이 밝아져 그인 줄 알아 보더니 예수는 그들에게 보이지 아니하시는지라.

그들이 서로 말하되 "길에서 우리에게 말씀하시고 우리에게 성경을 풀어 주실 때에 우리 속에서 마음이 뜨겁지 아니하더냐?" 하고.

— 누가복음 24:13-32

사람들은 이날을 '좋은 금요일'(Good Friday, 성금요일)이라고 부른다. 그러나 예수를 따르던 이 두 사람에게는 좋을 것이 하나도 없는 날이다. 모든 좋은 것이 이날 다 죽었다. 그리고 그들에게는 이날 이후의 삶이 다 금요일처럼 보인다.

비록 예루살렘에 사는 다른 사람들에게는 이날이 일요일이지만 말이다. 유월절 안식일은 끝났고 삶은 제자리로 돌아갔다.

그러나 이 두 사람에게는 삶이 제자리로 돌아가는 소리가 가당치 않게 보인다. 그들에게는 그 어떤 것도 다시는 정상으로 돌아갈 수 없을 것이다.

어떤 유월절도 도살장으로 끌려가는 양처럼 잡혀간 그에 대한 기억 없이 보낼 수 없을 것이다. 어떤 제사도 하나님께 버림받은 십자가 위에서 털이 깎이고 조각나 드려지던 그에 대한 기억 없이 드려질 수 없을 것이다.

이 두 사람은 십자가에 달려 죽은 그의 친구였기 때문에 많은 사람이 그들에게 물었다. 예수는 누구인지, 무슨 일이 일어난 것인지, 제자들은 지금부터 무엇을 할 것인지 등을.

그러나 이 두 사람은 슬픔으로 너무나 혼란스러웠기 때문에 그런 일들은 희미하게도 알지 못했다. 그리고 그들은 자신들이 아는 것을 말하고 싶지 않았다. 특별히 낯선 사람들에게는.

그리고 도시는 낯선 사람들로 차고 넘치는 곳이었기 때문에 그들은 그곳을 빠져나가고 싶었다. 그들은 시골로 가기로 한다. 거기에서 생각하고 말하고 정리할 공간을 찾으려 한다.

그들이 정리해야 할 것은 많았다. 그들은 예수를 따르기 위해 모든 것을 버리고 떠났었다. 그들은 그의 말에 자신들의 장래를 걸었었다. 그들의 소망과 꿈과 모든 것을. 그러나 지금 그는 가고 없다. 그리고 그들은 그 없이 해나가야 한다.

그들이 갈 곳은 어디인가?

지금으로써는 아무 데라도 좋다. 멀리 떨어져 있기만 하다면.

산산조각 난 삶의 부스러기에서 멀리 떨어진 곳이기만 하다면. 다시 세우는 것이 불가능해 보이는 삶이다. 시도조차 허망해 보인다.

그래서 그들은 정리하기 위해, 무엇이 잘못됐고 왜 그렇게 되었는지를 이해하기 위해 그리고 다음에는 어디로 가야 하는지를 결정하기 위해 가는 것이다.

그들은 어떤 길도 택할 수 있었다. 예루살렘의 북쪽 길은 에브라임으로 이어진다. 그러나 그 길은 너무 멀다. 동쪽 길은 여리고로 향한다. 그러나 그 길은 너무 위험하다. 남쪽으로 가는 길은 베들레헴으로 이어진다. 그러나 그 길은 그들이 잊고 싶어 하는 모든 것을 너무도 생생히 기억나게 한다. 그래서 그들은 서쪽으로 가는 길을 택한다.

엠마오로 가는 길이다.

엠마오로 가는 길은 우리가 골고다로 간 다음에 택하는 길이다. 이 길은 우리가 택했던 다른 길들이 막다른 길이었음이 드러났을 때 택하는 길이다. 그것은 동네 밖으로 나가는 길이고, 그 모든 것에서 멀어지는 길이다.

자신들을 위한 것이 아무것도 남아 있지 않음을 아는 그들은 예루살렘을 떠난다. 예루살렘은 어쩌면 메시아였는지도 모르는 자에 대한 기억 외에는 아무것도 없는 곳이다. 그리고 세상이 그에게 행한 일에 대한 기억 외에는.

그러나 비록 세상이 그에게 행한 일은 끝이 났지만, 그 고통은 끝나지 않았다. 두통과 가슴 아픔과 목에 걸린 뜨거운 무엇이 있다. 의심과 대답 없는 질문들과 영혼의 캄캄한 밤이 있다.

이것이 그들에게 주어진 가시다. 이것이 그들이 찔린 못이다.

이것이 그들이 짊어진 십자가다. 그리고 그들은 이 모든 것을 지고 동네 밖으로 나간다.

그들은 그의 부활에 대한 소문도 뒤에 두고 떠난다. 그들은 그의 죽음의 실상만을 가지고 떠난다. 그리고 그들의 슬픔만을 가지고.

그들이 택한 길은 도시에서 멀어지면서 천천히 경사진 길로 내려가다 언덕들이 만나는 곳에서 움츠러든다. 광활한 하늘 아래 암석으로 뒤덮인 단순한 풍경은 그들이 예루살렘에서 보았던 고린도 풍의 화려함이 섞인 로마식 건축 양식과는 판이한 반가운 변화다.

광활하고 황량한 지형은 그들 영혼의 풍경을 반영한다. 그 황량함은 고독을 즐길 수 있는 여유를 준다. 그리고 그 고독은 그들이 생각할 수 있는 여유를 주고, 지난 며칠 동안 그들이 취했던 태아의 구부린 자세에서 몸을 펴고 나올 기회를 준다.

걷는 동안 그들의 생각은 기지개를 켜고 대화를 나누기 시작한다. 그러나 그 대화는 감정에 덮여 있다. 눈물이 나왔다 사라진다. 그들의 생각도 마찬가지다.

그들은 구세주가 품으셨던 아름다운 꿈을 생각한다. 하나님 나라의 도래에 대한 꿈이다. 그분의 뜻이 하늘에서처럼 땅에서도 이루어지는 때를 바라는 꿈이다. 나라들이 칼을 쳐서 보습을 만들게 되는 때에 대한 꿈이다. 이리들이 어린 양과 함께 뒹굴고 세상에는 평화가 넘치는 그때. 그리고 사람들 사이에는 서로를 향한 선한 뜻만이 있는 그때.

이것은 아름다운 꿈이었다. 그리고 그들은 그 꿈을 나누어 가졌었다.

그러나 금요일이 그 꿈을 산산조각냈다.

"누가 그 일이 이렇게 끝나리라고 생각이나 했겠는가?" 글로바가 말한다. "꼭 한 주 전입니다. 온 군중이 예수를 찬양했습니다. 그들의 목소리에는 기쁨이 넘쳤습니다. 그들의 뺨에는 눈물이 흘러내렸습니다. 유월절을 앞두고 있었기 때문에 사람들이 사방에서 모였고, 시기도 아주 적절해 보였습니다. 나는 그렇게 기대했는데…."

그러나 그 꿈의 편린들은 아직도 날카롭다. 그는 그 꿈에 가까이 가는 말을 하기를 두려워한다. 그래서 그는 떨면서 주저한다.

"나도 소망을 가졌었지요." 다른 사람이 말한다.

그들이 서로를 위로하고 있을 때 한 낯선 사람이 그들에게 온다.

그는 그들과 동행하기를 원할 뿐 아니라 그들의 대화에도 끼고 싶어 한다.

"너희가 길 가면서 서로 주고받고 하는 이야기가 무엇이냐?"

이 질문에 그들은 멈춰 선다. 그들의 내리깐 눈이 대답할 힘을 얻기 위해 길 위를 살핀다.

"당신이 예루살렘에 체류하면서도 요즘 거기서 된 일을 혼자만 알지 못하느냐?"

"무슨 일이냐?" 예수가 묻는다.

그러자 그들은 그 슬픈 이야기를 들려준다. "우리는 이 사람이 이스라엘을 속량할 자라고 바랐노라."

처음 예수를 만났을 때부터 그들은 그가 주장하는 것처럼 왕이기를 바랐다. 그리고 그들은 그가 자신의 나라를 일으키기를 기다렸다

그러나 그는 죽었다.

그리고 그들은 다시, 그의 말을 근거로, 그가 3일 만에 돌아오리라고 기대했다.

그리고 그들은 다시 기다렸다. 금요일. 토요일. 일요일 아침. 일요일 정오. 일요일 오후.

그 후 그들은 소망을 잃어버렸다. 금요일의 피해가 초래한 또 하나의 참상이다.

그리고 소망을 잃은 그들은 더는 기다릴 수 없었다. 그래서 그들은 떠났다.

그러나 예수가 말한 것 외에 다른 말들이 있었다. 그 말들은 예수의 말을 이해하도록 도와줄 수 있었다. 그들이 알았어야 했고, 기억해야 했으며, 믿었어야 했던 말들이다.

"미련하고 선지자들이 말한 모든 것을 마음에 더디 믿는 자들이여,

그리스도가 이런 고난을 받고 자기의 영광에 들어가야 할 것이 아니냐?"(눅 24:25-26)

예수는 그들이 여인들의 증언이나 빈 무덤에 대한 말을 믿지 않았다고 꾸짖지 않았다. 그는 그들이 성경의 가르침을 믿지 않았기 때문에 책망했다.

예수는 창세기로부터 시작해 한 책씩 설명하시며 고난이 결코 끌 수 없었던 불을 그들의 삶에 되살리신다. 그리고 엠마오에 도착할 즈음 그들의 마음은 활활 타올랐다.

세 사람은 동네 밖에서 멈춘다. 해는 그들 앞으로 전진하며 한때 언덕들이 있던 지평선에 흔적을 남겨놓는다. 예수도 계속 가려고 한다. 그러나 그들은 그에게 함께 머물기를 간청한다. 그는 그 요청을 받아들인다.

그들은 머물 곳을 찾고 함께 앉아 먹기 시작한다. 그때 갑자기…. 이 낯선 사람은 구세주다!

그들이 그를 알아본 순간 그는 사라지고 보이지 않는다.

이 두 사람에게는 삶이 다 무너져내린 듯싶었지만, 그 파괴가 남긴 파편들과 공중에 떠다니는 먼지 사이로 충분한 빛이 들어와 그들에게 소망을 주었다. 그들은 모든 것을 볼 수 없었지만, 그를 볼 수 있었다. 그리고 그것이면 충분하다.

그것은 그들이 삶을 다시 뚫고 나아갈 힘을 주기에 충분하다.

그들이 슬픔에 굴복하거나 소망을 포기하지 않도록 붙들어주기에 충분하다.

그들이 계속 살아갈 수 있고 계속 믿을 수 있도록 붙들어주기에 충분하다. 그래서 그들이 예루살렘으로 돌아가 소망을 절실히 필요로 하는 자들에게 그것을 전해주기에 충분하다.

기도

주 예수님,

　제가 과거의 고통에서 벗어나기 위해 어떤 길을 택하든지 그 길에서 저를 만나주심에 감사드립니다. 제가 비록 멀어질 때도 제 뒤를 따라오시는 당신께 감사드립니다. 제게 가까이 오기를 원하시면서. 함께 가지 않겠느냐고 물으시면서. 제 삶의 모든 혼란을 깨끗이 정리해주기 원하시면서.

　제가 택한 길이 무엇이든지 그 위에 빛을 비춰주시는 당신의 말씀으로 인해 감사드립니다. 그 말씀이 없다면 제가 어떻게 길을 찾을 수 있겠습니까? 또 어떻게 되돌아갈 수 있겠습니까?

　성경을 통해 제게 말씀하시는 당신의 방법에 제가 민감할 수 있도록 도와주십시오. 그리고 종종 낯선 방법으로, 낯선 사람을 통해, 낯선 목소리로 제게 말씀하시는 것에 대해서도 민감할 수 있도록 도와주십시오.

　엠마오로 가는 길에서만 나눌 수 있는 그 진지한 대화로 인해 감사드립니다. 주님, 그 대화 속에 들어와 주시기를 기도합니다. 특별히 제가 당신에게서 멀어지면서 제 소망이 왜 이루어지지 않는지 의심할 때, 제가 기도했던 대로 왜 고통이 사라지지 않는지 의아해할 때, 제가 물은 질문들이 왜 답을 얻지 못하는지 궁금해할 때 주님, 저의 대화에 들어와 주십시오.

　주님, 제 마음이 실망으로 가득 찼을 때 저와 함께 머물러주십시오. 제게 잠깐이라도 당신을 보여주십시오. 그것은 당신의 임재가 저의 이

해력보다 더 중요하기 때문입니다. 그리고 삶이 이해되지 않을 때 당신을 보는 것은, 삶을 이해하면서 당신을 보지 못하는 것보다 더 낫기 때문입니다.

저의 고난 중에 함께해주시기를 기도하는 것처럼 저도 당신의 고난에 동참할 수 있기를 기도합니다. 당신이 광야에서 약한 상태에 계실 때 제가 당신과 함께 있도록, 당신이 예루살렘으로 가는 길에서 눈물 흘리실 때도 당신과 함께 있도록, 당신이 겟세마네에서 고뇌하실 때 당신 곁에 있도록 그리고 당신이 십자가에서 고통당하실 때도 당신과 함께 있도록 저를 도와주십시오.

당신이 겪는 고통의 깊이를 이해함으로 당신이 주시는 사랑의 깊이를 더 충분히 이해할 수 있게 해주십시오.

제가 지금껏 살아오면서 겪은 고난에서 얻은 많은 좋은 것으로 인해 감사드립니다. 고난을 통해 저는 느끼는 법을 배웠습니다. 그것으로 인해 감사드립니다.

저는 고통을 경험함으로써 다른 사람들의 고통에 더 민감하게 되었습니다. 그것에 대해 감사드립니다. 그리고 제가 맛본 슬픔을 통해 다른 사람들의 슬픔에 더 동정하는 마음을 가질 수 있었습니다. 그것에 대해서도 감사드립니다, 주님.

그리고 광야에서 알게 된 굶주림과 세상에서 알게 된 가시와 못을 통해 저는 당신이 이 지구 위를 거니시는 동안 당하신 고난이 무엇이었는지를 배웠습니다. 그리고 당신의 고난에 참여하는 것, 즉 눈물을 맛보지 않고는 결코 알 수 없는 당신과의 친밀함이 무엇인지를 저는 배웠습니다.

베드로와 함께하는 마지막
친밀한
순_____간

그 후에 예수께서 디베랴 호수에서 또 제자들에게 자기를 나타내셨으니 나타내신 일은 이러하니라.

시몬 베드로와 디두모라 하는 도마와 갈릴리 가나 사람 나다나엘과 세베대의 아들들과 또 다른 제자 둘이 함께 있더니 시몬 베드로가 "나는 물고기 잡으러 가노라" 하니 그들이 "우리도 함께 가겠다" 하고 나가서 배에 올랐으나 그날 밤에 아무것도 잡지 못하였더니 날이 새어갈 때에 예수께서 바닷가에 서셨으나 제자들이 예수이신 줄 알지 못하는지라.

예수께서 이르시되 "얘들아, 너희에게 고기가 있느냐?" 대답하되 "없나이다." 이르시되 "그물을 배 오른편에 던지라. 그리하면 잡으리라" 하시니 이에 던졌더니 물고기가 많아 그물을 들 수 없더라.

예수께서 사랑하시는 그 제자가 베드로에게 이르되 "주님이시라" 하니 시몬 베드로가 벗고 있다가 주님이라 하는 말을 듣고 겉옷을 두른 후에 바다로 뛰어내리더라. 다른 제자들은 육지에서 거리가 불과 한 오십 칸쯤 되므로 작은 배를 타고 물고기 든 그물을 끌고 와서 육지에 올라보니 숯불이 있는데 그 위에 생선이 놓였고 떡도 있더라.

예수께서 이르시되 "지금 잡은 생선을 좀 가져오라" 하시니 시몬 베드로가 올라가서 그물을 육지에 끌어 올리니 가득히 찬 큰 물고기가 백쉰세 마리라. 이같이 많으나 그물이 찢어지지 아니하였더라.

　예수께서 이르시되 "와서 조반을 먹으라" 하시니 제자들이 주님이신 줄 아는 고로 "당신이 누구냐?" 감히 묻는 자가 없더라.

　예수께서 가셔서 떡을 가져다가 그들에게 주시고 생선도 그와 같이 하시니라. 이것은 예수께서 죽은 자 가운데서 살아나신 후에 세 번째로 제자들에게 나타나신 것이라. 그들이 조반 먹은 후에 예수께서 시몬 베드로에게 이르시되 "요한의 아들 시몬아. 네가 이 사람들보다 나를 더 사랑하느냐?" 하시니 이르되 "주님, 그러하나이다. 내가 주님을 사랑하는 줄 주님께서 아시나이다." 이르시되 "내 어린 양을 먹이라" 하시고 또 두 번째 이르시되 "요한의 아들 시몬아. 네가 나를 사랑하느냐?" 하시니 이르되 "주님, 그러하나이다. 내가 주님을 사랑하는 줄 주님께서 아시나이다." 이르시되 "내 양을 치라" 하시고 세 번째 이르시되 "요한의 아들 시몬아. 네가 나를 사랑하느냐?" 하시니 주께서 세 번째 '네가 나를 사랑하느냐?' 하시므로 베드로가 근심하여 이르되 "주님, 모든 것을 아시오매 내가 주님을 사랑하는 줄을 주님께서 아시나이다." 예수께서 이르시되 "내 양을 먹이라. 내가 진실로 진실로 네게 이르노니 네가 젊어서는 스스로 띠 띠고 원하는 곳으로 다녔거니와 늙어서는 네 팔을 벌리리니 남이 네게 띠 띠우고 원하지 아니하는 곳으로 데려가리라."

　이 말씀을 하심은 베드로가 어떠한 죽음으로 하나님께 영광을 돌릴 것을 가리키심이러라. 이 말씀을 하시고 베드로에게 이르시되 "나를 따르라" 하시니.

　_ 요한복음 21:1-19

묵상

   당신은 친구를 실망시켰을 때 어떻게 하는가? 당신의 감정이 무감각해질 때까지 울고 난 후에, 당신의 실패를 몇 번이고 반복해서 생각해 본 후에, 자신을 심하게 비난하고 어떤 이름으로 자신을 불러야 할지조차 알 수 없게 되었을 때 당신은 어떻게 하는가?
   당신은 고통을 줄이기 위한 길을 모색할 것이다.
   "나는 물고기 잡으러 가노라."
   베드로는 이런 방식으로 고통을 이기려 했다. 그는 생각하는 것에 지쳤다. 그는 자신과 대화하며 자신을 책망하는 일에 피곤해졌다. 그는 아무 생각 없이 어디론가 가고 싶어 한다. 도피를 원하는 것이다.
   그러나 바다는 그를 동정하는 기색이 없다. 그리고 밤은 그에게 집행 유예를 허락하지 않는다.
   우울한 어둠 속에서 베드로는 배를 치는 파도 소리에 마음이 가라앉는 것을 느낀다. 그의 마음은 향수에 젖어 뒤로 돌아가 예수가 그들과 함께 배를 타고 가시다가 폭풍을 잔잔하게 하셨던 때로 썰물처럼 빠져나간다. 뒤로 돌아가 그가 물 위를 걸어오시던 때로…뒤로 돌아가….
   그는 그렇게 밤을 보낸다. 그물을 던져 쉬 빠져나가는 과거의 기억 몇 조각을 겨우 건져내면서.
   기억. 그가 지금 가진 것은 그것뿐이다. 그러나 그 기억 가운데 하나는 멀리 던지고 싶은 것이다. 예수가 그를 가장 필요로 했을 때 그가 어떻게 했는지…그곳에 서서 그를 아는 것조차 부인했던 것을…저주하고 욕하고, 또….

그때 그는 해변에서 바다를 향해 던진 부드러운 돌멩이 같은 목소리를 듣는다. 희미하지만 친숙한 목소리를.

"그물을 배 오른편에 던지라. 그리하면 잡으리라."

베드로는 그 말을 따라 그물을 던지면서 잠자던 기억이 깨어나는 것을 느낀다. 완강히 저항하는 물고기들의 움직임으로 파도가 거세게 일어나고 있다. 물고기로 가득한 그물을 끌어당기면서 그는 3년 반 전에 놀랍게도 비슷한 아침을 맞았던 것을 생생하게 기억해낸다.

예수가 처음으로 그를 제자로 불렀던 아침이었다. 그와 그의 동료들은 밤새 고기를 잡으려 했지만 한 마리도 잡지 못하고 빈 그물만 씻던 중이었다. 그때 그들은 예수가 해변에서 전하시는 말씀을 들었다. 그는 예수가 말씀을 마친 후 그에게 깊은 곳으로 가서 그물을 던지라고 하신 것을 기억한다. 그때 잡힌 고기가 너무나 많아 그물이 찢어지고 배가 가라앉기 시작했다. 그때 그는 예수가 주님이심을 깨달았던 것을 기억한다. 그는 또한 예수 앞에서 자신이 죄인인 것을 깊이 느꼈던 것을 기억한다. 그는 예수에게 자신을 떠나달라고 간청했던 것을 기억한다. 그러나 예수는 그렇게 하지 않았다. 그 대신 그는 지금부터 그들이 사람을 낚게 될 것이라고 말했다. 그리고 그 후 3년 반 동안 그들이 잡은 것은 약간의 잔챙이들뿐인 듯싶다.

이것은 소중한 기억이다. 베드로에게 가장 귀한 기억이다. 그리고 민감하신 주님은 이 모든 장면을 그를 위해 되살려주신다. 밤의 빈 그물로부터 잡은 고기로 가득한 그물에 이르기까지. 이 모든 것은 오직 한 사람의 청중을 위한 것이다. 바로 베드로다.

베드로가 그물을 끌어 올리며 기억을 되살리고 있을 때 요한에게 갑자기 한 생각이 떠오른다.

"주님이시라."

당신은 친구를 실망시켰을 때 어떻게 하는가? 그를 찾아갈 것이다.

이 순간 베드로는 자신을 억제할 수 없다. 그는 바다에 몸을 던진다. 그는 눈물과 바닷물을 섞으며 100미터 정도 나아간다. 기억은 이제 제 역할을 다했다.

해변에 도달한 베드로는 물에 젖어 몸을 떤다. 그의 눈은 따뜻한 모닥불에 고정된다. 그가 주님을 배반하던 밤에 쬐던 그 불과 흡사하다. 그는 주저하며 불확실한 마음으로 접근한다. 그는 불의 열기를 쬐려고 손을 내밀던 그 밤을 생각하며 고심한다. 말을 꺼내고 싶지만, 턱이 덜덜 떨리며 그의 말을 짧게 끊는다.

다른 제자들이 아침 식사를 하려고 다가왔을 때 모닥불 연기가 하늘로 올라간다. 그리고 그의 생각도 그 연기에 어울려 얽혀든다. 그들도 죄책감 때문에 주저하면서 그저 음식을 먹고 귀를 기울일 뿐이다. 식사가 끝나자 예수는 베드로를 옆으로 불러낸다. 그리고 놀라운 말을 한다. 그가 밖으로 꺼내지 않은 말은 더 놀라운 것이다.

"너는 어떤 종류의 친구였는지…네게 정말 실망했다…네가 내게 그럴 수 있느냐?…너는 말뿐이야…겁쟁이…내가 너를 잘못 보았어…그래도 네가 나의 친구라고 할 수 있느냐?"

그 대신 그는 단지 이렇게 묻는다. "네가 나를 사랑하느냐?" 그는 세 번 묻는다. 베드로가 부인한 숫자만큼. 상처를 건드리기 위해서가 아니라 베드로에게 사랑을 고백할 기회를 주기 위해서다. 이것은 베드로가 절실하게 언어로 표현할 필요가 있는 무엇이다. 세 번째로 예수가 물었을 때 베드로는 그 말이 무슨 의미인지 깨닫는다. 그러자 꺼져가는 기억으로부터 불꽃이 솟아오른다. 그러나 이내 타버린다.

예수는 고통을 주려고 거기에 온 것이 아니다. 그는 고통을 덜어주기 위해 왔다. 예수는 닭이 울던 순간 그가 흘리던 비통한 눈물을 보았다. 그것으로 충분했다. 그것은 충분한 회개였다. 베드로는 용서의 희미한 흔적이라도 바라는 마음에서 예수를 올려다본다. 그리고 말을 넘어선 언어, 곧 용서가 사랑의 언어로 불붙고 있는 것을 구세주의 눈에서 발견한다.

"내 양을 먹이라, 베드로야." 예수가 말하고자 하는 것은 "나는 아직도 너를 믿는다. 나는 아직도 너를 내가 부탁한 일에 적합한 사람이라고 생각한다."

그리고 "나를 따르라"는 말과 더불어 온전히 회복된다. 고통스러운 기억은 치유되었다. 3년 반 전에 예수는 베드로에게 그를 따르라고 초청했다. 그 초청은 베드로의 실패에도 불구하고 여전히 유효하다.

예수는 베드로의 마음에 두 가지 기억을 되살리기 위해 모든 것을 연출했다. 소중한 기억과 쓰라린 기억이다. 그가 쓰라린 기억을 되살린 것은 베드로를 책망하기 위해서가 아니라 회복하기 위해서였다. 그는 베드로가 먼지 구덩이에서 뒹굴기를 원하지 않았다. 그는 자신이 얼마나 옳고 베드로가 얼마나 그른지를 보이고자 하지 않았다. 그가 그 기억을 표면에 떠올린 것은 오직 한 가지 목적 때문이었다. 그 상처를 치유하고자 했던 것이다. 그 상처를 치유해 베드로가 계속 그를 사랑할 수 있게 하려는 것이다. 쓰라린 기억에 눌려 죄책감에 시달리지 않고 그의 남은 생애 동안 예수를 섬기게 하려는 것이다.

그 친밀한 순간은 베드로의 삶에서 전환점이 되었다. 50일이 채 못 되어 그는 자기 삶에서 가장 담대한 설교를 하게 된다. 그것도 예수에 대한 증오로 똘똘 뭉친 철옹성 같은 도시 예루살렘에서. 거기서 3천 명이 구원을 받는다. 그들은 그가 그곳에 세울 교회의 핵심 멤버가 된다.

후에 베드로는 가야바와 그리스도를 대적해 음모를 꾸몄던 공회원들 앞에 서게 된다. 그는 그들에 맞서서 자신의 구세주를 담대하게 고백한다. 그리고 그는 십자가에 못 박힌 주님을 계속 전파하여 성전의 기초를 흔들고, 심지어는 로마 제국의 강력한 기둥들까지 흔드는 진동을 일으킨다.

그리고 마침내 그는 예수가 말했듯 십자가에 못 박힌다. 유세비우스는 베드로가 자신을 십자가에 거꾸로 못 박아줄 것을 부탁했다고 기록한다. 그는 자기에게 주님과 같은 모습으로 죽을 자격이 없다고 생각했기 때문이다.

어떤 친구가 이러한 헌신을 불러일으킬 수 있을까?

그가 약했을 때 그를 위해 기도해준 친구. 그가 넘어졌을 때 그를 일으켜 세워준 친구. 그가 배반했을 때 용서해준 친구. 그의 쓰라린 기억을 치료해준 친구. 그를 사랑해준 친구. 그를 믿어준 친구.

예수 같은 친구다.

그를 위해 먼저 목숨을 버린 친구다.

기도

주 예수님,

제가 당신을 아무리 비참하게 실망시킨다 해도 언제나 제 곁에 계시고 저를 다시 일으켜 세워주심을 감사드립니다. 제가 당신을 수없이 실망시켜도 당신은 언제나 제 곁에 계시고 저를 용서해주십니다. 제가 아무리 멀리 떠나가도 당신은 언제나 해변에 서서 제가 돌아오기를 기다리고 계십니다. 모닥불을 아늑하게 지펴놓고, 따뜻한 음식을 마련해놓고, 제 어깨를 팔로 감싸주시면서.

　주님, 제가 당신을 위해 열매 맺는 삶을 살도록 회복하시려고 모든 상황을 간섭하심에 감사드립니다. 당신을 향한 제 사랑이 순수하고 진지했던 그 소중한 기억들을 되살려주심에 감사드립니다. 그리고 제 쓰라린 기억들을 치료해주시려고 그것을 부드럽게 표면으로 끌어내 주심에 감사드립니다.

　예수님, 저는 너무나 많은 이유로 당신을 사랑합니다. 당신을 따르도록 저를 불러주시니 당신을 사랑합니다. 당신의 나라를 세우는 수고에 동참할 수 있게 하시니 당신을 사랑합니다. 제게 너무도 많은 것을 가르쳐주시니 당신을 사랑합니다. 제가 더디 배울 때도 저를 오래 참아주시니 당신을 사랑합니다. 제게 너무나 훌륭한 친구가 되어주시니 당신을 사랑합니다. 당신이 제 편이 되어주셔서 저를 위해 싸워주시니 당신을 사랑합니다. 당신 때문에 제가 될 수 있었던 모든 것으로 인해 당신을 사랑합니다. 사탄이 키질하고 남은 모든 깨어진 조각을 당신의 부드러운 손으로 치워주시니 당신을 사랑합니다. 당신은 그 쭉정이 같은 실패들을 보시지 않고, 아무리 작더라도 당신 손에 남은 진정한 사랑의 알갱이에 주목하셨습니다. 그리고 그 작은 알갱이를 보시며 기뻐하셨습니다. 그런 당신을 사랑합니다.

　주님, 우리가 함께 보낸 그 모든 친밀한 순간으로 인해 감사드립니다. 저는 그 순간들이 제게만 아니라 당신께도 큰 의미가 있다는 것을 압니다. 그리고 모든 진리가 밝혀진다면 아마도 그 의미는 더욱 커질 것입니다. 비록 작은 부분이라 하더라도 제가 당신의 신성한 기쁨에 기여했다는 것을 생각하면 저는 너무나 신이 납니다. 그리고 저로 인해 하나님이 미소 지으셨다고 생각하면 정말 행복합니다.

　당신의 못 자국 난 발아래 앉을 수 있는 특권을 주셔서 감사합니다.

그 특권을 절대 소홀히 여기거나 무시하지 않도록 도와주시고, 그 특권의 자리로 겸손하게 나아갈 수 있도록 도와주십시오.

  삶에 정말 필요한 것은 몇 가지밖에 없다는 것을 깨닫게 해주십시오. 그리고 정말 진지하게 생각한다면 오직 한 가지뿐이라는 것을. 그것은 당신의 발아래 앉는 것입니다. 당신의 말씀을 들으면서…당신의 눈을 들여다보면서…그리고 당신을 사모하면서.

승천의 현장에서
깨닫는
순____간

그가 고난 받으신 후에 또한 그들에게 확실한 많은 증거로 친히 살아 계심을 나타내사 사십 일 동안 그들에게 보이시며 하나님 나라의 일을 말씀하시니라. 사도와 함께 모이사 그들에게 분부하여 이르시되 "예루살렘을 떠나지 말고 내게서 들은 바 아버지께서 약속하신 것을 기다리라. 요한은 물로 세례를 베풀었으나 너희는 몇 날이 못되어 성령으로 세례를 받으리라" 하셨느니라.

그들이 모였을 때에 예수께 여쭈어 이르되 "주께서 이스라엘 나라를 회복하심이 이 때니이까?" 하니 이르시되 "때와 시기는 아버지께서 자기의 권한에 두셨으니 너희가 알 바 아니요 오직 성령이 너희에게 임하시면 너희가 권능을 받고 예루살렘과 온 유대와 사마리아와 땅 끝까지 이르러 내 증인이 되리라" 하시니라.

이 말씀을 마치시고 그들이 보는데 올려져 가시니 구름이 그를 가리어 보이지 않게 하더라. 올라가실 때에 제자들이 자세히 하늘을 쳐다보고 있는데 흰 옷 입은 두 사람이 그들 곁에 서서 이르되 "갈릴리 사람들아, 어찌하여 서서 하늘을 쳐다보느냐? 너희 가운데서 하늘로 올려지신 이 예수는 하늘로 가심을 본 그대로 오시리라" 하였느니라.

_ 사도행전 1:3-11

묵상 ◆

이날은 구세주의 부활로부터 40일이 지난 5월의 어느 날이다. 그 기간에 하늘은 그를 사랑하는 사람들의 마음의 뜰에 몇 번의 황금 같은 순간들을 뿌려주었다. 그 순간들은 가까이는 예루살렘에서부터 멀리는 갈릴리에까지 흩어져 나타났다. 주님은 오래전 잃어버리고 기억조차 못 했던 동전이 반짝이는 햇살 아래 우연히 발견되듯 그렇게 자기 사람들을 찾아오셨다. 부활하신 날 아침 마리아에게 나타나셨다. 물고기를 잡으러 간 베드로에게 나타나셨다. 엠마오로 가던 두 제자에게 나타나셨다. 그는 여러 다른 사람들에게 여러 다른 때에 나타나셨다. 적게는 단 한 명에서 많게는 5백 명에 이르기까지.

오늘은 그가 나타나는 마지막 날이 될 것이다.

예수는 제자들을 이끌고 예루살렘의 동쪽 벽으로 가 기드론 골짜기를 가로지르는 아치 모양의 다리를 건너간다. 매년 대속죄일이 되면 백성의 죄를 대신 진 속죄 염소가 이 다리 위로 옮겨져 한 사람에게서 그다음 사람으로 넘겨지다가 마침내는 광야로 보내지곤 했다.

예수는 그 광야를 지금 내다본다.

예수는 베다니를 향해 경사진 정상에 있는 감람 산의 벼랑에 멈춰섰다. 그의 앞에는 시편의 두루마리처럼 장관이 펼쳐져 있다. 언덕의 각 면은 시편의 각 시구에 해당한다. 그러나 그 시구들은 찬양의 시라기보다는 지평선 끝에 닿기까지 애통의 시를 묘사하고 있다. "푸른 초장과 쉴 만한 물가"라고 읽혀야 할 부분이 "마르고 건조한 땅"이라고 읽히고 있다.

밀밭은 조각은 태양 아래서 신음하고 있다. 구름이 만드는 창백한 그림자는 협곡에서 쉼을 찾고 있다. 가시와 쐐기풀들은 살아남기 위해 뿌리를 내리려고 바위틈을 엿보고 있다. 여기저기에 독이 있는 뿌리와 헝클어진 가지를 가진 관목들이 빗질을 하고 있다. 덤불 같은 줄기와 쓴 잎을 가진 쑥이 있다. 돼지의 사료나 가난한 사람들의 식량으로 쓰이는 꼬투리들을 떨어뜨리는 캐롭 나무들이 있다.

시골은 하나님이 약속하신 땅의 흔적으로만 남아 있다. 그것은 하나님이 꿈꾸셨던 땅의 흔적일 뿐이다.

한때 이 초원은, 이 삼림은 얼마나 아름다웠던가. 그때 초원에는 약속의 씨가 뿌려져 있었다. 삼림들은 그런 희망으로 싹을 내고 있었다. 그러나 지금 그들의 모습을 보라. 쐐기풀들이 곤두서 있고, 발육이 부진한 나무들이 솔처럼 깔려 있다.

예수가 애처로운 구절을 감상하는 동안 등 뒤에서 부드러운 바람이 꽃향기를 실어온다. 다락에 저장된 건초 더미가 멀리 있는 들판의 향기로움에 대한 소문을 전해주듯 이 미풍도 무엇인가를 전해준다. 한마디 말, 또는 그렇게 보이는 무엇이다. 부드러운 속삭임으로 들려오는 한 마디 말이다.

낙원.

말로 표현하기에는 너무나 깊은 신음 소리를 내며 피조물들은 넓게 탁 트인 초원을 갈망한다. 메추라기 떼들이 그 위를 지나간다. 비둘기들이 날갯짓하며 그 위를 날아간다. 땅 위에는 꿩들이 곡식을 쪼아 먹는다. 그것들은 높고 깊은 삼림을 갈망한다. 백향목과 잣나무가 줄지어 선 곳. 복숭아나무들과 살구나무들을, 춤추는 종려나무들을, 청청한 포도원을, 신선하고 깨끗한 호수를, 땅 위로 치솟아 골짜기를 적시는 개울들이 되는 분수들을, 그 모든 것을 갈망한다. 그 신음 소리는 바람에 불려가는 기도다. "주 예수여, 오십시오. 오셔서 영원한 샘물을 먹여주십시오."

그 기도는 구세주가 다시 오셔서 피조물들이 잃어버린 그 광휘를 다시 회복하실 때를 위한 것이다. 다시는 죽음도 없고 질병도 없을 그 때를 위한 것이다. 하나님을 아는 지식이 온 땅을 뒤덮음으로 다시는 폭력이 없는 때를 위한 것이다. 주님의 영광이 온 하늘을 채움으로 다시는 어둠이 없는 때를 위한 것이다.

그 신음은 하나님의 꿈이 마침내 이루어지기를 바라는 기도다.

미풍이 지나갈 때 예수는 그 땅을 지금 있는 모습 그대로가 아닌 장차 이루어질 모습으로 보신다. 그는 제자들에게 몸을 돌이키셔서 지금 모습 그대로가 아니라 장차 될 모습으로 그들을 보신다. 들리는 것은 감람나무 숲을 스치고 지나가는 바람 소리뿐이다. 모든 것이 고요하다. 마침내 누군가가 조급한 질문을 던진다.

"주께서 이스라엘 나라를 회복하심이 이 때니이까?"

주님은 장군이 병사를 대하듯 말씀하신다.

"때와 시기는 아버지께서 자기의 권한에 두셨으니 너희가 알 바 아니요 오직 성령이 너희에게 임하시면 너희가 권능을 받고 예루살렘과 온 유대와 사마리아와 땅 끝까지 이르러 내 증인이 되리라."

"증인"이라고 번역된 말은 '말투레스'(martures)에서 유래했다. 여기에서 '순교자'(martyr)라는 영어 단어가 나왔다. 의미로 보면 서로 밀접한 관련이 있다. 그리스도를 위한 증인이 되는 것은, 특히 그가 그들을 보내시는 곳에서는 당신의 생명을 위험에 내놓는 것이다. 이는 제자들도 아는 사실이었는데, 그것은 예수가 다락방에서 이미 일러두었기 때문이다. "사람들이 나를 박해하였은즉 너희도 박해할 것이요…때가 이르면 무릇 너희를 죽이는 자가 생각하기를 이것이 하나님을 섬기는 일이라 하리라"(요 15:20, 16:2).

그들은 세상이 그들의 주인에게 행한 일을 알았다. 그런데도 그들은 그 세상에 가야 한다. 적의로 둘러싸인 동심원의 바깥 원을 향해. 먼저는 그리스도인들에게 적대적인 예루살렘으로 가야 한다. 그 후에는 갈릴리인들에게 적대적인 유대로 가야 한다. 그리고 유대인들에게 적대적인 사마리아로 가야 하고, 마지막으로 외인들에게 적대적인 땅끝으로 가야 한다.

그들은 증인으로 세상을 향해 갔다.

그들은 순교자로 세상을 떠났다.

요한의 형제인 야고보는 남아 있던 열한 명 중 가장 먼저 순교했다. 그는 목 베임을 당했다. 빌립이 그 뒤를 따랐다. 그는 브리기아에서 십자가에 못 박혔다. 마태는 나다바에서 창에 찔려 죽었고, 안드레는 십자가형을 당했다. 베드로도 네로의 박해 때 십자가형을 당했는데, 그는 자신에게 주님과 같은 모습으로 죽을 자격이 없다고 고백하며 십자가에 거꾸로 못 박히기를 자처했다. 바돌로매는 인도에서 증거하다가 매 맞고 십자가에 못 박혔다. 도마는 창으로 죽임을 당했다. 시몬은 그 당시 세계에서 가장 먼 곳으로 알려진 브리튼에서 증거하다가 십자가형을 당했다.

그들은 모두 순종하여 나아갔다. 그 결과 목숨을 잃었다.

그들은 모두 축복을 들고 나아갔다. 그러나 목숨을 잃었다.

그들은 모두 성령의 능력으로 나아갔다. 그럼에도 목숨을 잃었다.

열두 사도 중 오직 요한만이 참혹한 죽음을 면하고 도미시안 황제 때 밧모섬으로 유배되었다.

예수가 약속한 성령이 오시자 이들은 복음의 씨를 가지고 온 땅에 두루 심었다. 그 씨들은 여기저기 비옥한 땅에 떨어졌다. 그리고 그 씨들은 조금씩 뿌리를 내리기 시작했다. 때로는 가장 기대하지 않았던 곳에서 뿌리를 내렸다. 산헤드린에서부터 가이사의 집안에까지 그 씨들은 퍼졌다. 지중해의 해변을 적셨고 거기서도 자랐다. 안디옥의 빌립보로 덩굴을 뻗었는가 하면 애굽의 나일 강 밑으로 덩굴손을 뻗쳤다. 장화 모양 같은 로마 제국의 땅 위로 자라났고, 서쪽으로는 에메랄드 군도에까지 퍼졌다.

예수는 향기로운 공기를 깊이 들이쉬고 팔을 들어 그의 군사들을 축복한 후 그들을 떠난다. 제자들은 그가 구름 사이로 올라가시는 모습을 경이감으로 쳐다본다.

"갈릴리 사람들아!"

어디선가 낯선 음성이 들린다. 제자들은 몸을 돌려 흰옷 입은 두 사람이 그들 곁에 서 있는 것을 본다.

"어찌하여 서서 하늘을 쳐다보느냐? 너희 가운데서 하늘로 올려지신 이 예수는 하늘로 가심을 본 그대로 오시리라."

이 말은 그들이 전에 다락방에서 들은 것과 비슷하다. "내가 가지만 너희에게로 다시 올 것이다." 예수는 그들에게 말했다. "내가 너희를 고아와 같이 버려두지 아니하고 너희에게로 오리라"(요 14:18).

제자들은 그의 마지막 모습을 보려 안간힘을 쓴다. 그러나 더는 보이지 않는다. 그들은 천사들에게 돌아선다. 그들도 보이지 않는다. 제자들은 서로를 바라본다. 하늘의 기쁨이 그들 눈에서 흘러넘친다. 그들은 함께 그 거룩한 땅에서 경배드린다. 그리고 예루살렘으로 돌아가 기도하면서 기다린다.

지상에서 우리 삶은 꿈꾸는 것과 그 꿈이 이루어지는 사이에서 기다리는 시간과 같다고 누군가 말했다. 우리 삶의 그 넓은 사이로 구세주는 오신다. 그는 살아남기 위한 거칠고 절박한 투쟁으로 메마르고 건조해진 우리 마음의 땅에 오신다. 그는 우리 마음의 광야에 오시고, 잃어버린 낙원을 회복하면서 그 땅을 다시 찾을 때 그곳에 밭이랑을 내신다.

그는 피곤한 영혼에 쉼을 주러 오신다. 그는 외로운 영혼에 우정을 주러 오신다. 그는 상처받은 마음을 치유하러 오신다. 그는 슬픈 마음에 기쁨을 주러 오신다. 그리고 기쁨이 아니라면 적어도 슬픔과 상처, 외로움과 피곤함이 무엇인지를 아는 친구로서 우리와 함께하러 오신다.

성경의 마지막 책은 마지막까지 살아남은 제자에 의해 쓰였다. 그 책은 기도로 끝난다. "주 예수여, 오시옵소서." 그리고 그 기도에 약속이 주어진다. "내가 속히 오리라."

언젠가 예수가 이 약속을 지킬 것이다. 문자 그대로. 천사들이 말한 그대로. 그가 말씀한 그대로.

그는 우리를 위해 다시 오실 것이다. 당신과 나를 위해. 그리고 본향을 사모하면서 "당신의 나라에 임하실 때에 나를 생각하소서"라고 말한 모든 사람을 위해 오실 것이다.

주 예수여, 오시옵소서.

온 우주에 가장 존귀하고 아름다운 이름을 가지신 주님. 하늘과 땅과 땅 아래에 있는 모든 무릎이 언젠가 당신 발 앞에 꿇게 될 주님. 창조의 왕, 만유의 주재여 오시옵소서.

아름다우신 구세주, 존귀하신 주 예수여 오시옵소서.

기
도

만유의 주재
존귀하신 예수
사람이 되신 하나님
나 사모하여
영원히 섬길
내 영광되신 주로다

화려한 동산
무성한 저 수목
다 아름답고 묘하나
순전한 예수
더 아름다워
봄 같은 기쁨 주시네

광명한 해와
명랑한 저 달빛
수많은 별들 빛나나
주 예수 빛은
더 찬란하여
참 비교할 수 없도다

놀라운 구주
온 족속의 주님
인자가 되신 하나님
영광과 존귀
찬양과 경배
당신께 영원 무궁히

　_ 찬송가 32장 "만유의 주재"